成都市地方性法规

（2017年版）

成 都 市 人 大 法 制 委 员 会
成都市人大常委会法制工作委员会 编

四川大学出版社

责任编辑：曾　鑫
责任校对：李金兰
封面设计：兴　川
责任印制：王　炜

图书在版编目(CIP)数据

成都市地方性法规：2017 年版 / 成都市人大法制委员会，成都市人大常委会法制工作委员会编. —成都：四川大学出版社，2017.11

ISBN 978－7－5690－1375－7

Ⅰ.①成…　Ⅱ.①成…　②成…　Ⅲ.①地方法规－汇编－成都－2017　Ⅳ.①D927.711.9

中国版本图书馆 CIP 数据核字（2017）第 289528 号

书名　**成都市地方性法规(2017 年版)**

CHENGDUSHI DIFANGXING FAGUI(2017 NIANBAN)

编　者	成都市人大法制委员会 成都市人大常委会法制工作委员会
出　版	四川大学出版社
地　址	成都市一环路南一段 24 号 (610065)
发　行	四川大学出版社
书　号	ISBN 978－7－5690－1375－7
印　刷	成都兴川印刷有限责任公司
成品尺寸	175 mm×245 mm
印　张	35
字　数	554 千字
版　次	2017 年 11 月第 1 版
印　次	2017 年 11 月第 1 次印刷
定　价	108.00 元

◆读者邮购本书，请与本社发行科联系。电话：(028)85408408/(028)85401670/(028)85408023　邮政编码：610065

◆本社图书如有印装质量问题，请寄回出版社调换。

◆网址：http://www.scupress.net

出版说明

法律是治国之重器，良法是善治之前提。党的十八大以来，我市在地方立法工作中，始终恪守以民为本、立法为民的理念，切实贯彻社会主义核心价值观，使每一项地方立法都符合宪法法律精神、反映人民意志、得到人民拥护。立改废释并举，不断增强立法工作的及时性、系统性、针对性、有效性。2013 年至 2017 年，成都市人大及其常委会共制定法规 11 件，修改法规 21 件，废止法规 10 件。

不忘初心，始终坚持立法为民的宗旨。围绕民生保障，制定养老服务促进条例、非机动车管理条例等，切实增进民众福祉；立足长远需要，制定城市轨道交通管理条例、历史建筑和历史文化街区保护条例等，力促发展转型升级；强化生态保护，制定兴隆湖区域生态保护条例、修订饮用水水源保护条例、市容和环境卫生管理条例等，着力改善人居环境；推动改革创新发展，制定城市管理综合行政执法条例、修订科学技术进步条例等，为全面深化改革和创新发展提供法治保障。

牢记使命，紧紧把握提升立法质量这个关键。注重把公正、公平、公开原则贯穿立法全过程，不断完善地方立法体制机制，党委领导、人大主导、政府依托、各方参与的科学立法、民主立法机制初步形成。坚持党委领导，始终围绕省委、市委确定的发展战略，编制、调整立法规划、立法计划，确保法规相关内容与我市改革发展稳定的大局保持协调一致。适应建设全面体现新发展理念的国家中心城市发展需求，开展城市法治框架体系研究，为今后立法规划和立法计划的科学编制夯实基础。坚持人大主导，抓好立法项目论证，严把立法立项关和法规草案审议关，高质量推进法规草案修改、审议工作的顺利开展。坚持政府依托，充分发挥政府职能部门在公共管理和服务领域的职能优势，吸收采纳其管理和服务工作中形成的行之有效的经验与做法。坚持各方参与，综合运用立法听证会、论证会、座谈会、公开征求意见、实地调研等方式，充分听取各方意见，确保法规符合成都实际，实现法规“不抵触、有特色、可操作”。

我市自1986年取得地方立法权以来，经过30余年不懈努力，共立改废法规220余件次，现行有效地方性法规达67件，涵盖经济建设、政治建设、文化建设、社会建设、生态文明建设等方面，为保障和促进我市经济社会发展作出了重大贡献。为方便我市各机关、团体、企事业单位和广大公民学习、掌握和贯彻实施这些法规，现将这67件地方性法规予以汇编出版。

成都市人大法制委员会

成都市人大常委会法制工作委员会

2017年10月

目　录

成都市城市管理综合行政执法条例

2017年6月22日成都市第十六届人民代表大会常务委员会第三十四次会议通过，2017年9月22日四川省第十二届人民代表大会常务委员会第三十六次会议批准。

目　录

第一章　总　则

第一条　为了规范城市管理综合行政执法行为，促进依法行政，维护城市管理秩序，保护公民、法人和其他组织的合法权益，根据《中华人民共和国行政处罚法》《中华人民共和国行政强制法》《四川省城市管理综合行政执法条例》等法律、法规，结合成都市实际，制定本条例。

第二条　本条例适用于本市行政区域内的城市管理综合行政执法及其监督管理活动。

第三条　本条例所称城市管理综合行政执法，是指市和区（市）县城市管理综合行政执法部门依法行使有关部门在城市管理领域的全部或者部分行政处罚权及采取相关的行政检查、行政强制措施的行为。

第四条　城市管理综合行政执法工作遵循合法、公正、公开的原则，坚持以人为本，执法与教育、疏导、服务相结合，文明执法、规范执法，注重法律效果与社会效果的统一，提升城市管理的科学化、精细化、智能化水平。

第五条 市和区（市）县人民政府应当按照建设国家中心城市的要求，制定城市管理工作计划、实施方案和考核标准，研究解决城市管理综合行政执法工作中的重大问题。

市城市管理综合行政执法部门是本市城市管理综合行政执法工作的行政主管部门，负责本市城市管理综合行政执法工作的指导、监督和考核，并承担重大复杂案件的执法工作。区（市）县城市管理综合行政执法部门负责本辖区内的城市管理综合行政执法工作。

公安、民政、国土资源、环境保护、建设、规划、房管、交通、经信、水务、园林绿化、工商、质监、食药监等部门和街道办事处、镇（乡）人民政府按照各自职责，协同开展城市管理综合行政执法的相关工作。

第六条 本市各级人民政府和相关部门以及广播电台、电视台、报刊和互联网站等媒体应当加强城市管理领域法律、法规、规章的宣传，营造社会共同依法维护城市管理秩序的氛围。

第七条 公民、法人和其他组织应当支持、配合城市管理综合行政执法，发现违反城市管理相关法律、法规、规章规定的行为，有权进行劝阻、制止或者投诉、举报。

城市管理综合行政执法部门应当建立违法行为投诉、举报受理制度，并向社会公布全市统一的举报电话及其他联系方式。城市管理综合行政执法部门收到投诉、举报后，应当及时核查、处理，并将核查、处理情况告知投诉、举报人。

第二章　执法职责

第八条 市和区（市）县城市管理综合行政执法部门依照有关法律、法规、规章的规定，对下列需要给予行政处罚的违法行为实施处罚：

（一）违反住房城乡建设领域法律、法规、规章规定的行为。

（二）违反下列事项范围内环境保护管理法律、法规、规章规定，造成环境污染的行为：

1．在城市商业活动中使用高音喇叭、文化娱乐场所边界噪声超越国家标准、从事建筑施工活动造成噪声污染；

2．建筑施工扬尘污染、餐饮服务业油烟污染、露天烧烤污染、城市焚烧沥青塑料垃圾等烟尘和恶臭污染、城市露天焚烧秸秆落叶等烟尘污染；

3．燃放烟花爆竹造成环境污染。

（三）违反工商管理法律、法规、规章规定，在户外公共场所从事无照经营活动的行为。

（四）违反水务管理法律、法规、规章规定，向城市河道倾倒废弃物和垃圾、违规取土，或者侵占城市河道从事建设活动的行为。

（五）违反食品药品监管法律、法规、规章规定，在户外公共场所销售食品、违法经营餐饮摊点、违法回收贩卖药品的行为。

除前款第二至五项规定事项外，环境保护、工商管理、水务管理、食品药品监管等领域其他需要集中行使的城市管理综合行政执法事项，应当同时具备下列条件，并依法报经省人民政府批准：

（一）与群众生产生活密切相关；

（二）多头执法扰民问题突出；

（三）行政执法频率高；

（四）专业技术要求适宜；

（五）与城市管理密切相关。

第九条 城市管理综合行政执法部门依法集中行使其他部门行政处罚权的，可以实施法律、法规规定的与行政处罚权相关的行政强制措施。

第十条 已由市和区（市）县城市管理综合行政执法部门依法集中行使的行政处罚权及采取的相关行政强制措施，其他部门不得再行使，其他部门履行的其他行政管理和监督职责，应当依法继续履行。

城市管理综合行政执法部门集中行使原由其他部门行使的行政处罚权及采取相关行政强制措施的，应当与其他部门建立权责明确的协作机制。

第十一条 市和区（市）县人民政府应当建立城市管理综合行政执法权

限协调机制，及时解决城市管理综合行政执法部门与其他行政执法部门之间的权限和责任边界争议问题。

第十二条 城市管理行政违法案件由违法行为发生地的城市管理综合行政执法部门查处。

区（市）县城市管理综合行政执法部门负责本辖区内城市管理行政违法案件的查处工作，市城市管理综合行政执法部门负责全市范围内重大复杂案件的查处工作。

市城市管理综合行政执法部门对区（市）县城市管理综合行政执法部门应当查处而未予查处的违法行为，应当责令其查处。

第十三条 相邻区（市）县城市管理综合行政执法部门对行政区划接壤地区流动性城市管理违法行为的查处，应当约定共同管辖区域。约定共同管辖应当向市城市管理综合行政执法部门和同级人民政府备案。

共同管辖区域内发生的相关违法行为，由首先发现的区（市）县城市管理综合行政执法部门查处。管辖权发生争议的，由市城市管理综合行政执法部门指定管辖。

第十四条 城市管理综合行政执法部门查处综合行政执法事项范围内的违法行为，发现案件不属于本部门管辖的，应当及时移送有管辖权的城市管理综合行政执法部门。

受移送的部门认为受移送的案件按照规定不属于本部门管辖的，应当报请市城市管理综合行政执法部门指定管辖，不得再自行移送。

第十五条 市和区（市）县城市管理综合行政执法部门应当建立权力、责任清单，并向社会公开职能职责、执法依据、处罚标准、运行流程、监督途径和问责机制。

第十六条 市和区（市）县城市管理综合行政执法部门可以在特定区域派驻执法机构，具体负责该区域内的城市管理综合行政执法工作。

区（市）县城市管理综合行政执法部门可以在街道办事处、镇（乡）人民政府派驻执法机构，具体负责辖区内相关行政执法工作。

法律、法规有规定的城市管理事项，区（市）县城市管理综合行政执法部门可以委托街道办事处、镇（乡）人民政府实施行政处罚。

第三章　执法规范

第十七条　城市管理综合行政执法人员实行统一招录制度，公开考试、严格考察、择优录取。

城市管理综合行政执法人员经法律知识和业务知识的统一培训并考试合格具备行政执法资格的，方可取得行政执法证件。未取得行政执法证件的人员，不得从事行政执法活动。

市和区（市）县城市管理综合行政执法部门应当定期组织开展执法人员业务技能培训，每年不得低于两次。

第十八条　城市管理综合行政执法应当遵循法定程序，在作出行政处罚决定或者实施行政强制措施前，应当告知当事人作出行政处罚决定或者实施行政强制措施的事实、理由、依据、救济途径以及当事人依法享有的陈述、申辩等权利。当事人提出的事实、理由或者证据成立的，城市管理综合行政执法部门应当采纳。

城市管理综合行政执法人员执法时，应当主动出示行政执法证件，做到语言文明、行为规范。执法人员不出示执法证件的，行政相对人有权拒绝。

城市管理综合行政执法部门开展执法活动，应当根据违法行为的性质和危害后果依法给予相应的行政处罚。对违法行为轻微并及时纠正，没有造成危害后果的，执法人员可以运用说服教育、劝导示范、行政指导等非强制性执法手段，引导当事人自觉遵守法律、法规、规章。

第十九条　城市管理综合行政执法部门应当建立和完善城市管理执法日常巡查机制，及时发现、制止和查处违反城市管理法律、法规和规章规定的行为。

本市举办重大活动时，市城市管理综合行政执法部门可以组织区（市）县城市管理综合行政执法部门进行集中巡查。

城市管理综合行政执法部门应当积极推广随机抽取检查对象，随机选派执法检查人员的抽查机制。

第二十条 城市管理综合行政执法人员有下列情形之一的，应当自行回避：

（一）是当事人或者当事人的近亲属；

（二）本人或者近亲属与案件有利害关系；

（三）与当事人有其他关系，可能影响案件公正处理的。

有前款规定情形之一，当事人及其法定代理人有权申请回避，并说明理由。

对当事人及其法定代理人提出的回避申请，城市管理综合行政执法部门应当在收到申请之日起二日内作出决定并告知申请人。

执法人员的回避，由城市管理综合行政执法部门的负责人决定；回避决定作出前，执法人员不能停止对案件的查处。

第二十一条 城市管理综合行政执法人员开展执法活动，可以依法采取下列措施：

（一）进入发生违法行为的场所实施现场检查，并制作检查笔录；

（二）以勘验、拍照、录音、摄像等方式进行现场取证；

（三）询问案件当事人、证人等；

（四）查阅、调取、复制有关文件资料等；

（五）法律、法规规定的其他措施。

城市管理综合行政执法人员、当事人、证人应当在检查笔录上签名或者盖章。当事人拒绝签名、盖章或者不在现场的，应当由无利害关系的见证人签名或者盖章；无见证人的，城市管理综合行政执法人员应当注明情况。

第二十二条 城市管理综合行政执法人员应当依法进行调查取证，建立行政执法档案并予以完整保存。

通过非法手段获取的证据不能作为认定违法事实的依据。

第二十三条 城市管理综合行政执法部门应当运用执法记录仪、视频监控等方式，实现执法活动全过程记录。

城市管理综合行政执法工作应当自觉接受社会监督。在不影响正常执法的情况下，市民有权对执法活动录音录像。

第二十四条 城市管理综合行政执法部门在证据可能灭失或者以后难以取得的情况下，经部门负责人批准，可以先行登记保存。

对先行登记保存的证据，城市管理综合行政执法部门应当在七日内作出处理决定，逾期不作出处理决定的，先行登记保存措施自动解除。

第二十五条 城市管理综合行政执法部门实施先行登记保存，应当当场制作清单并交付当事人。清单应当由城市管理综合行政执法人员和当事人签名或者盖章。

先行登记保存的清单应当载明下列事项：

（一）当事人姓名或者名称、地址；

（二）先行登记保存的工具和其他物品的名称、种类、规格、数量和表面完好程度；

（三）当事人领回工具和其他物品的条件；

（四）行政执法机关的名称、印章和日期。

第二十六条 城市管理综合行政执法部门查处违法行为时，可以依法查封、扣押与违法行为有关的场所、设施或者财物。

城市管理综合行政执法部门实施查封、扣押措施，应当遵守法律、法规规定的条件、程序和期限。

城市管理综合行政执法部门实施查封、扣押措施后，应当及时查清事实，在法定期限内作出处理决定。对于经调查核实没有违法行为或者不再需要采取查封、扣押措施以及其他符合法定解除查封、扣押情形的，应当及时作出解除查封、扣押措施的决定，并退还财物。逾期未作出处理决定的，被查封的物品视为自动解除查封；当事人要求退还扣押的物品，执法部门应当立即退还。

第二十七条 城市管理综合行政执法部门应当妥善保管扣押物品，不得使用或者损毁。涉案物品依法应当移送其他部门处理的，应当及时移送。

被扣押的物品易腐烂、变质的，城市管理综合行政执法部门应当通知当事人在二日内到指定地点接受处理；逾期不接受处理的，可以在登记后拍卖、变卖；无法拍卖、变卖的，可以在留存证据后销毁。

解除扣押后，城市管理综合行政执法部门应当通知当事人及时认领。当事人逾期不认领或者当事人难以查明的，城市管理综合行政执法部门应当及时发布认领公告，自公告发布之日起六十日内无人认领的，城市管理综合行政执法部门可以采取拍卖、变卖等方式妥善处置，拍卖、变卖所得款项应当依照规定上缴国库。

第二十八条 城市管理综合行政执法部门在行政执法活动中，对当事人弃留现场的物品，应当按照本条例第二十七条的规定处理。

第二十九条 城市管理综合行政执法部门在执法活动中发现应当由其他有关部门处理的违法行为的，应当及时移送有关部门处理。有关部门在行政管理和执法活动中发现应当由城市管理综合行政执法部门处理的违法行为的，应当及时移送城市管理综合行政执法部门处理。在案件移送前，移送部门对发现的违法行为应当及时收集、固定证据，并对证据来源的合法性负责。案件移送的，涉案财物应当一并移送。

城市管理综合行政执法部门和有关部门无正当理由，不得拒绝接受移送的案件和相关物品。

第三十条 城市管理综合行政执法部门开展执法活动，应当使用统一格式的行政执法文书。

城市管理综合行政执法部门应当依照法律规定采用直接送达、留置送达、委托送达、邮寄送达和公告送达等方式送达行政执法文书。采用公告送达的，城市管理综合行政执法部门可以通过其政府网站和公告栏进行。自发出公告之日起，经过六十日，即视为送达。

城市管理综合行政执法部门应当向社会公布其网址和公告栏地址。

第三十一条 城市管理综合行政执法部门可以根据相关规定，明确协管人员的资格条件，采取招用或者劳务派遣等形式配置协管人员，配合行政执法人员从事宣传教育、巡查、信息收集、违法行为劝阻等辅助性事务。

协管人员从事行政执法辅助事务产生的法律后果，由本级城市管理综合行政执法部门承担。

协管人员不得从事具体行政执法工作，协管人员的着装、标志应当与行政执法人员相区别。

城市管理综合行政执法部门应当加强对协管人员的日常管理和业务培训，建立退出机制。

第四章　执法保障

第三十二条　市和区（市）县人民政府应当根据区域面积、人口数量、执法任务等因素，合理配置城市管理综合行政执法人员。

执法队伍组成结构应当向基层倾斜，提高具体执法办案人员比例。

第三十三条　市和区（市）县人民政府应当按照事权和支出责任相适应原则，建立责任明确、分类负担、收支脱钩、财政保障的城市管理综合行政执法经费保障机制。

市和区（市）县人民政府应当将城市管理综合行政执法工作经费列入同级财政预算。

禁止将城市管理综合行政执法经费与罚没收入相关联。

第三十四条　市和区（市）县人民政府应当为城市管理综合行政执法工作提供必要条件，并按照规定配置执法装备。

第三十五条　本市城市管理综合行政执法实行网格化，通过划定网格区域明确管理对象、管理标准及责任人，准确掌握城市管理情况，及时发现和查处相关违法行为。

第三十六条　市和区（市）县人民政府应当设立数字化城市管理及综合行政执法平台，建立数字化城市管理及综合行政执法工作监督、协同机制，建设综合性城市管理及综合行政执法数据库，实现相关公共数据资源互联互通、开放共享。

第三十七条　本市建立城市管理综合行政执法信息互联共享机制。城市管理综合行政执法部门应当与其他有关部门及时通报行政执法信息和相关行政管理信息。

市和区（市）县人民政府有关部门作出与城市管理综合行政执法相关的行政许可决定的，应当自决定作出之日起五日内将有关情况告知同级城市管理综合行政执法部门。

市和区（市）县城市管理综合行政执法部门作出的与行政审批相关的行政处罚的，应当自行政处罚决定作出之日起五日内将有关情况告知审批部门。

城市管理综合行政执法部门查处违法行为，需要向其他部门和单位查询、复印档案等有关资料的，其他部门和单位应当提供。

第三十八条 城市管理综合行政执法需要实施鉴定、检验、检测的，城市管理综合行政执法部门可以开展鉴定、检验、检测，或者按照有关规定委托第三方实施。

需要其他部门就专业问题作出解释或者提供专业意见的，有关部门应当自收到协助函件之日起五日内出具书面意见；案情复杂需要延期的，应当以书面形式说明理由并明确答复期限。有关部门提供专业意见依法需要检验、检测、检疫或者鉴定的，所需时间不计算在期限内。

第三十九条 公安部门与城市管理综合行政执法部门应当建立联勤联动执法工作机制。

公安部门应当依法保障城市管理综合行政执法部门的执法活动，对阻碍依法执行职务的行为，应当及时制止；对违反《中华人民共和国治安管理处罚法》的行为，依法予以处罚。

市和区（市）县公安部门应当确定专门力量、明确工作职责，在信息共享、联合执法和案件移送等方面配合本区域内城市管理综合行政执法部门开展执法工作。

第四十条 城市管理综合行政执法部门应当通过座谈会、专家咨询、网络征询、委托第三方调查等方式广泛听取社会各界对城市管理综合行政执法工作的意见和建议，推动执法工作有序、高效开展。

城市管理综合行政执法部门应当发挥基层自治组织、志愿者组织在城市管理综合行政执法中的作用，鼓励社会组织配合协助执法活动。

城市管理综合行政执法部门可以定期邀请社会组织、市民和媒体等现场监督执法活动。

第五章　执法监督

第四十一条　市和区（市）县人民政府应当加强对城市管理综合行政执法工作的监督，对城市管理综合行政执法部门不依法履行职责的行为，应当责令其改正并追究行政责任。

市和区（市）县人民政府应当加强对城市管理综合行政执法部门和其他部门之间执法协作的监督，对怠于履行协作职责的行为，应当责令其改正并追究行政责任。

第四十二条　市城市管理综合行政执法部门应当建立执法培训、岗位交流、督察考核、责任追究和评议考核等制度。

市和区（市）县城市管理综合行政执法部门应当落实行政执法责任制，加强执法队伍规范化、制度化的建设和管理。经评议考核不合格的城市管理综合行政执法人员，不得从事行政执法工作。

市城市管理综合行政执法部门对区（市）县城市管理综合行政执法部门及其行政执法人员发生的情节严重、社会影响较大的违法违纪行为，可以向区（市）县人民政府提出查处建议。

第四十三条　市城市管理综合行政执法部门应当定期组织开展综合行政执法案卷交叉评查，并将案卷评查结果向社会通报。

市城市管理综合行政执法部门应当建立执法活动违法案例通报机制，对典型违法案例进行研究、分析、通报。

第四十四条　公民、法人和其他组织发现城市管理综合行政执法人员有违法执法行为或者行政不作为的，可以向城市管理综合行政执法人员所在单位、上级主管部门或者监察部门申诉、检举。接到申诉、检举的部门应当按照法定权限及时核实处理，并及时反馈处理意见。

第四十五条　城市管理综合行政执法部门及其行政执法人员有下列情形之一的，由所在单位或者上级主管部门、监察机关对直接负责的主管人员和其他直接责任人员依法给予行政处分：

（一）无法定依据或者违反法定程序执法，损害公民、法人或者其他组织合法权益的；

（二）截留、私分或者变相私分没收的违法所得、非法财物，查封、扣押的财物或者罚款的；

（三）包庇、纵容违法行为人的；

（四）利用职务上的便利，索要、收受当事人财物的；

（五）要求当事人承担超出法律、法规规定义务的；

（六）欺骗、引诱当事人实施违法行为的；

（七）其他违反法律、法规规定的情形。

第四十六条 城市管理综合行政执法部门及其行政执法人员有下列情形之一的，由所在单位或者上级主管部门、监察机关责令改正；情节严重的，对直接负责的主管人员和其他直接责任人员依法给予行政处分：

（一）对依法应当予以制止或者处罚的违法行为不予制止、处罚的；

（二）对依法应当处理的举报投诉不处理的；

（三）应当移送有关部门处理而不及时移送的；

（四）放弃、推诿、拖延、拒绝履行职责的其他情形。

第六章　附　则

第四十七条 本条例中五日以内期限的规定是指工作日，不含法定节假日。

第四十八条 本条例自 2017 年 12 月 1 日起施行。2003 年 2 月 8 日起施行的《成都市城市管理相对集中行政处罚权暂行办法》同时废止。

成都市科学技术进步条例

1995年7月26日成都市第十二届人民代表大会常务委员会第十二次会议通过，1995年10月19日四川省第八届人民代表大会常务委员会第十七次会议批准；

根据2006年6月8日成都市第十四届人民代表大会常务委员会第二十五次会议通过，2006年9月28日四川省第十届人民代表大会常务委员会第二十三次会议批准的《成都市人民代表大会常务委员会关于修改〈成都市科学技术进步条例〉的决定》修正；

2017年6月22日成都市第十六届人民代表大会常务委员会第三十四次会议修订，2017年7月27日四川省第十二届人民代表大会常务委员会第三十五次会议批准。

目　录

第一章　总　则

第一条　为了加快实施创新驱动发展战略，建设国家创新型城市，推动经济社会发展，根据《中华人民共和国科学技术进步法》《四川省科学技术进步条例》等法律、法规，结合成都市实际，制定本条例。

第二条 本条例适用于在本市行政区域内从事科学研究、技术开发、科学技术成果转化、科学技术普及、科学技术交流合作以及相关管理服务等活动。

第三条 本市科学技术进步应当面向世界科学技术前沿、面向经济主战场、面向国家重大需求，坚持人才为先、遵循规律、全面创新的原则，统筹推进协同创新和军民融合创新，提升科学技术自主创新能力。

第四条 市人民政府领导全市的科学技术进步工作，组织制定科学技术发展规划和计划，支持发展创新创业服务平台，建立完善区域创新体系，保障科学技术进步与经济建设和社会发展相协调。

区（市）县人民政府负责本行政区域内的科学技术进步工作。

第五条 市和区（市）县人民政府科学技术主管部门负责科学技术进步工作的统筹规划、监督管理和协调服务，编制和组织实施年度科学技术发展计划，制定实施科学技术进步的具体政策措施，加强科学技术进步统计工作，发布科学技术进步年度报告。

其他部门在各自的职责范围内，负责有关的科学技术进步工作。

第六条 市和区（市）县人民政府应当坚持创新驱动发展战略，推进以科学技术创新为核心的全面创新，培育新技术、新产业、新业态、新模式，实现新经济快速增长，提升城市创新力、创业力、创造力。

第七条 市和区（市）县人民政府应当建立和完善知识产权创造、运用、管理、保护等制度，营造尊重知识产权的社会环境，激励和保护科学技术创新。

第八条 市和区（市）县人民政府应当加强科学技术普及工作，建设科普教育基地，加强科普队伍建设，保障科普经费，完善科普工作协调制度，统筹和协调各项科普活动。

各类科普场馆、基地应当充分发挥科普教育功能，面向公众开展科普活动，并不断丰富更新科普内容。

鼓励公民、法人或者其他组织支持和参与科普活动，采取多种形式开展群众性、经常性的科普活动。

第九条 本市设立科学技术进步奖。市人民政府应当按照激励自主创新、突出价值导向、公开公平公正的原则，对科学技术进步活动中做出突出贡献的单位和个人予以奖励。具体奖励办法由市人民政府另行制定。

第十条 市和区（市）县人民政府科学技术主管部门应当按照政府信息公开的有关规定，对科学技术政策、经费投入、项目实施、奖励扶持等信息予以公开，接受社会监督。

第二章 企业科学技术进步

第十一条 本市建立以企业为主体、市场为导向、产学研用结合的技术创新体系。

企业应当发挥技术创新决策、研发投入、科研组织和成果转化的主体作用，开展技术创新活动，加强知识产权创造和运用，增强自主创新能力。

第十二条 市和区（市）县人民政府应当支持企业参与制定重大技术创新规划、计划、政策和标准，支持企业牵头组织实施产业目标明确的科学技术计划项目。

第十三条 本市支持企业加大科学技术研究开发投入，加强技术创新能力建设，建立健全技术储备制度，提高持续创新能力和核心竞争力。

企业可以按照国家有关规定，享受研究开发费用税前加计扣除、科研仪器设备加速折旧、高新技术企业所得税减免等优惠政策。

第十四条 本市支持企业独自设立各类科学技术研究开发机构或者与其他科学技术研究开发机构、高等院校联合建立重点（工程）实验室、工程（技术）研究中心、企业技术中心、院士（专家）创新工作站、技术转移机构等创新组织。

企业可以采取联合开发、委托研发等多种形式与其他企业、高等院校、科学技术研究开发机构建立技术创新协同机制，共同开发新技术、新产品、新工艺。

第三章　科学技术研究开发机构

第十五条　市和区（市）县人民政府应当加强与国家、省级科学技术研究开发机构、高等院校的合作，支持建设具有国际领先水平的科学技术研究开发机构。

市和区（市）县人民政府应当围绕科学技术创新发展，支持各层次的产业技术研究院、技术创新联盟等新型科研组织的建设和发展。

第十六条　利用财政性资金设立的科学技术研究开发机构和高等院校应当根据经济社会发展需要，开展基础性、应用性、公益性科学技术研究，扩大产业创新发展技术供给。

其他科学技术研究开发机构和高等院校可以根据市场需求优化研究方向和重点，实施重大科学技术项目和工程，提升研发能力和市场竞争力。

第十七条　鼓励和支持本市的科学技术研究开发机构、高等院校设立博士后科研工作站或者流动站，依法在国内外设立分支机构。

鼓励和支持国内外的科学技术研究开发机构、高等院校和企业在本市设立科学技术研究开发机构，依法开展科研活动。

第十八条　各类科学技术研究开发机构按照国家、省和市的有关规定享有研究开发、生产经营、经费使用、机构设置、劳动分配、人事管理等方面的自主权，可以根据实际需要优化项目经费管理，合理调整经费的支出结构，扩大人力资源费的支出比例。

第十九条　各类科学技术研究开发机构、服务机构等，在承担各级科学技术计划项目、获取补贴等政策优惠方面享有平等竞争的权利。

第四章　科学技术人员

第二十条　市和区（市）县人民政府应当根据经济社会发展需要，制定科学技术人才发展规划，加强科学技术人才队伍建设，完善人才选拔、引进、培养和使用机制，合理利用人才资源。

第二十一条　市和区（市）县人民政府应当制定人才专项政策，引进高层次创新创业人才和重点领域急需紧缺人才。建立对创新创业予以支持的相关制度，对符合条件的高层次人才给予专项资助。

市和区（市）县人民政府组织实施各类人才培养计划，建立完善人才信息库，注重个性化培养，组织各类职业培训活动、职业技能比赛等。

第二十二条 市和区（市）县人民政府应当建立和完善人才公共服务体系，提升人才服务能力，对符合条件的科学技术人才在项目资助、岗位激励、职称评聘以及居住、医疗等方面提供便利。

第二十三条 鼓励企业采取各种激励措施培养和引进科学技术研究人才，建立有利于技术创新的培训、分配机制，提升职工技术水平和科学文化素质，激发职工从事技术创新、发明创造的积极性，推动企业的科学技术创新。

第二十四条 鼓励科学技术研究开发机构、高等院校建立完善科学技术创新人才激励机制，实施以增加知识价值为导向的收入分配机制，提高科研人员收入水平，发挥科研人员创新创业积极性。

第二十五条 本市支持科研机构、高等院校等事业单位选派专业技术人员到企业挂职、参与项目合作。

鼓励科研机构、高等院校等事业单位的专业技术人员，按照国家的有关规定，从事兼职创新、在职创办企业或者离岗创业等活动。

科研机构、高等院校等事业单位可以设置创新型岗位，引进有创新实践经验的企业管理人才、科技人才和海外创新人才兼职参与事业单位的教学和科研活动。

第二十六条 市和区（市）县人民政府应当加强科学技术成果转化专业队伍建设，培育和引进实施科学技术成果转化的复合型人才。

第二十七条 科学技术人员应当弘扬科学精神，遵守学术规范，恪守职业道德，诚信执业。

第五章 科学技术成果转化

第二十八条 市和区（市）县人民政府应当将科学技术成果转化纳入国民经济和社会发展计划，组织协调实施有关科学技术成果的转化。

第二十九条 市人民政府对确立的重点科学技术成果转化项目，通过政府采购、研究开发资助、发布产业技术指导目录、示范推广等方式予以支持。

第三十条 科学技术研究开发机构、高等院校可以依法开展科学技术成果使用权、处置权和收益权改革，完善职务科学技术成果知识产权归属和利益分享机制，激发科学技术人员创新创业活力，促进科学技术成果转移转化。

第三十一条 科学技术研究开发机构、高等院校等对其持有的科学技术成果，可以依法自主决定以转让、许可或者作价投资等方式向企业或者其他组织转移，除涉及国家秘密、国家安全的，无需行政机关审批或者备案。

利用财政性资金设立的科研机构、高等院校实施前款规定，应当通过协议定价、在技术交易市场挂牌交易、拍卖等市场化方式确定价格。通过协议定价的，应当在本单位公示科学技术成果名称和拟交易价格。

第三十二条 利用财政性资金设立的科学技术研究开发机构、高等院校转化科学技术成果后，获得的收入归本单位，但应当对有重要贡献的人员给予奖励和报酬。

奖励和报酬的对象、方式、数额、时限等，应当在法定的范围和幅度内，由本单位规定或者由当事方约定。本单位有规定且当事方有约定的，约定优先。当事方无约定且本单位无规定的，按照法定标准执行。

第三十三条 企业有权依法独立实施科学技术成果转化或者与其他市场主体联合实施科学技术成果转化。

鼓励企业探索新的商业模式和科学技术成果产业化路径，加速重大科学技术成果转化应用。

企业可以自行发布信息或者通过委托技术交易中介机构等多种方式，征集其所需的科学技术成果以及合作者。

第三十四条 市和区（市）县人民政府科学技术主管部门应当建立、完善科学技术报告制度和科学技术成果信息系统，定期向社会公布科学技术成果和相关知识产权信息，为科学技术成果转移转化提供信息查询、项目筛选、创业辅导、管理咨询等公益服务。

第三十五条 鼓励和支持科学技术研究开发机构、高等院校、企业等建设众创空间、科学技术企业孵化器、大学科学技术园等科学技术成果孵化载体，为科学技术成果转化提供技术研发、中试熟化、工程化开发、技术推广与示范、技术交易与投融资等服务。

第三十六条 市和区（市）县人民政府科学技术主管部门应当指导建立市场化运作的技术转移机构。

技术转移机构为科技成果转化提供技术集成与经营、技术经纪、技术投融资等服务。

第三十七条 本市培育和发展技术交易市场，鼓励创办科学技术中介服务机构，为技术交易提供场所、信息平台以及信息检索、加工与分析、评估等服务。

第三十八条 市和区（市）县人民政府应当制定促进科学技术成果转化的政策，建立科学技术成果转化激励机制。

鼓励科学技术研究开发机构、高等院校建立和完善科学技术成果转化内部管理与奖励制度，制定实施科学技术成果转化收益分配和奖励方案，依法对科学技术成果完成人员和为科学技术成果转化做出贡献的人员进行奖励。

第六章　科学技术交流合作

第三十九条 本市鼓励国外的科学技术研究开发机构、高等院校、企业和个人在本市建立研究开发基地，开展科学技术活动。

鼓励市外的科学技术研究开发机构、高等院校和企业事业单位到本市开展科学技术活动。

鼓励本市的科学技术研究开发机构、高等院校、企业和个人依法与国内外的组织和个人开展合作研究、联合开发科学技术项目。

第四十条 鼓励和支持科学技术研究开发机构、高等院校、企业举办各类国际性科学技术交流、展会和展览等活动，促进国际科学技术创新资源交流交易和国际技术转移。

第四十一条 科学技术研究开发机构、高等院校、企业以及个人可以依法在国外投资，设立科研机构，进行技术研发、产品开发和市场开拓。

第四十二条　鼓励和支持科学技术研究开发机构、高等院校、企业建立多种形式的合作机制，协同开展科学技术创新活动。

第四十三条　鼓励科学技术研究开发机构、高等院校、企业等向社会开放共享科学技术基础设施和科研仪器设备、科学数据、科学技术文献、科学技术报告等科学技术资源。

利用财政性资金设立的科学技术研究开发机构，具备条件的应当向社会公众开放，开展科学技术普及活动，提供科学技术创新公共服务。

第四十四条　市人民政府应当构建军民融合创新体系，健全军民发展的组织管理体系、工作运行体系、政策制度体系，制定军民融合发展规划，优化各类科技创新资源的配置，培育创新示范载体，推动军民融合产业集群发展。

第四十五条　市人民政府应当建设军民协同创新平台，发布军民科学技术成果信息，支持建设军民两用技术中试基地、技术转移中心和产业孵化中心，促进军用和民用科学技术相互衔接、双向转化。

第四十六条　鼓励军工单位和有条件的企事业单位开展多种形式的合作，承接国防科技和武器装备科研生产任务，转化军民两用科技成果，拓展军民融合的深度和范围，推动军民技术融合、产品融合、资本融合和人才融合。

第七章　科学技术投入与保障

第四十七条　市和区（市）县人民政府应当建立健全以政府投入为引导、企业投入为主体、社会资金参与的科学技术经费投入体系，拓宽科学技术创新经费来源渠道，增加全社会科学技术研发和成果转化经费投入。

市和区（市）县人民政府应当将财政性科学技术经费纳入同级财政预算，统筹安排。财政性科学技术经费实行专款专用。财政、审计部门应当对其使用、管理进行监督，开展绩效评估。

鼓励国内外组织和个人在本市设立科学技术基金，资助科学研究和技术开发。

第四十八条　市和区（市）县人民政府应当根据科学技术发展规划和创

新驱动发展需要，设立相应科学技术计划资金，主要用于下列事项：

（一）科学技术创新理论、战略、路径与方法研究，基础研究，前沿技术研究，社会公益性技术研究；

（二）产业关键技术、核心技术和重大新产品、新工艺、新模式的研究开发等创新活动；

（三）重大科学技术成果的转化，包括中间试验、示范、应用和推广；

（四）引导社会资本、金融资本支持科学技术创新；

（五）科学技术基础设施建设，研发机构及重大项目建设，公共科学技术服务平台建设，购买公共服务；

（六）科学技术人才创新创业资助，科学技术创新奖励；

（七）科学技术普及、交流与合作；

（八）知识产权创造、运用、管理、保护及服务；

（九）其他科学技术进步事项。

第四十九条 市和区（市）县人民政府可以通过设立创业投资引导基金、风险补偿资金等方式，引导和支持各类创业投资机构投资初创期科学技术企业和重大科学技术项目。

鼓励和支持金融机构创新科学技术金融服务模式和信贷产品，完善投融资担保机制和风险分担机制，扩大对科技企业信贷投放规模，开展科学技术担保、知识产权质押等投融资服务。

鼓励和支持科技企业引进国内外风险投资、私募股权投资，对接多层次资本市场，拓展证券业务，发挥资本市场对创新融资的支持作用。

第五十条 鼓励和支持保险机构根据市场需求开发科学技术保险新品种，为自主创新提供风险保障，推动科学技术成果的产业化。

第五十一条 本市建立健全首台（套）重大技术装备的奖励、应用补助机制，支持采购创新产品和服务，推动创新产品拓展市场和规模化应用。

第五十二条 市和区（市）县人民政府科学技术主管部门应当建立科学技术创新决策咨询专家信息库，健全和完善科学技术决策和咨询机制，发挥专家在科学技术决策中的咨询作用。

第五十三条 市和区（市）县人民政府科学技术主管部门应当建立健全支持科学技术创新的公共服务平台，为各类创新主体提供管理指导、技能培训、市场开拓、政策咨询、知识产权、技术转移、成果交易、检验检测认证等服务。

第八章 法律责任

第五十四条 市和区（市）县人民政府及其工作部门在科学技术进步工作中有下列行为之一的，责令改正，并视其情节对负有责任的主管人员和其他直接责任人员依法给予处分：

（一）挪用、截留、骗取用于科学技术进步的财政性资金的；

（二）在科学技术行政管理活动中有虚报、瞒报、谎报等弄虚作假行为的；

（三）其他违反科学技术进步相关法律、法规的行为。

第五十五条 科学技术人员在科学技术计划论证、项目申报、奖励评审等工作中弄虚作假、徇私舞弊，其论证、申报、评审结果无效，由有关主管部门记入诚信档案，自该行为被记入诚信档案之日起五年内取消直接责任人员申报科学技术项目或者奖励奖项的资格。

第五十六条 科学技术计划项目评审人或者奖励评审人在科学技术计划项目评审或者奖励评审活动中有下列行为之一的，取消从事评审工作的资格：

（一）提出虚假意见或者泄露评审信息，造成严重后果的；

（二）泄露国家秘密或者泄露企业商业秘密侵犯企业合法权益的；

（三）其他严重违反评审制度的行为。

第五十七条 违反本条例规定的其他行为，法律、法规已有处罚规定的，从其规定。

第九章 附 则

第五十八条 本条例自2017年10月1日起施行。

成都市历史建筑和历史文化街区保护条例

2017 年 4 月 19 日成都市第十六届人民代表大会常务委员会第三十二次会议通过，2017 年 6 月 3 日四川省第十二届人民代表大会常务委员会第三十三次会议批准。

目　录

第一章　总　则

第一条　为了加强对历史建筑和历史文化街区的保护，继承和弘扬优秀历史文化，促进城乡建设与社会文化协调发展，根据《中华人民共和国城乡规划法》、国务院《历史文化名城名镇名村保护条例》等相关法律、法规，结合成都市实际，制定本条例。

第二条　本条例适用于本市行政区域内历史建筑和历史文化街区的认定、保护及其监督管理活动。

历史建筑被依法公布为文物保护单位的，按照文物保护的有关法律、法规的规定执行。

第三条　本条例所称历史建筑，是指经市人民政府确定公布的具有一定保护价值，能够反映历史风貌和地方特色，未依法公布为文物保护单位的建

（构）筑物。

本条例所称历史文化街区，是指经市人民政府确定公布的具有较高历史文化、科学、艺术价值或者较好地体现成都某一历史时期传统风貌、地域文化特征的建筑集中成片，历史遗存较为丰富，传统格局和历史文化风貌保存较为完整的区域。

第四条　市人民政府设立历史建筑和历史文化街区保护委员会（以下简称保护委员会），负责全市历史建筑和历史文化街区保护工作的统筹、协调和指导，研究决定和解决本行政区域内历史建筑和历史文化街区保护的重大问题。

保护委员会的工作规则由市人民政府规定。

第五条　市、区（市）县人民政府应当加强本行政区域内历史建筑和历史文化街区保护工作，将其纳入国民经济和社会发展规划和城乡总体规划。

市房产主管部门负责本市历史建筑保护的监督管理工作，市房产主管部门所属的历史建筑保护管理机构具体承担全市历史建筑保护的专业管理及指导工作。区（市）县房产主管部门负责本辖区历史建筑保护的日常监督管理工作。

市规划主管部门承担本市历史建筑和历史文化街区的规划管理工作，负责全市历史文化街区保护的监督管理工作。区（市）县规划主管部门承担本辖区历史建筑和历史文化街区的规划管理工作，负责辖区内历史文化街区保护的日常监督管理工作。

建设、文化、财政、国土资源、公安、工商、城市管理、林业园林、旅游、民宗等有关部门应当在各自职责范围内做好历史建筑和历史文化街区保护工作。

第六条　本市设立历史建筑和历史文化街区保护专家咨询委员会（以下简称专家咨询委员会）。专家咨询委员会由房产、建设、规划、国土等方面专业人士和历史、文化、建筑、经济、法律等方面专家组成，负责历史建筑和历史文化街区的认定、调整、撤销以及管理、保护等事项的评议工作，为政府相关决策提供咨询意见。

专家咨询委员会的具体组成办法和工作规则由市人民政府规定。

第七条 历史建筑和历史文化街区的保护，应当遵循统一规划、分类管理、有效保护、合理利用的原则。

第八条 市、区（市）县人民政府应当对历史建筑和历史文化街区保护工作给予经费保障，将保护资金列入同级财政预算，专项用于保护和管理。

保护资金其他来源还包括：

（一）单位、个人和其他组织的捐赠；

（二）其他依法筹集的资金。

保护资金的使用和管理应当接受相关部门和社会的监督。

第九条 任何单位和个人都有依法保护历史建筑和历史文化街区的义务，对损坏、破坏历史建筑和历史文化街区的行为有权进行劝阻和举报。

市、区（市）县房产、规划主管部门应当分别建立相应的投诉、举报受理制度，及时查处相关违法行为，并公布处理结果。

第十条 对在历史建筑和历史文化街区保护工作中作出突出贡献的单位和个人，市、区（市）县人民政府应当给予表扬。

第二章 历史建筑和历史文化街区的认定

第十一条 市房产、规划主管部门应当定期组织开展历史建筑和历史文化街区资源的普查工作。

建（构）筑物的所有权人、使用人以及其他单位和个人，均可以向相关部门推荐历史建筑、历史文化街区。

第十二条 建成五十年以上，符合下列条件之一的建（构）筑物，可以认定为历史建筑：

（一）与重大历史事件、革命运动、著名人物或者重要组织机构有关的；

（二）反映优秀历史文化，体现城乡传统风貌、时代特征和地方特色的；

（三）建筑样式、结构、材料、施工工艺和工程技术具有建筑艺术特色和科学研究价值的；

（四）著名建筑设计师的代表作；

（五）产业发展史上具有代表性的作坊、商铺、厂房等；

（六）其他具有重要历史意义、纪念意义或者教育意义的。

建成三十年以上不足五十年，但具有特殊历史、科学、艺术价值或者具有特殊纪念意义、教育意义的建（构）筑物，可以认定为历史建筑。

本市已公布的优秀近现代建筑和工业遗产，符合历史建筑认定条件的，可以认定为历史建筑。

第十三条 中心城区和市人民政府确定的特定区域的历史建筑保护建议名录由市房产主管部门提出，并征求所在地区人民政府，市规划、文化主管部门，建（构）筑物所有权人以及社会公众意见。

其他区域的历史建筑保护建议名录由所在地区（市）县房产主管部门提出，并征求同级规划、文化主管部门，建（构）筑物所有权人以及社会公众意见，经所在地区（市）县人民政府同意，报市房产主管部门。

历史建筑保护建议名录由市房产主管部门提交专家咨询委员会评议后报市人民政府批准、公布。

第十四条 历史文化街区的建议名录，由市规划主管部门会同市文化、房产主管部门研究提出，并征求所在地区（市）县人民政府、社会公众的意见，经专家咨询委员会评议后报市人民政府批准、公布。

第十五条 经批准公布的历史建筑和历史文化街区，以市人民政府名义统一设立保护标志。

市房产主管部门负责设立历史建筑保护标志。

市规划主管部门负责设立历史文化街区保护标志。

任何单位和个人不得擅自设置、移动、涂改或者损毁历史建筑和历史文化街区保护标志。

第十六条 依法公布的历史建筑和历史文化街区不得擅自调整、撤销。因不可抗力导致历史建筑、历史文化街区灭失或者损毁，确已失去保护意义，或者因情况发生重大变化需要调整、撤销的，按照本条例第十三条或者第十四条规定的程序办理。

第十七条 具有保护价值但尚未认定为历史建筑的建（构）筑物，面临被拆除、损毁、破坏等情形的，市、区（市）县房产主管部门发现或者接到报告后，应当立即会同同级规划主管部门到现场进行查勘，经初步确认符合本条例规定的历史建筑认定条件的，可采取相应保护措施，并按照本条例规定程序予以申报、认定。

第三章　历史建筑的保护

第十八条　经批准公布的历史建筑，由市、区（市）县规划主管部门纳入控制性详细规划管理。

第十九条　历史建筑所有权人应当按照本条例规定承担保护责任。

所有权人下落不明或者房屋权属不清的，由承租人、借用人等实际使用人或者代管人承担保护责任。

所有权人可以与建筑实际使用人或者代管人约定保护责任，但不得以此为由拒不承担保护责任。

本条所称所有权人、实际使用人、代管人以下统称为保护责任人。

第二十条　根据历史建筑的历史、科学和艺术价值以及完好程度，对历史建筑实行分类保护，分为特殊保护、重点保护、一般保护。

特殊保护的历史建筑，不得改变建筑的外部造型、饰面材料和色彩，不得改变内部的主体结构、平面布局和重要装饰。

重点保护的历史建筑，不得改变建筑的外部造型、饰面材料和色彩，不得改变内部的重要结构和重要装饰。

一般保护的历史建筑，不得改变建筑的外部造型、色彩和重要饰面材料。

具体分类保护办法由市房产主管部门另行制定。

第二十一条　市、区（市）县房产主管部门应当会同同级规划主管部门，组织编制每处历史建筑的保护图则，经专家咨询委员会评议后，报市人民政府批准公布。保护图则应当包括基本信息、风貌特色、保护范围、建筑测绘图、维护修缮和使用要求、历史环境保护要求等内容。

历史建筑的修缮技术规定由市房产主管部门组织制定并公布。

第二十二条　区（市）县房产主管部门应当根据保护图则，将保护要求书面告知保护责任人。

所有权人转让或者出租历史建筑的，应当将保护要求书面告知受让人或者承租人。

第二十三条 历史建筑应当实施原址保护。任何单位和个人不得擅自迁移、拆除。

因国家重点工程、重大市政基础设施建设等公共利益需要必须迁移异地保护或者拆除的，由所在地区（市）县房产主管部门会同规划等部门制定异地保护或者拆除方案，经所在地区（市）县人民政府同意，提交专家咨询委员会评议后予以公示，报市人民政府批准。

实施异地保护的，建设单位应当按照基本建设程序的规定办理相关手续。建设活动应当符合异地保护方案的要求。实施迁移或者拆除的，建设单位应当做好测绘、信息记录等档案资料的收集整理工作，并报送所在地区（市）县房产主管部门存档。

第二十四条 在历史建筑保护范围内，不得擅自进行新建、扩建、改建活动。确需建造附属设施的，应当符合历史建筑保护图则的要求并履行报批手续。历史建筑所在地规划、建设主管部门在办理相关批准手续前，建设工程设计方案需经同级房产主管部门同意。

第二十五条 禁止在历史建筑上设置户外广告。

在历史建筑上设置招牌、景观照明、空调外机、遮雨（阳）篷等外部设施的，应当符合历史建筑保护图则的要求，并与历史建筑的外部风貌相协调。

第二十六条 禁止下列影响历史建筑安全和景观的行为：

（一）变动建筑主体承重结构、开挖地下空间、危害建筑安全；

（二）违法搭建建（构）筑物；

（三）在建筑内生产、存储、经营易燃、易爆、剧毒、放射性和腐蚀性等危险物品；

（四）违反城市容貌管理规定，堆放、晾晒、吊挂有碍建筑风貌的物品；

（五）其他影响安全和景观的行为。

禁止擅自拆卸建筑构件，在建筑外墙增设、拆改门窗或者改变外墙材料、色彩、外部造型、风格。

第二十七条 历史建筑保护责任人应当按照消防安全制度和要求落实消防安全措施。

第二十八条 区（市）县房产主管部门应当对辖区内历史建筑的保护和使用情况进行巡查，督促、指导保护责任人正确行使权利，履行保护义务，对不符合保护要求的行为予以纠正。

镇（乡）人民政府、街道办事处应当加强对辖区内历史建筑的日常巡查监管工作，对不符合保护要求的行为进行劝阻并及时上报相关主管部门。

居（村）民委员会应当配合做好日常巡查监管工作。

第二十九条 历史建筑面临损毁危险的，保护责任人应当立即组织抢险保护，并向所在地区（市）县房产主管部门报告，区（市）县房产主管部门应当及时指导、协助保护责任人进行抢险保护。

保护责任人不具备保护能力的，市、区（市）县人民政府应当采取措施进行保护。

第三十条 市、区（市）县房产主管部门应当按照各自职责建立历史建筑档案，完善档案管理、查询、利用制度，实现信息共享。

第三十一条 保护责任人应当按照保护图则的要求，负责历史建筑的维护和修缮，并承担相应费用。保护责任人承担修缮费用确有困难的，可以向市或者区（市）县房产主管部门申请给予适当补助。具体补助办法由市房产主管部门会同市财政主管部门另行制定。

区（市）县人民政府或者其授权部门可以与保护责任人签订保护协议，对保护义务、修缮资金承担等事项作出约定。

第三十二条 市、区（市）县房产主管部门应当根据历史建筑的现状和保护要求，组织编制年度保护修缮计划，指导、督促保护责任人和实施机构开展保护整修。

保护责任人应当按照年度保护修缮计划的要求做好相关工作。

第三十三条 市、区（市）县人民政府可以委托历史建筑保护实施单位，具体负责历史建筑的腾迁、收购、置换、整理、保护利用等工作。历史建筑保护实施单位不得以营利为目的。

第三十四条 因历史建筑保护需要，对居民进行腾迁、对房屋实施征收、置换的，应当按照相关法律法规规定予以补偿。

第三十五条 历史建筑实施修缮或者装饰装修，应当符合保护图则的要求。保护责任人应当委托具有相应资质的单位进行设计和施工，修缮或者装饰装修方案应当报所在地区（市）县房产主管部门审查，并按相关规定依法报建。

历史建筑修缮和装饰装修管理办法由市房产主管部门另行制定。

第三十六条 在符合保护图则要求的前提下，鼓励合理利用历史建筑。

鼓励、支持利用历史建筑开展与保护要求相适应的文博创意、休闲旅游、开办展览馆和博物馆以及其他形式的特色经营活动。鼓励、支持公民、法人和其他组织以多种形式投资参与对历史建筑的保护修缮和利用。

第三十七条 禁止擅自改变历史建筑的使用性质。

基于合理利用历史建筑的需要确需改变的，保护责任人应当向所在地区（市）县房产主管部门提出申请，经审查符合保护图则要求的，依法办理相关手续。

第四章　历史文化街区的保护

第三十八条 历史文化街区批准公布后，中心城区和市人民政府确定的特定区域的历史文化街区保护规划由市规划主管部门会同市级相关部门组织编制；其他区域的历史文化街区保护规划由所属辖区的区（市）县规划主管部门会同区（市）县相关部门组织编制。保护规划应当单独编制，并在历史文化街区批准公布后一年内编制完成。

历史文化街区保护规划应当包括下列内容：

（一）评估历史文化价值、特点和存在问题；

（二）确定保护原则和保护内容；

（三）确定保护范围，包括核心保护范围和建设控制地带界线，制定相应的保护控制措施；

（四）提出保护范围内建（构）筑物和环境要素的分类保护整治要求；

（五）提出延续继承和弘扬传统文化、保护非物质文化遗产的内容和规划措施；

（六）提出改善交通等基础设施、公共服务设施、居住环境的规划方案；

（七）提出规划实施保障措施。

第三十九条 经批准公布的历史文化街区，由市、区（市）县规划主管部门将保护规划的相关要求纳入控制性详细规划，报同级人民政府审批后纳入规划管理。

第四十条 历史文化街区的保护，应当保持和延续其传统格局、街巷肌理、空间尺度、历史风貌，保护与之相联系的建（构）筑物等物质形态和环境要素，维护历史文化遗产的真实性和完整性。

第四十一条 历史文化街区范围内的建设工程设计方案，由市、区（市）县规划主管部门依据控制性详细规划进行审查。经组织专家论证并公告后，方可办理建设工程规划许可，公告时间不得少于二十日。其中涉及文物及历史建筑的建设工程设计方案按照文物及历史建筑保护的相关规定进行审定。

第五章 法律责任

第四十二条 违反本条例第十五条第四款规定，擅自设置、移动、涂改、损毁历史建筑、历史文化街区保护标志的，分别由市、区（市）县房产、规划主管部门责令限期改正或者恢复原状；逾期不改正或者不恢复原状的，对单位处一万元以上三万元以下的罚款，对个人处二千元以上一万元以下的罚款。

第四十三条 违反本条例第二十六条规定，实施影响历史建筑安全和景观行为的，由建设、房产、规划、公安、城市管理、环保等部门依法予以处理。

第四十四条 违反本条例规定，未经批准或者未按照批准的要求，在历史建筑、历史文化街区的保护范围内进行施工、建设的，由有关部门按照

《中华人民共和国城乡规划法》、国务院《历史文化名城名镇名村保护条例》等规定予以处罚。

第四十五条 违反本条例规定，未经批准或者未按照批准的要求，对历史建筑进行修缮、装饰装修，迁移、拆除历史建筑的，或者损坏历史建筑的，由市、区（市）县房产主管部门按照国务院《历史文化名城名镇名村保护条例》的相关规定予以处罚。

第四十六条 有关部门及其工作人员违反本条例规定，拒不履行法定职责或者在履行职责过程中玩忽职守、滥用职权、徇私舞弊的，由所在单位或者上级主管机关对负有责任的主管人员和其他直接责任人员依法给予行政处分。

第六章　附　则

第四十七条 本条例自2017年8月1日起施行。2014年12月1日起施行的《成都市历史建筑保护办法》同时废止。

成都市城乡规划条例

2009 年 8 月 12 日成都市第十五届人民代表大会常务委员会第十二次会议通过，2009 年 9 月 25 日四川省第十一届人民代表大会常务委员会第十一次会议批准；

根据 2012 年 8 月 31 日成都市第十五届人民代表大会常务委员会第三十四次会议通过，2012 年 11 月 30 日四川省第十一届人民代表大会常务委员会第三十四次会议批准的《关于修改〈成都市城乡规划条例〉的决定》修正；

2017 年 2 月 24 日成都市第十六届人民代表大会常务委员会第三十一次会议修订，2017 年 6 月 3 日四川省第十二届人民代表大会常务委员会第三十三次会议批准。

目　录

第一章　总　则

第一条　为了促进城乡规划的科学民主制定和严格实施、监督，完善规划治理，优化和拓展城市发展空间，保护生态资源，改善人居环境，加快建设国家中心城市，促进城乡经济社会全面协调可持续发展，根据《中华人民共和国城乡规划法》《四川省城乡规划条例》等法律、法规，结合成都市实际，制定本条例。

第二条 本市行政区域内城乡规划的制定、实施、修改、监督检查以及在城乡规划区内进行建设活动，应当遵守本条例。

本条例所称城乡规划区是指城市、镇（乡）、村的建成区以及因城乡建设和发展需要，应当实行规划控制的区域。本市行政区域内的各类规划区应当相互衔接。

第三条 本市城乡规划包括城市规划、镇（乡）规划和村规划。城市规划、镇（乡）规划分为总体规划和控制性详细规划。

第四条 制定和实施城乡规划，应当遵循下列原则：

（一）坚持规划先行、建管并重、城乡统筹、分类指导，促进经济社会和生态环境全面协调发展；

（二）贯彻绿色、低碳、生态、可持续发展理念，促进资源、能源节约和综合利用；

（三）保障社会公众利益，确保公共空间优先、公共交通优先和公共配套优先；

（四）坚持传承与创新并重，注重延续传统文化和历史遗存，保护有地方特色的历史风貌和自然景观；

（五）维护城乡规划的权威性和稳定性，增强城乡规划的科学性和前瞻性，兼顾城乡规划的可操作性。

第五条 本市城乡规划工作实行统一领导、统一规划、分级管理。开发区、园区等应当统一纳入城乡规划管理。

市人民政府负责全市城乡规划工作。区（市）县人民政府按照规定权限负责本行政区域内的城乡规划工作。镇（乡）人民政府按照规定权限负责本行政区域内的相关城乡规划工作。街道办事处在区（市）县人民政府的领导下配合城乡规划主管部门做好城乡规划管理有关工作。

市城乡规划主管部门负责本市行政区域内的城乡规划管理工作，并在中心城区和市人民政府确定的特定区域设立派出机构承担特定区域的城乡规划管理工作。区（市）县城乡规划主管部门负责本行政区域内的城乡规划管理工作，并在区（市）县人民政府确定的特定区域设立派出机构承担特定区域的城乡规划管理工作。市、区（市）县人民政府有关部门应当按照各自职责，协同做好城乡规划管理相关工作。城乡规划主管部门可以将其职权范围内的镇、乡、村规划管理具体事务委托镇（乡）人民政府实施。

第六条 市和区（市）县人民政府应当设立城乡规划委员会。

城乡规划委员会是本级人民政府进行城乡规划决策的议事协调机构，负责审议本市城乡规划和涉及城乡规划的重大方针政策。城乡规划委员会审议通过的事项，按照法定审批权限由审批机关办理。

城乡规划委员会由政府及相关职能部门代表、专家、人大代表、政协委员和公众代表组成。

城乡规划委员会下设主任委员会、专业委员会和办公室。主任委员会和专业委员会负责其职责范围内事项的审议。办公室设在城乡规划主管部门，负责规划委员会的日常事务。

城乡规划委员会的产生、任期和议事规则由市人民政府另行规定。

第七条 城市总体规划、区（市）县人民政府所在地镇的总体规划、镇（乡）总体规划和村规划的编制，应当以国民经济和社会发展规划为依据，按照下一层次规划服从上一层次规划、专项规划服从总体规划的原则，与土地利用总体规划、环境保护等规划相互衔接，协调一致，有效统筹城乡空间资源配置，构建覆盖全域的空间规划管理体系。

编制城市总体规划、区（市）县人民政府所在地镇的总体规划、镇（乡）总体规划应当按照国家有关法律、法规的规定进行环境影响评价。

第八条 市人民政府应当专门制定全市生态保护规划等相关专项规划，划定城市开发边界，确定生态保护红线。

区（市）县人民政府应当编制区域内的生态专项规划，落实全市生态保护规划要求。

第九条 全市城乡规划应当注重延续传统文化和历史遗存，保护历史建筑和历史文化街区，突出国家历史文化名城特色。按照保护传统格局、整体风貌和文化内涵的要求，优化城市形态，提升城市品质，保持新旧建筑协调。

各级人民政府应当加强都江堰、青城山、武侯祠、杜甫草堂、宽窄巷子等自然和历史文化遗迹的保护工作，严格控制历史文化名城保护名录项目保护范围内各类建设活动，保护自然景观和人文景观。

第十条 中心城区规划的制定和实施应当与完善功能、提升品质、适应人口规模、控制建设强度相结合，推进小街区规制，重点进行服务提升、环境整治、城市修补、生态修复、交通和基础设施改善，建设历史文化与现代文明交相辉映的世界文化名城。

第十一条 区（市）县规划的制定和实施，应当基于资源环境承载力和设施支撑条件，合理确定城市、镇（乡）、村规模和空间布局，促进农村人口向城市梯度转移，引导人口重点向城市新区、都市组团、卫星城集聚，支持卫星城、小城市适度增长，培育特色镇（乡）村组群，完善镇（乡）、村地区公共服务，保护山、田、河、湖、林等自然生态资源，建设自然生态、环境优美的农村地区。

第十二条 新城建设应当科学确定区域功能和产业结构，紧凑布局，集聚发展，同步配套建设基础设施和公共服务设施。

旧城改造应当实行有机更新，优化区域功能结构，增加公共绿地，改善交通条件，增强综合服务能力，提升宜居环境品质。

第十三条 全市城乡规划实行公众参与制度。城乡规划的公众参与包括公众对城乡规划的制定、修改、实施和监督检查的参与。

城乡规划主管部门应当公开城乡规划信息，保障公民、法人和其他组织依法获取规划信息，为公众参与提供便利。

城乡规划主管部门对在规划制定实施中收集的公众意见，有法律、法规和技术规范依据的，应当予以研究处理。

第十四条 各级人民政府应当组织开展规划理论研究，鼓励采用先进技术，增强城乡规划的科学性，加强城乡规划的信息化管理，提高城乡规划实施及监督管理的效能。

第二章 城乡规划的制定与修改

第十五条 总体规划按照下列规定编制：

（一）成都市城市总体规划由市人民政府组织编制；

（二）区（市）县人民政府所在地镇的总体规划，由区（市）县人民政府组织编制，市城乡规划主管部门负责指导；

（三）镇（乡）总体规划，由镇（乡）人民政府组织编制，区（市）县城乡规划主管部门负责指导。

第十六条 总体规划按照下列程序审批：

（一）成都市城市总体规划，由市人民政府报省人民政府审查同意后，报国务院审批。在报省人民政府审查前，应当先经市人民代表大会常务委员会审议；

（二）区（市）县人民政府所在地镇的总体规划，由区（市）县人民政府报市城乡规划委员会审议后，报市人民政府审批。其中，依法由省人民政府批准的总体规划，经成都市人民政府审查同意后，报省人民政府审批。区（市）县人民政府所在地镇的总体规划在报市城乡规划委员会审议前，应当先经人民代表大会常务委员会审议；

（三）镇（乡）总体规划，应当经镇（乡）人民代表大会审议后，由镇（乡）人民政府报区（市）县人民政府审批。区（市）县人民政府审批前，应当书面征求市城乡规划主管部门的意见。

组织编制机关报送审批总体规划，应当将本级人民代表大会常务委员会组成人员或者镇（乡）人民代表大会代表的审议意见以及根据审议意见修改规划的情况一并报送。

第十七条 村规划由镇（乡）人民政府组织编制，报区（市）县人民政府审批。村规划在报送审批前应当先经村民会议或者村民代表会议讨论通过。

第十八条 全市实行乡村规划师制度。乡村规划师是由区（市）县人民政府聘任并派驻镇（乡）的规划技术负责人，负责协助镇（乡）人民政府完成涉及镇（乡）、村规划制定、实施和监督检查的具体工作。

相关区（市）县人民政府负责乡村规划师的统筹管理。

第十九条 历史文化名城（名镇、名村）保护、综合防灾、综合交通、基础设施、公共服务设施、地下空间等专项规划应当依据总体规划编制。专项规划方案编制完成后，城乡规划主管部门应当对专项规划方案是否符合总体规划进行审查。

专项规划按照属地负责原则，分级组织编制。市级和中心城区专项规划，由市级相关行政主管部门会同市城乡规划主管部门联合组织编制，专项规划所涉及五城区、区（市）县人民政府参与编制，各相关行政主管部门负责提出本行业的发展规划和布局要求，市城乡规划主管部门依据城乡规划对空间布局提出意见和建议。区（市）县专项规划，由区（市）县相关行政主管部门会同区（市）县城乡规划主管部门联合组织编制，有关镇（乡）人民政府参与编制，各相关行政主管部门负责提出本行业的布局要求。

法律、法规规定由相关行政主管部门单独组织编制的专项规划，应当征求同级城乡规划主管部门的意见。

按照法律、法规规定应当由国务院或者省人民政府审批的专项规划，市或者区（市）县人民政府在按规定报批前，应当报本级人民代表大会常务委员会审议，常务委员会的审议意见交由市或者区（市）县人民政府研究处理。其他专项规划，经城乡规划委员会审议后，报本级人民政府批准。

专项规划中涉及用地规模不减少而对空间布局进行优化调整的，可以按照控制性详细规划修改的相关程序进行处理。

第二十条　中心城区控制性详细规划由市城乡规划主管部门组织编制；区（市）县人民政府所在地镇的控制性详细规划由区（市）县城乡规划主管部门组织编制；镇（乡）控制性详细规划由镇（乡）人民政府组织编制。规模较小镇（乡）的控制性详细规划，可以与镇（乡）总体规划编制相结合，提出规划控制要求和指标。

居住区公共配套设施应当纳入控制性详细规划并予以公布。

第二十一条　中心城区控制性详细规划经市城乡规划委员会审议后，报市人民政府批准。

区（市）县人民政府所在地镇、镇（乡）控制性详细规划经区（市）县城乡规划委员会审议后，报区（市）县人民政府批准。

控制性详细规划经批准后，报本级人民代表大会常务委员会和上一级人民政府备案。

第二十二条 城市的重要区域、重要地段，应当编制城市设计，塑造景观特色，明确空间结构，组织公共空间，改善城市通风廊道系统，协调交通组织，提出建筑高度、体量、风格等要求。

城市重要区域、重要地段的城市设计经市或者区（市）县人民政府审定后应当纳入控制性详细规划管理。

第二十三条 城乡规划编制单位编制城乡规划应当采取公示、座谈会、论证会等多种方式充分征求公众和专家的意见，对意见进行收集、整理，并在报送组织编制机关的材料中附具意见采纳情况的说明和理由。

第二十四条 市城乡规划主管部门负责拟订本市规划管理技术规定，经市城乡规划委员会审议后，报请市人民政府批准。

区（市）县城乡规划主管部门可以结合工作实际，依据市人民政府批准的规划管理技术规定制定区（市）县的规划管理技术规定，经本级城乡规划委员会审议后报区（市）县人民政府批准。

规划管理技术规定可以包括控制性详细规划中的有关技术规则和指标。

第二十五条 对城市总体规划实施情况的评估分为年度评估和阶段评估。

总体规划的组织编制机关，应当将城市总体规划实施的年度评估情况纳入本级人民政府年度工作报告，同时报上一级城乡规划主管部门备案。

总体规划的组织编制机关，应当至少每五年组织一次有关部门和专家对规划实施情况进行阶段评估，并采取论证会、听证会或者其他方式征求公众意见。

组织编制机关应当将评估报告并附具征求意见的情况提交本级人民代表大会常务委员会或者镇人民代表大会审议，根据审议意见作出评估结果，并将评估结果报告报送本级人民代表大会常务委员会或者镇人民代表大会、上一级城乡规划主管部门和原审批机关备案。

第二十六条 总体规划的规划期限一般为二十年。规划期限内出现法律、法规规定情形应当修改的，方可按照规定的权限和程序进行修改。

修改总体规划的，原组织编制机关应当对原规划的实施情况进行总结，并向原审批机关提出专题报告，经同意后，方可编制修改方案。

总体规划的修改方案，按照本条例第十六条规定的审批程序报批，在报送上一级人民政府批准前，应当先经本级人民代表大会常务委员会审议通过。

第二十七条 村规划的修改，由镇（乡）人民政府组织编制修改方案，经村民会议或者村民代表会议依法讨论同意后，报区（市）县人民政府审批。

第二十八条 市级、中心城区专项规划确需修改的，由市级相关行政主管部门会同市城乡规划主管部门进行论证、编制修改方案。

区（市）县专项规划确需修改的，由区（市）县相关行政主管部门会同区（市）县城乡规划主管部门组织论证、编制修改方案。

专项规划的修改方案，按照本条例第十九条规定的程序报批。

第二十九条 中心城区控制性详细规划确需修改的，由市城乡规划主管部门依职责组织论证、编制修改方案，或者由五城区及其他相关区（市）县人民政府向市城乡规划主管部门提出申请，市城乡规划主管部门组织论证、编制修改方案。

中心城区控制性详细规划的修改，涉及专项规划空间布局优化调整的，由市级相关行政主管部门提出书面意见，市城乡规划主管部门组织论证、编制修改方案。

中心城区以外的区（市）县控制性详细规划的修改，按照国家有关规定执行。

对含有居住区公共配套设施的建设用地进行规划修改的，应当优先保证落实公共配套设施建设用地。

控制性详细规划的修改方案，按本条例第二十一条规定的审批程序报批。

控制性详细规划修改的具体办法由市人民政府另行制定。

第三十条 总体规划、村规划、专项规划和控制性详细规划的草案以及修改方案，在报送批准前，组织编制机关应当进行评估、论证或者听证，并予以公告。控制性详细规划修改方案的公告时间不得少于十日，其他草案和修改方案的公告时间不少于三十日。公告期间收集的公众意见，组织编制机关应当归纳研究后予以处理。

总体规划、村规划、专项规划和控制性详细规划的草案以及修改方案自批准后二十日内应当向社会公布，运用政府网站和固定场所进行公布的，公布的时间不得少于三十日，在规划期内应当纳入政府信息公开渠道，向社会公开。但法律、法规规定不得公开的内容除外。

城乡规划信息公开的具体办法由市人民政府另行制定。

第三章　城乡规划的实施

第三十一条　在城乡规划区内进行各项建设的，应当遵循先规划后建设的原则，符合城乡规划，服从规划管理。

第三十二条　本市对城乡规划区内的建筑和市政类工程实行规划许可制度。

建设单位或者个人在城乡规划确定的建设用地上进行建筑、市政类工程建设的，应当按照城乡规划主管部门提出的规划条件进行方案设计，申请建设工程规划许可，按照建设工程规划许可的内容进行建设。

城乡规划主管部门应当在规划条件中明确规划许可的管理要素以及管理要求。相关行业对规划管理有要求的，由相关行业主管部门依据法律法规提出要求，城乡规划主管部门将其纳入规划条件附件中，该部分内容由相关行业主管部门负责审批及监管。

在自然保护区、地质遗迹保护区、森林公园、世界遗产地和风景名胜区等范围内进行各项建设的，申请规划许可前，应当先经其行政主管部门审核同意。在生产或储存危险化学品的化工园区编制规划、审批建设项目前，应当由安全生产监督管理部门出具意见。涉及有色金属冶炼、石油化工、化工、焦化、电镀、制革等行业企业用地，以及拟变更为居住、商业、教育、医疗、养老服务等用途的上述企业用地和重度污染农用地编制规划，应当以土壤环境状况调查评估结果为前提，充分考虑污染地块的环境风险，合理确定土地用途。

城乡规划主管部门不得违反城乡规划作出规划许可。

第三十三条 居住区公共配套设施的建设，应当与居住人口规模和需求相适应，并与住宅同步规划、同步建设、同步投入使用。其中，垃圾转运站、电力基础设施、通信设施、公共厕所、再生资源回收站等设施应当提前建设。

含有居住区公共配套设施的建设项目，建设单位在进行建设工程方案设计和报建时，应当在建设工程设计方案总平面图上标注该地块公共配套设施的位置，同时单列公共配套设施的相关规划指标。城乡规划主管部门会同建设主管部门负责审核居住区公共配套设施的具体类别、建设规模、设置位置等。

任何单位和个人不得缩小居住区公共配套设施的建设规模、降低建设标准、改变其使用性质。

第三十四条 按照国家规定需要有关部门批准或者核准的建设项目，以划拨方式提供国有土地使用权的，建设单位在报送有关部门批准或者核准前，应当持土地行政主管部门拟划拨意见函向城乡规划主管部门申请核发选址意见书。

由国家和省有关部门批准、核准的建设项目的选址、选线方案，建设单位持法律、法规及相关文件规定的资料提交市城乡规划主管部门审查后，向省人民政府城乡规划主管部门申请核发选址意见书。

本条第一款规定以外的建设项目不需要申请选址意见书。

第三十五条 以划拨方式取得国有土地使用权的建设项目，建设单位在取得选址意见书后，应当持用地位置界限图向城乡规划主管部门申请核发规划条件和建设用地规划许可证。城乡规划主管部门应当依据控制性详细规划及规划管理技术规定，提出规划条件，确定用地位置、范围、面积，办理规划用地红线图，并核发建设用地规划许可证。

第三十六条 以出让方式提供国有土地使用权的建设项目，在国有土地使用权出让前，城乡规划主管部门应当依据控制性详细规划及规划管理技术规定，经土地行政主管部门权属调查后，提出规划条件，作为国有土地使用权出让合同的组成部分。

建设单位在签订国有土地使用权出让合同后，应当及时向城乡规划主管部门申领建设用地规划许可证。

第三十七条 建设单位或者个人在城市、镇（乡）规划区内已经取得国有土地使用权，需要进行工程重建、改建、扩建等建设活动的，应当持建设项目批准、核准、备案文件、用地位置界限图、国有建设用地使用权证书或不动产权证书等有关文件，向市或者区（市）县人民政府城乡规划主管部门提出建设用地规划许可申请，由市或者区（市）县人民政府城乡规划主管部门依据控制性详细规划重新核定规划条件，并办理建设用地规划许可证变更。

第三十八条 城市规划区、镇（乡）场镇规划区内集体建设用地上的建设项目，城乡规划主管部门应当依据控制性详细规划确定的用地性质等要求，提出规划条件。

建设单位或者个人利用城市规划区、镇（乡）场镇规划区内集体建设用地进行建设的，按照规定取得规划条件后，应当向城乡规划主管部门申请核发建设用地规划许可证。

第三十九条 地下空间的开发利用，应当符合地下空间规划，按照整体规划、分层利用、综合开发、公共利益优先、轨道交通引领的原则，优先安排防灾减灾、人民防空建设、市政设施、公共服务设施的使用，依法办理用地、规划审批手续。鼓励地铁站点周边范围内地下公共通行系统设施的互连互通。

结建地下空间建设工程与地面建设工程一并办理规划许可，单建地下空间建设工程单独办理规划许可，分层开发的地下空间建设工程分层办理规划许可。

第四十条 城市、镇（乡）场镇规划区内建设用地以及村规划区内国有建设用地上的建设项目，建设单位或者个人应当向城乡规划主管部门申请核发建设工程规划许可证。其中，建筑项目应当在取得土地使用权证书、不动产权证书、土地出让合同或者划拨决定书等使用土地的证明文件后申请。作为申请材料的建设工程设计方案中载明的相关技术经济指标应当符合规划条件。

城乡规划主管部门对建设项目的规划条件进行变更或者重新核发的，建设单位或者个人应当签订国有土地使用权出让合同变更协议或者重新签订国有土地使用权出让合同，持使用土地的证明文件向城乡规划主管部门申请办理建设工程规划许可证。

城乡规划主管部门应当依据规划条件对建设工程设计方案进行审查，建设工程设计方案符合规划条件且申请具备相关许可要件的，核发建设工程规划许可证。

建设单位或者个人应当按照规划许可进行建设。

第四十一条 开发利用公共空间的地下空间和地上空间应当依法办理土地利用、规划许可等相关审批手续。对规划未明确的跨（穿）越公共空间的地下、架空非公共设施，应当由城乡规划主管部门会同相关部门组织论证。

第四十二条 建筑项目建设工程规划许可管理要素分为规定性要素和指导性要素。

规定性要素包括：用地范围、用地面积、用地性质、容积率、建筑密度、绿地率、建筑高度、建筑退界、公共设施配套要求、项目设施配套要求、地下空间开发利用要求等。

指导性要素包括：建筑体量、风格、风貌、色彩和景观环境要求等。

第四十三条 以划拨方式提供国有土地使用权的建设项目，建设单位应当在取得选址意见书二年内，向城乡规划主管部门申请并取得建设用地规划许可证。

以划拨或者出让方式提供国有土地使用权的建设项目，建设单位应当在取得建设用地规划许可证二年内，向城乡规划主管部门申请并取得建设工程规划许可证。

未在规定期限内取得建设用地规划许可证的，选址意见书自行失效；未在规定期限内取得建设工程规划许可证的，建设用地规划许可证自行失效。

第四十四条 符合本条例第四十条规定的，建设单位应当在取得建设工程规划许可证一年内，向建设主管部门申请并取得施工许可证。未在规定期限内取得施工许可证的，建设工程规划许可证自行失效。

第四十五条 村规划区内集体建设用地上的建设项目，城乡规划主管部门应当依据乡村规划，提出地块的规划条件。

建设单位或个人在取得集体建设用地使用权批准文件后，应当依法申请乡村建设规划许可证，并按照法律、法规有关规定办理许可手续。

在村规划区内使用原有宅基地进行农村村民住宅建设的，应当依法申请乡村建设规划许可证，并按照法律、法规有关规定办理许可手续。

第四十六条 各类规划许可证件确需延期的，建设单位或者个人应当于有效期届满三十日前，向原审批机关申请办理延期手续。延期不得超过两次，每次不得超过一年。

第四十七条 城乡规划主管部门应当将核发的选址意见书、建设用地规划许可证、建设工程规划许可证、临时建设工程规划许可证、乡村建设规划许可证的许可内容在七个工作日内通过政府网站予以公布，法律法规另有规定的除外。

建设单位应当在施工现场等场所设立公示牌，公示牌对外公布的内容应当与城乡规划主管部门批准的建设工程设计方案总平面图一致。

第四十八条 规划条件确需变更的，应当向城乡规划主管部门提出申请。变更内容不符合控制性详细规划及规划管理技术规定的，城乡规划主管部门不得批准；变更内容符合控制性详细规划及规划管理技术规定的，城乡规划主管部门应当及时将拟依法变更的规划条件通报同级土地行政主管部门，土地行政主管部门依法办理相关土地使用手续后，城乡规划主管部门应当将依法变更后的规划条件予以公示。

因公共利益需要修改城乡规划，确需变更规划条件的，城乡规划主管部门应当在依法变更规划条件之前，依照本条例第三十条的规定征求专家和公众的意见。因依法变更规划条件给被许可人合法权益造成损失的，行政机关应当依法给予补偿。

第四十九条 建设工程设计方案总平面图经依法许可后不得随意修改。

建设单位或者个人有下列情形之一，确需对建设工程设计方案总平面图进行修改的，经城乡规划主管部门审查符合要求可以办理变更手续：

（一）因公共利益需要增加交通、市政等设施的；

（二）施工图设计阶段因技术需要涉及调整规划管理内容的；

（三）调整修改内容符合规划条件，且利害关系人无异议的；

（四）法律、法规规定的其他情形。

建设单位或者个人因前款规定的情形要求修改的，城乡规划主管部门应当予以公告，征求利害关系人的意见。对有重大分歧的，城乡规划主管部门应当采取论证会、听证会等方式，听取利害关系人的意见。经审查符合规划条件的，可以变更规划许可。

第五十条 建设单位或者个人依法取得的选址意见书、建设用地规划许可证、建设工程规划许可证和乡村建设规划许可证及其附图、附件，受法律保护。

规划许可依据的批准文件被撤销、撤回或者吊销的，城乡规划主管部门应当注销相应的规划许可。

为了公共利益的需要，城乡规划主管部门可以依法变更或者撤回已作出的规划许可，在变更或者撤回前应当征求专家和利害关系人的意见。因变更或者撤回规划许可给被许可人合法权益造成损失的，行政机关应当依法给予补偿。

第五十一条 建设单位或者个人向城乡规划主管部门申请规划许可，应当如实提交有关材料、反映真实情况，对其申报材料的真实性、准确性和合法性负责，并承担相应的法律责任。

勘察、建筑设计单位对技术图纸的真实性、准确性和合法性负责，并承担相应的法律责任。

第五十二条 城乡规划的实施应当加强对文物保护单位、历史建筑和历史文化街区的保护。

对文物保护单位保护范围及其建设控制地带内的各项建设，城乡规划主管部门在依据保护规划提出规划条件前，应当征求文物主管部门的意见。

对历史建筑保护范围内的各项建设，城乡规划主管部门在办理相关批准手续前，其建设工程设计方案须经同级房产主管部门同意。

历史文化街区保护范围内的建设工程设计方案须经专家论证并公告后，

方可办理规划许可手续，公告的时间不得少于二十日。

第五十三条 在城市、镇（乡）规划区内因公益事业、基础设施配套、规划实施等需要进行临时建设的，建设单位或者个人应当向城乡规划主管部门申请核发临时建设工程规划许可证。需办理临时用地的，依法申请临时用地审批。影响控制性详细规划的实施以及交通、市容、公共安全等的，城乡规划主管部门不得批准。

占用公共空间的临时建设，使用期限不得超过该建设项目工期。

第五十四条 临时建设工程应当依照规划许可建设和使用，不得转让或者改变使用性质。

临时建设工程应当在许可的使用期满后自行拆除。在使用期限内，因城乡建设需要拆除的，建设单位或者个人应当在规定期限内无条件自行拆除。

第五十五条 建设工程竣工后，建设单位或者个人应当向城乡规划主管部门提交竣工实测图、竣工测绘面积报告和建设工程档案认可文件等资料，申请规划核实。

城乡规划主管部门受理申请后，应当对建设工程是否符合规划条件、建设工程规划许可证及其附图、附件的内容进行核实。经核实，符合要求的，应当自受理申请之日起二十日内核发建设工程规划核实意见书。未经核实或者经核实不符合规划要求的，不予核发建设工程规划核实意见书。

建设单位或者个人在申请办理规划核实手续时，应当将建设工程的规划实施情况予以公示。公示时间不得少于七日。

第五十六条 区（市）县城乡规划主管部门或者镇（乡）人民政府应当结合乡村规划工作实际，按各自许可范围对办理了乡村建设规划许可证的竣工项目是否符合乡村建设规划许可予以核实。经核实符合乡村建设规划许可的，核发乡村建设规划核实意见书；未经核实或者经核实不符合乡村建设规划许可的，不予核发乡村建设规划核实意见书。

第五十七条 不动产登记应当按照建设工程规划许可证及其附图和附件、乡村建设规划许可证、建设工程规划核实意见书、乡村建设规划核实意见书载明的用途予以登记。

第五十八条　新建、改建、扩建道路、桥梁、隧道、地铁等市政工程，相关市政管线敷设应当同步规划、同步审批、同步实施、同步验收。同类管线宜同槽同井。

因公共利益需要设置的泵站、阀室、地铁出入口等小型市政及交通配套设施可以结合规划道路、河道、绿地等进行建设，具体办法可由市人民政府另行制定。为开发项目配套的市政设施不应当占用城市公共空间。

第五十九条　中心城区和其他有条件的区域，新建的各类管线应当敷设于地下空间，已建的架空高压电力、路灯照明、通讯、广播电视、燃气等管线应当逐步改造为地下敷设。

第四章　城乡规划监督检查

第六十条　市和区（市）县人民政府应当向本级人民代表大会常务委员会定期报告总体规划的实施情况，接受监督。

镇（乡）人民政府应当向镇（乡）人民代表大会报告总体规划的实施情况，接受监督。

第六十一条　市人民政府及其城乡规划主管部门应当对区（市）县人民政府及其城乡规划主管部门实施本条例的情况进行监督检查。区（市）县人民政府应当对区（市）县城乡规划主管部门和镇（乡）人民政府实施本条例的情况进行监督检查。镇（乡）人民政府应当对本行政区域内的规划实施情况进行监督。

市人民政府应当建立城乡规划督察制度，对区（市）县人民政府及其城乡规划主管部门制定和实施城乡规划的情况进行监督检查。

市城乡规划主管部门可以利用遥感监测辅助城乡规划督察工作，对城乡规划督察中发现的问题核发督察建议意见。

第六十二条　违法制定或者修改城乡规划的，由上级人民政府责令改正。

城乡规划主管部门违法作出规划许可的，上级人民政府城乡规划主管部门有权责令其撤销或者直接撤销规划许可。因撤销规划许可给当事人合法权益造成损失的，由原许可部门依法给予赔偿。

城乡规划主管部门发现未取得规划许可或者违反规划许可进行建设而不予查处的，由本级人民政府或者上级人民政府城乡规划主管部门责令其作出处理决定，或者责令限期改正。

第六十三条 城乡规划主管部门应当接受社会公众对城乡规划制定、修改和实施的监督。

城乡规划监督检查的情况和处理结果应当依法公开，供公众查阅和监督。

第六十四条 任何单位和个人有权向城乡规划主管部门或者其他有关部门举报或者控告违反城乡规划的行为。城乡规划主管部门或者其他有关部门对举报或者控告，应当及时受理并依法处理。

城乡规划主管部门或者受理举报的有关部门不得泄露举报人的身份信息。

第六十五条 市城乡规划主管部门负责对全市城乡规划的制定、实施情况进行监督管理。

五城区及其他区（市）县人民政府负责组织本行政区域内违法建设的制止、拆除等查处工作，并对市城乡规划主管部门作出的相关规划督查建议意见予以研究和依法处理。

五城区及其他区（市）县违法建设查处纳入行政处罚权相对集中管理的，按照市人民政府有关规定执行。

第五章　法律责任

第六十六条 有下列行为之一的，由上级人民政府责令改正，通报批评，依法追究责任：

（一）应当编制城乡规划而未按照本条例规定编制，或者擅自下放城乡规划编制、审批、修改权限的；

（二）未按照本条例规定的程序组织编制、审批、修改城乡规划的；

（三）委托不具有相应资质等级的单位编制、修改城乡规划的。

第六十七条 城乡规划主管部门有下列行为之一的，由有权机关依据职权责令改正，通报批评，依法追究责任：

（一）超越职权或者对不符合规定条件的申请人核发选址意见书、建设用地规划许可证、建设工程规划许可证、乡村建设规划许可证、建设工程规划核实意见书的；

（二）对符合规定条件的申请人未在规定期限内核发选址意见书、建设用地规划许可证、建设工程规划许可证、乡村建设规划许可证、建设工程规划核实意见书的；

（三）未按法定程序核发选址意见书、建设用地规划许可证、建设工程规划许可证、乡村建设规划许可证、建设工程规划核实意见书的；

（四）未按规划核发选址意见书的；

（五）未按控制性详细规划及规划管理技术规定或者乡村规划提出规划条件的；

（六）批准变更的规划条件不符合控制性详细规划及规划管理技术规定的、未将依法变更后的规划条件予以公示的；

（七）未按规划条件审查建设工程设计方案，核发建设工程规划许可证的；

（八）未依法对建设工程规划许可证、乡村建设规划许可证的许可内容予以公布的；

（九）同意修改建设工程规划许可证、乡村建设规划许可证及其附图、附件前，未按规定听取利害关系人意见的；

（十）未依据规划条件、建设工程规划许可证及其附图、附件，对建设工程予以核实的；

（十一）办理规划许可手续前，未对历史文化街区保护范围内的建设工程设计方案组织专家论证并公告的。

第六十八条 有关部门或者单位对未取得城乡规划相关证书或者违法进行建设活动的建设项目，办理相关手续或者提供相关服务，且有下列情形之一的，由有权机关依据职权责令改正，通报批评，依法追究责任：

（一）对未取得选址意见书的建设单位核发建设项目批准或者核准文件的；

（二）在国有土地使用权出让合同中未确定规划条件，或者擅自修改国有土地使用权出让合同中规划条件的。对未取得建设用地规划许可证的建设单位划拨国有土地使用权的；

（三）不依据经审定的建设工程设计方案总平面图及其附图、附件审查建设工程施工图的。对未取得建设工程规划许可证或者乡村建设规划许可证以及未按照建设工程规划许可证或者乡村建设规划许可证的要求核发施工许可证的；

（四）未按照户外广告设置规划批准设置广告的；

（五）对未取得建设工程规划核实意见书的建设工程予以竣工验收备案的。对未取得建设工程规划核实意见书的建设工程或者未按照建设工程规划许可证及其附图和附件、建设工程规划核实意见书的相关内容核发不动产权证书的；

（六）对未按照规划许可载明的建筑性质向申请人核发有关许可或者营业执照的；

（七）对当事人不执行责令停止建设或者限期拆除的决定，不按要求及时采取查封施工现场、实行强制拆除等措施的；

（八）对政府投资的市政工程、建筑工程等，未经规划核实并报送竣工验收资料，予以审计的；

（九）对违法建设提供水、电、气、通讯等相关服务的。

第六十九条 城乡规划编制、勘测单位采取隐瞒真实情况等手段编制城乡规划、进行勘测，或者提供虚假城乡规划、勘测成果的，由城乡规划主管部门责令限期改正，处以合同约定的规划编制、勘测费一倍以上二倍以下的罚款；情节严重的，建议原发证机关降低其资质等级或者吊销其资质证书。在原发证机关作出处理决定之前，城乡规划主管部门可以责令其中止在本市的执业活动。

第七十条 建设单位或者个人隐瞒真实情况、提供虚假材料或者以其他非法手段申请规划许可或者建设工程规划核实意见书的，由城乡规划主管部门给予警告，处以合同约定的勘测、建筑设计费一倍以上二倍以下的罚款。尚未取得规划许可或者建设工程规划核实意见书的，城乡规划主管部门应当作出不予规划许可或者不予规划核实的决定；已取得规划许可或者建设工程规划核实意见书的，应当予以撤销，但因撤销可能对公共利益造成重大损害的除外。

勘测、建筑设计单位提供虚假勘测、建筑设计成果的，由城乡规划主管部门建议原发证机关降低其资质等级或者吊销其资质证书。在原发证机关作出处理决定之前，城乡规划主管部门可以责令其中止在本市的执业活动。

第七十一条 建设单位违反本条例第四十七条第二款的规定，未在施工现场等场所设置建设工程规划公示牌的，由城乡规划主管部门责令限期改正；逾期不改正的，处以一万元以上三万元以下罚款。

第七十二条 未取得建设工程规划许可证进行建设，尚可采取改正措施消除对规划实施的影响的，由城乡规划主管部门责令停止建设，限期改正，完善手续，处以建设工程造价百分之五以上百分之十以下的罚款；无法采取改正措施消除影响的，限期拆除，不能拆除的，没收实物或者违法收入，可以并处建设工程造价百分之五以上百分之十以下的罚款。

未取得规划审批手续在规划区内擅自新建、改建、扩建配套设施，符合下列条件的，城乡规划主管部门可以依法从轻或者减轻处罚：

（一）经核实未侵害公共利益；

（二）业主大会和利害关系人同意；

（三）符合管理规约的约定；

（四）符合控制性详细规划和技术管理规定的要求。

第七十三条 未按照建设工程规划许可证或者乡村建设规划许可证进行建设的，由城乡规划主管部门责令停止建设；尚可采取改正措施消除对规划实施的影响的，限期改正，处以违法建设工程造价百分之五以上百分之十以下的罚款，其中，未增加建筑面积的或者无法计算工程造价的，处以五万元以上二十万元以下的罚款；无法采取改正措施消除影响的，限期拆除，不能拆除的，没收实物或者违法收入，可以并处该违法建设工程造价百分之五以上百分之十以下的罚款。

建设工程设计方案的图形表达不符合相关技术经济指标造成实际建设不

符合许可要求的，建设单位或者个人承担前款规定的法律责任和其他相关法律责任。

第七十四条 在建筑物投入使用后擅自对建筑物外轮廓尺寸进行改变或者占用、影响城市公共空间的，依法按照违法建设予以查处。建筑物内部空间的利用等行为违反其他法律法规的由其他相关主管部门依照相关法律法规予以查处。

第七十五条 在村规划区内未取得乡村建设规划许可证或者未按照乡村建设规划许可证要求进行建设的，由区（市）县人民政府城乡规划主管部门或者镇（乡）人民政府责令停止建设、限期改正；逾期不改正的，依法拆除。

第七十六条 有下列行为之一的，由城乡规划主管部门责令限期拆除，可以并处临时建设工程造价百分之五十以上一倍以下的罚款：

（一）未按照临时建设工程规划许可进行临时建设的；

（二）擅自改变临时建筑物使用性质的；

（三）临时建筑物超过许可期限不自行拆除的。

第七十七条 对无法确定当事人的违法建设，城乡规划主管部门可以通过公共媒体以及在违法建设所在地，对强制拆除决定书予以公告。自公告发出之日起六十日后仍无法确定当事人的，市或者区（市）县人民政府可以责成有关部门实施强制拆除或者没收。

第七十八条 城乡规划主管部门作出责令停止建设或者限期拆除的决定后，当事人不停止建设或者逾期不拆除的，市或者区（市）县人民政府可以责成有关部门依法采取查封施工现场、强制拆除等措施。

第七十九条 对正在进行的违法建设，责令停止建设而不停止的，城乡规划主管部门可以扣押其施工设施设备；违法建设引发或者可能引发突发事件的，城乡规划主管部门应当会同相关部门，采取应急或者临时措施，强行制止违法建设，消除违法结果。

第八十条 城乡规划主管部门应当将作出的行政处罚信息在七个工作日内通过政府网站对社会公开。

第六章　附　则

第八十一条　市人民政府可以根据本条例，制定相关的配套实施规定。

第八十二条　本条例中下列用语的含义：

（一）中心城区，是指锦江区、青羊区、金牛区、武侯区、成华区等五城区以及其他区（县）伸入外环路（绕城高速公路）外侧五百米生态保护带以内的地区。

（二）公共空间，是指规划道路、铁路、广场、公园绿地、市政基础设施走廊、河道等区域。

（三）镇（乡）场镇规划区，是指镇（乡）人民政府驻地的建成区和因规划建设需要应当控制的区域。

（四）小街区规制，是指由城市主干道围合、中小街道分割、路网密度较高、土地功能复合、公共交通完善、公共服务设施就近配套的开放街区模式。

（五）非公共设施，是指开发用于商业、金融、旅游、娱乐、项目停车场等经营性用途的工程。

（六）结建地下空间，是指同一主体结合地面建筑一并开发建设的地下空间。

（七）单建地下空间，是指独立开发建设的地下空间，公共空间的地下空间视为单建地下空间。

（八）居住区公共配套设施，是指在被城市道路或者自然分界线所围合的居住生活聚居地配建的与居住人口规模相适应、满足该区居民物质与文化生活所需的公共服务设施。

第八十三条　本条例自2017年8月1日起施行。

成都市燃气管理条例

1996年11月21日成都市第十二届人民代表大会常务委员会第二十一次会议通过，1997年2月21日四川省第八届人民代表大会常务委员会第二十五次会议批准；

根据2006年6月8日成都市第十四届人民代表大会常务委员会第二十五次会议通过，2006年9月28日四川省第十届人民代表大会常务委员会第二十三次会议批准的《成都市人民代表大会常务委员会关于修改〈成都市燃气管理条例〉的决定》修正；

2017年2月24日成都市第十六届人民代表大会常务委员会第三十一次会议修订，2017年6月3日四川省第十二届人民代表大会常务委员会第三十三次会议批准。

目　录

第一章　总　则

第一条　为了加强燃气管理，保障燃气供应，规范燃气市场经营秩序，维护燃气用户和燃气经营者的合法权益，促进燃气事业的发展，保障公民人身、财产安全和公共安全，根据《城镇燃气管理条例》以及有关法律、法规，结合成都市实际，制定本条例。

第二条 本条例所称燃气，是指作为燃料使用并符合国家相关标准的气体燃料，包括天然气（含煤层气）、液化石油气、人工煤气等。

第三条 本市行政区域内燃气规划与建设、燃气经营与服务、燃气设施保护、燃气使用、燃气安全管理与应急保障等相关活动，适用本条例。

天然气、液化石油气的生产和进口，城市门站以外的天然气管道输送，燃气作为工业生产原料的使用，沼气、秸秆气的生产和使用，不适用本条例。

第四条 燃气管理工作应当坚持统筹规划、保障安全、确保供应、规范服务、节能高效的原则。

第五条 市人民政府燃气管理部门负责全市燃气管理工作。

区（市）县人民政府燃气管理部门负责本辖区内的燃气管理工作。

发改、公安、交通、环保、工商、质监、规划、安监、建设、商务和城管等有关部门依法在各自职责范围内负责有关燃气管理工作。

镇（乡）人民政府、街道办事处协助有关部门开展辖区内的燃气管理相关工作。

第六条 燃气经营者应当依法经营，诚实守信，接受社会公众的监督。

燃气经营者的经营行为纳入社会信用体系，依法通过国家企业信用信息公示系统公示。

第七条 市和区（市）县人民政府有关部门应当建立健全燃气安全监督管理制度，宣传普及燃气法律、法规和安全知识，提高全民的燃气安全意识。

第八条 鼓励、支持燃气科学技术研究，推广使用安全、节能、高效、环保的燃气新技术、新工艺和新产品。

第九条 市和区（市）县人民政府应当采取措施推广燃气使用，鼓励和支持天然气分布式能源发展。

市和区（市）县人民政府有关部门应当采取措施推进公共汽车、出租车、市政环卫车等车辆使用天然气。

第二章　规划与建设

第十条　燃气管理部门应当会同有关部门，依据国民经济和社会发展规划、土地利用总体规划、城乡规划以及上一级燃气发展规划，编制本行政区域内的燃气发展规划，报同级人民政府批准后组织实施，并报上一级人民政府燃气管理部门备案。

管道燃气经营者应当根据燃气发展规划编制经营区域内的燃气设施建设计划。

在已经规划建设地下综合管廊的区域，市政燃气设施应当入廊。

第十一条　列入城乡规划的燃气设施建设用地，未经法定程序批准不得改变土地使用性质和用途。

进行新区建设、旧区改造建设，应当按照城乡规划和燃气发展规划配套建设燃气设施或者预留燃气设施建设用地。

第十二条　区（市）县人民政府应当统筹城乡燃气发展，结合小城镇和新农村建设分步骤、有计划地推进城乡燃气管网建设。

燃气经营者应当依据已经划定的燃气经营范围对具备供气条件的农村集中居住区实施管道供气。

第十三条　在本市燃气管网覆盖范围内，新建住宅小区、保障性住房、农村集中居住区以及其他需要使用燃气的建设项目，应当配套建设燃气设施。

第十四条　承担燃气工程勘察、设计、施工、监理的单位，应当取得相应的资质证书并在资质等级许可的范围内从事建设活动。

建设燃气工程应当执行国家和地方有关燃气工程勘察、设计、施工、监理的技术标准和技术规范。

第十五条　燃气设施建设项目应当以城乡规划、燃气发展规划以及其他相关规划为依据，按照基本建设程序实施。

燃气工程建设、勘察、设计、施工、监理单位依法对燃气建设工程质量负责。

燃气工程竣工后，建设单位应当按法定程序组织验收，验收合格后，方可交付使用；未经验收或者验收不合格的，不得交付使用。

建设单位应当自市政燃气工程竣工验收合格之日起十五日内，将竣工验收情况报燃气管理部门备案。

第三章　经营与服务

第十六条　燃气经营依法实行许可证制度。

从事管道燃气、压缩天然气、液化天然气等经营的，向市人民政府燃气管理部门申请燃气经营许可证。

从事液化石油气经营的，向区（市）县人民政府燃气管理部门申请燃气经营许可证。

第十七条　管道燃气经营依法实行特许经营制度。

任何个人不得从事管道燃气经营活动。

第十八条　从事瓶装液化石油气经营的，应当建立具备接卸、储存、灌装、残液回收等完整生产工艺的液化石油气储配站。

瓶装液化石油气供应站应当由取得燃气经营许可证的燃气经营者设立。

第十九条　燃气经营者应当建立健全燃气质量检测制度，确保向燃气用户持续、稳定、安全的供应符合国家标准的燃气。

第二十条　燃气经营者应当建立与其供应规模、燃气用户数量相适应、可持续改进的服务规范体系，按照国家燃气服务标准提供服务。

燃气经营者应当遵守下列规定：

（一）指导用户安全用气、节约用气，并对燃气设施定期进行安全检查；

（二）公示业务流程、服务承诺、收费标准和服务热线等信息；

（三）在规定或者合同约定的时限内，办理用户在使用燃气时对质量、维修和安全等方面的诉求。

第二十一条　燃气经营者不得有下列行为：

（一）燃气经营者拒绝向市政燃气管网覆盖范围内符合用气条件的单位或者个人供气；

（二）倒卖、抵押、出租、出借、转让、涂改燃气经营许可证；

（三）未履行告知义务擅自停止供气、调整供气量，或者未经审批擅自停业或者歇业；

（四）向未取得燃气经营许可证的单位或者个人提供用于经营的燃气；

（五）在不具备安全条件的场所储存燃气；

（六）要求燃气用户购买其指定的产品或者接受其提供的服务；

（七）擅自为非自有气瓶充装燃气；

（八）销售未经许可的充装单位充装的瓶装燃气或者销售充装单位擅自为非自有气瓶充装的瓶装燃气；

（九）使用未取得危险化学品运输资质的车辆运输瓶装燃气；

（十）冒用其他企业名称或者标识从事燃气经营、服务活动。

第二十二条　管道燃气经营者因施工、检修等原因需要临时调整供气量或者暂停供气的，应当将作业时间和影响区域提前四十八小时予以公告或者书面通知燃气用户，并按照有关规定及时恢复正常供气；因突发事件影响供气的，应当采取紧急措施并及时通知燃气用户。

燃气经营者停业、歇业的，应当事先对其供气范围内的燃气用户的正常用气制定安排方案，并在九十个工作日前向所在地燃气管理部门报告，经批准方可停业、歇业。

第二十三条　有下列情况之一的，燃气管理部门应当采取措施，保障燃气用户的正常用气：

（一）管道燃气经营者临时调整供气量或者暂停供气未及时恢复正常供气的；

（二）管道燃气经营者因突发事件影响供气未采取紧急措施的；

（三）燃气经营者擅自停业、歇业的；

（四）燃气管理部门依法撤回、撤销、注销、吊销燃气经营许可的。

第二十四条　燃气销售价格，应当与当地经济社会发展水平相适应。

市和区（市）县人民政府价格主管部门确定和调整管道燃气销售价格，应当举行听证会，征求管道燃气用户、管道燃气经营者和有关方面的意见，论证其必要性、可行性。

第二十五条 瓶装燃气经营者应当制定瓶装燃气安全管理制度和事故应急处理措施。

从事瓶装燃气充装活动，应当遵守法律、法规和国家标准有关气瓶充装的规定。推广运用电子信息化手段，实现气瓶充装、检验信息的自动识别和动态监管。

本市推行瓶装液化石油气配送供应，由燃气经营者直接向用户配送瓶装液化石油气。燃气经营者应当建立健全用户档案和配送业务查询系统。

第四章 燃气设施保护

第二十六条 燃气管理部门应当会同城乡规划等部门按照国家有关标准和规定划定燃气设施保护范围，并向社会公布。

在燃气设施保护范围内，任何单位和个人不得从事下列危及燃气设施安全的活动：

（一）建设占压地下燃气管线的建筑物、构筑物或者其他设施；

（二）进行爆破、取土等作业或者动用明火；

（三）倾倒、排放腐蚀性物质；

（四）放置易燃易爆危险物品或者种植深根植物；

（五）其他危及燃气设施安全的活动。

第二十七条 在燃气设施保护范围内，有关单位和个人从事管道敷设、打桩、顶进、挖掘、钻探等可能影响燃气设施安全活动的，应当与燃气经营者或者燃气设施产权人共同制定燃气设施保护方案，并采取相应的安全保护措施。因建设工程需要改迁燃气设施的，由所涉及的燃气经营者或者燃气设施产权人负责改迁，其费用由建设单位和个人承担。

第二十八条 新建、改建、扩建建设工程，不得影响燃气设施安全。建设单位在开工前，应当查明建设工程施工范围内地下燃气管线的相关情况；燃气管理部门、燃气经营者以及其他有关部门和单位应当自受理申请之日起两个工作日内提供相关资料。

建设工程施工范围内有地下燃气管线等燃气设施的，建设单位应当会同施工单位与管道燃气经营者共同制定燃气设施保护方案。建设单位、施工单位应当采取相应的安全保护措施，确保燃气设施运行安全；管道燃气经营者应当派专业人员进行现场指导。

因施工造成燃气设施损坏的，建设单位或者施工单位应当立即采取紧急保护措施，及时告知并协助燃气经营者进行抢修；造成损失的，依法承担相应责任。

第二十九条 燃气设施应当定期巡查、维护、更新。

燃气计量表设置在居民住宅内的，燃气计量表和表前燃气设施由燃气经营者负责维护、更新；燃气计量表后燃气管道、燃气燃烧器具等由用户负责维护、更新。燃气计量表设置在居民住宅公共部位的，燃气管道进户墙内侧以外的燃气设施由燃气经营者负责维护、更新；燃气管道进户墙内侧的燃气设施和燃气燃烧器具等由用户负责维护、更新。

燃气经营者应当按照供用气合同的约定，对单位燃气用户的燃气设施承担相应的管理责任。

第三十条 燃气经营者应当每两年为燃气用户免费提供至少一次入户安全检查，建立完整的检查档案。

燃气经营者发现用户违反安全用气规定或者存在安全隐患的，应当书面告知用户并提出整改建议；用户不及时进行整改或者拒绝整改的，应当承担相应责任。对危及公共安全的用气行为或者存在严重安全隐患未按要求整改的，燃气经营者在报经公安机关消防机构等有关部门认定后可以采取暂停供气的安全保护措施，在隐患消除后及时恢复供气。

第五章　燃气使用

第三十一条 燃气经营者与用户双方应当按照平等自愿、协商一致的原则签订供用气合同，确定双方的权利和义务。

第三十二条 燃气用户使用管道燃气，应当向管道燃气经营者申请办理用气手续。

管道燃气经营者受理燃气用户的用气申请后，应当按照服务承诺的时限或者合同约定的时间开通管道燃气。

第三十三条　燃气用户实施停止使用燃气、改变燃气用途、扩大用气范围、更换或者迁移室内燃气设施等行为应当告知燃气经营者，由燃气经营者组织实施或者按照供用气合同的约定执行。

第三十四条　管道燃气经营者应当为用户安装符合国家标准的燃气计量装置，并按照符合国家价格政策的气价和燃气计量装置显示的数量结算收费。因燃气计量装置失准的，以国家计量基准器具或者社会公用计量标准器具检定的数据为准。

第三十五条　燃气用户应当遵守安全用气规则，使用合格的燃气燃烧器具和气瓶，及时更换国家明令淘汰或者使用年限届满的燃气燃烧器具、燃气连接管等。

单位燃气用户应当建立健全安全管理制度，加强对操作维护人员燃气安全知识和操作技能的培训，对其燃气设施以及用气设施、设备定期进行检查、维修和保养。

第三十六条　燃气用户以及有关单位和个人不得有下列行为：

（一）擅自操作公用燃气阀门；

（二）将燃气管道作为负重支架或者接地引线；

（三）安装、使用不符合气源要求的燃气燃烧器具；

（四）擅自安装、改装、拆除户内燃气设施和燃气计量装置；

（五）在不具备安全条件的场所使用、储存燃气；

（六）盗用燃气；

（七）改变燃气用途或者转供燃气。

第三十七条　燃气用户有权就燃气收费、服务等事项向燃气经营者进行查询，燃气经营者应当自收到查询申请之日起五个工作日内予以答复。

燃气用户有权就燃气收费、服务等事项向价格主管部门、燃气管理部门以及其他有关部门进行投诉，有关部门应当自收到投诉之日起十五个工作日内予以处理。

第三十八条　燃气用户和物业服务企业应当配合燃气经营者进行燃气设

施安全检查以及抢修、维修、抄表等工作。

第三十九条 燃气经营者应当通过书面、电子信息等方式提醒燃气用户缴纳燃气费，并利用银行网点、互联网、第三方支付、自助终端设施等方式为燃气用户缴纳燃气费提供便利。

第四十条 燃气管理部门应当会同有关部门对计划用气、节约用气实施管理，燃气经营者应当予以配合。

第六章　安全管理与应急保障

第四十一条 燃气管理部门和安监、公安、质监、交通、建设、商务、城管等部门应当依法按照职责开展燃气安全管理工作。

第四十二条 市和区（市）县人民政府应当建立健全燃气应急储备制度，组织编制燃气应急预案，采取措施提高燃气应急保障能力。

第四十三条 燃气经营者应当建立与经营规模相适应、具有相关专业知识的专职抢险队伍，配备必需的设备、器材等，并预先制定各类事故的抢修方案。

燃气经营者应当实行二十四小时值班制度，发现燃气设施事故或者接到燃气设施事故的报告后，应当立即实施抢修、抢险。

第四十四条 燃气经营者应当制定有关安全规则，宣传安全使用常识，对用户使用燃气进行技术指导。

第四十五条 在本市销售、安装、使用的燃气燃烧器具和烟道、燃气连接管等配套设施、设备，其产品质量应当符合国家标准和有关规定。

任何单位或者个人不得销售、安装、使用不合格或者国家明令淘汰的燃气燃烧器具或者烟道、燃气连接管等配套设施、设备。

第四十六条 燃气经营者在处理燃气事故、组织抢修时，对影响抢修、抢险作业的树木、设施以及其他物体，可以采取应急措施，并同时通知有关部门。事后能够恢复原状的，应当恢复原状；造成经济损失的，应当予以补偿。

第七章　法律责任

第四十七条　违反本条例规定，未取得燃气经营许可证的单位或者个人设立瓶装液化石油气供应站的，由燃气管理部门责令停止违法行为，没收非法财物和违法所得，并处违法所得一倍以上五倍以下罚款。

第四十八条　违反本条例规定，已经取得燃气经营许可证的燃气经营者在经营过程中不再符合国家规定的经营许可条件的，由燃气管理部门责令限期改正；逾期不改正的，可以处二万元以上十万元以下罚款；情节严重的，依法吊销燃气经营许可证。

第四十九条　违反本条例规定的其他行为，法律、法规已有处罚规定的，从其规定。

第八章　附　则

第五十条　本条例中下列用语的含义：

（一）燃气用户，是指燃气系统的终端用气单元，包括居民用户，商业用户，工业用户，采暖、制冷用户以及汽车用户等；

（二）燃气设施，是指用于燃气储存、输配和应用的设备、装置、系统，包括厂站、管网、用户燃气设施、监控以及数据采集系统等；

（三）瓶装燃气，是指利用符合国家有关标准的钢瓶罐装的燃气；

（四）燃气燃烧器具，是指以燃气为燃料的燃烧器具，包括居民家庭和商业用户所使用的燃气灶、热水器、沸水器、采暖器、空调器等器具；

（五）单位燃气用户，是指除居民燃气用户以外的法人或者其他组织燃气用户。

第五十一条　本条例自2017年8月1日起施行。

成都市城市轨道交通管理条例

2016 年 12 月 29 日成都市第十六届人民代表大会常务委员会第二十九次会议通过，2017 年 3 月 29 日四川省第十二届人民代表大会常务委员会第三十二次会议批准。

目　录

第一章　总　则

第一条　为了规范城市轨道交通管理，保障安全，维护建设运营单位和乘客的合法权益，促进城市轨道交通事业发展，根据有关法律、法规，结合成都市实际，制定本条例。

第二条 本条例适用于本市行政区域内城市轨道交通的规划、建设、运营及其监督管理活动。

本市行政区域内与外省、市相连的轨道交通的规划、建设、运营及其监督管理活动，国家和省另有规定的，从其规定。

第三条 本条例所称城市轨道交通，是指地铁、轻轨、有轨电车等采用专用轨道导向运行的公共客运系统。

第四条 城市轨道交通管理应当遵循政府主导、统筹规划、安全运营、规范服务、综合开发的原则。

第五条 市人民政府应当加强城市轨道交通管理工作，将发展城市轨道交通纳入国民经济和社会发展规划，统筹协调城市轨道交通规划、建设、运营等管理中的重大事项。

城市轨道交通沿线区（市）县人民政府应当协助做好城市轨道交通建设、运营、设施设备保护和应急事件处置等有关工作，并负责本行政区域内独立建设或者运营的城市轨道交通管理工作。

第六条 市建设主管部门负责本市城市轨道交通建设的监督管理；市交通运输主管部门负责本市城市轨道交通运营的监督管理；市规划主管部门负责本市城市轨道交通的规划管理。

市发展改革、公安、财政、国土资源、环境保护、城市管理、安全生产等有关部门依据各自职责做好城市轨道交通的监督管理工作。

第七条 城市轨道交通建设实行政府投资与社会投资相结合，鼓励企业和其他经济组织投资建设城市轨道交通，投资者的合法权益受法律保护。

市人民政府应当多渠道筹措资金，保障城市轨道交通的建设和运营需要。

第八条 公民、法人和其他组织应当支持城市轨道交通建设，保护城市轨道交通设施设备，维护城市轨道交通安全运营秩序。

第二章 规划与建设

第一节 规划管理

第九条 城市轨道交通规划应当符合城市总体规划和土地利用总体规划，并与城市产业规划相衔接。

城市轨道交通规划包括城市轨道交通线网规划、城市轨道线路控制规划和城市轨道交通近期建设规划。

城市轨道交通线网规划、线路控制规划由市规划主管部门负责组织编制，经市人民政府批准后，由市规划主管部门将其纳入城市控制性详细规划，划定规划控制区。

经批准的城市轨道交通规划不得随意变更。确需变更的，应当按照原审批程序报批。

第十条 编制城市轨道交通规划应当征求相关单位和社会公众的意见，适应线网建设及运营的需求，预留必要的空间、结构等建设和运营条件，确保足够的疏散能力和便捷的换乘条件，与周边互连互通，促进各线路之间及与周边交通、建筑物和相关配套设施之间的协调发展。

编制城市轨道线路控制规划，应当统筹考虑城市轨道交通站点周边道路网、公共交通、机动车和非机动车停车场等交通配套设施及用地需求，使城市轨道交通与其他交通方式有效衔接。城市轨道交通线路首末站、分期建设起点站、有条件的中间站应当配套相应的公交、社会停车设施，与城市轨道交通同步规划建设、同步投入使用。

第十一条 办理城市轨道交通规划控制区内土地的出让、划拨手续前，城市轨道交通建设运营单位应当根据规划控制范围，出具城市轨道交通出入口、区间风井、风亭和冷却塔等设施及地下结构对建设项目的控制要求，由规划主管部门将其作为建设项目规划条件的附件。

第十二条 城市轨道交通配套的公安警务、消防、安防等设施项目应当与城市轨道交通同步规划建设、同步投入使用。

第二节 建设管理

第十三条 城市轨道交通建设应当依法使用地表以下空间。

城市轨道交通项目建设要符合环境影响评价要求，在实施过程中应当采取有效措施，减少对上方和周边已有建（构）筑物的影响，其上方建（构）筑物和土地的所有权人、使用权人应当提供必要的便利。

城市轨道交通项目建设应当保障其上方和周边已有建（构）筑物的安全。造成损失的，应当给予赔偿。

第十四条 市建设主管部门负责组织编制城市轨道交通建设规划，经市人民政府批准后，由市发展改革主管部门和市建设主管部门按照法定程序履行报批手续。

市发展改革主管部门负责城市轨道交通建设项目可行性研究报告的审查工作，并按照规定程序履行报批手续。

第十五条 城市轨道交通建设应当按照法律、法规和规章规定的基本建设程序进行。

城市轨道交通建设工程项目的勘察、设计、施工、监理及与工程建设有关的重要设备、材料的采购，应当符合有关法律、法规和技术标准规定，并符合保护周边建（构）筑物的技术规范要求。

城市轨道交通车站通行设施的设计与建设应当满足老年人、残疾人通行的需要。

第十六条 鼓励城市轨道交通车站、通道与周边建（构）筑物之间互连互通，相邻的连接通道应当按照便利共享的原则合理利用。

已开通运营的城市轨道交通车站周边建筑物的业主要求与车站交通互通的，应当依法报请有关部门审批，有关部门进行审批时应当书面征求城市轨道交通运营单位的意见。

第十七条 因城市轨道交通建设及综合开发需收回国有土地使用权，征收集体土地及其地上附着物的，由相关的区（市）县人民政府负责组织实施。

第十八条 因城市轨道交通建设需要迁改市政设施及管线的，城市轨道交通建设单位应当向相关主管部门、档案管理机构、产权单位、测绘（勘测）单位了解管线设施情况。相关主管部门、档案管理机构、产权单位、测绘（勘测）单位应当提供供水、排水、电力、照明、燃气、通信和人防工程、建（构）筑物等管线、设施的档案资料。

城市轨道交通建设单位应当委托设计单位进行城市轨道交通站点管线综合设计，经规划主管部门审查同意后，统一实施管线迁改或者由建设单位直接委托产权单位、总承包单位实施，并委托测绘单位同步完成地下管线竣工测量，在建设工程竣工验收后六个月内将竣工测量资料提交城建档案管理机构。

第十九条 城市轨道交通建设需要使用建（构）筑物、人防工程及管线等档案资料的，有关主管部门、档案管理机构和产权单位应当如实及时提供和配合。

第二十条 城市轨道交通建设单位在建设期间应当对沿线涉及的建（构）筑物、管线以及其他设施进行调查，根据需要进行风险评估，编制监测方案和专项安全保护方案，采取安全防护措施避免或者减少施工影响。做好建设工程涉及的道路、河道、桥梁、管线、交通安全设施等设施设备的维护，保证其安全运行。

建设单位需要派员进入城市轨道交通沿线建筑物内进行调查、监测、鉴定的，应当事先向业主、实际使用人发出通知，业主、实际使用人应当予以配合。

第二十一条 城市轨道交通建设工程开工前，公安交通管理部门应当会同建设、交通运输、城市管理等部门和城市轨道交通建设单位编制交通组织方案，避免或者减少工程施工对城市道路交通的影响。

第二十二条 城市轨道交通建设工程完工后，建设单位应当按照设计标准组织初步验收，并组织不少于三个月的试运行。

试运行及初步验收合格后，建设、运营单位应当向交通运输主管部门提出试运营基本条件的评审申请，由交通运输主管部门组织有关部门和专家进行试运营基本条件评审，试运营基本条件评审合格并经交通运输主管部门报本级人民政府批准后，可以进行试运营。试运营期间，运营单位应当按照设计标准和技术规范，对设施设备运行情况和运营状况进行安全监测和综合验证。试运营期不得少于一年。

试运营期满，建设单位应当依法报相关部门组织轨道交通工程竣工验收。验收合格后，方可投入正式运营。运营单位应当在投入正式运营三十日前书面告知交通运输主管部门。

第二十三条 有轨电车专用车道应当设置相应的专用车道标志、标线，并在必要路段进行物理隔离。公安交通管理部门应当设立禁止其他车辆通行的标志、标线。

公安交通管理部门应当在平面交叉路口设置停止线、警示标志、有轨电车车道线，并根据实际情况设置禁止超高、轴载质量超限车辆驶入有轨电车非专用车道的标志、设施。相关交通信号灯应当在保障平面交叉路口交通安全的前提下，按照有轨电车优先通行的要求设置。

第三节 综合开发

第二十四条 在城市轨道交通线路可行性研究阶段，由市规划主管部门会同市发展改革、国土资源主管部门和有关区（市）县人民政府，对城市轨道交通项目本体工程用地（上盖）与周边土地的综合利用进行研究，报市人民政府审核，确定城市轨道交通场站综合开发用地范围。

第二十五条 需要对城市轨道交通场站进行综合开发的，建设单位应当组织编制城市轨道交通场站综合开发的城市设计，由规划主管部门纳入控制性详细规划。

第二十六条 城市轨道交通场站综合开发范围内的用地，应当根据城市轨道交通建设进度同步规划、联动供应、立体开发。

对城市规划确定的城市轨道交通场站综合开发范围内用地，依法办理有偿用地手续，并按照控制性详细规划进行综合开发。

第二十七条 城市规划确定的城市轨道交通用地范围及空间内，运营单位可以利用城市轨道交通设施设备进行综合开发，设置商业、民用通讯、广告等经营设施。

运营单位从事前款规定的经营项目，不得影响城市轨道交通的运输功能和公共服务功能，不得损害社会公共利益。

第三章　运营管理

第一节　一般规定

第二十八条　城市轨道交通运营单位应当履行下列职责：

（一）拟订企业运营服务标准及规范，建立驾驶、调度和站务等主要岗位的服务作业标准以及车站、列车、设施设备和线路运营管理标准；

（二）按照国家标准、行业标准及相关技术规范要求，做好城市轨道交通设施设备的维护、保养和定期检查，定期对运营情况进行安全评估，及时整改安全隐患，确保设施设备处于安全运行的状态；

（三）按照运营服务标准和实时客流需求，提供安全、有序、便捷、高效的运营服务；

（四）定期对从业人员进行安全运营、规范服务教育和业务技能培训，保证主要行车岗位工作人员以及特种作业人员、特种设备操作人员上岗前经过考核，持证上岗；

（五）在城市轨道交通线路、隧道及车站站台、站厅、疏散通道、出入口、风亭、列车车厢内及其他运营场所的醒目位置设置导向、疏散、提示、警告、限制、禁止等标志，并定期进行检查和维护；

（六）公布服务承诺，保证服务质量，保障安全、正点运营，实际运营未达到承诺水平的，应当说明理由并提出改善措施；

（七）做好运营数据统计分析，定期向交通运输主管部门报送统计数据和运营信息；

（八）其他依法应当履行的职责。

第二十九条　交通运输主管部门应当履行下列职责：

（一）制定运营服务标准及规范；

（二）会同公安、城市管理等部门制定城市轨道交通乘客守则；

（三）对运营单位的服务质量、安全行车、车站设施、列车设施、站容秩序、票务管理、投诉处理、遵章守纪、社会评议等方面进行考核，发布运营服务年度评估报告；

（四）受理社会公众对运营服务质量的投诉。

第三十条 公安机关负责城市轨道交通公共安全技术防范和消防安全工作的规划、管理和监督工作，履行下列职责：

（一）对运营单位的安全检查和消防安全工作进行指导、检查和监督；

（二）制定安防技术规范和标准；

（三）制定和公告乘客禁止携带物品目录；

（四）及时处理安全检查中发现的违法行为。

第三十一条 运营单位应当根据城市轨道交通沿线乘客出行规律及变化，以及其他相关公共交通运行情况编制运营计划。运营计划调整对运营服务水平有影响的，应当报经交通运输主管部门审定后执行。

第三十二条 地铁、轻轨管理范围以车站出入口边沿为界，地铁、轻轨运营单位对车站出入口边沿以内的范围履行环境卫生管理和秩序维护义务。

地铁、轻轨车站出入口边沿以外和有轨电车开放式车站区域的畅通及秩序维护工作由公安、城市管理、交通运输等部门负责。

第三十三条 电力、通信、供水、燃料供应等相关单位，应当保证城市轨道交通用电、通信、用水、燃料等需要。

第三十四条 运营单位应当在城市轨道交通车站周边的适当位置设置导向标志，并可以与其他城市道路、交通等公用标志组合设置，新建城市轨道交通线路的导向标志应当与城市轨道交通建设工程同步实施。

第三十五条 城市轨道交通车站、车厢、隧道的广告设置应当符合有关法律法规及相关标准、规范，按照设计方案设置，不得影响安全及服务标志的识别和设施设备的使用、检修，不得挤占疏散通道。

广告设施设计及使用的材质应当符合相关安全规定，广告设施的设置或者维护作业不得影响正常运营。

运营单位应当定期对广告设施进行安全检查。

第三十六条 在城市轨道交通车站范围内设置商业设施、拍摄影视资料或者从事其他可能影响行车安全、客运服务活动的，应当符合有关规定，并经运营单位同意。

第二节 客运服务

第三十七条 城市轨道交通运营单位应当为乘客提供良好的乘车环境，履行下列义务：

（一）建立公共卫生管理制度，保证空气质量和生活饮用水卫生符合国家标准，落实卫生管理措施，保持车站和车厢整洁、卫生；

（二）按照国家标准采取污染防治措施，减轻车辆运行的噪声污染；

（三）出入口、通道、无障碍设施完好、畅通，引导标志齐全、易识别；

（四）在列车内设置老、弱、病、残、孕和携带婴幼儿的乘客专座；

（五）维护车站和车厢内秩序，安排工作人员巡查，及时制止违法、违规行为；

（六）法律、法规、规章规定的其他义务。

地铁、轻轨运营单位应当合理设置自动售票设施和人工售票窗口，保持售票、检票、自动扶梯、车辆、通风、照明等设施完好，安排工作人员引导乘客购票、乘车，及时疏导客流，高峰期增加运营车辆。

第三十八条 城市轨道交通运营单位应当按照下列要求向乘客提供信息服务：

（一）通过广播、电子显示屏等向乘客提供列车到达、间隔以及安全提示等信息；

（二）在车站醒目处公布首末班车行车时刻、列车运行状况提示和换乘指示；

（三）在车厢内醒目处张贴乘客守则；

（四）调整首末班车行车时间或者因故延误，及时通过多种信息发布方式告知乘客。

地铁、轻轨运营单位应当在车站提供问询服务，车站工作人员在接受乘客问询时，应当及时准确提供解答。

第三十九条 禁止在城市轨道交通车站、车厢内从事下列行为：

（一）吸烟，随地吐痰、便溺、吐口香糖，乱扔果皮、纸屑、包装物等废弃物；

（二）躺卧、乞讨、收捡废旧物品；

（三）踩踏座椅、追逐打闹、弹奏乐器；

（四）擅自摆摊设点、停放车辆、堆放杂物、散发宣传品或者从事销售活动；

（五）在城市轨道交通设施设备上涂写、刻画，擅自张贴、悬挂物品；

（六）在车厢内进食；

（七）其他影响城市轨道交通公共秩序、公共场所容貌和环境卫生的行为。

第四十条 无民事行为能力人，应当在陪护下进站乘车。

第四十一条 禁止乘客携带以下物品和动物进站乘车：

（一）爆炸性、易燃性、毒害性、腐蚀性、放射性等物品；

（二）非法持有的枪械弹药和管制器具；

（三）易污损、有严重异味、无包装易碎和尖锐的物品；

（四）运货推车、自行车（含折叠自行车）、电动自行车；

（五）导盲犬之外的其他动物；

（六）其他影响安全运营的物品。

第四十二条 城市轨道交通票价实行政府定价。

运营单位应当按照市人民政府批准的票价执行并予以公布。价格主管部门应当对票价的执行情况进行监督检查。

第四十三条 乘客应当遵守下列票务规则：

（一）持有效车票进站乘车；

（二）义务兵、革命伤残军人、伤残人民警察、盲人及其他一、二级重度残疾人可以持有效证件免费乘车；

（三）一名成年乘客可以免费携带一名身高 1.3 米以下的儿童乘车，携带超过一名的，应当按照超过人数购买成人全票；

（四）城市轨道交通因故障不能运行的，乘客有权持有效车票要求运营单位按照当次购票金额退还票款；

（五）乘客应当接受运营单位的票务稽查，不得无票、持无效车票、冒用他人乘车证件或者持伪造证件乘车；持单程票的乘客在出站时应当将车票交还。

第四十四条 城市轨道交通运营单位应当完善投诉受理制度，设立公开投诉电话，接受乘客投诉。运营单位对乘客投诉应当自受理之日起十个工作日内作出答复。投诉人对答复有异议的，可以向交通运输主管部门投诉。交通运输主管部门应当自受理乘客投诉之日起十个工作日内将调查情况、处理结果告知投诉人。

任何单位和个人发现有扰乱城市轨道交通管理秩序或者影响运营安全情形的，应当及时报警或者向运营单位举报，公安机关或者运营单位应当及时处理。

第三节 应急管理

第四十五条 市应急主管部门负责统筹城市轨道交通应急管理工作；市交通运输主管部门负责城市轨道交通运营应急管理工作。

市交通运输主管部门应当会同相关部门拟定城市轨道交通运营突发事件应急预案，报市人民政府批准后实施。

第四十六条 城市轨道交通运行过程中发生故障而影响运行时，运营单位应当组织力量及时排除故障，恢复运行。

因故延误或者中断运行十五分钟以上的，运营单位应当及时告知乘客，并向交通运输主管部门报告。暂时无法恢复运行的，运营单位应当组织乘客疏散和换乘。

第四十七条 因节假日、大型群众活动等原因造成城市轨道交通客流量上升的，运营单位应当及时增加运力。

因客流量激增危及运营安全的，运营单位应当采取乘客限量进站的临时措施，确保运营安全。采取乘客限量进站的措施仍然无法保证运营安全时，运营单位可以停止城市轨道交通部分区段运营并报告交通运输主管部门；或者经交通运输主管部门同意后，停止全线运营并及时向社会公告。

第四十八条 因自然灾害、恶劣气象条件、安全事故以及重大治安、公共卫生等突发事件，严重影响城市轨道交通运营安全的，运营单位可以停止线路运营或者部分路段运营，组织乘客疏散，向交通运输主管部门报告，同时向公安机关通报，并及时向社会公告。

城市轨道交通运营中发生突发事件，运营单位应当按照应急处置预案，迅速采取有效措施，防止事态扩大，同时向市人民政府和相关主管部门报告。

突发事件发生后，市交通运输主管部门等相关部门应当根据突发事件的严重程度和影响范围，启动应急预案并组织实施。电力、通信、供水、地面公共交通等相关单位，应当按照应急预案进行应急保障和抢险救援，尽快恢复运营。

第四章　安全保障

第一节　保护区管理

第四十九条 下列区域为地铁、轻轨的控制保护区范围：

（一）地下车站和隧道结构外边线外侧五十米内；

（二）地面车站和地面线路、高架车站和高架线路结构外边线外侧三十米内；

（三）出入口、风亭、冷却塔、直升电梯、控制中心、主变电所、线缆管沟等建（构）筑物外边线和车辆基地用地范围外侧十米内；

（四）过江（河）隧道结构外边线外侧一百米内。

下列区域为地铁、轻轨的特别保护区范围：

（一）地下车站和隧道结构外边线外侧五米内；

（二）地面车站和地面线路、高架车站和高架线路结构外边线外侧三米内；

（三）出入口、风亭、冷却塔、直升电梯、控制中心、主变电所、线缆管沟等建（构）筑物外边线和车辆基地用地范围外侧五米内；

（四）过江（河）隧道结构外边线外侧五十米内。

第五十条 下列区域为有轨电车的特别保护区范围：

（一）地面线路轨行区，含轨行区上方供电接触网范围内；

（二）地下车站和隧道结构外边线外侧五米内，其中过江（河）隧道结构外边线外侧三十米内；

（三）高架车站和高架线路结构外边线外侧三米内；

（四）通信基站、变电所、车辆基地、电缆通道、连通车站的地下通道出入口等建（构）筑物结构外边线外侧五米内。

第五十一条 因地质条件或者其他特殊情况，需要调整城市轨道交通控制保护区和特别保护区范围的，由运营单位提出，经市规划主管部门审核后，报市人民政府批准。

第五十二条 在城市轨道交通控制保护区内从事下列活动的，建设、施工单位应当事先制定城市轨道交通设施安全保护方案：

（一）修建、改建、扩建或者拆卸建（构）筑物；

（二）建设勘察、钻探、打桩、挖掘、爆破、地基加固、地下顶进、灌浆、打井、降水、基坑开挖、锚杆及锚索等；

（三）堆土、取土、大面积堆载等大量增加或者减少地面载荷的；

（四）修建塘堰、开挖河道水渠、泄洪排水、采石、挖砂、打井取水等；

（五）敷设、埋设、架设管线、沟渠、线杆、隧道或者设置跨线、架空作业等；

（六）在过江（河）隧道段疏浚作业；

（七）移动、拆除或者搬迁城市轨道交通设施；

（八）其他可能影响城市轨道交通设施和运营安全的作业。

城市轨道交通特别保护区内，除必需的市政、园林、环卫、人防、城市轨道交通工程、与城市轨道交通工程相连接的通道工程、轨道交通场站综合开发工程，以及已经规划批准的或者对现有建（构）筑物进行改（扩）建并已经取得许可手续的建设工程外，不得进行其他建设活动。

第五十三条 在城市轨道交通保护区内进行本条例第五十二条规定的非城市轨道交通工程建设的，规划主管部门在办理规划条件时，应当书面征求城市轨道交通运营单位的意见。

第五十四条 从事本条例第五十二条规定的活动，依法需要办理行政许可的，建设、施工单位应当在办理许可手续时提交城市轨道交通设施安全保护方案。安全保护方案应当报经受理行政许可的部门组织论证后实施，论证会应当邀请城市轨道交通运营单位参加。

依法不需要办理许可手续的，建设、施工单位应当将安全保护方案征求城市轨道交通运营单位的意见。未经运营单位同意的，不得擅自从事相关作业活动。

运营单位认为建设、施工活动对城市轨道交通安全有较大风险的，建设、施工单位应当委托具备甲级资质的第三方机构进行安全评估，并在施工前委托具备监测资质的第三方机构对受影响区域的城市轨道交通设施进行监测。

第五十五条 城市轨道交通运营单位应当做好保护区的日常巡查工作，有权进入保护区内的施工现场查看。发现施工活动危及或者可能危及城市轨道交通安全的，有权要求施工单位停止危害，并立即向建设、水务、城市管理等部门报告。相关部门应当及时处置，确保城市轨道交通运营安全。

第二节　其他规定

第五十六条 城市轨道交通建设单位和运营单位依法承担城市轨道交通建设、运营安全管理主体责任，履行以下职责：

（一）制定突发事件应急处置预案，并会同公交企业制定城市轨道交通公交接驳预案，报市应急、公安、建设、交通运输、安全生产监督等主管部门备案；

（二）设立安全生产管理机构，配备专职安全生产管理人员；

（三）建立应急救援组织，健全安全生产预警和应急协调机制，定期组织应急处置培训和应急演练；

（四）建立完善的安全监测和应急系统，配置建设、运营应急救援基地，配备安全可靠的设施设备；

（五）完善风险评估制度和事故预防、报告、处理制度；

（六）定期进行安全生产检查，排查整治安全隐患。

第五十七条 地铁、轻轨运营单位应当依法对进站乘客及物品进行安全检查。安全检查时，应当遵守下列规定：

（一）佩戴工作证件；

（二）文明礼貌，尊重受检查人，保护受检查人的隐私；

（三）使用符合国家标准并经检测合格的设施设备，执行安全检查操作规程；

（四）不得损坏受检查人携带的物品。

乘客拒绝接受安全检查的，工作人员有权拒绝其进站乘车。

地铁、轻轨运营单位在实施安全检查中发现涉嫌违法犯罪人员或者违法携带违禁物品、管制物品的，应当立即报告公安机关。

第五十八条 禁止在城市轨道交通设施范围内从事下列行为：

（一）擅自进入轨道、隧道或者其他有禁止进入标志的区域；

（二）非法拦截列车或者阻碍列车正常运行，强拉、敲打站台门及车门，强行上下列车，在运行的自动扶梯或者活动平台逆向行走，长时间逗留并堵塞通道；

（三）攀爬或者跨越围墙、栅栏、闸机、站台门等设施；

（四）擅自操作有警示标志的按钮、开关等装置，非紧急情况下动用紧急装置；

（五）擅自移动、遮盖或者污损警示标志、导向标志、测量设施以及安全防护设备；

（六）在轨道上放置、丢弃障碍物，向列车、工程车、轨道、风亭、风井、接触网等设施投掷物品；

（七）故意干扰城市轨道交通专用通讯频率；

（八）在城市轨道交通出入口、风亭、风井、冷却塔外侧五十米内以及高架线路桥下空间放置有毒、有害、易燃、易爆等物品；

（九）在城市轨道交通地面线路和高架线路弯道内侧修建妨碍行车瞭望的建（构）筑物或者种植妨碍行车瞭望的树木；

（十）其他影响城市轨道交通运行安全的行为。

第五十九条 禁止其他车辆擅自进入有轨电车专用车道。禁止非机动车和行人进入有轨电车专用车道及其禁入区域。

在有轨电车非专用车道，有轨电车享有优先通行的权利；其他车辆行驶时不得妨碍有轨电车正常通行，不得停放或者临时停车。

第六十条 有轨电车上道路行驶，应当遵守道路交通安全管理法律、法规、规章的规定。行驶速度不得超过城市轨道交通的限速要求。在非专用车道行驶时，不得超过道路限制的最高时速。

有轨电车驾驶人应当在有培训资质的机构参加培训，经考试合格后，由公安交通管理部门发给有轨电车驾驶证。

第六十一条 公安交通管理部门应当与有轨电车运营单位建立交通事故快速处置机制。有轨电车运行中发生故障或者事故时，公安交通管理部门、运营单位应当迅速处理，相关机动车、非机动车、行人应当积极配合。

有轨电车发生交通事故造成人员伤亡的，运营单位应当立即抢救受伤人员、拨打急救电话并迅速报警。未造成人员伤亡且车辆可以行驶的，事故双方应当记录事故现场状况，事故社会车辆应当立即撤离有轨电车车道。

第五章　法律责任

第六十二条 城市轨道交通运营单位违反本条例规定，有下列第一至八项规定情形之一的，由市交通运输主管部门责令改正，予以警告，并处五千元以上二万元以下罚款；有下列第九至十三项规定情形之一的，由市交通运输主管部门责令改正，予以警告，并处一千元以上三千元以下罚款；造成严重后果的，依法追究相关责任人的责任：

（一）未制定突发事件应急处置预案，未建立应急救援组织，或者未定期组织应急处置培训和应急演练的；

（二）未建立驾驶、调度和站务等主要岗位的服务作业标准以及车站、列车、设施设备和线路运营管理标准的；

（三）未定期进行安全生产检查，或者未按规定对安全生产隐患进行排查及整改的；

（四）未对从业人员进行安全教育和培训，或者主要行车岗位工作人员以及特种作业、特种设备操作人员无证上岗的；

（五）未按规定设置、配置各类标志、器材、设备，或者未定期检查、维护标志、器材、设施设备的；

（六）发生运行故障，暂时无法恢复运行，未组织乘客疏散和换乘的；

（七）在客流量激增，可能危及运营安全的情况下，未采取限制客流量的临时措施的；

（八）停止运营，未及时向交通运输主管部门报告和向社会公告的；

（九）未在车站醒目处公布首末班车行车时刻和换乘指示的；

（十）调整首末班车行车时间或者因故延误，未及时告知乘客的；

（十一）未建立投诉受理制度或者未依法处理乘客投诉的；

（十二）经市交通运输主管部门查证确属运营单位责任的乘客投诉，每一百万乘客人次超过五次的；

（十三）未遵守运营服务规范和承诺，造成恶劣社会影响的。

第六十三条　乘客有下列行为之一的，由城市轨道交通运营单位按照下列规定处理：

（一）违反本条例第三十九条第一至六项规定之一的，责令改正，拒不改正的，处五十元以上二百元以下罚款；

（二）违反本条例第四十一条第三至五项规定之一的，拒绝其乘车，已乘车的，责令其下车，处五十元以上二百元以下罚款。

乘客违反本条例第四十一条第一项或者第二项规定的，由公安机关依法处理。

第六十四条 乘客超程乘车的，由城市轨道交通运营单位按其超程部分补收票款。

乘客无票乘车的，由城市轨道交通运营单位按照出（闸）站线网单程最高票价收取票款。有下列情形之一的，由轨道交通运营单位并处一百元以上二百元以下罚款：

（一）冒用他人乘车证件乘车的；

（二）持伪造证件乘车或者采用其他方式逃票的。

第六十五条 建设、施工单位未经许可，擅自在城市轨道交通保护区范围内从事建设施工活动的，由城乡规划、建设、国土资源等有关部门按照相关法律、法规、规章的规定处理。

建设、施工单位违反本条例第五十四条第二款或者第三款规定的，由城乡规划、建设、国土资源等有关部门责令改正，并处三万元以上十万元以下罚款。

第六十六条 违反本条例第五十八条规定，危害城市轨道交通安全的，运营单位有权对行为人进行劝阻和制止；造成损失的，依法承担赔偿责任；违反治安管理的，由公安机关给予处罚。

第六十七条 行政管理部门的工作人员玩忽职守、滥用职权、徇私舞弊的，由其所在单位或者上级主管部门依法追究行政责任。

第六十八条 违反本条例的其他行为，法律法规已有处罚规定的，从其规定。

第六章 附 则

第六十九条 本条例下列用语的含义：

（一）地铁，是指适用于地下、地面或者高架在全封闭线路上运行的大运量或者高运量城市轨道交通方式。

（二）轻轨，是指适用于高架、地面或者地下在全封闭或者部分封闭线路上运行的中运量城市轨道交通方式。

（三）有轨电车，是指适用于地面（有独立路权）、街面混行或者高架的中低运量城市轨道交通方式。

（四）城市轨道交通设施，是指为保障城市轨道交通系统正常安全运营而设置的路基、轨道、隧道、高架道路（含桥梁）、车站（含出入口、通道）、通风亭、冷却塔、车辆、车站设施、车辆基地、控制中心、机电设备、供电系统、通信信号系统等设施。

（五）有轨电车车道，包括专用车道和非专用车道。有轨电车专用车道，是指敷设有固定轨道，使用路缘石、隔离栏或者标志标线等将有轨电车与其他车辆、行人隔离，只准许有轨电车通行的车道。有轨电车非专用车道，是指敷设有固定轨道，供有轨电车通行，其他车辆和行人可以通行的车道。

第七十条 本条例自 2017 年 6 月 1 日起施行。2010 年 9 月 20 日起施行的《成都市城市轨道交通运营管理办法》同时废止。

成都市市容和环境卫生管理条例

2009年6月10日成都市第十五届人民代表大会常务委员会第十一次会议通过，2009年7月22日四川省第十一届人民代表大会常务委员会第十次会议批准；

根据2012年6月29日成都市第十五届人民代表大会常务委员会第三十三次会议通过，2012年9月21日四川省第十一届人民代表大会常务委员会第三十二次会议批准的《关于修改〈成都市市容和环境卫生管理条例〉的决定》修正；

2016年10月27日成都市第十六届人民代表大会常务委员会第二十七次会议修订，2017年3月29日四川省第十二届人民代表大会常务委员会第三十二次会议批准。

目　录

第一章　总　则

第一条　为了加强市容和环境卫生管理，创造整洁、优美、文明、宜居的生活、工作环境，保障城乡居民身体健康，根据国务院《城市市容和环境卫生管理条例》《四川省城乡环境综合治理条例》等有关法律、法规的规定，结合成都市实际，制定本条例。

第二条　本条例适用于本市下列区域内的市容和环境卫生管理活动：

（一）中心城区；

（二）中心城区之外的其他区（市）县人民政府所在地建成区；

（三）镇（乡）人民政府所在地建成区；

（四）工业集中发展区、农村新型社区；

（五）其他实行城市化管理的区域。

前款第四项、第五项所列区域和范围，由市和区（市）县人民政府划定并向社会公布。

第三条　本条例所称市容管理，是指为了保持城市道路、公共场所、公共设施、城市照明和临街建（构）筑物、广告标志等处所和设施整洁完好所进行的管理活动。

本条例所称环境卫生管理，是指为了维护城市道路、街巷、公共场所等区域的环境整洁，实施生活垃圾等废弃物的收集、运输、处置以及环境卫生设施规划建设所进行的管理活动。

第四条　本市农村生活垃圾的收集、运输和处置按照本条例第四章第二节的规定执行。

本市户外广告和招牌设置、建筑垃圾处置、建设施工现场管理、园林绿化管理、扬尘治理等事项，按照相关法律、法规和规章规定执行。

第五条　本市市容和环境卫生管理工作实行统一领导、分级负责、属地管理、公众参与、社会监督的原则。

第六条　市城市管理部门负责全市市容和环境卫生监督管理工作；区（市）县负责城市管理工作的部门［以下简称区（市）县城市管理部门］负责本行政区域内市容和环境卫生监督管理工作。

街道办事处、镇（乡）人民政府负责本辖区内的市容和环境卫生管理工作。

建设、环保、交通、公安、园林绿化等主管部门按照各自职责，负责做好市容和环境卫生管理的相关工作。

第七条　市和区（市）县人民政府应当将市容和环境卫生事业纳入国民经济和社会发展计划，将保障市容和环境卫生事业所需的经费列入政府财政预算，不断完善市容和环境卫生设施，提高城市公共服务水平。

市和区（市）县城市管理部门应当根据本地区市容和环境卫生事业发展的需要，对接城市总体规划，组织编制市容和环境卫生事业发展规划。

第八条　市城市管理部门应当会同有关部门，根据国家标准，结合实际制定本市城市容貌标准和环境卫生质量标准，依法报经批准后公布实施。

区（市）县城市管理部门按照本市城市容貌标准和环境卫生质量标准制定实施办法。

第九条　鼓励和提倡社区居民委员会组织社区成员制定维护市容和环境卫生的公约，动员社区成员参加市容和环境卫生的治理和维护工作，创造整洁、优美、文明的环境。

第十条　城市管理部门及相关行政执法机关、学校、社区居民委员会等应当组织开展市容和环境卫生教育活动，鼓励新闻媒体、公共交通和公共场所的经营、管理单位积极宣传市容和环境卫生知识，增强市民的市容和环境卫生意识，引导市民自觉遵守市容和环境卫生管理法规规定。

第十一条　任何单位和个人都享有良好市容和环境卫生的权利，负有遵守社会公德，维护市容整洁、保持环境卫生的义务。

鼓励社会各界关爱环卫工人。任何单位和个人都应当尊重环卫工人劳动，不得妨碍、阻挠其正常工作。

第十二条　本市鼓励和支持市容和环境卫生的科学技术研究，推广运用先进技术、装备和经验，不断提高市容和环境卫生管理水平。

第十三条 本市实施市容和环境卫生服务的市场化和社会化，引导社会资本参与环境卫生设施的建设和运营。鼓励单位和个人兴办市容和环境卫生服务企业。

本市各级人民政府和环卫企业应当积极改善环卫工人劳动条件。

第二章 市容和环境卫生责任区制度

第十四条 本市实行市容和环境卫生责任区制度。

城市管理部门应当拟订实施市容和环境卫生责任区制度的具体方案，报同级人民政府批准后执行。

市容和环境卫生责任区的具体范围，由区（市）县城市管理部门会同街道办事处或者镇（乡）人民政府划定。

街道办事处或者镇（乡）人民政府应当与市容和环境卫生责任区的责任人签订管理责任书，明确管理职责。

第十五条 市容和环境卫生责任区的责任人按照下列原则确定：

（一）城市道路（人行天桥）、城市交通护栏、公共广场，责任人为城市环境卫生等行业主管部门或者专业作业单位；

（二）委托物业服务企业或者其他管理人进行管理的住宅小区、写字楼等建筑区划，责任人为物业管理单位或者其他管理人，未委托物业服务企业进行管理的机关、团体、企事业等单位所在区域，责任人为该单位；

（三）各类商品交易市场（含集贸市场），责任人为所有权人或者经营、管理单位；

（四）机场、车站、加油（气）站、码头、铁路、公路（含高速公路）、车辆（人行）隧道、城市轨道交通设施及其管理范围，责任人为经营或者管理单位；

（五）城市范围内的河道、水域，责任人为管理单位；

（六）施工工地、拆除工地，责任人为建设单位和施工单位，待建地块，责任人为业主；

（七）文化、体育、娱乐、景区（点）、公园、城镇公共绿地、公交站台等公共场所，责任人为经营或者管理单位。

除前款规定区域外，其他建（构）筑物或者设施、场所（含建筑退让红线内区域）的所有权人为市容和环境卫生责任区的责任人。

依照本条第一款和第二款规定仍无法确定责任人的，由所在地的街道办事处或者镇（乡）人民政府报所属区（市）县人民政府确定。

第十六条 市容和环境卫生责任区的责任人应当履行下列义务：

（一）保持市容整洁，无乱设摊、乱搭建、乱张贴、乱涂写、乱刻画、乱吊挂、乱堆放等行为；

（二）保持环境卫生整洁，做到无暴露垃圾、粪便、污水，无污迹、渣土；

（三）按照责任分工定时清扫、保洁，实现垃圾日产日清，防止蚊蝇滋生；

（四）按照规定设置环境卫生设施，并保持整洁、完好；

（五）市容和环境卫生管理责任书约定的其他义务内容。

第十七条 在市容和环境卫生责任区内，责任人可以自己履行市容和环境卫生维护义务，也可以委托他人代为履行。

第三章　市容管理

第一节　建（构）筑物容貌管理

第十八条 建（构）筑物业主或者使用人应当确保建（构）筑物外立面完好、整洁。建（构）筑物屋顶，临街的阳台、窗台、观景台、外走廊应当保持整洁，不得堆放、吊挂影响市容的物品。

临街建（构）筑物立面应当由业主或者使用人定期清洁，具体办法由市人民政府另行规定。

第十九条 临街建（构）筑物的外观应当符合规划要求，未经有关部门批准，不得擅自改变。

因公共利益或者城市建设需要对建筑物立面进行统一整改的，应当保障建（构）筑物相关权利人的合法权益，各相关权利人应当予以配合。

第二十条 建筑物临街面不得设置外置式烟道、外置式防护栏（网）。

同一街区建筑物临街面设置的遮雨（阳）篷，应当做到风格协调、保持整洁。

第二十一条 临街物业的隔离设施，应当选用透景围墙或者绿篱、花坛、花池、栅栏作为分界，并保持整洁。但涉及军事、国家安全等具有保密要求的，或者隔离设施本身具有文物价值的除外。

第二节 城市道路容貌管理

第二十二条 对城市道路、桥梁及其附属设施、临街建筑退让红线区域内的路面，管理维护单位或者所有权人应当建立巡查制度，加强日常管护，保持完好整洁。

在城市道路及其他公共场所设置的检查井盖、沟盖板应当保持平整完好。发现破损、移位、响动、丢失或者其他安全隐患的，所有权人或者管理维护单位应当立即按照规定设置警示标志，及时采取更换、正位、补缺等修复措施，排除安全隐患。

第二十三条 除因公共利益等特殊需要并报经所在地区（市）县城市管理部门批准（影响交通安全的，还应当征得公安交通管理部门同意）的外，任何单位和个人不得擅自占用城市道路、广场、桥梁、下穿通（隧）道、街道游园及其他公共场地从事下列活动：

（一）设置市场、摊点；

（二）作业、搭建设施，堆（摆）放物品；

（三）开展经营、宣传等活动。

禁止占用城市道路开展棋牌等娱乐活动。

第二十四条 临街的商场、商店、餐馆等经营场所的经营者不得超出门窗、外墙摆卖物品或者进行其他经营活动。

禁止沿街兜售物品。

第二十五条 经批准在城市道路上施工、维修管道、清疏沟渠、打围作业、装卸物品的，应当采取防尘降尘措施，及时清除有关构筑物、渣土、淤泥、污物等，保障正常通行，保持路面清洁。

第二十六条 在城区主要道路及其他公共场所设置建筑小品、雕塑等建筑景观，应当经建设主管部门同意，与周围景观相协调，并由所有权人或者管理单位负责维护。

第二十七条 附着于城市道路的书报亭、信息亭、通信交换箱、配电箱、路灯杆、电线杆、交通标志、交通护栏、路名牌、交通站牌（亭）、垃圾箱、消防栓等设施应当统一规划、有序设置，符合城市容貌标准。

设置单位应当负责设施的日常维护，保持设施干净整洁、牢固安全。设施出现污浊、腐蚀、陈旧、破损的，设置单位应当及时清洗、修复、拆除或者更换。

第二十八条 禁止在城市道路、桥梁、护栏、路名牌、电线杆、路灯杆、树木、绿篱等设施上晾晒、吊挂衣物和其他物品。

第三节 标语和宣传品设置管理

第二十九条 街道办事处、镇（乡）人民政府经区（市）县城市管理部门同意，可以在街巷等公共区域选择适当地点设置公共信息栏，并负责日常管理，保持整洁。

禁止在主街干道等场所设置公共信息栏。

禁止利用公共信息栏发布商业广告和违法信息。

第三十条 任何单位和个人不得擅自在城市建（构）筑物立面、门窗、门柱、桥梁、护栏、电（灯）杆、树木、路面、围挡及其他设施或者户外公共场所悬挂、张贴、刻画、喷涂、散发、设置宣传品、标语。

因重大会议会展或者重要庆典活动确需在公共场所临时张贴、悬挂、设置标语等宣传品的，应当经所在地的区（市）县城市管理部门批准，在规定的时间、地点按照批准的内容、数量、规格张贴、悬挂、设置，保持整洁美观，无破损残缺并负责安全，到期后及时清除。

第四节　景观照明管理

第三十一条　城市管理部门应当根据市容和环境卫生事业发展规划，编制本地景观照明设置实施方案，报同级人民政府批准后组织实施。

第三十二条　设置景观照明应当符合下列规定：

（一）设施美观、整洁，不影响白昼的景观效果；

（二）设施安全、环保、节能；

（三）局部景观灯饰效果与周围环境协调；

（四）不影响道路交通安全和市民正常生活。

重要区域、重要建（构）筑物的景观照明应当纳入城市照明设施监控系统。

第三十三条　所有权人或者管理维护单位负责景观照明设施的日常维护管理，并保持其整洁完好、正常开闭和安全使用。

景观照明的图案、文字、灯光显示不全的，应当及时修复、更换。

景观照明的开闭应当遵守城市管理部门的规定。

第四章　环境卫生管理

第一节　公共场所环境卫生管理

第三十四条　禁止下列影响环境卫生的行为：

（一）随地吐痰、便溺；

（二）乱扔瓜果皮核、纸屑、烟蒂、玻璃瓶（渣）、饮料罐、包装袋（盒）等废弃物；

（三）在露天场所或者垃圾收集容器内焚烧生活垃圾；

（四）乱倒垃圾、渣土、污水、污油、粪便，乱扔动物尸体等废弃物；

（五）其他破坏环境卫生的行为。

第三十五条　经批准临时占道进行道路和各类管线等基础设施施工的，应当对施工区域实施硬质实体隔离或者封闭。隔离或者封闭装置应当符合规定的高度要求，并设置安全标志和警示灯具。

园林绿化及维护作业产生的废弃物，应当及时清除。

第三十六条 临街经营场所的经营者应当保持周围环境卫生整洁，不得向街面倾倒、排放污水及其他废弃物。

第三十七条 在城市道路上行驶和停放的机动车辆应当保持车身整洁和外观良好，不得带泥行驶。车身不整洁或者破损的，应当及时清洗、维修。

运载散装货物、砂石、灰浆以及生活垃圾等废弃物，应当捆扎牢固、封盖严密，不得沿途遗洒、飘散。

第三十八条 除因教学、科研以及其他特殊需要外，禁止在中心城区、区（市）县人民政府所在地建成区饲养家禽家畜、食用鸽。禁止在镇（乡）人民政府所在地建成区的街道或者公共场所敞放家禽家畜。

禁止在中心城区、区（市）县人民政府所在地建成区的住宅楼阳台、窗台、观景台、公共通道（楼梯、走廊）等影响公共环境的地方搭建鸽舍。饲养信鸽的，应当遵守体育主管部门的有关规定，并采取措施防止影响市容和环境卫生。

饲养宠物应当遵守公共场所文明行为规范，不得影响环境卫生或者他人正常生活。宠物在公共场所产生的粪便，携带人应当立即清除。

城市道路、广场等公共区域的动物死尸由城市管理部门负责收集、清理，并进行无害化处置。

第二节　生活垃圾管理

第三十九条 市和区（市）县人民政府应当统筹推进生活垃圾分类工作。城市管理部门应当按照源头减量、资源化利用、无害化处置的原则，牵头组织推进生活垃圾分类工作。发改、规划、建设、商务、环保等相关部门应当按照职责做好生活垃圾分类相关工作。

城市管理部门应当按照方便居民、优化环境的原则，明确规定居民倾倒生活垃圾的时间、地点和方式。

居民应当自觉维护公共场所环境卫生，积极参与生活垃圾分类活动，按照规定将生活垃圾投放到相应的垃圾容器或者指定的生活垃圾收集场所。

第四十条 居民和单位产生的生活垃圾由市、区（市）县城市管理部门统一组织收集、运输并集中处置。

未接入污水处理系统的粪便，由责任人定期进行疏掏或者委托环境卫生服务单位进行疏掏、处置。粪便外溢时，责任人应当及时进行处理；未处理的，街道办事处、镇（乡）人民政府应当组织有关单位进行处理，处理费用由责任人承担。

禁止将粪便直接排入雨水管道、沟渠、河道或者随意排放。收集的粪便应当运至指定地点处置。

第四十一条 环境卫生作业单位应当规范作业，及时清运各类垃圾，保持垃圾转运站及其周边干净整洁。

第四十二条 农村生活垃圾推行户分类投放、村分类收集、镇（乡）转运、县处置的方式，纳入城镇垃圾处理系统；在当地环境容量范围内，可以选择经济、适用、安全的处理、处置技术，就地消纳处理。垃圾需要填埋的，填埋点由区（市）县人民政府有关部门统一确定和管理。

村（居）民应当按照规定分类投放生活垃圾。

任何单位和个人不得损坏农村生活垃圾收集、清运、处置设施。

第四十三条 收集、存放、运输、处置餐厨垃圾，不得污染城市道路和环境。禁止将餐厨垃圾排入雨水、污水管道或者沟渠、河道、公共厕所。

本市餐厨垃圾管理的具体办法由市人民政府另行规定。

第三节 环境卫生设施建设与管理

第四十四条 城市管理部门应当会同规划主管部门编制环境卫生设施专项规划。规划主管部门制定或者调整城市控制性详细规划应当落实专项规划内容。

城市管理部门应当根据本地区市容和环境卫生事业发展规划及环境卫生设施设置标准，编制生活垃圾转运站、垃圾（粪便）处理场（厂）、公共厕所等环境卫生设施的建设计划，并组织实施。

第四十五条 机场、车站、大型商场、文化娱乐、旅游景区（点）及其他人流集散场所，应当按照环境卫生设施设置规定和标准，配套建设公共厕所和其他环境卫生设施。新建楼盘应当配套建设密闭式生活垃圾分类收集房和其他环境卫生设施。

纳入规划条件配套建设的环境卫生设施，应当与主体工程同时设计、同时施工、同时投入使用。环境卫生设施不符合规划条件的，建设单位不得组织竣工验收，规划主管部门不得核发《建设工程规划核实合格证》。

城市管理部门应当参加环境卫生设施建设的竣工验收。

第四十六条 所有权人或者管理、使用单位负责环境卫生设施的维护，并保持设施整洁、完好和正常使用。

公共厕所应当规范设置标志。

使用公共厕所应当自觉维护清洁卫生，爱护设施、设备。

本市鼓励临街的宾馆、饭店、商场等经营场所的厕所在经营时段对外开放。

第四十七条 禁止任何单位和个人占用、损坏环境卫生设施。

任何单位和个人不得擅自关闭、拆除、迁移环境卫生设施。因建设等特殊原因确需关闭、拆除、迁移环境卫生设施的，建设单位或者其他有关单位应当提出方案，报所在地区（市）县城市管理部门批准后，按照先建后拆、有所改善的原则，建设新的环境卫生设施。

规划确定的环境卫生设施建设用地，不得擅自改作他用。

第四十八条 设置城市机动车清洗场（站），应当符合选址要求、设置标准。清洗场（站）不得占道作业，不得任意排放洗车污水。

城市机动车清洗场（站）的具体管理办法由市人民政府另行规定。

第五章　市容和环境卫生作业及服务管理

第四十九条 城市管理部门应当通过招投标等公平竞争方式作出城市生活垃圾经营性清扫、收集、运输、处置许可的决定。

前款规定的生活垃圾经营性处置许可决定由市城市管理部门作出；经营

性清扫、收集、运输许可决定由服务所在地区（市）县城市管理部门作出。

第五十条 本市生活垃圾、粪便等废弃物的收集、清运和处置，按照“谁产生、谁付费”原则，实行服务收费制度。

本市市容和环境卫生服务性收费标准由市城市管理部门拟定，报价格主管部门批准后执行。

第五十一条 从事市容和环境卫生作业服务的企业，应当合法经营，文明服务，遵守市容和环境卫生作业规范及作业服务合同，按照城市容貌标准和环境卫生质量标准在规定时间内完成道路清扫、冲洗除尘和生活垃圾收运作业，不得在交通高峰时段从事影响交通的环卫作业。

第五十二条 市和区（市）县城市管理部门应当加强对从事垃圾处置的企业或者单位的运营监管。

垃圾处置企业或者单位应当委托具有法定资质的机构，定期进行水、气、土壤等环境影响监测和垃圾处置设施的性能及环保指标的检测评价。检测、评价结果应当向所在地城市管理、环境保护部门报告。

垃圾处置企业或者单位的有关环境信息应当按照规定公开。

第六章 监督管理

第五十三条 城市管理部门应当加强对市容和环境卫生的监督管理，建立数字化、网格化管理机制，组织巡查、检查，及时发现、处置违法行为。

城市管理部门可以将告知、劝阻、巡查、报告等辅助性管理事项委托给符合条件的组织实施。

第五十四条 任何单位和个人对损害市容和破坏环境卫生的行为，都有权劝阻或者向城市管理部门及有关行政执法机关投诉、举报。

城市管理部门应当建立市容和环境卫生投诉、举报受理制度，及时查处市容和环境卫生违法行为。

第五十五条 各级城市管理部门及有关行政执法机关按照各自职责对违反本条例规定的行为实施行政处罚。区（市）县城市管理部门经上级城市管理部门批准，可以委托街道办事处、镇（乡）人民政府实施行政处罚。

第五十六条　城市管理部门及有关行政执法机关查处违反本条例规定的行为时，可以扣押当事人从事违法活动的运输工具、经营工具和物品，并依法处理扣押的工具和物品。

第七章　法律责任

第五十七条　违反本条例第十六条规定，责任人未履行规定义务，责任区的容貌秩序、环境卫生未达到有关标准的，应当予以警告，责令限期改正；逾期不改正的，对个人处二百元罚款，对单位处一千元以上二千元以下罚款，并可建议其上级主管部门对直接责任人及其主管人员给予处分。

第五十八条　违反本条例第十八条第一款，第二十三条第二款，第二十四条第二款，第二十八条，第二十九条第二款、第三款，第三十条，或者第三十八条第一款、第三款规定的，责令改正或者清理；拒不改正或者清理的，处二百元罚款。

违反本条例第三十八条第二款规定的，责令限期拆除或者改正。

第五十九条　违反本条例第二十条第一款规定设置外置式防护栏（网）的，责令限期改正；逾期不改正的，处五百元以上二千元以下罚款。

第六十条　违反本条例第二十二条第二款规定的，处二百元以上一千元以下罚款；情节严重的，处五千元以上二万元以下罚款。

第六十一条　违反本条例第二十三条第一款或者第二十四条第一款规定的，责令改正；拒不改正的，对个人处二百元罚款，对单位处一千元以上二千元以下罚款。

第六十二条　违反本条例第二十五条规定的，责令限期改正或者清除，处二百元以上一千元以下罚款；情节严重的，处一千元以上五千元以下罚款。

第六十三条　违反本条例第二十七条第二款、第三十三条第二款或者第四十六条第一款规定的，责令限期改正，处五百元以上二千元以下罚款。

第六十四条　违反本条例第三十四条第一项或者第二项规定的，责令改正，可处五十元以上二百元以下罚款。

违反本条例第三十四条第三项、第四项，第三十六条，或者第四十条第三款规定的，责令改正或者清除，对个人处二百元罚款，对单位处一千元以上二千元以下罚款。

第六十五条 违反本条例第三十五条第一款规定的，责令改正；拒不改正的，处二千元以上一万元以下罚款。

违反本条例第三十五条第二款规定的，责令改正；拒不改正的，处五百元以上一千元以下罚款。

第六十六条 违反本条例第三十七条第二款规定的，责令改正，处一千元以上三千元以下罚款；情节严重的，处三千元以上五千元以下罚款。

第六十七条 违反本条例第四十一条或者第五十一条规定的，责令限期改正或者清除，对其不良经营行为予以记录和公示，处一千元以上五千元以下罚款；情节严重的，可终止服务合同，依法吊销服务许可证。

第六十八条 违反本条例第四十二条第三款或者第四十七条第一款规定的，责令改正，处五百元以上二千元以下罚款；造成损失的，承担赔偿责任。

违反本条例第四十七条第二款规定的，责令改正或者恢复原状，处二千元以上一万元以下罚款；造成损失的，承担赔偿责任。

第六十九条 违反本条例第四十六条第二款规定的，责令改正，处二百元以上一千元以下罚款。

第七十条 城市管理部门依法作出要求当事人履行排除妨碍、恢复原状等义务的行政决定，当事人逾期不履行，经催告仍不履行，其后果已经或者将危害交通安全、造成环境污染或者破坏自然资源的，城市管理部门可以代履行，或者委托没有利害关系的第三人代履行。

需要立即清除道路或者公共场所的遗漏物、障碍物或者污染物，当事人不能清除的，城市管理部门可以决定立即实施代履行；当事人不在场的，城市管理部门应当在事后立即通知当事人，并依法作出处理。

代履行的费用按照成本合理确定，由当事人承担。

第七十一条 城市管理及有关行政执法机关及其工作人员，应当依法履行职责，遵守法定程序，公正执法，文明执法。对玩忽职守、滥用职权、徇私舞弊、收受贿赂、私吞（分）财物、私自使用所扣物品或者拒不履行法定职责的，由有权机关按照有关规定对直接负责的主管人员和其他直接责任人员，依法给予行政处分；给当事人造成损失的，依法承担赔偿责任。

第七十二条 阻碍城市管理及有关行政执法机关工作人员依法执行职务的，由公安机关依据相关法律、法规的规定处理。

第七十三条 违反本条例规定的其他行为，法律、法规已有处罚规定的，从其规定。

第八章 附 则

第七十四条 本条例自2017年6月1日起施行。

成都市社区教育促进条例

2016年8月31日成都市第十六届人民代表大会常务委员会第二十五次会议通过，2016年11月30日四川省第十二届人民代表大会常务委员会第二十九次会议批准。

目　录

第一章　总　则

第一条　为了促进社区教育发展，满足社区居民终身学习需求，促进人的全面发展，推进城乡社区建设和治理，根据《中华人民共和国教育法》等有关法律、法规，结合成都市实际，制定本条例。

第二条　本条例适用于本市行政区域内的社区教育的组织、服务、监督、管理等活动。

第三条　本条例所称社区教育，是指开发、利用各种教育资源，以社区居民为对象，开展的旨在丰富居民精神文化生活，提高居民素质、技能和生活质量，构建和谐社区的教育活动。

第四条　社区教育是教育事业的重要组成部分，是社区建设的重要内容。社区教育应当坚持政府主导与社会参与相结合、公益服务与市场机制相结合、全民学习与社区建设相结合的原则。

第五条 对在开展社区教育工作中做出突出成绩的单位和个人，给予表彰和奖励。

第二章 组织与实施

第六条 市和区（市）县人民政府应当加强对社区教育的领导，将社区教育纳入国民经济和社会发展规划，采取鼓励和扶持措施，促进社区教育发展。

市和区（市）县人民政府应当建立多部门共同参与的社区教育联席会议制度，负责社区教育议事协调，统筹社区教育资源，研究解决本行政区域内社区教育重大问题。社区教育联席会议的日常工作由本级人民政府教育主管部门承担。

乡（镇）人民政府、街道办事处应当按照各自职责开展社区教育工作。

在村（社区）开展的社区教育活动应当征询村（社区）自治组织的意见。

第七条 市和区（市）县教育主管部门负责社区教育工作，履行下列职责：

（一）组织编制社区教育发展规划，经本级人民政府批准后实施；

（二）制定社区教育年度工作计划；

（三）指导社区教育机构开展社区教育活动；

（四）开展社区教育工作检查和考核；

（五）负责社区教育经费的监督和管理；

（六）承办社区教育联席会议交办的其他工作。

市和区（市）县其他行政管理部门和群团组织，应当按照各自职责，协同开展社区教育的相关工作。

第八条 文广新、科技、科协、社科联、文联等部门和组织负责提供全民阅读、文化宣传、文艺培训、自然科学和社会科学知识普及等社区教育资源及教育培训服务。

司法行政、环保、城管、公安、防震减灾等部门负责提供法治宣传、环境保护、城市管理、公共安全防护、救灾避险等社区教育资源及教育培训服务。

卫计、体育、食药监、红十字等部门和组织负责提供医疗急救、健康教育、优生优育、全民健身、食药安全等社区教育资源及教育培训服务。

第九条　科技、人社、农业、科协等部门和组织负责提供创新创业、就业再就业、职业技能提升、农村实用技术培训等社区教育资源和教育培训服务。

第十条　教育、妇联、共青团等部门和组织负责提供青少年校外教育、妇女儿童权益保障、家庭教育等社区教育资源及教育培训服务。

第十一条　民政、文广新、老龄等部门和组织负责提供知识型、休闲型和保健型老年社区教育资源及教育培训服务。

第十二条　人社、残联等部门和组织负责提供残疾人职业技能培训、残疾预防及康复等社区教育资源及教育培训服务。

第十三条　市和区（市）县人民政府应当整合各类教育资源，在市、区（市）县、乡镇（街道）分别设立社区大学、社区教育学院、社区教育学校，并配备必要的教育设施和相应的教师及管理人员；在村（社区）设立社区教育工作站。

社区大学、社区教育学院负责课程开发、教育示范、业务指导等；社区教育学校负责组织实施社区教育活动，指导社区教育工作站；社区教育工作站为居民提供灵活便捷的社区教育服务。

鼓励有条件的地方建立院落学习室、楼组学习中心。

第十四条　鼓励和支持企事业单位、社会团体、其他社会组织及公民依法组建社区教育培训机构，面向社区居民提供社区教育服务。

鼓励建设以社区大学、社区教育学院、社区教育学校、社区教育工作站四级社区教育机构为主体，各级老年大学和各类面向社区居民的社会教育培训机构为补充的社区教育综合体系。

第十五条　市和区（市）县人民政府应当建立区域间、行业间的社区教育资源整合机制，提高社区教育资源的使用效率，促进社区教育事业的均衡发展。

第十六条 市教育主管部门会同相关部门完善全市社区教育课程体系，针对社区内不同的教育对象，开发提供公民素养、民主法制、诚信教育、人文艺术、科学技术、职业技能、运动健身、养生保健、生活休闲、安全教育、家庭教育等课程，传承地方特色文化，满足社区居民的学习需求。

第十七条 市教育主管部门应当会同相关部门充分利用现代远程教育体系，依托社区公共服务综合信息平台建设，建立城乡共享的社区教育公共服务平台和学习资源库，为居民提供多种形式的学习支持服务。

社区教育机构应当分级实施教学管理，建立线上线下学习的组织、管理、激励制度，优化课程及教学手段，实施教学评估，保障教学质量。

逐步建立社区教育学分积累与转换制度，实现不同类型学习成果的积累、转化和互认。

第十八条 市和区（市）县教育主管部门会同相关部门建立专兼职结合的师资队伍，建立和完善社区教育师资库，提供师资信息服务。

鼓励专家、学者以及其他具有专业知识和专门技能的人员兼职从事社区教育工作。

第十九条 市和区（市）县教育主管部门应当依法开展社区教育统计工作，做好统计分析和资料管理，并定期发布相关信息。

社区教育机构和其他面向社区居民的社会教育培训机构应当提供真实、准确、完整的社区教育相关数据。

第二十条 市和区（市）县教育主管部门应当加强对社区教育机构和其他面向社区居民的社会教育培训机构的日常监督，定期对办学水平、教育质量进行评估。评估结果应当向社会公布。

第三章　合作与参与

第二十一条 统筹共享社区资源，拓展社区综合服务中心（站）的社区教育功能，推动社区教育工作站与社区综合服务中心（站）设施统筹、信息共享、服务联动。

鼓励各级各类学校在不影响正常教学前提下，充分利用各自资源优势，在师资、设施、场所等方面为社区教育提供便利，开展社区教育活动。

第二十二条 本市图书馆、博物馆、美术馆、文化馆、科普场馆、体育场馆、工人文化宫、青少年宫、妇女儿童活动中心等公益性设施应当采取免费或者优惠的方式向社区教育活动开放。

第二十三条 鼓励开展社区教育领域的国际交流与合作。

第二十四条 鼓励自然人、法人或者其他组织捐助社区教育。捐赠人捐赠财产用于社区教育的，依法享受国家教育捐赠有关政策优惠。

第二十五条 鼓励公民参与社区教育志愿服务，建立社区教育志愿服务管理办法和激励机制。社区教育志愿者纳入本市志愿者服务管理体系。

第二十六条 社区教育机构应当加强对社区教育学习团队的指导，促进社区居民自主学习团队的建设。

第四章 保障与促进

第二十七条 市和区（市）县人民政府应当建立和完善有利于社区居民参与社区教育的政策措施，鼓励社区居民积极参加社区教育活动，保障社区居民的学习权利。

第二十八条 市和区（市）县人民政府应当将社区教育场所和设施纳入社区规划和建设，开展社区教育机构标准化建设。

社区教育机构指导性建设标准由市教育主管部门依照有关规定制定，报市人民政府批准后实施。

第二十九条 建立健全政府投入、社会捐赠、学习者合理分担等多种渠道筹措经费的社区教育投入机制，拓宽社区教育经费来源渠道。

市和区（市）县人民政府应当将社区教育经费列入同级财政预算，建立社区教育经费的分级保障体系，完善经费投入机制和标准，保障社区教育机构标准化建设、专兼职队伍建设、课程体系建设、公益课程实施、社区教育公共服务平台建设等社区教育基本公共服务支出。

市和区（市）县人民政府应当加强社区教育经费的监督管理，提高使用效益。

第三十条　市和区（市）县人民政府应当根据本行政区域内的社区居民总数，为社区教育机构配备相应的教师和管理人员。社区教育专职人员可以在区域内事业编制中统筹安排，也可以在编制外以政府购买服务方式聘用。

市人社、教育等部门应当根据国家、省相关规定，共同制定社区教育专职教师职称（职务）评聘实施细则。

第三十一条　市和区（市）县人民政府可以通过购买服务等方式提供社区教育基本公共服务。

鼓励社会力量采取市场化的方式为社区居民提供专业性、个性化的社区教育服务。

第三十二条　市和区（市）县人民政府应当将社区教育工作纳入年度目标管理，开展社区教育专项督导，督导结果应当向社会公布。

第三十三条　鼓励广播、电视、报刊、网络等媒体积极开展社区教育的公益宣传，为社区教育发展营造良好的社会舆论环境。

第三十四条　每年十月第三周为本市的社区教育活动周。

社区教育活动周期间，教育主管部门应当会同其他部门开展社区教育宣传、社区教育学习成果展示等活动。

第五章　法律责任

第三十五条　违反本条例第十九条第二款规定，社区教育机构和其他面向社区居民的社会教育培训机构在统计工作中提供虚假数据的，由教育主管部门责令改正；情节严重的，对直接负责的主管人员和其他直接责任人员依法处理。

第三十六条　教育主管部门及其他部门的工作人员在社区教育工作中，有下列行为的，由有关部门依法依规给予行政处分：

（一）侵占、截留或者挪用社区教育经费的；

（二）购买服务违反法定采购程序的；

（三）在统计评估中弄虚作假的；

（四）其他玩忽职守、滥用职权或者徇私舞弊的。

第三十七条 违反本条例规定的其他行为，法律、法规已有处罚规定的，从其规定。

第六章 附 则

第三十八条 本条例自 2017 年 2 月 1 日起施行。

成都市兴隆湖区域生态保护条例

2016年8月31日成都市第十六届人民代表大会常务委员会第二十五次会议通过，2016年11月30日四川省第十二届人民代表大会常务委员会第二十九次会议批准。

目　录

第一章　总　则

第一条　为了规范兴隆湖区域规划、建设和管理，加强兴隆湖区域生态保护，促进兴隆湖区域生态环境保护与经济社会协调发展，根据《中华人民共和国环境保护法》《中华人民共和国城乡规划法》《中华人民共和国土地管理法》《中华人民共和国水法》《中华人民共和国水污染防治法》等法律、法规，结合成都市实际，制定本条例。

第二条　兴隆湖区域的规划、建设、保护、管理及其监督等活动，适用本条例。

第三条　本条例所称兴隆湖区域，是指由四川天府新区总体规划确定的兴隆湖、鹿溪河及其周边的生态用地和开发用地所构成的控制区。

第四条　兴隆湖区域的生态保护应当遵循生态为本、严格保护、合理利用、科学管理、永续发展的原则。

第五条 市人民代表大会常务委员会按照法律、法规的规定，通过听取和审议市人民政府专项工作报告、开展执法检查等方式，对兴隆湖区域生态保护情况进行监督。

第六条 市人民政府应当将兴隆湖区域保护和利用纳入城市总体规划和土地利用总体规划，制定各类相关规划和配套政策，建立统一管理及监督检查制度，统筹协调解决兴隆湖区域生态保护工作中的重大事项。

市土地、环保、建设、城乡规划、城管、水务、农业、林业园林等主管部门应当按照职责分工负责相关工作。

兴隆湖区域所在的镇（乡）人民政府、街道办事处应当协助主管部门实施辖区内的生态保护相关工作。

第二章 规划控制与土地利用

第七条 兴隆湖区域专项规划由市城乡规划主管部门根据四川天府新区总体规划统一编制，按照有关程序报市人民政府批准。

市人民政府应当将兴隆湖区域专项规划的编制情况向市人民代表大会常务委员会报告。市人民代表大会常务委员会应当进行审议，并将审议意见交由市人民政府研究处理。

兴隆湖区域控制性详细规划由市城乡规划主管部门会同其他相关主管部门根据四川天府新区总体规划和兴隆湖区域专项规划编制，报市人民政府批准。

兴隆湖区域专项规划和控制性详细规划经市人民政府批准后，应当报市人民代表大会常务委员会备案。

第八条 兴隆湖区域土地利用专项规划由市土地主管部门会同其他相关主管部门和有关区（市）县人民政府根据兴隆湖区域专项规划编制，报市人民政府批准。

兴隆湖区域土地利用专项规划经市人民政府批准后，应当报市人民代表大会常务委员会备案。

兴隆湖区域土地利用专项规划，应当与相关土地利用总体规划相衔接。

第九条 市城乡规划主管部门应当通过政府公众信息网和城乡规划固定展示场所将兴隆湖区域专项规划和控制性详细规划向社会公布，但是法律、法规规定不得公开的内容除外。未经依法公布的，不得作为城乡规划管理的依据。

市城乡规划主管部门应当依据已经批准的规划，在规划区域现场设置生态用地边界示意牌。

第十条 兴隆湖区域专项规划和控制性详细规划是兴隆湖区域建设、管理、利用、保护等相关工作的依据，任何单位和个人未经法定程序不得修改、变更。

因公共利益需要，确需对兴隆湖区域专项规划和控制性详细规划进行修改的，由市城乡规划主管部门组织论证。经论证确需修改的，应当征求拟调整区域内利害关系人的意见，并在组织召开规划修改听证会后，提出规划修改方案。超过半数以上的听证代表不同意修改的，应当终止规划修改。

市人民政府应当将兴隆湖区域专项规划拟作修改的情况向市人民代表大会常务委员会报告。市人民代表大会常务委员会应当进行审议，并将审议意见交由市人民政府研究处理。

兴隆湖区域专项规划和控制性详细规划修改方案经市人民政府批准后，应当报市人民代表大会常务委员会备案。

第十一条 兴隆湖区域的土地利用和各项建设管理活动，应当遵循生态保护优先的原则，符合国家有关生态城市建设的要求。

兴隆湖区域的生态用地应当纳入本市生态红线范围予以保护。

第十二条 兴隆湖区域总面积14.04平方公里，包括生态用地面积11.62平方公里（含兴隆湖水面面积3平方公里、鹿溪河水面面积2.02平方公里）和开发用地2.42平方公里。

市人民政府应当采取有效措施确保兴隆湖区域生态用地规模不减少。

第十三条 兴隆湖区域的土地利用应当符合土地利用总体规划用途管制的要求，按照耕地保护优先的原则，加强耕地数量和质量保护。

兴隆湖区域的农用地应当加强用途管制，不得非法改变农用地用途。

复垦后的耕地应当纳入农用地管理。禁止违反规划将实施土地整治复垦后的土地再次用于非农业建设。

生态用地应当用于农业生产、绿地、公共活动场地和应急避难场所等开放空间、水体以及符合规划的配套设施建设。

第十四条 在兴隆湖区域生态用地内实施绿地、水体、景观等生态项目建设的，其配套建设的建筑物、构筑物等服务性配套设施的占地面积占生态用地总面积的比例不得超过百分之二。

任何单位和个人不得将非经营性配套服务设施用房改变为经营性用房。

第三章 生态保护与管理

第十五条 兴隆湖区域生态建设应当符合下列要求：

（一）农业种植物、树木、苗木及其它植物、植被和水体的占地面积占生态用地总面积的比例不得低于百分之八十；

（二）生态用地内的建筑物、构筑物、道路和铺装场地的总硬化率不得超过百分之八。

第十六条 兴隆湖区域水体水质执行《地表水环境质量标准》（GB3838－2002）中Ⅳ类标准。

市环保、水务、农业等主管部门应当按照职责分工开展兴隆湖区域水资源保护，定期疏浚、定期监测水体，防治水体污染，科学调度水资源，维持合理水位，保护水体生态功能。

在兴隆湖区域专项规划中应当对东风渠至兴隆湖的应急补水通道和东风渠至鹿溪河的泄洪通道进行保护，确保应急补水与防洪安全。

第十七条 生产、经营活动产生的污水收集处理后未达到《地表水环境质量标准》（GB3838－2002）中Ⅳ类标准的，不得排入兴隆湖区域。

在兴隆湖区域内建设公共活动场地、道路隔离带和绿地的，应当采取有利于雨水渗透的措施。

在湖滨、河岸应当构建乔灌草复合植被带和草本沼泽为主的人工湿地，形成水岸的生态缓冲带。

第十八条 兴隆湖区域内相关规划的编制和建设项目的审批，应当依法进行环境影响评价。

市城乡规划、土地主管部门应当在兴隆湖区域专项规划和土地利用专项规划编制过程中组织进行环境影响评价。

建设单位应当组织编制或者填报环境影响评价文件并报有审批权的环保主管部门审批或者备案。建设项目的环境影响评价文件未经法律规定的审批部门审查或者审查后未予批准的，该项目审批部门不得批准其建设，建设单位不得开工建设。

任何单位和个人不得在兴隆湖区域内新建工业项目。不符合生态保护要求的现有工业项目应当依法迁出或者关闭。

第十九条 任何单位和个人在兴隆湖区域内进行建设，应当依法向相关主管部门申请办理有关规划、建设等审批手续。

第二十条 兴隆湖区域开发用地上的建设项目，应当按照低高度、低强度的建筑形态进行规划控制。

兴隆湖区域生态用地上的配套建设项目，应当按照小体量、园林式的建筑形态进行规划控制。

第二十一条 任何单位和个人都应当遵守兴隆湖区域内的动植物及湿地保护制度，爱护兴隆湖区域内的乔木、灌木、花草等植物、植被和湿地，保护兴隆湖区域内的野生动物及其栖息地。

禁止破坏植物、植被或者违法砍伐、移植树木。

第二十二条 除法律、法规有特别规定的以外，任何单位和个人不得在兴隆湖区域内从事采石、取土、弃土、爆破等破坏自然地形地貌的活动。

第二十三条 任何单位和个人都应当爱护兴隆湖区域生态环境，不得实施下列行为：

（一）向水体排放、倾倒废弃物或者其他污染物；

（二）在水体最高水位线以下的滩地、岸坡或者水域周边填埋、堆放、存贮固体废弃物或者其他污染物；

（三）在水体清洗车辆；

（四）在水体清洗装贮或者污染过油类、有毒污染物的物体；

（五）垂钓、捕鸟；

（六）擅自捕鱼、采摘水生植物；

（七）擅自放流水生生物物种；

（八）燃放烟花爆竹、孔明灯；

（九）在水域周边和绿化带内野炊、烧烤、搭建帐篷；

（十）其他破坏生态环境的行为。

利用兴隆湖水域开展水上活动的，应当经相关主管部门依法批准。

第二十四条 市人民政府应当定期向市人民代表大会常务委员会报告兴隆湖区域生态保护和本条例实施的情况。

市人民政府应当建立健全兴隆湖区域生态保护绩效的社会评价机制，并将评价结果进行公布。

市土地、环保、建设、城乡规划、城管、水务、农业、林业园林等主管部门应当加强对兴隆湖区域生态保护实施情况的监督检查，依法及时查处违法行为。

第二十五条 任何单位和个人都有权对违反本条例的行为进行举报。

相关主管部门应当及时受理举报、依法处理，并将处理结果告知举报人。

第四章 法律责任

第二十六条 违反本条例规定，主管部门及其工作人员有下列行为之一的，由市人民政府或者监察机关依据职权责令改正，通报批评；对直接负责的主管人员和其他直接责任人给予处分：

（一）未依法组织编制兴隆湖区域专项规划或者控制性详细规划的；

（二）未经法定程序修改兴隆湖区域专项规划或者控制性详细规划的；

（三）超越职权或者违反规划改变兴隆湖区域土地用途的。

第二十七条 违反本条例规定，未取得建设工程规划许可证或者未按照建设工程规划许可证的规定进行建设的，由市城乡规划主管部门责令停止建设，尚可采取改正措施消除对规划实施的影响的，限期改正，处建设工程造价百分之五以上百分之十以下的罚款；无法采取改正措施消除影响的，限期拆除，不能拆除的，没收实物或者违法收入，可以并处建设工程造价百分之五以上百分之十以下的罚款。

第二十八条　违反本条例规定，单位或者个人有下列行为之一的，由市土地主管部门责令退还非法占用的土地，恢复土地原状：

（一）未经批准或者采取欺骗手段骗取批准，非法占用生态用地的；

（二）违反兴隆湖区域土地利用专项规划，不按照土地利用总体规划用途管制要求改变土地用途的。

第二十九条　违反本条例规定，单位或者个人有下列行为之一的，由市环保主管部门责令停止违法行为，限期采取治理措施，消除污染，处以罚款；逾期不采取治理措施的，市环保主管部门可以依法指定有治理能力的单位代为治理，所需费用由违法者承担：

（一）向水体排放、倾倒废弃物或者其他污染物，或者在水体最高水位线以下的滩地、岸坡堆放、存贮固体废弃物或者其他污染物的，处六万元以上十二万元以下罚款；

（二）在水体清洗装贮或者污染过油类、有毒污染物的物体的，处三万元以上六万元以下罚款。

第三十条　违反本条例规定，在兴隆湖区域内燃放烟花爆竹的，由公安机关责令停止燃放，处一百元以上五百元以下罚款。

第三十一条　违反本条例规定，造成兴隆湖区域内树木损坏、绿地毁坏等严重后果的，由市林业园林主管部门责令赔偿损失，并处二千元以上五千元以下罚款。

第三十二条　违反本条例规定的其他行为，法律、法规已有处罚规定的，从其规定。

第五章　附　则

第三十三条　本条例自 2017 年 2 月 1 日起施行。

成都市建设施工现场管理条例

2016 年 6 月 28 日成都市第十六届人民代表大会常务委员会第二十四次会议通过，2016 年 9 月 28 日四川省第十二届人民代表大会常务委员会第二十八次会议批准。

目　录

第一章　总　则

第一条　为了规范建设施工现场管理，提高文明施工水平，确保工程质量和施工安全，减少对周边环境的不利影响，根据《中华人民共和国建筑法》、《四川省建筑管理条例》和《四川省城乡环境综合治理条例》等相关法律法规，结合成都市实际，制定本条例。

第二条 在本市行政区域内的建设施工现场从事建设施工活动，实施对建设施工活动的监督管理，应当遵守本条例。

因抢险、抢修、救灾等应急需要而进行的施工活动不适用本条例。

城乡居民住宅室内装饰装修活动的监督管理按照相关法规、规章的规定执行。

建筑垃圾的运输、消纳管理按照《成都市建筑垃圾处置管理条例》的规定执行。

第三条 本条例所称建设施工现场，是指各类房屋建筑和市政基础设施工程及其附属设施的建造、装修装饰和与其配套的线路、管道、设备的安装等施工活动的场地。

第四条 市建设行政主管部门负责本市建设施工现场的监督管理。区（市）县建设行政主管部门依照职责负责本辖区内建设施工现场的监督管理，并接受市建设行政主管部门的业务指导。

城管、房管、环保、公安、水务、文物等部门按照各自职责对建设施工现场相关事项实施监督管理。

第五条 建设施工现场实行施工组织管理、工程质量管理、施工安全管理、绿色施工管理和文明施工管理业绩综合考评，综合考评结果纳入建筑市场主体信用评价体系定期公布，并依法作为企业资质吊销、等级升降级的条件和依据之一。

第二章 施工管理

第一节 一般规定

第六条 建设工程实行施工总承包的，由总承包单位负责对施工现场统一管理，分包单位负责分包范围内的施工现场管理。

建设单位直接发包的专业工程，专业承包单位应当接受总承包单位的现场管理，建设单位、专业承包单位和总承包单位应当签订施工现场统一管理协议。

第七条 建设单位应当履行下列管理责任：

（一）成立施工现场质量、安全、文明施工管理机构；

（二）制定质量、安全、文明施工管理制度及考核办法；

（三）明确总分包单位的职责，并签订安全生产协议；

（四）定期组织相关单位开展质量、安全、文明施工检查，及时督促、组织相关单位消除质量、安全隐患；

（五）对施工现场扬尘整治负总责，承担安全文明施工费用。

第八条 施工单位应当建立施工现场质量、安全生产、文明施工管理体系，履行下列管理责任：

（一）设置质量、安全生产管理机构，配备专职质量、安全管理人员；

（二）按照建筑业质量、安全作业规程和标准、施工方案以及设计要求施工；

（三）落实和执行施工现场质量、安全生产、文明施工及扬尘防治的各项制度和措施；

（四）按照规定投入和使用安全文明施工费用，不得将其挪作他用。

第九条 施工单位应当根据建设工程的规模和特点编制施工组织设计。对于下列危险性较大的分部分项工程，应当编制专项施工方案，由施工单位技术负责人、项目总监理工程师、建设单位项目负责人审核签字后，方可组织实施：

（一）基坑支护；

（二）降水；

（三）土方开挖；

（四）模板工程及支撑体系；

（五）起重吊装及安装拆卸；

（六）脚手架；

（七）建筑幕墙安装；

（八）人工挖孔桩；

（九）地下暗挖、顶管等其他危险性较大的分部分项工程。

第十条 施工单位应当建立施工现场巡查制度，定期对其所承包的施工项目实施现场检查。

施工单位项目相关负责人应当在每日施工作业前组织施工质量、安全隐患排查，做好排查记录，及时消除质量、安全隐患。质量、安全隐患未消除的部位及其影响的区域不得施工作业，质量、安全隐患未消除的设备、设施不得使用。

第十一条 工程监理单位应当依照相关法律、法规以及工程建设强制性标准实施监理，对建设工程施工安全承担监理责任。

危险性较大的分部分项工程，总监理工程师应当对每道施工工序的质量、安全状况进行确认后，方可指令施工单位进入下一道工序施工。

施工现场不具备施工安全条件或者质量、安全隐患未消除而进行施工的，工程监理单位应当要求施工单位进行整改或者停工整改；拒不整改的，工程监理单位应当及时向建设单位和建设工程质量、安全监督管理机构报告。

第十二条 建设单位应当在建设工程开工前按照规定对建设工程周边2倍基坑深度范围内的建（构）筑物、道路、桥梁、隧道、重要设施、地下管线等进行调查，组织勘察、设计、施工、监理等单位进行勘察、设计文件的安全技术交底，并根据需要采取相应的监测、加固、防护、隔离、迁改、拆除或者其他安全措施。对因工程施工造成安全隐患的，建设单位应当组织相关单位采取有效措施，确保人员安全，并及时对受损的建（构）筑物、道路、桥梁、隧道、重要设施、地下管线等进行安全性鉴定，排除安全隐患。

施工单位在施工过程中应当采取措施保护施工影响范围内的建（构）筑物、道路、桥梁、隧道、重要设施、地下管线等设施。

第十三条 建设、勘察、设计、施工、监理单位应当加强质量管理，建立健全质量管理和保证体系，全面落实质量责任制，确保工程质量。

进入建设施工现场的建筑材料、设备、建筑构配件、商品混凝土、建筑制品和建筑装饰装修材料，应当符合国家、行业规定的质量标准。

提倡使用绿色建材、执行绿色建筑标准，推进施工技术现代化，并将相关标准纳入建设条件管理。

第十四条 建设、施工、监理等工程建设各方责任主体应当按照法律、法规的规定履行安全生产职责，承担相应的安全生产责任，加强对施工现场的安全巡视和检查，发现安全事故隐患应当及时消除，发现违反施工安全技术标准或者安全操作规程的行为，应当立即制止。

施工单位应当按照规定办理建设施工现场安全监督手续。禁止违章指挥，违章作业。

发生安全事故或者突发公共卫生事件后，建设、施工单位负责人应当迅速采取有效措施，组织抢救，防止事态扩大，并按照国家有关规定立即如实报告建设行政主管部门和其他相关管理部门。

第十五条 有下列情形之一的，建设单位、施工单位应当依法办理报批手续：

（一）移动管线、电力、信息、交通安全等公共设施；

（二）占用绿地或者砍伐、移植树木；

（三）进行爆破作业；

（四）迁建水文、测绘标志；

（五）法律、法规、规章规定的其他需要办理报批手续的情形。

经批准后进行爆破作业的，应当提前向附近居民公告。

施工中发现地下文物的，按照文物保护管理法律、法规的相关规定处理。

第十六条 实施绿色施工的项目，建设单位应当将绿色施工相关费用纳入工程造价和招标文件，并明确建设工程绿色施工要求。施工单位应当依据项目特点和施工条件制定绿色施工专项方案，按照国家和省有关绿色施工管理规定，做好节地、节水、节能、节材以及环境保护工作。

第十七条 建设工程因故中止施工的，建设单位应当按照规定报告施工许可发证机关，并做好建设工程的维护管理工作。

停工期间，建设单位应当保持施工现场围挡和出入口的整洁。

第十八条 施工现场的管理人员和技术工人应当按照规定取得岗位证书，并佩戴标明其岗位的工作卡。

第二节　文明施工

第十九条　建设工程开工前，施工单位应当组织完成施工现场的文明施工设施建设，并与建设行政主管部门签订《文明施工承诺书》。

第二十条　施工单位应当对施工现场实施封闭式管理，并在四周设置符合下列要求的连续封闭围挡或者围墙：

（一）采用符合规定强度的硬质材料，基础稳固，表面平整清洁；

（二）围挡高度不得低于2米；

（三）设置于交通路口的施工围挡，距地面1.2米以上部位应当保持通透。

禁止施工单位在围挡外或者依托围墙堆放建筑垃圾和建筑材料。

第二十一条　施工单位应当在施工现场出入口的醒目位置，按照规定标准设置施工公示牌。

施工公示牌应当标明下列内容：

（一）建设工程项目名称、工地四至范围和面积；

（二）建设单位、设计单位和施工单位的名称及工程项目负责人姓名，管理人员名单及监督投诉电话；

（三）开工、竣工日期；

（四）施工现场平面图；

（五）消防保卫、文明施工具体措施；

（六）依照法律、法规、规章规定应当公示的其他内容。

第二十二条　施工单位应当按照下列规定，合理布置施工总平面：

（一）明确划分施工作业区、办公区、生活区；

（二）使用警示分隔线、引导线、进入标识等明显的分区标识，对出入口、主要道路、材料堆放区域进行标识；

（三）设置排水设施，保证排水畅通，避免施工现场大面积积水。

施工单位应当对施工现场出入口及主要道路进行硬化，并保持通畅。

第二十三条　建设施工需要占用、挖掘城市道路的，应当按照相关法规的规定事先办理审批手续。

在城市道路上施工作业的，施工单位应当在经批准的路段和时间内施工作业，并在距离施工地点来车方向安全距离处设置明显的安全警示标志，采取防护措施。

建设工程邻近人行道或者车行道的，施工单位应当在城市道路上方搭建安全防护设施，并设置警示和引导标志。

第二十四条 因施工造成施工现场周边城市道路、园林绿地等市政基础设施损毁的，施工单位应当及时予以修复。

需要停水、停电、停气或者中断交通的，应当经有关单位和部门同意或者批准，并事先告知可能受到影响的单位和居民。

第二十五条 建筑工程施工外防护架应当采用具有阻燃功能的密目式防护网或者其他防护设施进行封闭，封闭应当高于作业面且同步进行。

防护网应当保持整洁、牢固、无破损。

第三节 消防管理

第二十六条 施工单位应当加强建设施工现场的消防安全管理工作，落实消防安全管理工作责任制。建设、监理单位应当对施工单位施工现场消防安全管理工作加强检查和督促。

第二十七条 施工单位负责下列建设施工现场消防安全管理工作：

（一）按照国家、省、市相关消防安全技术标准规范要求，配备施工现场临时消防安全设施、设备，并保持完好有效；

（二）宿舍、办公用房、仓库等临时设施的材质、平面布置、电气线路敷设符合防火规范要求；

（三）定期进行消防安全教育，组织消防应急演练；

（四）发生火灾时，立即报告所在地公安机关消防机构，并采取有效措施，防止灾情扩大。

第二十八条 在施工现场内使用、存储易燃、易爆危险品的，应当按照相关法律、法规、规章的规定，采取相应的消防措施。

第三章　施工现场污染防治

第一节　噪声污染防治

第二十九条　施工单位应当按照环境噪声污染防治管理法律、法规的规定防止施工噪声污染，噪声排放不得超过国家、省、市建筑施工场界环境噪声排放标准。

施工单位应当将易产生噪声的作业设备，设置在施工现场中相对远离住宅、医院、学校等噪声敏感建筑物一侧的位置。在施工现场装卸建筑材料的，应当采取减轻噪声的作业方式。

第三十条　本市中、高考期间，禁止夜间施工；考试当天，禁止考场周围施工现场从事产生环境噪声污染的建设施工活动。

中心城区禁止施工的具体时间和要求，由市建设行政主管部门决定并提前向社会公布；其他区域禁止施工的具体范围、时间和要求，由区（市）县人民政府决定并提前向社会公布。

第三十一条　未经批准，禁止在夜间从事产生环境噪声污染的建设施工活动。

符合下列条件之一，确需在夜间进行产生环境噪声污染施工活动的，建设单位、施工单位应当在施工作业前，向市或者区（市）县建设行政主管部门申请办理《夜间施工许可证》：

（一）因生产工艺要求需要连续施工的；

（二）新建、改建、扩建城市道路、轨道交通、供水、排水等市政基础设施，需要占用或者挖掘城市道路的；

（三）在中心城区三环路范围内实施基坑开挖以及相应的清运渣土、砂石装载作业的。

建设行政主管部门应当在收到申请之日起三个工作日内作出决定，并书面通知申请人；不予批准的，应当说明理由。

经批准在夜间施工作业的，施工单位应当在批准的时间内施工，并在施工现场进出口的显著位置公示《夜间施工许可证》，公告附近居民。施工单位在施工时应当采取降噪措施，防治噪声污染，不得采取捶打、敲击、金属切割等易产生高噪音的作业方式。

第二节　扬尘污染防治

第三十二条　建设单位应当将防治扬尘污染的费用列入工程造价，并在施工承包合同中明确施工单位扬尘污染防治责任。

施工单位应当制定具体的施工扬尘污染防治实施方案。

第三十三条　施工单位应当采取下列措施控制施工过程中的扬尘污染：

（一）在施工现场出入口设置喷淋、冲洗等防尘降尘设施，对驶离车辆实施冲洗，避免车身、车轮带泥上路行驶；

（二）采取入库存放或者其他有效覆盖措施，妥善存放粉灰质建筑材料；

（三）在施工作业停止后，对裸置场地和临时堆放的建筑垃圾，采用密闭式防尘网进行遮盖或者实施绿化覆盖；

（四）配置专职人员，负责施工现场和出入口的环境卫生维护工作；

（五）法律、法规、规章规定的其他扬尘污染防治措施。

第三十四条　禁止在施工现场内从事下列行为：

（一）临空抛撒建筑垃圾等废弃物；

（二）在规定的限制区域内现场搅拌混凝土或者砂浆；

（三）使用袋装水泥；

（四）无符合规定装置熔融沥青；

（五）焚烧油毡、油漆、建筑垃圾、生活垃圾等物质；

（六）违反规定使用燃煤等非清洁能源；

（七）法律、法规、规章禁止的其他污染大气环境的行为。

第三十五条　遇重污染天气时，建设单位和施工单位应当按照市和区（市）县人民政府制定的重污染天气应急预案，及时落实各级预警下施工现场应当采取的应急措施。

第三节　其他污染防治

第三十六条　施工现场应当按照相关法律、法规、规章的规定，对施工污水、生活污水进行处理，不得随意排放。禁止向饮用水源及河道、湖泊等水域排放污水。

第三十七条　施工单位应当按照国家有关规定，处置建设施工活动中产生的危险废物。禁止将危险废物作土方回填。

第三十八条　施工单位完成施工任务后，应当及时拆除施工临时设施，清运施工废料，做到工完场清。

第四章　卫生管理

第三十九条　施工单位应当按照法律、法规、规章的规定建立健全施工现场卫生和防疫制度，落实各项卫生防疫措施，加强施工现场卫生消杀消毒工作。

第四十条　施工单位应当在施工现场设置饮用水设施，并保障生活饮用水符合有关法律、法规规定的标准。

施工现场设置的职工宿舍，应当保持整洁、通风，卫生条件、卫生设施应当符合有关规定。

第四十一条　施工现场设置职工食堂的，应当依法办理食品经营行政许可手续，从业人员应当持有有效健康证明。

第五章　法律责任

第四十二条　违反本条例第七条，第八条，第十条，第十一条第一款、第三款，第十三条，或者第十四条第一款、第三款规定的，按照建设工程质量、安全生产、突发公共卫生事件应急管理法律、法规、规章的相关规定处理。

违反本条例第二十六至二十八条规定之一的，由公安机关按照消防管理法律、法规、规章的相关规定处理。

违反本条例第三十六条或者第三十七条规定的，由市、区（市）县环境保护行政主管部门按照相关法律、法规、规章的规定处理。

违反本条例第四十一条规定的，由市、区（市）县食品药品监督管理部门按照食品安全管理法律、法规的规定处理。

第四十三条 违反本条例第九条、第十一条第二款、第十四条第二款或者第二十二条第二款规定的，责令限期改正，并处一万元以上三万元以下的罚款。

违反本条例第十七条第二款、第二十条、第二十一条、第二十五条、第二十九条第二款或者第三十八条规定的，责令限期改正；逾期不改正的，处二万元以上五万元以下的罚款。

第四十四条 违反本条例第三十条第一款规定的，责令停止施工作业活动，并处二万元以上五万元以下的罚款；拒不改正的，责令停止施工，并处十万元以上二十万元以下的罚款。

违反本条例第三十一条第一款规定，擅自在夜间施工的，责令改正，并处一万元以上三万元以下的罚款；拒不改正的，责令停止施工，并处五万元以上十万元以下的罚款。

第四十五条 违反本条例第三十三条规定的，责令改正，并处一万元以上三万元以下的罚款；拒不改正的，责令停止施工。

违反本条例规定，从事第三十四条第一至六项规定行为之一的，责令改正，并处二万元以上五万元以下的罚款；拒不改正的，责令停止施工。

违反本条例第三十五条规定的，责令停止施工，并处五万元以上十万元以下的罚款。

第四十六条 本条例第四十三条、第四十四条、第四十五条规定的行政处罚，由市或者区（市）县建设行政主管部门实施；纳入城市管理综合执法范围的，由市或者区（市）县城市管理综合执法部门实施。

第四十七条 市和区（市）县人民政府及建设、城市综合管理部门应当设置建设施工现场监督管理举报、投诉电话，受理公众举报和投诉。接到公众举报和投诉的，应当及时处理并将处理结果告知举报人或者投诉人。

第四十八条 建设、城市综合管理执法等施工现场监督管理部门的工作人员滥用职权、玩忽职守或者拒不履行法定职责的，由所在单位或者有关主管部门给予行政处分。

第六章 附 则

第四十九条 建（构）筑物拆除工程的建设单位、施工单位应当按照本条例第二章和第三章的有关规定，做好拆除现场安全、文明施工和扬尘、噪声污染防治管理工作。

建（构）筑物拆除施工现场监督管理的具体办法，由市人民政府另行制定。

第五十条 本条例所称夜间，是指晚二十二点至晨六点之间的期间。

第五十一条 本条例自2016年12月1日起施行。1997年7月23日成都市第十二届人民代表大会常务委员会第二十六次会议通过，1997年10月17日四川省第八届人民代表大会常务委员会第二十九次会议批准的《成都市建筑施工现场监督管理规定》同时废止。

成都市地方立法条例

2016 年 1 月 15 日成都市第十六届人民代表大会第四次会议通过，2016 年 6 月 1 日四川省第十二届人民代表大会常务委员会第二十五次会议批准。

目　录

第一章　总　则

第一条　为了规范本市地方立法活动，提高地方立法的质量和效率，发挥地方立法对改革发展的引领和推动作用，根据《中华人民共和国地方各级人民代表大会和地方各级人民政府组织法》和《中华人民共和国立法法》的有关规定，结合本市实际，制定本条例。

第二条　本条例适用于本市地方立法活动。

前款所称地方立法，是指本市地方性法规和规章的制定、修改、废止、解释以及市人民代表大会常务委员会审查规章的活动。

第三条 本条例所称地方性法规，是指由市人民代表大会及其常务委员会制定，报经四川省人民代表大会常务委员会批准，在本市行政区域内实施，具有普遍约束力的规范性文件。

本条例所称规章，是指市人民政府以政府令方式公布，在本市行政区域内实施，具有普遍约束力，在一定期限内可以反复适用的规范性文件。

本条例所称地方性法规案，是指依照法定权限和程序向市人民代表大会及其常务委员会提出的制定、修改或者废止地方性法规的议案。

第四条 市人民代表大会及其常务委员会可以就城乡建设与管理、环境保护和历史文化保护等方面的事项制定地方性法规。

法律对市人民代表大会及其常务委员会制定地方性法规的事项另有规定的，从其规定。

市人民政府可以根据法律、行政法规和本省、市地方性法规，在本条第一款规定事项范围内制定规章。

第五条 本市已经制定的地方性法规、规章，涉及本条例第四条规定事项范围以外的，继续有效；与其后颁布的上位法相抵触的，市人民代表大会及其常务委员会、市人民政府应当及时予以修改或者废止。

第六条 本市地方立法涉及下列内容的，由市人民代表大会或者其常务委员会在法定权限范围内制定地方性法规进行规定：

（一）拟设定行政许可事项的；

（二）拟设定行政强制措施的；

（三）市人民政府规章无权设定的行政处罚的；

（四）公民、法人和其他组织之间民事法律关系的。

第七条 下列事项，由市人民代表大会制定地方性法规：

（一）法律规定由市人民代表大会制定的；

（二）规范市人民代表大会自身活动的；

（三）本市需要制定地方性法规予以规范的重大事项。

前款第三项所指的重大事项由市人民代表大会主席团认定。

常务委员会制定本条第一款规定以外的地方性法规；对市人民代表大会

制定的地方性法规可以进行部分补充和修改，但不得与该地方性法规的基本原则相抵触。

第八条 地方立法应当依照法定的权限和程序，维护社会主义法制的统一与尊严，不得与上位法相抵触。

地方性法规和规章应当明确、具体，突出本市特色，具有针对性、可执行性，一般不与上位法已有规范内容相重复。

第九条 地方立法应当从本市实际出发，适应经济社会发展要求，科学合理地规定公民、法人和其他组织的权利与义务、国家机关的权力与责任。

地方立法应当体现人民的意志，发扬社会主义民主，坚持立法公开，保障人民通过多种途径参与立法活动。

第二章 地方性法规

第一节 规划与计划

第十条 市人民代表大会及其常务委员会应当加强对立法工作的组织协调，发挥在地方立法工作中的主导作用。

常务委员会应当根据本市经济社会发展和全面深化改革需要，制定本届人民代表大会及其常务委员会的立法规划和年度立法计划，统筹安排地方立法工作，提高地方立法工作的及时性、针对性。

第十一条 常务委员会法制工作机构在编制立法规划和下一年度立法计划前，应当通过新闻媒体向社会公开征集地方立法项目建议。

市人民政府、市人民代表大会各专门委员会、常务委员会工作机构，应当在每年的十月三十一日前，向常务委员会提交下一年度制定、修改、废止地方性法规的立法项目建议。本市其他国家机关和人民团体、社会组织、公民，可以向常务委员会提出地方立法项目建议。

地方立法项目建议应当以书面形式提出，并包括下列内容：

（一）法规案名称；

（二）立法依据和目的；

（三）需要解决的主要问题和拟采取的立法对策等内容。

第十二条 常务委员会法制工作机构应当会同有关专门委员会、市人民政府相关部门、人民团体等，对各方面提出的立法项目建议进行论证，提出是否列入立法规划和年度立法计划的意见，提请主任会议讨论决定。

拟通过地方立法设定行政许可或者行政强制措施的，常务委员会法制工作机构应当会同有关专门委员会、市人民政府相关部门、人民团体等，对合法性、必要性、可行性进行评估。

第十三条 立法规划和年度立法计划由常务委员会法制工作机构组织编制，提请主任会议讨论通过后，向社会公布。

年度立法计划应当包含地方立法项目、提案人、起草主体、送审时间等内容。

立法规划和年度立法计划由常务委员会法制工作机构负责督促落实。因立法条件发生变更，或者本市经济社会发展迫切需要，确需增减地方立法项目或者调整地方性法规案提请审议时间的，应当报经主任会议讨论决定。

第二节 起 草

第十四条 主任会议提出的地方性法规案，由主任会议决定交由有关专门委员会或者常务委员会有关工作机构负责起草。

市人民政府提出的地方性法规案，由市人民政府有关部门负责起草。

有关专门委员会提出的地方性法规案，由有关专门委员会负责起草或者组织有关单位起草。

常务委员会组成人员五人以上联名提出的地方性法规案，由提案人负责起草，也可以根据提案人的申请由主任会议决定交由有关专门委员会或者常务委员会有关工作机构组织起草。

第十五条 涉及部门较多且协调复杂的综合性法规案，可以由有关专门委员会或者常务委员会法制工作机构组织起草。

专业性较强的地方性法规案，提案人、起草责任单位可以委托有关专家、教学科研单位、社会组织起草，或者聘请相关领域的专家参与起草工作。提案人、起草责任单位可以分别委托两个以上的主体同时起草同一地方性法规案，也可以将同一地方性法规案的不同部分，分别委托不同的主体进行起草。

第十六条 提案人、起草责任单位应当根据年度立法计划的安排，及时组织相关负责人、法学学者、相关领域专家等人员，必要时邀请相关领域的市人民代表大会代表、基层实际工作人员，组成地方性法规案起草小组，作出起草进度安排。

由市人民政府负责提出的地方性法规案，有关专门委员会、常务委员会法制工作机构可以根据需要提前参与起草工作，或者根据需要听取有关草案起草工作的情况汇报，督促起草工作按期完成。

第十七条 提案人、起草责任单位应当针对地方性法规案拟调整规范的问题，总结实践经验、开展调查研究、广泛听取各方面意见，并在地方性法规案提请审议前，做好有关沟通与协调工作。

第十八条 地方性法规案有下列情形之一的，在提请审议前，提案人、起草责任单位应当组织立法听证，并将听证报告作为法规案的附件一并报送：

（一）拟设定行政许可的；

（二）拟设定行政强制措施的；

（三）拟设定责令停产停业、暂扣或者吊销许可证、暂扣执照等重大行政处罚的；

（四）其他涉及公民、法人和其他组织重大利益关系的事项。

第十九条 地方性法规案涉及改革发展稳定大局、关系人民群众切身利益且拟减损其权利或者增加其义务的，提案人、起草责任单位应当在提请审议前，开展社会稳定风险评估，并将评估报告作为法规案的附件一并报送。

第二十条 地方性法规案与本市其他地方性法规相关规定不一致的，提案人应当予以说明并提出处理意见，必要时应当同时提出修改或者废止其他地方性法规的议案。

第二十一条 提出地方性法规案，应当同时提出草案文本及起草说明，并提供相关的参阅资料。修改法规的，还应当提交修改前后的对照文本。

地方性法规案的起草说明应当包括制定或者修改法规的必要性、可行性和主要内容，以及起草过程中对重大分歧意见的协调处理情况。

第二十二条　提请常务委员会审议的地方性法规案，在报请主任会议决定列入常务委员会会议议程一个月前，起草责任单位应当向有关专门委员会报送草案文本及起草说明。

有关专门委员会应当会同常务委员会法制工作机构，在收到草案文本及起草说明之日起十日内，对草案的主要规范内容及起草工作是否符合本条例规定进行审议。

有关专门委员会和常务委员会法制工作机构认为草案的主要规范内容或者起草工作不符合本条例规定的，应当向起草责任单位提出理由、依据和补充完善的建议意见；认为符合本条例规定的，应当建议主任会议决定列入常务委员会会议议程。

第二十三条　向市人民代表大会及其常务委员会提出的地方性法规案，在列入会议议程前，提案人有权撤回。

第三节　市人民代表大会立法程序

第二十四条　市人民代表大会主席团可以向市人民代表大会提出地方性法规案，由市人民代表大会会议审议。

常务委员会、市人民政府、各专门委员会，可以向市人民代表大会提出地方性法规案，由大会主席团决定列入会议议程。

一个代表团或者十名以上的市人民代表大会代表联名，可以向市人民代表大会提出地方性法规案，由大会主席团决定是否列入会议议程，或者先交有关专门委员会审议、提出是否列入会议议程的意见，再决定是否列入会议议程。不列入会议议程的，应当向提案人说明。

专门委员会审议地方性法规案时，可以邀请提案人列席会议，发表意见。

第二十五条　常务委员会向市人民代表大会提出地方性法规案，应当先依照本条例第二章第四节规定的有关程序审议，表决通过该议案后再提请市人民代表大会审议，由常务委员会向大会全体会议作说明。

市人民政府、各专门委员会向市人民代表大会提出地方性法规案的，在市人民代表大会闭会期间，可以先向常务委员会提出，经常务委员会会议依照本条例第二章第四节规定的有关程序审议后，决定提请市人民代表大会审议，由常务委员会向大会全体会议作说明，或者由提案人向大会全体会议作说明。

常务委员会依照本条第一、二款规定审议地方性法规案，应当通过多种形式征求市人民代表大会代表的意见，并将有关情况予以反馈；专门委员会和常务委员会工作机构进行立法调研，可以邀请有关的市人民代表大会代表参加。

第二十六条 常务委员会提请市人民代表大会会议审议的地方性法规案，常务委员会有关工作机构应当在会议举行的十日前将法规草案及起草说明送达市人民代表大会代表。

第二十七条 列入市人民代表大会会议议程的地方性法规案，大会全体会议听取常务委员会或者提案人的说明后，由各代表团进行审议。

各代表团审议地方性法规案时，提案人应当派人听取意见，回答询问；有关机关、组织应当根据代表团的要求，派人介绍情况。

列入市人民代表大会会议议程的地方性法规案，由有关专门委员会进行审议，向大会主席团提出审议意见，并印发会议。

第二十八条 法制委员会根据各代表团和有关专门委员会的审议意见，对地方性法规草案进行统一审议，向大会主席团提出审议结果报告和法规草案修改稿，对重要的不同意见应当在审议结果报告中予以说明，经大会主席团会议审议通过后，印发会议。

第二十九条 列入市人民代表大会会议议程的地方性法规案，必要时，大会主席团常务主席可以召开各代表团团长会议，也可以召开各代表团推选的有关代表会议，就法规案中的重大问题进行讨论，并将讨论的情况和意见向大会主席团报告。

第三十条 列入市人民代表大会会议议程的地方性法规案在交付表决前，提案人要求撤回的，应当说明理由，经大会主席团同意，并向大会报告，对该法规案的审议即行终止。

第三十一条 地方性法规案在审议中有重大问题需要进一步研究的，经大会主席团提出，由大会全体会议决定，可以授权常务委员会根据代表的意见进行审议，提出修改方案，提请市人民代表大会下次会议审议决定；也可以授权常务委员会根据代表的意见进行审议，作出决定，并将审议情况向市人民代表大会下次会议报告。

第三十二条 地方性法规草案修改稿经各代表团审议后，由法制委员会根据审议意见进行修改，提出法规草案表决稿，由大会主席团提请大会全体会议表决，由全体代表的过半数通过。

第四节 市人民代表大会常务委员会立法程序

第三十三条 主任会议可以向常务委员会提出地方性法规案，由常务委员会会议审议。

市人民政府、各专门委员会，可以向常务委员会提出地方性法规案，由主任会议决定列入常务委员会会议议程，或者先交有关专门委员会审议、提出报告，再决定列入常务委员会会议议程。如果主任会议认为该法规案有重大问题需要进一步研究，可以建议提案人修改完善后再向常务委员会提出。

常务委员会组成人员五人以上联名，可以向常务委员会提出地方性法规案，由主任会议决定是否列入常务委员会会议议程，或者先交有关专门委员会审议、提出是否列入会议议程的意见，再决定是否列入常务委员会会议议程。不列入常务委员会会议议程的，应当向常务委员会会议报告或者向提案人说明。

有关专门委员会审议地方性法规案时，可以邀请提案人列席会议，发表意见。

第三十四条 提请常务委员会审议的地方性法规案，应当按照本条例第二十一条的规定，在常务委员会会议举行十日前报送常务委员会办公厅。

列入常务委员会会议议程的法规案，常务委员会办公厅一般应当在会议举行的五日前将法规草案及起草说明送达常务委员会组成人员。

第三十五条 列入常务委员会会议议程的地方性法规案，一般应当经三次常务委员会会议审议后再交付表决。

常务委员会会议第一次审议法规案，在全体会议上听取提案人的说明和有关专门委员会的审议意见，由分组会议进行审议。

常务委员会会议第二次审议法规案，在全体会议上听取法制委员会关于法规草案修改情况的报告，由分组会议对法制委员会提出的法规草案第二次审议稿进行审议。

常务委员会会议第三次审议法规案，在全体会议上听取法制委员会关于法规草案审议结果的报告，由分组会议对法制委员会提出的法规草案修改稿进行审议。

第三十六条 列入常务委员会会议议程的地方性法规案，各方面意见比较一致的，经法制委员会与有关专门委员会协商后提出，由主任会议决定，可以经两次常务委员会会议审议后交付表决。法规案经两次常务委员会会议审议即交付表决的，由主任会议在常务委员会会议第一、二次审议法规案期间决定。

经两次常务委员会会议审议即交付表决的法规案，常务委员会会议第二次审议法规案时，在全体会议上听取法制委员会关于法规草案审议结果的报告，由分组会议对法制委员会提出的法规草案修改稿进行审议。

第三十七条 列入常务委员会会议议程的地方性法规修正案，各方面意见比较一致的，经法制委员会与有关专门委员会协商后提出，由主任会议决定，可以经一次常务委员会会议审议即交付表决。

经一次常务委员会会议审议即交付表决的地方性法规修正案，由提案人在常务委员会全体会议上作起草说明，有关专门委员会的审议意见印发常务委员会会议。经常务委员会分组会议审议后，法制委员会根据分组会议审议意见和有关专门委员会的审议意见向常务委员会会议提出书面审议结果报告和法规修改决定草案。

本条所称地方性法规修正案，是指按照法定的权限和程序提出的修改地方性法规部分内容的议案。

第三十八条 地方性法规废止案的审议，按照本条例第三十七条第二款的规定办理。

前款所称地方性法规废止案，是指按照法定的权限和程序提出的废止地方性法规的议案。

第三十九条 常务委员会审议地方性法规案时，根据需要，可以召开联组会议或者全体会议，对法规案中的主要问题进行讨论。

常务委员会分组会议或者联组会议审议法规案时，提案人应当派人听取意见，回答询问。

第四十条 法制委员会提出的法规草案第二次审议稿、法规草案修改稿，对前一审次法规草案的立法意图作了更改，或者对常务委员会组成人员的重要审议意见没有采纳的，应当在修改情况报告或者审议结果报告中予以说明。对有关专门委员会的重要审议意见没有采纳的，应当向有关专门委员会反馈。

法制委员会审议地方性法规案时，认为需要修改或者废止本市其他法规的，应当提出处理意见。

第四十一条 法制委员会、有关专门委员会审议地方性法规案时，应当召开全体会议，并邀请其他有关专门委员会的成员列席会议，要求有关机关、组织派有关负责人说明情况。根据需要，可以邀请市人民代表大会代表列席会议。

第四十二条 法制委员会、有关专门委员会之间对地方性法规案的重要问题意见不一致时，应当向主任会议报告。

第四十三条 列入常务委员会会议议程的地方性法规案，法制委员会和常务委员会法制工作机构应当听取并吸收各方面提出的合理意见。听取意见可以采取座谈会、论证会、听证会等多种形式。

法规案有关问题专业性较强，需要进行可行性评价的，应当召开论证会，听取有关专家、市人民政府相关部门和市人民代表大会代表等方面的意见。论证情况应当向常务委员会报告。

法规案有关问题存在重大意见分歧或者涉及权利义务关系重大调整，需要进行听证的，应当召开听证会，听取有关基层和群体代表、市人民政府相关部门、人民团体、专家、市人民代表大会代表和社会有关方面的意见。听证情况应当向常务委员会报告。立法听证的具体程序由常务委员会另行制定。

第四十四条 列入常务委员会会议议程的地方性法规案，除主任会议决定不公布的以外，法制委员会和常务委员会法制工作机构应当在常务委员会会议第一次审议后将法规草案及起草说明向社会公布，征求意见。向社会公布征求意见的时间不少于三十日，征求意见的情况应当向社会通报。

法制委员会和常务委员会法制工作机构应当将法规草案发送相关领域的市人民代表大会代表、区（市）县人民代表大会常务委员会、市人民政府相关部门、有关组织和专家征求意见。

法制委员会和常务委员会法制工作机构应当及时整理汇总各方面提出的意见，印送常务委员会组成人员。

第四十五条 常务委员会可以在部分乡（镇）人民政府、街道办事处以及村（居）民委员会等基层单位设置地方立法联系点，直接听取人民群众对于地方性法规案的意见和建议。

第四十六条 列入常务委员会会议议程的地方性法规案，常务委员会办公厅应当收集整理分组审议的意见，印送常务委员会组成人员、法制委员会、有关专门委员会和常务委员会法制工作机构。

第四十七条 列入常务委员会会议议程的地方性法规案，在交付表决前，提案人要求撤回的，应当说明理由，经主任会议同意，并向常务委员会报告，对该法规案的审议即行终止。

第四十八条 地方性法规草案修改稿经常务委员会会议审议，由法制委员会根据常务委员会组成人员的审议意见进行修改，提出法规草案表决稿，由主任会议提请常务委员会全体会议表决，由常务委员会全体组成人员的过半数通过。

法规草案表决稿交付常务委员会会议表决前，主任会议根据常务委员会会议审议的情况，可以决定将个别意见分歧较大的重要条款提请常务委员会会议单独表决。

单独表决的条款经常务委员会会议表决后，主任会议根据单独表决的情况，可以决定将法规草案表决稿交付表决，也可以决定暂不付表决，交法制委员会进一步审议。

第四十九条 列入常务委员会会议审议的地方性法规案，因各方面对制定、修改、废止该法规的必要性、可行性等重大问题存在较大意见分歧搁置审议满两年的，或者因暂不付表决经过两年没有再次列入常务委员会会议议程审议的，由主任会议向常务委员会报告，该法规案终止审议。

第五节 地方性法规的解释

第五十条 地方性法规由常务委员会负责解释，报省人民代表大会常务委员会批准。

地方性法规解释与地方性法规具有同等的效力。

第五十一条 地方性法规有下列情形之一的，常务委员会应当按照本节规定的程序进行解释：

（一）法规某些条文规定比较原则，需要明确具体含义的；

（二）法规之间针对同一事项新的一般规定与旧的特别规定不相一致，且新的法规对如何适用未作专门规定的；

（三）法规生效后出现新的情况，部分条文规定内容需要进一步明确界限的。

第五十二条 解释地方性法规应当坚持法制统一原则，不得与上位法相抵触，不得违背或者超越所解释地方性法规条文的立法原意。

地方性法规解释不得对具体司法、行政执法案件作出指导性意见。

第五十三条 市人民政府、市中级人民法院、市人民检察院和各专门委员会、区（市）县人民代表大会常务委员会，可以向常务委员会提出解释的要求。由常务委员会法制工作机构会同有关专门委员会研究后提出意见，提请主任会议审议决定。

前款规定之外的其他法人、组织，认为地方性法规需要解释的，可以向常务委员会法制工作机构提出解释的建议。常务委员会法制工作机构认为需要解释的，应当提请主任会议审议决定；认为不需要解释的，应当向提议人说明理由。

第五十四条 地方性法规解释要求、建议应当以书面形式提出，并载明下列事项：

（一）法规名称及需要解释的具体条款；

（二）主要争议内容及理由；

（三）提议人名称、日期；

（四）常务委员会法制工作机构认为需要了解的其他情况。

第五十五条 地方性法规解释草案由常务委员会法制工作机构，在征求有关专门委员会、市人民政府相关部门的意见后拟订，由主任会议决定列入常务委员会会议议程。

第五十六条 地方性法规解释草案经过常务委员会会议审议后，由法制委员会根据常务委员会组成人员的审议意见进行审议、修改，提出法规解释草案表决稿，由主任会议提请常务委员会全体会议表决。

法规解释草案表决稿由常务委员会全体组成人员的过半数通过。

第三章 规 章

第五十七条 市人民政府可以在法定权限范围内，就下列事项制定规章：

（一）为执行其上位法规定，需要制定规章的事项；

（二）属于本市行政区域内的具体行政管理的事项。

没有法律、行政法规或者本省、市地方性法规的依据，市人民政府规章不得设定减损公民、法人和其他组织权利或者增加其义务的规范。

第五十八条 应当制定地方性法规但条件尚不成熟的，因行政管理迫切需要，市人民政府可以先制定规章。

前款规定的规章实施满两年需要继续实施规章所规定的行政措施的，市人民政府应当及时提出地方性法规案，提请市人民代表大会或者其常务委员会制定法规。

本条第一款规定的规章实施满两年，市人民政府未向市人民代表大会或者其常务委员会提出制定相应地方性法规的议案，或者所提出的议案未列入市人民代表大会或者其常务委员会会议议程的，该规章所规定的行政措施自动失效。

第五十九条 地方性法规明确要求市人民政府制定配套规章的，市人民政府应当自法规施行之日起一年内制定规章。法规对制定期限另有规定的，从其规定。

市人民政府未能按时制定配套规章的，应当及时向常务委员会说明情况。

第六十条 市人民政府制定规章应当遵循下列原则：

（一）体现职权与责任相统一的原则，在赋予有关行政机关必要的职权的同时，应当规定其行使职权的条件、程序和应当承担的责任；

（二）体现全面深化改革精神，科学规范行政行为，促进政府职能向经济调节、市场监管、社会管理和公共服务转变；

（三）符合精简、统一、效能的原则，相同或者相近的职能应当规定由一个行政机关承担，提高行政管理效能。

第六十一条 年度规章制定工作计划中的项目应当与市人民代表大会常务委员会的立法规划和年度立法计划相衔接。

市人民政府法制工作部门编制年度规章制定工作计划应当征求市人民代表大会有关专门委员会和常务委员会法制工作机构的意见。

第六十二条 规章应当自公布之日起三十日内报送常务委员会备案。

报送备案的文件应当包括下列内容：

（一）备案报告；

（二）规章文本及其说明；

（三）相关上位法文本。

第六十三条 常务委员会法制工作机构收到报送备案的规章后，对符合本条例第六十二条规定的，应当及时进行登记；对不符合规定的，应当暂缓登记并通知报备机关于七日内补充报送或者重新报送。

第六十四条 常务委员会审查规章，主要审查其是否存在下列不适当情形：

（一）同其上位法相抵触；

（二）超越法定权限；

（三）没有法律、行政法规或者本省、市地方性法规的依据，减损公民、法人和其他组织的合法权利，或者增加公民、法人和其他组织的义务；

（四）违反法定程序；

（五）其他不适当情形。

第六十五条 有关专门委员会、常务委员会法制工作机构应当对报送备案的规章进行审查。

常务委员会法制工作机构认为报送的规章有本条例第六十四条所列情形之一、需要会同有关专门委员会或者常务委员会其他工作机构审查的，应当转交有关专门委员会或者常务委员会其他工作机构进行审查。

有关专门委员会或者常务委员会其他工作机构应当在收到常务委员会法制工作机构的初步审查意见之日起三十日内，提出书面审查意见送常务委员会法制工作机构。情况特别复杂的，可以延长至九十日。

第六十六条 有关专门委员会、常务委员会工作机构审查规章时，发现规章有本条例第六十四条所列情形之一的，应当召开审查会议。召开审查会议时，可以要求市人民政府相关部门、相关单位到会说明情况、提供相关资料。

有关专门委员会、常务委员会工作机构审查规章时，根据工作需要可以邀请常务委员会组成人员或者市人民代表大会代表参加审查工作；也可以通过召开座谈会、论证会、听证会或者开展专题调研等方式进行审查。

第六十七条 常务委员会法制工作机构的初步审查意见与有关专门委员会或者常务委员会其他工作机构的审查意见不一致的，法制工作机构应当与有关专门委员会或者常务委员会其他工作机构协商后提出处理意见。

第六十八条 常务委员会法制工作机构与有关专门委员会或者常务委员会其他工作机构一致认为，规章有本条例第六十四条所列情形之一的，常务委员会法制工作机构应当向主任会议提出审查意见的报告，经主任会议决定后向市人民政府发出修改或者废止规章的审查意见书。

市人民政府收到审查意见书后，应当在三十日内研究提出是否修改或者废止规章的书面处理意见。常务委员会法制工作机构应当在收到处理意见之日起三日内将反馈意见送有关专门委员会或者常务委员会其他工作机构，并及时向主任会议报告。

市人民政府收到审查意见书后，未在规定时限内提出处理意见或者不同意修改、废止规章的，常务委员会法制工作机构可以提出撤销该规章的建议，由主任会议决定是否向常务委员会提出撤销该规章的议案。

第六十九条 市中级人民法院、市人民检察院或者区（市）县人民代表大会常务委员会认为规章有本条例第六十四条所列情形之一的，可以向常务委员会书面提出审查要求。常务委员会法制工作机构应当在收到审查要求后，按照本节规定的审查程序办理。

前款规定以外的其他国家机关、公民、法人和其他组织，认为规章有本条例第六十四条所列情形之一，并向常务委员会书面提出审查建议的，常务委员会法制工作机构应当在收到书面审查建议之日起七日内，向审查建议提起人发出受理回执。

常务委员会法制工作机构应当自收到书面审查建议之日起三十日内对该规章进行初审。法制工作机构认为不需要进入审查程序的，应当自收到书面审查建议之日起三十日内书面回复审查建议提起人；需要进入审查程序的，按照本节规定的审查程序办理。

根据审查要求或者审查建议实施规章审查工作结束后，常务委员会法制工作机构应当在二十日内将审查结果书面告知市人民政府有关部门、有关单位和审查要求、审查建议的提起人。

第四章　其他规定

第七十条 市人民代表大会及其常务委员会通过的地方性法规、地方性法规解释，由常务委员会报请省人民代表大会常务委员会批准。

报请批准地方性法规、地方性法规解释的书面报告、文本及其说明和有关资料的准备工作，由常务委员会法制工作机构负责办理。

第七十一条 地方性法规、地方性法规解释和规章应当明确规定施行日期。

制定、修订后地方性法规和规章的施行日期与公布日期之间的期限，应当设定在一个月以上。

第七十二条 常务委员会对获得批准的地方性法规、地方性法规解释发布公告予以公布。必要时，召开新闻发布会予以公布。公布地方性法规、地方性法规解释的公告，应当载明制定机关、批准机关和通过、批准、施行日期。

地方性法规修改的，应当公布新的文本。

地方性法规废止的，除由其他地方性法规规定废止该法规的以外，由常务委员会发布公告予以公布。

地方性法规、地方性法规解释公布后，应当及时在常务委员会公报、成都人大网站和全市范围内发行的市级报纸上刊载。

在常务委员会公报上刊登的地方性法规、地方性法规解释文本为标准文本。

第七十三条 地方性法规的名称为条例、规定、实施办法、决定等。

规章的名称为规定、办法。

第七十四条 地方性法规、规章明确要求本市有关国家机关对专门事项作出配套规定的，本市有关国家机关应当自法规、规章施行之日起一年内作出规定。法规、规章对制定期限另有规定的，从其规定。

本市有关国家机关未能按时作出配套规定的，应当向常务委员会、市人民政府说明情况。

第七十五条 有关专门委员会、常务委员会法制工作机构可以组织对有关地方性法规或者地方性法规中的有关规定进行立法后评估。评估情况应当向常务委员会报告。具体评估办法由常务委员会另行制定。

第七十六条 地方性法规、规章生效施行后，相关上位法发生变更的，原起草责任单位应当在新的上位法生效施行前，完成相关法规、规章的清理工作，并向常务委员会法制工作机构、市人民政府法制工作部门提交清理结果的报告。

第七十七条 地方性法规的效力高于市人民政府规章。

地方性法规之间、市人民政府规章之间，特别规定与一般规定不一致的，适用特别规定；新的规定与旧的规定不一致的，适用新的规定。

地方性法规之间对同一事项的新的一般规定与旧的特别规定不一致，不能确定如何适用时，由常务委员会裁决。

市人民政府规章之间对同一事项的新的一般规定与旧的特别规定不一致，不能确定如何适用时，由市人民政府裁决。

第七十八条　地方性法规、规章不溯及既往，但为了更好地保护公民、法人和其他组织的权利和利益而作的特别规定除外。

第五章　附　则

第七十九条　本条例中十日以内期限的规定是指工作日，不含法定节假日。

第八十条　本条例自公布之日起施行。2001年2月25日成都市第十三届人民代表大会第四次会议通过、2001年3月30日四川省第九届人民代表大会常务委员会第二十二次会议批准的《成都市人民代表大会及其常务委员会制定地方性法规程序规定》同时废止。

成都市养老服务促进条例

2015年12月29日成都市第十六届人民代表大会常务委员会第十九次会议通过，2016年6月1日四川省第十二届人民代表大会常务委员会第二十五次会议批准。

目 录

第一章 总 则

第一条 为了满足老年人的养老服务需求，促进养老服务健康发展，保障老年人合法权益，根据《中华人民共和国老年人权益保障法》等有关法律法规，结合成都市实际，制定本条例。

第二条 本市行政区域内的养老服务及其监督管理适用本条例。

第三条 养老服务的发展应当遵循政府主导、社会参与、市场运作、统筹发展、保障基本、适度普惠的原则，并与本市经济社会发展水平相适应。

第四条 本市坚持社会化管理服务方向，发展以居家养老为基础，综合利用政府公共服务、政府购买服务、社会优待服务、志愿服务和市场化服务构建养老服务体系，满足老年人多层次、多样化的养老服务需求。

第五条 老年人的子女及其他负有赡养扶助、扶养义务的人，应当履行对老年人经济供养、生活照料、健康关心、精神慰藉的义务。

第六条 市和区（市）县人民政府应当加强对养老服务工作的统筹协调，把养老服务工作纳入本行政区国民经济和社会发展规划，建立与人口老龄化和养老服务需求相适应的经费保障机制，将所需经费列入本级财政预算，保障老年优待、高龄津贴、特殊困难老年人护理补贴和基本养老服务补贴等基本养老服务。

第七条 市和区（市）县民政部门负责养老服务行业规范、业务指导和监督管理工作。

市和区（市）县老龄工作机构负责组织、协调、指导、督促相关部门开展老年人权益保障工作。

市和区（市）县其他行政管理部门和群团组织，应当按照各自职责，开展养老服务的相关工作。

第八条 区（市）县人民政府、乡镇人民政府和街道办事处具体组织实施本区域内养老服务的相关工作。

居民委员会、村民委员会应当发挥各自优势，协助做好养老服务相关工作。

第九条 本市鼓励社会力量采取股份制、股份合作制或者政府和社会资本合作等模式投入养老服务业，促进养老服务业发展。

发展养老服务行业组织，发挥其在行业自律、沟通协调等方面的作用。

第二章 规划与建设

第十条 市民政部门应当根据经济社会发展水平、人口老龄化发展趋势、老年人分布和养老需求状况，会同市规划部门制定全市养老服务设施专项规划，报市人民政府批准后组织实施。

市建设部门应当根据全市养老服务设施专项规划，编制锦江区、青羊区、金牛区、武侯区、成华区的养老服务设施建设计划，并监督实施。

其他区（市）县养老服务设施专项规划和建设计划，由所在地民政部门会同相关部门根据全市养老服务设施专项规划编制，报同级人民政府批准后实施。

第十一条 市和区（市）县人民政府在组织编制城市总体规划、控制性详细规划时，应当按照人均用地不少于0.1平方米的标准，分区分级设置养老服务设施。

第十二条 新建居住（小）区应当通过公共设施配套建设，完善与居住（小）区养老服务需求相适应的养老服务设施。多期建设的居住（小）区养老服务设施应当在首期进行建设，并与住宅同步规划、同步建设、同步验收、同步交付使用。公共设施配套建设的养老服务设施的产权归养老服务设施所在地的区（市）县人民政府所有。

已建成的居住（小）区无养老服务设施或者现有设施不能满足养老服务需要的，区（市）县人民政府应当按照社区养老服务设施规划，通过购置、置换、租赁等方式设置养老服务设施。

通过公共设施配套建设或者区（市）县人民政府通过购置、置换、租赁方式设置的养老服务设施，由养老服务设施所在地的区（市）县民政部门负责管理、维护，所需经费列入本级财政预算。

第十三条 市和区（市）县人民政府应当推进农村敬老院、社区日间照料中心等养老服务设施的建设。

第十四条 市和区（市）县人民政府及其有关部门，应当推动和扶持与老年人日常生活相关的无障碍设施建设和改造。实施居住区、城市道路、商业网点、文化体育场馆、旅游景点等场所的无障碍设施建设。

第十五条 任何组织或者个人不得擅自改变养老服务设施建设用地的用途，不得擅自改变养老服务设施使用性质，不得损坏养老服务设施。

第十六条 因公共利益需要搬迁、拆除养老服务设施的，应当征求市和区（市）具民政部门的意见，并根据养老服务设施专项规划予以补偿或者重建。建设期间，应当安排过渡用房，满足老年人养老需求。

第三章　居家养老服务

第十七条　居家养老服务是指以家庭为基础，由政府及其有关部门、企业事业单位、基层群众性自治组织、社会组织和个人协助家庭，为居家生活的老年人提供的服务。主要包括为居家生活的老年人提供生活照料、家政服务、餐饮配送、代缴代购、医疗保健、心理关爱、文化娱乐等服务。

第十八条　居家养老服务应当以居家生活的老年人的服务需求为导向，坚持政府引导、保障基本、社会参与、市场运作、自愿选择、就近便利、安全优质的原则。

居家生活的老年人需要社会提供有偿服务的，由接受服务的老年人或者其赡养人、扶养人承担相应的费用。

第十九条　市和区（市）县人民政府应当制定和完善为居家养老服务的扶持政策，发展以社区为依托的居家养老服务体系。

第二十条　市和区（市）县人民政府在居家养老服务中应当履行下列职责：

（一）组织构建居家养老服务体系，为老年人居家养老提供支撑；

（二）建立与居家养老服务需求相适应的经费保障机制，将所需经费列入本级财政预算；

（三）完善与居家养老相关的社会保障制度；

（四）统筹规划、按标准配置社区养老服务设施；

（五）培育养老服务产业，完善扶持政策，引导、鼓励企业和社会组织开展居家养老服务；

（六）制定服务规范和标准，加强养老服务市场监管和信息网络建设；

（七）加强对居家养老服务工作的统筹协调。

乡镇人民政府和街道办事处应当按照市和区（市）县人民政府要求，配备专职、兼职养老服务工作管理人员，支持和指导居民委员会、村民委员会、企业事业单位、社会组织和个人参与居家养老服务，并做好监督管理工作。

第二十一条　居民委员会、村民委员会应当协助对辖区内老年人的家庭情况、服务需求等进行调查；组织开展互助养老、志愿服务、文体娱乐等活动；对企业事业单位、社会组织和个人提供居家养老服务的情况进行监督。

第二十二条 市和区（市）县人民政府应当按照养老服务设施专项规划要求，充分考虑为老年人服务的便利性和服务半径等因素，加强社区养老服务设施建设，分片区设置社区养老服务设施，以实现城乡社区均衡覆盖。

区（市）县人民政府可以通过购置、置换、租赁等方式，利用本行政区域内适合的厂房、校舍、商业设施等场所和设施，为开展居家养老服务提供场所。

鼓励机关、团体和企业事业单位开放所属场所，为邻近社区的老年人提供就餐、文化、健身、娱乐等服务。

第二十三条 市和区（市）县卫生计生部门应当加强基层医疗卫生机构建设，推动医疗卫生服务延伸至社区、家庭，提高基本医疗卫生服务水平。

基层医疗卫生机构应当为居家生活的老年人提供下列服务：

（一）常见病、慢性病诊治等基本医疗服务；

（二）疾病预防、健康教育、健康体检、慢性病管理等基本公共卫生服务；

（三）家庭出诊、家庭护理、家庭病床等延伸性医疗服务，推广中医药健康养老知识以及养生保健、疾病康复服务；

（四）提供优先就诊和与其他医疗机构之间的双向转诊服务；

（五）根据需要与社区日间照料中心开展合作，为老年人提供签约式医疗卫生服务。

第二十四条 区（市）县人民政府应当因地制宜规划并设置老年食堂和助餐点，确保老年助餐服务覆盖所有社区。通过政府购买服务的形式，选择符合条件的社会餐饮企业为居家生活的高龄、失能及有需求的老年人提供就餐、送餐服务。

第二十五条 市和区（市）县人民政府应当鼓励社会力量设立社区养老服务信息平台，集成养老服务资源，为居家生活的老年人提供紧急救援、走失定位等服务。

鼓励养老机构利用自身资源优势，为邻近社区居家生活的老年人提供服务。

第四章　机构养老服务

第二十六条　市和区（市）县人民政府应当有计划、分层级、分类别促进养老机构建设。公办养老机构应当优先满足特殊困难老年人的养老服务需求，公建民营养老机构应当优先满足中低收入老年人的养老服务需求，社会化养老机构应当为老年人提供个性化、多样化服务，满足老年人不同层次的养老服务需求。

鼓励、支持社会组织、企业和个人以独资、合资、合作等方式兴办养老机构。

第二十七条　养老机构的设立应当符合国家有关规定，依法办理登记、许可手续。

第二十八条　养老机构因变更、终止等原因暂停或者终止服务的，应当于暂停或者终止服务前六十日向实施许可的民政部门提交其收住老年人的安置方案，并办理变更或者注销手续。

实施许可的民政部门应当为养老机构妥善安置老年人提供帮助，必要时可以在一定期限内实施托管。

第二十九条　养老机构的老年人居住用房、公共服务用房、室外活动场所以及呼叫装置、照明、标识等设施设备，应当符合国家相关标准和规范。

养老机构应当配备与服务、运营相适应的管理人员和专业技术人员，并按照不同护理等级配备相应的护理员。从事医疗、康复、护理、社会工作等服务的专业技术人员应当具有相应的专业技术资格。护理人员应当接受专业技能培训。

养老机构应当按照国家有关规定，建立健全安全管理制度，明确安全责任，定期开展安全检查，及时消除安全隐患。

养老机构应当制定突发事件应急预案，定期组织演练。

第三十条　政府投资兴办的养老机构应当经济实用，保障具有本市户籍的无劳动能力、无生活来源、无赡养人和扶养人，或者其赡养人和扶养人确无赡养或者扶养能力的老年人入住，并提供无偿的供养、护理服务。

政府投资兴办的养老机构对具有本市户籍的失能、失独、高龄、经济困难老年人应当优先保障入住需求。

第三十一条 养老机构应当与收住的老年人或者其代理人签订服务合同，明确各方的权利、义务。

第三十二条 政府投资兴办的养老机构由价格主管部门和民政部门按照有关规定核定服务收费项目和标准。

以公建民营方式运行的养老机构由运营方依据委托协议合理确定服务收费项目和标准。

社会化养老机构由经营者自主确定服务收费项目和标准。

第三十三条 养老机构应当建立健全信息公布制度，将养老机构的名称、地址、联系方式、服务内容、服务方式、床位数量、收费项目和标准等向社会公布。

第三十四条 本市鼓励和支持养老机构投保责任险和老年人投保个人意外伤害险。

第五章 服务人员

第三十五条 本市鼓励普通高校、职业技术院校和职业培训机构开设养老服务相关专业课程，以助学、奖学、委托培养等多种方式引导学生选择养老服务专业，培养养老服务专业人员。

支持养老服务从业人员参加继续教育和远程学历教育，提高养老服务人员的专业素质和工作技能。

第三十六条 对进入本市公办、公益性养老机构工作三年以上的普通高校或者职业院校的毕业生，以及在本市同一养老机构连续工作三年以上的护理人员，市和区（市）县人民政府应当按照有关规定给予奖励和补贴。

第三十七条 在养老机构依法设立的医疗机构从业的医师、护士、医技人员等卫生专业技术人员，在职业资格、注册考核、职称评定以及职业技能鉴定等方面，享受与在其他医疗机构执业的同类专业技术人员同等的待遇。

第三十八条 市和区（市）县人力资源和社会保障、民政部门应当适时发布养老护理人员的工资指导价位。

养老护理人员参加职业培训和职业技能鉴定的，按照有关规定享受相关补贴。

养老护理人员的工资待遇应当与职业资格证书、技术等级相适应，并逐步改善和提高。

第三十九条 市和区（市）县人民政府应当支持城镇就业困难人员、农村转移劳动力从事养老服务行业，并按照有关规定给予岗位补贴和社保补贴。

第四十条 鼓励、支持社会组织和个人参加为老年人服务的志愿活动。志愿者组织应当建立志愿者服务情况登记档案或者记录卡。

第六章 扶持措施

第四十一条 市和区（市）县人民政府应当加大对养老服务发展的财政性支持，设立养老服务发展专项资金。市本级福利彩票公益金的百分之五十以上应当用于支持发展养老服务，并随着老年人口的增加和经济社会发展，逐步提高投入比例。

第四十二条 市和区（市）县人民政府应当建立健全向社会购买养老服务的制度，制定政府购买养老服务的指导性目录，明确政府购买养老服务的种类、性质、内容。

第四十三条 市和区（市）县人民政府应当完善本市户籍老年人养老服务补贴制度。

第四十四条 对新建和改建的社会化养老机构，由市和区（市）县人民政府给予一次性建设补贴。

对社会化养老机构收住具有本市户籍老年人的，由市和区（市）县人民政府给予服务性床位补贴。

第四十五条 社区养老服务设施经验收合格的，由市人民政府给予一次性建设补贴。

建成运营的社区日间照料中心，每年度根据民政部门的评估等级，由市和区（市）县人民政府给予奖励。

第四十六条 市和区（市）县人民政府及其有关部门应当根据养老服务设施专项规划和建设计划，将养老服务设施用地纳入土地利用总体规划、土地利用年度计划和国有建设用地供应计划。闲置的国有公益性用地，可以根据养老服务设施建设计划确定为养老服务用地。

公益性养老机构建设用地，可以采取划拨方式供地。

营利性养老服务设施用地，应当以租赁、出让等有偿方式供地。

公益性养老服务设施用地在符合土地利用规划且不改变土地权属的前提下，符合农村集体建设用地流转规定的，可以使用集体建设用地。

第四十七条 本市鼓励和引导各类金融机构创新金融产品和服务方式，加大金融对养老服务业的支持力度。

引导和推动设立由金融和产业资本共同筹资的养老服务业投资基金。

第四十八条 对养老机构的税收优惠按国家有关规定执行。

对公益性养老机构建设免征行政事业性收费、基础设施配套费，对营利性养老机构建设减半征收行政事业性收费、基础设施配套费。

养老机构、社区日间照料中心、农村敬老院等用电、用水、用气、光纤、宽带费用按居民生活类价格执行。

第四十九条 卫生计生、民政、食品药品监督、人力资源和社会保障等部门应当加快推进医疗卫生与养老服务融合发展，逐步形成覆盖城乡、规模适宜、功能合理、综合连续的医养结合服务网络：

（一）卫生计生部门应当推动医疗机构利用现有医疗资源完善老年人医疗护理服务体系建设，支持综合医院开设老年病科、与邻近的基层医疗卫生机构建立合作和指导关系，满足老年人医疗和康复需求；

（二）民政和卫生计生等部门应当推动养老机构引进医疗资源，支持有条件的养老机构设立医疗机构或者与医疗机构建立合作机制；

（三）食品药品监督和卫生计生等部门应当健全药品配送渠道，保障基层医疗卫生机构药品配备，满足老年人常见病、慢性病的用药需求；

（四）人力资源和社会保障部门应当完善基本医疗保险政策，优化医疗保险报销程序和结算方式，为老年人提供高效、便捷的医疗保险服务。

第五十条 市和区（市）县人民政府应当将老年教育纳入终身教育体系，加大对老年教育的投入。支持社会力量办好老年学校，鼓励利用广播、电视、网络等形式发展老年教育。支持开展有益于老年人身心健康的文化体育活动。

第五十一条 市和区（市）县人民政府应当支持和指导老年群众组织的规范化建设，发挥其在反映老年人需求、维护老年人权利和服务老年人生活等方面的作用。

第五十二条 本市支持相关企业以老年人需求为导向研发老年用品和服务产品；引导商场、超市、批发市场组织购销老年用品；拓展适合老年人特点的体育、文化、教育、旅游等服务。

鼓励和支持金融机构开发长期护理保险等与健康管理、养老服务相关的金融产品。

第五十三条 民政部门应当建立覆盖城乡、互联共享的养老服务信息化平台，为养老机构和社会公众提供政策和相关法律咨询以及信息查询等服务。

第五十四条 市和区（市）县人民政府应当支持养老服务组织运用互联网等技术手段推进智能养老，逐步实现对老年人信息的动态管理，提高养老服务水平。

第七章　监督管理

第五十五条 市和区（市）县人民政府应当建立养老服务需求评估制度。

区（市）县民政部门应当委托第三方机构对申请入住公办养老机构或者申请享受政府养老服务补贴的老年人的经济收入和失能状况进行评估，确定申请人所需养老服务的类型和等级。

第五十六条 市和区（市）县人民政府应当制定和完善机构养老服务、居家养老服务等相关规范，建立健全养老服务规范体系，提升养老服务水平。

第五十七条 市和区（市）县民政部门应当建立养老机构、社区日间照料中心评估制度，定期对养老机构的人员配备、设施设备条件、管理水平、服务质量、社会信誉等进行综合评估，并将评估结果向社会公布。

第五十八条 价格主管部门应当依法对养老机构的服务收费进行监督管理，查处价格违法行为。

第五十九条 市和区（市）县民政部门应当建立养老机构信息档案，记录其设立与变更、日常监督检查、违法行为查处、综合评估结果等情况，并向社会公开，接受社会监督。

第六十条 民政、安全生产监督、卫生计生、食品药品监督、公安消防等部门应当对养老机构的工作人员进行安全宣传教育，对养老服务场所依法进行安全检查，消除安全隐患。

第六十一条 市和区（市）县民政部门应当设立并向社会公布养老服务监督举报电话和投诉信箱，受理对违反本条例有关规定行为的投诉与举报。

第八章 法律责任

第六十二条 违反本条例规定的行为，法律、法规已有处罚规定的，从其规定。

第六十三条 违反本条例规定，擅自改变政府资助建设的养老服务设施使用性质的，由区（市）县民政部门责令改正，收回补助、补贴和有关费用，并处十万元以上三十万元以下罚款。

第六十四条 违反本条例规定，采用虚报、隐瞒、伪造等手段，骗取政府养老补助、补贴的，由区（市）县民政部门责令退回，并处骗取资金数额一倍以上三倍以下罚款。

第九章 附 则

第六十五条 本条例自 2016 年 8 月 1 日起施行。

成都市旅游业促进条例

2008年12月30日成都市第十五届人民代表大会常务委员会第八次会议通过，2009年3月27日四川省第十一届人民代表大会常务委员会第八次会议批准；

2015年10月29日成都市第十六届人民代表大会常务委员会第十八次会议修订，2016年6月1日四川省第十二届人民代表大会常务委员会第二十五次会议批准。

目 录

第一章　总　则

第一条　为了有效保护和科学开发旅游资源，促进旅游业持续健康发展，推进世界旅游目的地城市建设，根据《中华人民共和国旅游法》、《四川省旅游条例》等法律、法规，结合成都市实际，制定本条例。

第二条　在本市行政区域内发展旅游产业、从事旅游经营服务、实施旅游监督管理活动的，应当遵守本条例。

第三条　促进旅游业发展，实现由观光型旅游向观光休闲度假型旅游转变，应当坚持政府引导、市场主导、企业主体、社会参与、行业自律的原则。

第四条 发展旅游业应当突出古蜀文化、三国文化、川菜文化、熊猫品牌、乡村旅游等地域特色。

促进旅游、文化、商业深度融合，构建旅游消费、文化消费、商品消费等多元一体的消费环境，促进建成具有国际影响力的购物城市。

第五条 市和区（市）县人民政府应当把旅游业发展纳入国民经济和社会发展规划，制定促进旅游业发展的产业政策和措施，建立健全旅游业发展综合协调机制和激励机制，完善统一的旅游市场监管联动机制和信息反馈机制，统筹解决旅游发展和管理中的重大问题。

第六条 旅游主管部门履行促进旅游产业发展、旅游市场监管、资源保护开发指导、旅游公共服务等职能，负责本行政区域内旅游业发展的统筹协调。

有关行政管理部门应当按照各自职责开展促进和保障旅游业发展的工作。

第七条 旅游行业协会应当完善行业自律制度，发挥服务、引导、协调和监督作用。促进公平竞争，维护行业合法权益，建立旅游经营者诚信档案，依法向社会公布监督检查情况。

第二章 规划开发

第八条 市旅游主管部门应当组织开展旅游资源普查、评估，建立和更新旅游资源基础数据库，指导区（市）县开展旅游资源普查、利用。

第九条 市和区（市）县人民政府应当对旅游资源保护和旅游开发利用实施分类控制，开展资源承载力评估。制定旅游资源开发保护和恢复治理方案，保护自然资源和生物多样性。

保护青城山—都江堰、金沙遗址等重要旅游资源，促进自然和文化遗产资源的有效保护和科学利用。

第十条 市和区（市）县人民政府负责组织编制本行政区域的旅游发展规划。旅游发展规划应当与土地利用总体规划和城市（乡）总体规划相协调。

跨区（市）县行政区域的旅游发展规划由市人民政府组织协调编制。

第十一条 景区、宾馆、交通设施和旅游古镇等主要旅游要素项目的新建、改建、扩建，应当符合土地利用规划、城乡规划、风景名胜区规划及旅游发展规划。

以历史文化遗存资源、宗教活动场所等为主要旅游内容的景区，规划建设应当与其文化、风格、环境相协调。

第十二条 市和区（市）县人民政府应当把旅游景区的集散中心、服务中心、医疗急救站点等公共服务设施纳入工程项目规划，实现同步设计、同步建设、同步使用。

第十三条 市旅游主管部门应当会同相关部门组织实施旅游行业的国家标准、行业标准，研究制定体现成都旅游特色的技术规范，鼓励旅游企业引进并使用国际标准。

第十四条 市旅游主管部门负责编制全市旅游重点项目目录。

市和区（市）县人民政府应当制定旅游重点项目开发扶持政策，统筹安排用地计划，合理利用荒山、荒坡、荒滩、废弃厂矿等土地资源开发旅游项目。

第三章 产业发展

第十五条 旅游业发展应当坚持与新型工业化、信息化、城镇化以及农业现代化相结合，促进旅游与会展、商贸、教育、文化、体育、医疗等领域的融合发展，培育新型旅游业态。

第十六条 市人民政府应当推动龙门山和龙泉山生态旅游带建设，推进山地休闲度假产业集聚，创建国家级旅游度假区。

推动都市旅游区建设，开发都市文化旅游、美食旅游、休闲旅游等旅游产品，提升宽窄巷子、锦里、文殊坊等街区休闲功能，建设城市绿道、主题公园，拓展城市休闲空间。

第十七条 旅游主管部门应当建立健全区域旅游合作机制，引导旅游经营者开发区域旅游线路，建立区域旅游合作体，推进区域旅游一体化。

第十八条 市人民政府应当引导开发多元旅游产业体系，完善吃住行游购娱一体的旅游产业链，在游客集散地、景区、入境游集中地布局购物和服务消费网点，提高旅游购物便捷化水平。

推进中心城区商圈功能结构调整，构建体验式智慧商旅圈，培育精品特色商业街区，打造国际化旅游购物与购物旅游功能融合的载体空间。

第十九条 市人民政府可以设立旅游产业促进基金，支持旅游企业通过政府和社会资本合作模式投资、建设、营运旅游项目。

第二十条 市和区（市）县人民政府应当推进旅游业投融资机制和渠道建设，引导金融机构开发符合旅游业特点的信贷产品，加大信贷扶持力度。

第二十一条 市旅游主管部门应当利用商务会展、文化交流、体育赛事、民间文化活动等塑造城市国际旅游品牌。

组织旅游经营者参加国内外大型旅游交易会和促销活动，开拓国内外旅游客源市场。

第二十二条 支持研究开发蜀锦、蜀绣和体现三国、金沙、熊猫等元素的特色旅游商品，提升旅游商品的品牌效应。

第二十三条 市和区（市）县人民政府应当制定旅游装备制造、在线旅游等产业扶持政策，促进旅游业经营者使用新能源、新材料，运用新技术、新工艺开发生态环保旅游产品。

第二十四条 市人民政府应当引导金融机构增设外汇兑换点、完善外币兑换和国际化信用服务，推动入境游客离境购物退税系统建设，推进重点景区、中心城区、机场和车站等设立离境退税商店，促进境外游客购物消费。

第四章　乡村旅游

第二十五条 市和区（市）县人民政府应当将乡村旅游纳入小城镇建设和社会主义新农村建设的整体布局，完善乡村旅游服务体系。

应当推进乡村旅游配套设施建设与小城镇建设和新农村建设结合，推动乡村旅游开发项目与各种支农资金挂钩，鼓励旅游扶贫开发。

第二十六条 乡村旅游产业应当与休闲农业融合，整合旅游资源，市和区（市）县人民政府应当引导设计、开发、推广休闲农业与乡村旅游精品线路。

第二十七条 区（市）县人民政府应当结合本地实际，开发地域文化浓郁、生态环境良好、具有保护价值的川西林盘、古村古镇、古民居等旅游资源，举办具有地方特色的节庆活动，建设个性化景观旅游村镇。

第二十八条 旅游主管部门应当引导乡村旅游转型升级，支持旅游行业协会开展乡村旅游标准化评审工作，促进农家乐星级达标，塑造成都乡村旅游品牌。

第二十九条 镇（乡）人民政府应当推动乡村酒店、农家乐、家庭农场等乡村旅游点改善环境卫生、住宿条件，保障食品安全，提高服务水平。

第三十条 旅游主管部门应当推进乡村旅游业态结构优化，突出田园生态、传统民俗、乡村民居的特点，指导开发建设旅游度假酒店、汽车营地、康养中心、现代农业主题公园等特色旅游项目。

第三十一条 乡村旅游开发应当尊重旅游地居民的风俗习惯，保护自然风貌和古民居建筑，推动乡村旅游富民工程，促进乡村旅游产品向优势区域集聚。

第五章 服务保障

第三十二条 市和区（市）县人民政府应当加强旅游信息化建设，应用智慧旅游数据中心平台，实施服务、管理、营销全覆盖，实现旅游信息智能化处理。

建立全市及区域性旅游公共信息发布机制，为游客提供信息咨询服务，促进智能导游、移动支付、电子门票等服务的推广应用。

第三十三条 景区管理机构应当推行门票预约制度，扩大网上预约时间范围。

旅游经营者可以通过网络为游客提供交通、住宿、游览、餐饮、购物等旅游信息服务和代理服务，提供的信息应当真实、准确。

第三十四条 市和区（市）县人民政府应当统筹规划建设旅游咨询中心、游客集散中心、游客购物中心，完善旅游交通专线。

第三十五条 景区应当加强道路、停车场、自驾车房车营地、游客服务中心、医疗救助点等基础设施建设。

景区公共卫生间的建设和管理应当按照数量充足、干净卫生、实用免费、管理有效的要求实现国家 A 级达标。

第三十六条 景区应当采用国际标准的公共信息图形符号，设置中外文对照的全景导游图、显示屏和指示牌、说明牌、警示牌。

第三十七条 景区应当加强老年人、残疾人旅游服务无障碍设施建设，配备老年人、残疾人游览辅助器具，完善语音、盲文提示等无障碍信息服务。

第三十八条 旅游主管部门应当推进旅游经营者、从业者信用体系建设，建立游客不文明行为采集、报送、记录、管理工作机制。

第三十九条 市和区（市）县人民政府应当将旅游应急管理纳入政府应急管理体系，制定旅游突发事件应急预案，建立旅游风险预警机制和旅游突发事件应急救援体系。

旅游等主管部门应当履行旅游安全监管职责，监督旅游经营者落实旅游安全制度和安全防范措施，及时处置旅游安全责任事故。

景区管理机构、旅游经营者应当执行安全经营标准，具备相应的安全条件，制定旅游公共安全保护制度和灾害应急预案，建立救援机制。

第四十条 旅游主管部门应当会同有关部门以及景区管理机构建立旅游信息预报和风险警示发布制度，及时准确地向旅游经营者和游客发布气象、地质、道路、交通流量、公共卫生状况等旅游安全警示信息。

第四十一条 景区应当公布景区主管部门核定的景区游客最佳接待量、最大承载量，对景区接待游客的数量进行调控。

游客数量接近景区最大承载量时，景区应当即时公告并向当地人民政府报告，在网站、游客集散中心和景区主要通道发布警示信息，并配合公安、交通等管理部门实行人员分流、交通临时管制、旅游线路调整等措施。

第四十二条 旅游主管部门应当建立统一的旅游市场电子监管平台。

旅行社组织或者接待一日游等旅游团队的，应当使用电子监管平台及时真实、全面有效地向旅游主管部门报送电子合同、电子行程单。

第四十三条 市人民政府应当设立并公布统一的旅游投诉电话，接受游客的投诉。

旅游等主管部门接到游客投诉后，应当及时办理并将处理情况答复游客，维护游客合法权益。

第六章 法律责任

第四十四条 违反本条例第三十三条第二款，旅游经营者提供虚假旅游信息的，由旅游主管部门责令改正，并处一万元以上三万元以下的罚款。

第四十五条 违反本条例第三十九条第三款，景区管理机构、旅游经营者违反安全管理规定的，由有关行政管理部门依照有关法律、法规的规定处罚。

第四十六条 违反本条例第四十二条第二款，旅行社违反电子合同报送规定的，由旅游主管部门责令改正；拒不改正的，处二千元以上六千元以下罚款。

第四十七条 旅游主管部门及其他相关行政管理部门的工作人员在履行监督管理职责中玩忽职守、滥用职权、徇私舞弊的，依法给予行政处分。

第四十八条 其他违反本条例规定的行为，法律、法规有规定的，由有关行政管理部门依法处理。

第七章 附 则

第四十九条 本条例自2016年8月1日起施行。

成都市体育条例

2006 年 10 月 27 日成都市第十四届人民代表大会常务委员会第二十八次会议通过，2006 年 11 月 30 日四川省第十届人民代表大会常务委员会第二十四次会议批准；

2015 年 12 月 29 日成都市第十六届人民代表大会常务委员会第十九次会议修订，2016 年 6 月 1 日四川省第十二届人民代表大会常务委员会第二十五次会议批准。

目　录

第一章　总　则

第一条　为了增强城乡居民身体素质，提高体育运动水平，促进体育事业和体育产业发展，根据《中华人民共和国体育法》、《全民健身条例》、《公共文化体育设施条例》和《四川省体育条例》等有关法律、法规，结合成都市实际，制定本条例。

第二条　本条例适用于本市行政区域内的各项体育事业和体育产业。

第三条　体育工作应当满足城乡居民健身需求、服务经济社会发展，以全民健身为基础，开展各类体育活动，培养体育人才，促进体育消费，推动体育事业和体育产业协调、可持续发展。

第四条 市和区（市）县体育主管部门负责本行政区域内的体育工作，统筹、协调、管理体育事业和体育产业的发展。

市和区（市）县有关部门和镇（乡）人民政府、街道办事处应当按照各自职责，做好相关体育工作。

各类体育协会组织应当按照章程，发挥优势，建立行业规范、落实行业标准、开展体育活动。

第五条 市和区（市）县人民政府应当将体育工作纳入国民经济和社会发展计划，将体育事业经费和公共体育设施建设资金列入同级财政预算。

设立体育产业发展引导资金，采用市场化运作模式，引导社会资本支持、投入体育产业，促进竞技体育和全民健身协同发展。

鼓励公民、法人和其他组织支持、兴办体育事业和体育产业。

第六条 市和区（市）县人民政府应当按照国家有关规定，科学安排、规范使用体育彩票公益金，强化监督管理，提高使用效益，定期公布使用情况，接受社会监督。

第七条 本市对体育工作中成绩显著的单位和个人，以及在国际、国内重大赛事中取得优异成绩的运动员、教练员进行表彰和奖励。

第二章　全民健身

第八条 市和区（市）县人民政府制定本行政区域内的全民健身实施计划。

市和区（市）县体育主管部门负责本行政区域内的全民健身工作，会同有关部门组织实施全民健身计划，宣传、普及全民健身知识，组织开展体质监测，指导开展科学、文明、健康的全民健身活动。

第九条 每年1月1日为本市健身越野跑活动日。

每年8月8日全民健身日，本市公共体育设施应当向市民健身免费开放。全民健身日所在周为本市全民健身主题活动周，市体育主管部门举办全民健身运动会总决赛。

市和区（市）县体育主管部门应当围绕“运动成都”主题，结合本地实际，广泛开展棋类、太极拳等各类全民健身活动。

第十条 市体育主管部门每四年举办一次老年人健身运动会，推动建立业余比赛等级制度，指导举办等级升位比赛。

市和区（市）县教育、体育主管部门每年举办一次学生运动会。

区（市）县人民政府每四年举办一次具有民间传统和地方特色的全民健身运动会。

镇（乡）人民政府、街道办事处应当指导建立基层全民健身组织，开展形式多样的全民健身活动。

第十一条 市和区（市）县人民政府应当建立完善全民健身公共服务体系，构建城市社区十五分钟健身圈，实现农村行政村公共体育健身设施全覆盖。

市和区（市）县人民政府应当整合利用公园、公共绿地、广场及其他可以利用的场所，规划建设群众健身设施。

新建居住区和社区应当依据相关标准规范，配套建设群众健身设施，按照室内人均建筑面积高于0.1平方米或者室外人均用地高于0.3平方米执行，并与住宅区主体工程同步设计、同步施工、同步投入使用。

现有老城区与已建成居住区无群众健身设施，或者现有设施没有达到规划建设指标要求的，应当整合资源、开拓空间，通过改造等多种方式予以完善。

第十二条 本市公共体育设施应当根据其功能、特点向市民免费或者优惠收费开放。公共体育设施管理单位应当向市民公示其服务内容和开放时间。需改变服务内容和开放时间的，应当提前七日向公众公示。

本市收费的公园、旅游景区应当按照有关规定对参加健身活动的市民优惠收费开放。

学校应当在课余时间和法定节假日向学生开放体育设施；在不影响教学的情况下，提倡有组织地向社会开放。

第十三条 中小学校在学生体育工作方面应符合下列要求：

（一）按规定修建体育场地、配置体育设施和器材；

（二）按规定开足、开齐体育课，配齐体育教师；

（三）科学安排学生课间操和课外体育健身活动，保证学生每天校内体育健身活动时间不少于一小时，鼓励学生参加丰富多彩的校外体育活动；

（四）每学期举办一次全校性体育运动会；

（五）加强体育运动技能培养，引导学生掌握两项以上体育运动项目技能；

（六）开展学生健康检查和体质监测；

（七）建立、完善体育安全管理制度和体育运动风险防控措施。

第十四条 本市实行初中毕业生升学体育考试制度，教育主管部门应当科学设置体育考试项目。

第十五条 国家机关、企事业单位和其他组织应当有计划地组织职工在工间、工余开展全民健身活动，倡导每天健身一小时，支持职工参加全民健身活动，为职工提供必要的全民健身条件。

第十六条 市和区（市）县人民政府应当为未成年人、老年人和残疾人等特殊群体参加全民健身活动提供便利条件。

体育主管部门应当加强对农村体育工作的指导，提高农民全民健身意识，在传统节日和农闲季节组织开展适合农村特点的全民健身活动。

第十七条 市和区（市）县人民政府应当建立完善市民体质监测体系，组织实施市民体质监测工作，定期依法公布市民体质状况，根据体质监测数据加强市民科学健身指导。

第十八条 市和区（市）县体育主管部门应当建立和完善社会体育指导员制度，在社区配备相应数量的社会体育指导员。

本市建立社会体育指导员协会，加强对社会体育指导员的培训和管理。社会体育指导员在全民健身活动中履行宣传科学健身知识、传授健身技能、组织指导健身活动等职责。

第十九条 组织大型全民健身活动应当按照有关大型群众性活动安全管理的规定，制定安全应急预案，做好安全管理工作。

第三章 竞技体育

第二十条 市和区（市）县人民政府应当建立完善青少年体育竞技人才培养经费保障机制，健全多元化青少年体育培训体系，开展体育人才的选拔和训练。

市体育主管部门应当配备专兼职教练员，建立优秀运动员的选拔、培养、输送机制，组织运动员参加国际、国内比赛。

鼓励具备条件的运动项目走职业化道路，支持教练员、运动员职业化发展。

第二十一条 本市支持申办国际、全国性的综合性运动会及单项体育比赛。

本市承办或者举办的国际、全国、省、市综合性运动会及单项体育比赛，由市体育主管部门负责组织管理。

区（市）县举办的体育比赛，由所在地体育主管部门组织管理。

鼓励社会力量举办各类商业性和群众性体育赛事，有关行政主管部门应当为社会力量办赛提供服务，依法加强监管。

第二十二条 市体育主管部门负责组织参加以城市为参赛单位的全国综合性运动会和四川省运动会。

本市每四年举办一次以竞技性为主的市运动会、市残疾人运动会和市特殊奥林匹克运动会，鼓励各区（市）县积极申请承办。各区（市）县应当组织代表团参加比赛，行业体育协会应当组织参与比赛。

第二十三条 举办或者承办体育竞赛的单位应当建立竞赛组织委员会，制定竞赛规程，设立安全保卫、卫生和竞赛监督委员会等机构，制定安全、卫生等应急预案。

第二十四条 在体育竞赛活动中，不得有以下行为：

（一）强行进入场内；

（二）违反规定，在场内燃放烟花爆竹或者焚烧其他物品；

（三）展示侮辱性标语、条幅等物品；

（四）围攻裁判员、运动员或者其他工作人员；

（五）向场内投掷杂物；

（六）其他扰乱或者破坏体育竞赛秩序的行为。

第二十五条 参加各级各类体育竞赛的教练员、运动员、裁判员及相关人员应当遵守国家体育竞赛的各项规定，遵守体育职业道德。

第四章 体育设施

第二十六条 市和区（市）县人民政府应当将公共体育设施布局纳入城乡规划和土地利用总体规划，并达到相关规定标准。公共体育设施的建设、维修、管理资金列入本级人民政府基本建设投资计划和财政预算。

第二十七条 本市应当建有与经济社会发展需求相适应、能够举办国际性体育比赛的大型综合体育场馆和单项赛事中心。

区（市）县应当建有标准化田径场、游泳池、体育馆、全民健身中心和国民体质监测中心等公共体育设施。

镇（乡）、街道应当建设和完善全民健身活动场所，实现群众健身设施全覆盖。

公共体育设施建设中应当配套无障碍设施。

第二十八条 大中型公共体育设施的规划和建设应当加强公共交通的疏导能力，配置公共交通站点等相关设施。

第二十九条 市和区（市）县人民政府应当引导体育场馆创新体制机制，优化运营模式，增强运营能力；支持已建场馆进行适应性改造，整合利用资源，提高使用效益。

新建场馆的设计、建设、运营应当将赛事功能需要和赛后综合利用有机结合，增强复合经营能力。

第三十条 市和区（市）县体育主管部门应当加强对公共体育设施的监督和管理。

镇（乡）人民政府、街道办事处应当加强对辖区所属公共体育设施的管理和维护。

使用体育彩票公益金修建的公共体育设施，由受赠单位负责管理和维护。

第三十一条 公共体育设施管理单位应当履行下列职责：

（一）建立健全设施的使用、维修、卫生和安全管理制度；

（二）使用符合国家安全标准的设施和设备；

（三）标明设施和设备的使用方法、注意事项及安全提示；

（四）按照设施的使用标准进行保养、检查并及时维修；

（五）按照规定配备安全保护人员及相关设备；

（六）在设施所属场地公示管理单位的联系方式；

（七）法律、法规规定的其他职责。

第三十二条 任何单位和个人不得侵占、损坏公共体育设施，不得擅自改变公共体育设施的用途。

因城乡建设确需拆除公共体育设施或者改变其功能、用途的，应当按照国家有关规定，先行择地新建偿还后再行拆除。

第五章 体育产业

第三十三条 市和区（市）县人民政府应当制定体育产业发展规划，配套具体政策措施，建立部门、行业协调机制，促进体育产业发展。

第三十四条 发展体育产业应当坚持满足城乡居民健身需求和培养经济增长点的定位，结合产业基础、资源禀赋和环境特点，促进体育用品制造、健身休闲、创意设计、竞赛表演等产业的发展。

第三十五条 市和区（市）县人民政府应当推动体育产业与旅游休闲、养老康复、教育培训等相关产业的融合。

推广以互联网平台定制赛事和体质监测等体育民生服务项目，运用大数据资源促进体育产业的融合创新、转型发展。

第三十六条 支持政府引导设立由社会资本筹资的体育产业投资基金，鼓励各类金融机构和社会资本为体育产业发展拓宽融资渠道、提供市场化融资支持。

鼓励社会资本进入体育产业领域，通过政府和社会资本合作模式投资、建设、营运体育项目，建设经营体育设施、研发生产体育产品、丰富完善体育服务。

第三十七条 市和区（市）县人民政府应当制定和完善促进群众健身消费的优惠政策，提升全民健身意识，培育健身消费市场。

本市体育产品研发生产、经营服务、中介培训及相关支撑技术等，应当纳入重点支持的高新技术领域。经认定为高新技术企业和现代服务业的体育企业，依法享受相关优惠政策。

第三十八条 从事高危险性体育项目的，经营者应当向所在地区（市）县体育主管部门提出申请。区（市）县体育主管部门应当自收到申请的三十日内进行实地核查，做出批准或者不予批准的决定。

高危险性体育项目按照经国务院批准公布的目录进行认定。

第六章 法律责任

第三十九条 违反本条例规定的行为，法律、法规已有处罚规定的，从其规定。

第四十条 违反本条例第十三条规定的，由教育主管部门责令限期改正，并视其情节对直接责任人员依法处理。

第四十一条 违反本条例第三十二条规定的，由体育主管部门责令限期改正，并处以五百元以上两千元以下罚款；情节严重的，处以二千元以上一万元以下罚款；造成损失的，依法予以赔偿。

第四十二条 违反本条例第三十八条规定，未经批准擅自经营高危险性体育项目的，由体育主管部门按照管理权限责令改正；并处三万元以上十万元以下的罚款。

第四十三条 体育主管部门及其他相关管理部门的工作人员在履行监督管理职责中玩忽职守、滥用职权、徇私舞弊的，由有关部门依法给予行政处分。

第七章 附 则

第四十四条 本条例自2016年8月1日起施行。

成都市公共场所治安管理规定

2006 年 6 月 8 日成都市第十四届人民代表大会常务委员会第二十五次会议通过，2006 年 11 月 30 日四川省第十届人民代表大会常务委员会第二十四次会议批准；

根据 2015 年 6 月 26 日成都市第十六届人民代表大会常务委员会第十六次会议通过，2015 年 12 月 3 日四川省第十二届人民代表大会常务委员会第十九次会议批准的《成都市人民代表大会常务委员会关于修改〈成都市公共场所治安管理规定〉的决定》修正。

第一条 为了维护公共场所治安秩序，保障公共安全，保护公民、法人和其他组织的合法权益，根据有关法律、行政法规，结合成都市实际，制定本规定。

第二条 本规定适用于本市行政区域内下列公共场所的治安管理工作：

（一）公共娱乐场所：营业性歌舞厅、卡拉 OK 厅、迪吧、夜总会、带歌舞表演的酒吧、电子游戏厅等；

（二）公共服务场所：桑拿浴场（中心）、美容美发厅（廊）、按摩服务店（中心）、茶馆、棋牌室、游乐场、录像厅、酒吧（不含歌舞表演）、咖啡馆、度假村、网吧等；

（三）公共体育场所：体育场（馆）、保龄球馆、台球馆、高尔夫球场、赛马场、健身房、射击场、游泳池、溜冰场等；

（四）其他公共场所：影剧院、集贸市场、汽车客运站、证券交易所、音像制品销售租赁店、书刊销售租赁店等；

（五）在我市范围内举办的各类大型文体、商贸以及庆典、会展等活动的临时场所（含户外的影视剧拍摄场所）；

（六）法律、法规规定或市人民政府决定应当纳入治安管理的其他公共场所。

单位内部对外营业的，前款规定的公共场所的治安管理适用本规定。

旅店业的治安管理，按有关规定执行。

第三条 市和区（市）县公安机关是本市公共场所治安管理的主管机关。

工商、文化、体育、新闻出版、环保、卫生、交通、广播电视、建设、城管等部门，应按各自职责协同公安机关实施本规定。

第四条 公民在公共场所活动，应遵守法律、法规和规章。

公民对公共场所中的违法犯罪行为进行举报，受法律保护。

第五条 公共场所日常治安管理，由其所在地公安派出所负责。

第六条 公安人员对公共场所进行治安管理时，应当主动出示证件。

公共场所内的人员不得拒绝或阻碍公安人员依法执行公务。

公安机关发现公共场所有不安全隐患，应当及时向该公共场所的法定代表人或主要负责人提出整改建议；对不安全隐患等问题严重的，应当责令当场改正或限期改正。

第七条 公共场所应当达到下列安全要求：

（一）建筑物和各项设施符合有关的安全技术规范，出入口和疏散通道标志明显，符合安全要求；

（二）消防设施设置符合有关消防法律、法规和规章的规定；

（三）有足够的照明设备和应付突然停电的应急设施，电器设备符合安全标准；

（四）其他法律、法规和规章规定的公共场所应具备的安全条件。

售票处、财会室、机房、车房、播映室、配电室、锅炉房、库房、贵重物品储藏室、物品寄存处等公共场所除应当符合前款要求外，还应当按规定配置安全技术防范设施。

水上活动场所除应当符合本条第一款要求外，还应当配备救护设施和合格的救护人员。

从事按摩、洗浴经营活动的公共场所，其保安人员配备、包厢（包间）设置、灯光亮度等安全技术防范措施，参照国家关于公共娱乐场所的有关规定执行。

第八条 茶馆、棋牌室、影剧院以及从事按摩、洗浴经营活动的公共场所，其经营者应当在停车场、营业大厅出入口、消防安全疏散出入口、营业区域通道、收款台前等不涉及公民隐私的公共区域，安装符合国家或者行业标准要求的视频安防监控系统，并保证在营业期间正常运行。

前款规定公共场所应当将视频安防监控录像资料留存三十日以上，不得删改、复制或者挪作他用。

第九条 公共场所依法取得营业执照后，应当在十五日内主动向所在地县级公安部门备案。

公共场所改建、扩建营业场所或者变更场地、主要设施设备、投资人员，或者变更经营许可证载明的事项的，应当向原发证机关申请重新核发经营许可证，并向公安部门备案；需要办理变更登记的，应当依法向工商行政管理部门办理变更登记。

第十条 有本规定第二条第一款第五项所列内容之一的，主办或承办单位应于活动举办前十五日前，持书面申请、治安保卫工作方案、其与承办场所的安全责任书等材料向市公安局申请安全审查。市公安局应在接到申请后十五日内作出批准或不批准的书面决定并通知主办或承办单位。逾期不通知的，视为批准。

经批准举办大型群众性活动，应当遵守有关规定，防止发生安全事故。

第十一条 公共场所的管理者或经营者应遵守以下规定：

（一）临时增加电器设备的，应当采取相应的安全措施；

（二）限员的场所，不得超员经营；

（三）危险的路段、部位应设置防护栏等安全设施；

（四）禁止游客、顾客、观众进入的区域，应设置明显的标志；

（五）音响设备的声级必须符合所在区域环境噪声允许标准。

第十二条 公共场所内严禁下列行为：

（一）打架斗殴、寻衅滋事、侮辱妇女等；

（二）卖淫、嫖娼或组织、强迫、引诱、容留、介绍他人卖淫、嫖娼以及进行其他色情活动；

（三）买卖、存放、转移、使用、吸食、注射毒品；

（四）赌博或为赌博提供条件；

（五）算命或其他封建迷信活动；

（六）制作、复制、出售、出租或传播淫秽物品；

（七）非法携带枪支弹药、管制刀具或者易燃易爆、剧毒、腐蚀、放射性等危险物品；

（八）法律、法规和规章禁止的其他行为。

第十三条 公共场所的治安管理实行治安责任制。

公共场所的法定代表人或主要负责人是该公共场所的治安责任人。

第十四条 治安责任人必须履行以下职责：

（一）宣传和遵守公共场所治安管理的法律、法规和规章；

（二）建立群众性的治安保卫组织或配备专（兼）职治安保卫人员；

（三）建立健全各项安全制度和岗位责任制；

（四）及时发现、制止发生在公共场所内的违法犯罪行为并向公安机关报告，协助查处违法犯罪活动。

第十五条 公安机关应当履行下列职责：

（一）宣传和执行公共场所治安管理的法律、法规和规章；

（二）指导、监督公共场所建立安全保卫制度，落实安全防范措施；

（三）组织对公共场所从业人员的治安、安全知识培训；

（四）负责公共场所治安检查，督促整改治安安全隐患；

（五）保护公共场所和进入公共场所的公民的合法权益，依法及时查处发生在公共场所内的违法犯罪行为。

第十六条 本规定所列公共场所有下列情形之一的，由公安机关对治安责任人或者直接责任人处以警告或者二百元以上一千元以下罚款，对公共场所并处以二千元以上一万元以下罚款，并可以责令停业整顿一个月以上三个月以下：

（一）发生治安、刑事案件或者治安灾害事故隐瞒不报的；

（二）对存在的治安或者安全隐患不按公安机关要求限期改正的。

第十七条 公共场所取得营业执照后，未按照本规定向公安部门备案的，由县级公安部门责令改正，给予警告。

第十八条 违反本规定第十条第一款规定，未经公安机关批准举办活动的，由公安机关责令其立即停止活动，并对举办者和场所管理者分别处一千元以下罚款；对经营性活动没有违法所得的，处五千元以下罚款；有违法所得的，处二万元以下罚款，并依法没收非法财物和违法所得。

举办文化、体育大型群众性活动，违反有关规定，有发生安全事故危险的，责令停止活动，立即疏散；对组织者依照《中华人民共和国治安管理处罚法》第三十八条的规定处罚。

第十九条 违反本规定第七条、第十一条规定的，由公安机关责令限期改正。逾期不改正的，对公共场所治安责任人处警告或一百元以上五百元以下罚款，对公共场所处二百元以上一千元以下罚款；情节严重的，责令停业整顿。

第二十条 违反本规定第十二条规定的，由公安机关依照有关法律、法规规定处理；构成犯罪的，依法追究刑事责任。

第二十一条 公安人员在公共场所治安管理中滥用职权、徇私枉法、玩忽职守的，由其所在单位或上级主管机关依法给予行政处分；构成犯罪的，依法追究刑事责任。

第二十二条 本规定自 2007 年 3 月 1 日起施行。1996 年 9 月 24 日成都市第十二届人民代表大会常务委员会第二十次会议通过，1996 年 12 月 24 日四川省第八届人民代表大会常务委员会第二十四次会议批准的《成都市公共场所治安管理条例》同时废止。

成都市法律援助条例

2011 年 8 月 30 日成都市第十五届人民代表大会常务委员会第二十五次会议通过，2011 年 11 月 25 日四川省第十一届人民代表大会常务委员会第二十六次会议批准；

根据2015 年 4 月 28 日成都市第十六届人民代表大会常务委员会第十五次会议通过，2015 年 9 月 25 日四川省第十二届人民代表大会常务委员会第十八次会议批准的《成都市人民代表大会常务委员会关于修改〈成都市法律援助条例〉的决定》修正。

第一章　总　则

第一条　为了规范和促进法律援助工作，保障经济困难和其他符合法定条件的公民及时获得法律服务和法律救助，根据国务院《法律援助条例》、《四川省法律援助条例》和有关法律、法规的规定，结合成都市实际，制定本条例。

第二条　本条例适用于本市行政区域内的法律援助活动。

第三条　本条例所称法律援助，是指由市和区（市）县人民政府设立的法律援助机构组织、指导法律援助人员，为符合本条例规定的公民提供无偿法律服务和法律救助的活动。

本条例所称法律援助人员，是指接受法律援助机构指派或者安排办理法律援助事项的律师、法律援助机构工作人员、其他法律服务机构执业人员。

第四条　法律援助是政府的责任。市和区（市）县人民政府应当将法律援助纳入经济社会发展规划，纳入政府主导的维护群众权益机制，建立健全法律援助事业的财政投入机制，并将法律援助经费列入同级财政预算，保障法律援助事业与经济、社会协调发展。

法律援助经费由法律援助机构管理，专款专用，依法接受财政、审计和司法行政部门的监督。

第五条 市和区（市）县司法行政部门是法律援助工作的主管部门，负责组织实施本行政区域内的法律援助工作，并对法律援助机构、法律服务机构和法律援助人员的活动进行监督管理。

第六条 市和区（市）县人民政府应当建立独立运行、规范便民的法律援助机构，配备专职工作人员。

镇（乡）人民政府、街道办事处应当依托司法所建立法律援助工作站，配备工作人员。

具备条件的社区居民委员会、村民委员会，可以设立法律援助工作联系点。

第七条 法律援助机构负责受理、审查法律援助申请，指派或者安排律师等法律援助人员办理法律援助事项，并对法律援助事项办理情况进行监督、检查。

第八条 律师事务所等法律服务机构及其法律服务人员应当依照法律、法规的规定接受法律援助机构的指派或者安排，履行法律援助义务，为受援人提供法律服务，接受司法行政部门、律师协会等自律组织的监督。

法律援助人员依法履行法律援助职责受法律保护。法律援助人员提供法律服务的形式，应当与其从业资格相适应。

第九条 司法机关、有关行政部门和仲裁机构应当在各自的职责范围内，支持并配合法律援助机构做好相关工作。

工会、共青团、妇联、残联等群团组织可以根据各自的工作特点，开展法律援助工作，并接受司法行政部门和法律援助机构的业务指导。

高等院校法学专业的教师、学生和其他具有法律专业知识或者专业特长的公民可以在法律援助机构注册，作为法律援助志愿者参加社会法律援助工作。

鼓励和支持其他社会团体、企业事业单位、社会组织和公民利用自身资源参与法律援助活动。

第十条 鼓励社会组织和公民为发展法律援助事业提供捐赠。捐赠人按照国家有关规定享受税收优惠政策。

法律援助机构应当建立专门账户，接收社会组织和公民对法律援助事业的捐赠。捐赠资金的使用情况应当向社会公开，并接受财政、审计、司法行政部门和捐赠人的监督。

第十一条 市和区（市）县人民政府以及司法行政部门应当对在法律援助工作中做出突出贡献的组织和个人给予表彰、奖励。

第二章 法律援助对象和范围

第十二条 公民有下列事项，因经济困难无力支付法律服务费用的，可以申请法律援助：

（一）依法请求国家赔偿或者行政补偿的；

（二）请求给予最低生活保障待遇的；

（三）请求发给抚恤金、救济金的；

（四）请求给付赡养费、抚养费、扶养费的；

（五）因劳动争议纠纷请求支付劳动报酬或者给付经济补偿金、赔偿金的；

（六）因家庭暴力、虐待、遗弃，合法权益受到侵害，请求司法保护的；

（七）因交通事故、工伤事故、医疗事故、食品安全事故、产品质量事故、环境污染事故以及其他人身伤害事故造成人身伤害请求赔偿的；

（八）请求刑事辩护和刑事法律帮助的；

（九）人民法院、人民检察院已经受理的申诉案件；

（十）其他法律、法规规定的法律援助事项。

第十三条 公民申请法律援助的经济困难标准，按照家庭成员人均收入不足居住地最低生活保障标准的二倍确定。

第十四条 公民因维护公共利益、公共安全等原因提起公益诉讼的，或者公民因实施见义勇为行为、实施志愿服务行为产生诉讼的，可以申请法律援助，不受本条例规定的经济困难标准的限制。

见义勇为行为的认定，依照国家、四川省和本市有关规定执行。

第十五条 公安机关、人民检察院、人民法院依法为犯罪嫌疑人、刑事被告人指定辩护的，人民法院通知法律援助机构为强制医疗被申请人或者被告人指派律师的，法律援助机构应当提供法律援助，无需进行经济状况审查。

第三章 法律援助申请和审查

第十六条 公民申请法律援助，应当由本人或者委托人按照下列规定提出：

（一）请求国家赔偿或者行政补偿的，请求给予最低生活保障待遇的，请求发给抚恤金、救济金的，向义务机关所在地的法律援助机构提出；

（二）请求给付赡养费、抚养费、扶养费的，请求支付劳动报酬或者请求给付经济补偿金、赔偿金的，向义务人住所地的法律援助机构提出；

（三）因家庭暴力、虐待、遗弃导致合法权益受到侵害的，请求司法保护、刑事辩护和刑事法律帮助的，向有管辖权的公安机关、人民检察院、人民法院所在地的法律援助机构提出；

（四）因交通事故、工伤事故、医疗事故、食品安全事故、产品质量事故、环境污染事故以及其他人身伤害事故造成人身伤害请求赔偿的，向侵权行为地、义务人住所地或者申请人居住地的法律援助机构提出；

（五）因维护公共利益、公共安全等原因提起公益诉讼的，因实施见义勇为行为、实施志愿服务行为产生诉讼的，向有管辖权的人民法院所在地或者申请人居住地的法律援助机构提出。

两个以上法律援助机构都有权受理申请的，申请人可以向其中一个法律援助机构提出。申请人就同一事项向两个以上法律援助机构提出申请的，由最先收到申请的法律援助机构受理。但是已经进入诉讼程序的，由案件受理机关所在地的法律援助机构受理。

第十七条 法律援助机构之间因法律援助事项受理发生争议的，由市司法行政部门依法指定受理。

区（市）县法律援助机构受理的疑难、复杂或者有重大影响的法律援助事项，可以移交市法律援助机构审查受理。

第十八条 公民申请法律援助应当采用书面形式。以书面形式提出确有困难的，可以口头申请，由法律援助机构工作人员作出书面记录，并由申请人签字或者按捺手印确认。

申请法律援助应当提交下列材料：

（一）身份证或者其他有效身份证明，如委托他人代理的，代理申请人还应当提交有代理权的证明；

（二）经济困难证明；

（三）与申请事项相关的材料；

（四）法律援助机构需要的其他材料。

第十九条 公民申请法律援助需要提交的经济困难证明，由其户籍所在地或者经常居住地的社区居民委员会或者村民委员会出具，并由镇（乡）人民政府或者街道办事处确认后加盖公章。

经济困难证明应当如实载明申请人家庭成员、就业状况、家庭人均收入等情况。

镇（乡）人民政府、街道办事处和社区居民委员会、村民委员会收到申请人要求出具经济困难证明的申请后，对符合条件的，应当在收到申请之日起三个工作日内出具证明。

第二十条 申请人能够证明有下列情形之一的，无需提供经济困难证明：

（一）农村“五保”供养对象和城乡优抚对象；

（二）享受最低生活保障待遇或者领取生活困难补助金的；

（三）在社会福利机构由政府供养的；

（四）重度残疾或者患有重大疾病且无固定生活来源的；

（五）在本市行政区域内务工的农民因请求支付劳动报酬或者工伤赔偿的；

（六）遭遇严重自然灾害、突发性事件或者其他不可抗力事故造成经济困难的；

（七）申请的法律援助事项已经获得人民法院司法救助的；

（八）法律、法规规定的其他情形。

第二十一条 有下列情形之一的，法律援助机构可以先行提供法律援助，再进行审查：

（一）诉讼、仲裁、行政复议时效即将届满的；

（二）应当立即采取财产保全措施的；

（三）因情况紧急，不及时处理可能引发严重后果的；

（四）其他特殊情况。

法律援助机构经审查发现先行提供法律援助的事项不符合法律援助条件的，可以终止法律援助。

第二十二条 在刑事诉讼中，公安机关、人民检察院、人民法院应当依法在规定的时间内告知犯罪嫌疑人、被告人或者自诉人及其法定代理人，如果经济困难可以向法律援助机构申请法律援助。

第二十三条 公安机关、人民检察院、人民法院在收到被羁押的犯罪嫌疑人或者被告人提出的法律援助申请后，应当在一个工作日内将申请转交有权受理的法律援助机构，并通知申请人的法定代理人、近亲属或者其委托的其他人员协助提供本条例第十八条规定的证明材料。

第二十四条 法律援助机构对符合法律援助条件，但不属于本机构受理范围的法律援助申请，应当告知申请人到有受理权的法律援助机构申请。

第二十五条 法律援助机构收到法律援助申请后，应当按照法律援助的规定进行审查，并在受理法律援助申请之日起三个工作日内作出是否提供法律援助的书面决定；不符合法律援助条件的，应当书面说明理由，并告之申请人享有向同级或者上一级司法行政部门提出异议的权利。

申请人提供的申请材料不齐全的，法律援助机构应当一次性告知申请人作出补充或者说明。申请人补充材料、作出说明的时间不计入决定期限内。

法律援助机构收到公安机关、人民检察院、人民法院转交的被羁押的犯罪嫌疑人、被告人的法律援助申请后，应当将审查决定及时函告办理案件的有关机关。

第四章　法律援助实施

第二十六条 法律援助机构决定提供法律援助的，应当在作出决定之日起三个工作日内指派法律援助人员。

第二十七条 法律援助主要采取下列形式：

（一）解答法律咨询、代拟法律文书；

（二）刑事辩护、刑事代理；

（三）民事、行政诉讼代理；

（四）行政复议代理、仲裁代理和其他非诉讼法律事务代理；

（五）法律、法规规定的其他法律援助形式。

第二十八条 由人民法院指定辩护的案件，人民法院应当在开庭十个工作日前，将指定辩护通知书和起诉书副本或者判决书副本、抗诉状副本、被告人的上诉状等材料送交其所在地的法律援助机构。

法律援助机构应当在人民法院开庭三个工作日前，将确定的法律援助人员名单告知作出指定的人民法院。

第二十九条 法律援助人员履行法律援助职责，应当依法维护受援人的合法权益，遵守职业道德和执业纪律，不得泄露受援人的隐私，不得向受援人及其亲属收取钱物或者谋取其他利益。

第三十条 受援人有权向法律援助机构或者法律援助人员了解为其提供法律援助事项的进展情况；有权要求法律援助机构以及法律援助人员和有关部门对其提供的个人信息予以保密。有事实证明法律援助人员不依法履行职责的，受援人有权申请法律援助机构更换人员。

受援人应当如实陈述与法律援助事项有关的情况，及时提供相关证据材料，协助、配合法律援助机构以及法律援助人员开展法律援助工作。受援人经济状况或者援助事项发生变化时，应当及时告知法律援助人员或者法律援助机构。

第三十一条 有下列情形之一的，法律援助人员应当向法律援助机构报告，法律援助机构应当作出终止法律援助的决定：

（一）以欺骗、隐瞒事实或者其他不正当手段获得法律援助的；

（二）受援人的经济状况发生变化或者其他原因，不再符合法律援助条件的；

（三）案件终止审理或者已被撤销的；

（四）受援人另行委托律师或者其他代理人的；

（五）受援人要求终止法律援助的；

（六）受援人要求法律援助人员为其非法目的提供法律服务的；

（七）受援人故意隐瞒与法律援助事项有关的情况，不配合法律援助人员工作的。

法律援助人员未经法律援助机构批准不得终止援助或者委托他人办理指派的法律援助事项。

第三十二条 法律援助案件办结十五日内，法律援助人员应当制作结案报告，并按照档案管理规定将法律援助过程中形成的法律文书、相关资料整理归档，提交法律援助机构。

法律援助机构收到前款规定的结案材料后，经审查合格的，应当在三十日内向法律援助人员支付办案补贴。

法律援助办案补贴的标准由市司法行政部门会同市财政部门，根据本市经济发展水平，参考法律援助机构办理各类法律援助案件的平均成本以及基本收费标准等因素核定，并可以根据需要调整。

第三十三条 司法行政部门应当建立健全法律援助质量监督管理制度，制定办理法律援助案件的服务质量标准，开展法律援助服务质量检查和评估，并将检查和评估结果依法公开。

司法行政部门、法律援助机构和律师协会等自律组织应当建立法律援助工作投诉查处制度，对受援人或者相关部门的投诉，应当依照有关规定在受理投诉之日起十个工作日内调查处理，并告之其查处结果。

第三十四条 法律援助机构决定提供法律援助的案件，经受援人申请，人民法院或者仲裁机构应当依照法律规定进行审查，结合案件具体情况作出缓交、减交、免交案件诉讼费、仲裁费的决定。

符合法律援助条件的公民申请公证事项的，公证机构应当依照法律规定减收或者免收公证费。

符合法律援助条件的公民申请司法鉴定、勘验、检测、评估的，相关机构应当依照有关规定缓收、减收或者免收应由其承担的鉴定费、勘验费、检测费、评估费。

司法机关和行政部门以及财政拨款的事业单位，对法律援助人员办理法律援助事项需要查阅、调取、复制档案资料、出具证明等所涉及的费用，应当予以免收。

第五章　法律责任

第三十五条　受援人通过虚假陈述或者提供虚假申请材料骗取法律援助的，法律援助机构应当终止法律援助，并责令其限期支付或者依法追收已实施法律援助过程中的费用。

第三十六条　违反本条例第十九条规定，镇（乡）人民政府、街道办事处或者社区居民委员会、村民委员会不按规定出具经济困难证明或者弄虚作假的，司法行政部门可以建议有关部门对直接负责的主管人员和其他直接责任人员给予处分。

第三十七条　违反本条例第二十九条规定，法律援助人员在工作中有违法违规行为的，司法行政部门和法律援助机构应当及时制止并责令改正；有违法所得的，由司法行政部门责令退还违法所得或者依法没收违法所得；情节严重或者拒不改正的，司法行政部门和律师协会等自律组织应当依法查处并及时作出处理。

第三十八条　法律援助人员无正当理由拒绝承办法律援助事项或者接受指派后擅自停止履行法律援助职责的，由司法行政部门责令改正，并可以给予警告处分；拒绝改正、情节严重的，依法给予行政处罚。

第三十九条　司法行政部门和法律援助机构的工作人员滥用职权、玩忽职守、徇私舞弊的，由司法行政部门或者监察部门给予行政处分；构成犯罪的，依法追究刑事责任。

第六章　附　则

第四十条　本条例自2012年3月1日起施行。

成都市节约用水管理条例

2008 年 6 月 20 日成都市第十五届人民代表大会常务委员会第四次会议通过，2008 年 9 月 25 日四川省第十一届人民代表大会常务委员会第五次会议批准；

根据 2015 年 6 月 26 日成都市第十六届人民代表大会常务委员会第十六次会议通过，2015 年 9 月 25 日四川省第十二届人民代表大会常务委员会第十八次会议批准的《成都市人民代表大会常务委员会关于修改〈成都市节约用水管理条例〉的决定》修正。

第一章　总　则

第一条　为了合理利用、节约和保护水资源，建设节水型社会，保障经济社会的可持续发展，根据《中华人民共和国水法》等有关法律、法规，结合成都市实际，制定本条例。

第二条　在本市行政区域内从事取水、供水、用水及相关活动的，应当遵守本条例。

第三条　本市实行计划用水和厉行节约用水，遵循节水优先、统筹规划、合理开发、科学控制、综合利用、持续高效的原则。

第四条　市和区（市）县水行政主管部门应当编制节约用水规划，经同级人民政府批准后组织实施。

第五条　市水行政主管部门负责全市的节约用水管理工作；市城市节约用水管理机构负责锦江、青羊、金牛、武侯、成华五城区行政区域内节约用水的管理工作。

其他区（市）县水行政主管部门负责本行政区域内的节约用水管理工作。

市和区（市）县人民政府有关部门在职责范围内，协同水行政主管部门做好节约用水工作。

第六条 市和区（市）县人民政府应当鼓励和支持节约用水科学技术研究，推广再生水、雨水利用等节水先进技术，发展节水型工业、农业和服务业，建设节水型社会。

任何单位和个人均负有节约用水义务，对违反本条例的行为有权予以劝阻、制止和举报。

第七条 市和区（市）县人民政府、水行政主管部门应当对在节约用水工作中做出突出成绩的单位和个人给予表彰和奖励。

第八条 市和区（市）县人民政府以及有关部门应当广泛开展节约用水宣传和教育活动，普及节水知识，提高全民节约用水意识。

第二章　城镇节约用水管理

第九条 节约用水实行居民用户和非居民用户分类管理。

非居民用户实行计划用水管理，对超计划部分实行累进加价收费。

禁止居民用户和非居民用户擅自改变用水性质。

第十条 市和区（市）县水行政主管部门应当会同相关部门根据下列情况制定用水计划：

（一）年度公共供水量；

（二）行业用水定额以及相应的产业政策；

（三）用户的合理用水水平和发展需求；

（四）水量平衡测试数据。

第十一条 市和区（市）县水行政主管部门应当在本年度末下达下一年度的用水计划，并负责监督和考核。

非居民用户应当与节约用水管理机构签订用水计划执行责任书，并严格执行用水计划。需要调整用水计划的，应当向水行政主管部门申报。

第十二条 非居民用户应当按照下达的用水计划用水。对超出计划的用水量，除按实际用水量交纳水费外，由水行政主管部门根据其实际执行的水价标准，实行下列超计划部分累进加价收费：

（一）超计划用水10%（不含10%）以下的，超计划部分用水水费加价1倍；

（二）超计划用水10%—30%（不含30%）的，超计划部分用水水费加价2倍；

（三）超计划用水30%以上的，超计划部分用水水费加价3倍。

第十三条 超计划加价收费部分纳入政府非税收入管理，实行收支两条线，专款专用。

第十四条 非居民用户应当每三年定期进行一次水量平衡测试。因生产技术、工艺流程和规模等发生变化的，应当及时进行新的水量平衡测试，并将测试结果报水行政主管部门备案。

第十五条 新建、扩建、改建项目应当配套建设节水设施、设备，使用节水器具，并与主体工程同时设计、同时施工、同时投产使用。

新建、扩建、改建项目，设计文件应当包括节水型用水设施、设备和器具的内容。

年设计用水量3万立方米以上（含3万立方米）的项目，节水方案应当报水行政主管部门备案。

项目建设单位和施工单位应当严格按照设计要求进行施工。水行政主管部门应当对节水型用水设施、设备建设情况进行现场抽查和监督。

建设项目竣工验收应当包括节水型用水设施、设备和器具的内容。建设项目的节水设施、设备和器具验收不合格的，不得投入使用。

第十六条 禁止在本市范围内生产、销售国家明令淘汰的用水设施、设备和器具。

新建、扩建、改建项目应当配套安装经法定机构检验合格的用水计量器具，不得使用国家明令淘汰的用水设施、设备和器具。

已建项目使用国家明令淘汰的用水设施、设备和器具的，应当逐步进行更换。

第十七条 非居民用户不得擅自停用节水设施、设备和器具，定期实行管网测漏，防止用水设施漏损。

第十八条 市和区（市）县人民政府应当鼓励单位和个人建设雨水收集利用设施，提倡一水多用，开展再生水利用。

第十九条 加强地下水资源管理，严禁擅自开采地下水和自建设施取水，确需开采地下水和自建设施取水的，应当经过科学论证，并依法办理取水许可手续。所取水量一并纳入该单位用水计划管理。但农村家庭生活和零星散养、圈养畜禽饮用等少量取水的除外。

第二十条 工业企业应当进行用水单耗考核，采用先进节水技术、工艺，减少用水消耗，降低单位产品用水量，提高工业用水重复利用率，减少污水排放量；不得直接排放间接冷却水。

对于工业用水重复利用率达不到国家和地方规定标准的工业企业，不得增加用水计划指标，不得批准新建自备取水设施。

第二十一条 经批准从事洗车业务的，应当采用节水洗车技术，安装使用循环用水洗车设备，使用节水器具。

洗浴场所、高尔夫球场、游泳场馆、水上娱乐场所和大型景观用水等应当安装使用节水设施、设备和器具。

第二十二条 供水企业和自建设施供水的单位，应当加强供水设施的维护和管理，降低输水的漏损率，提高供水效率。

供水企业应当定期向水行政主管部门提供用户的准确用水水量。

第三章 农业节约用水管理

第二十三条 市和区（市）县人民政府应当加大财政投入，支持节水农业设施和雨水集蓄利用设施建设。综合运用工程措施、农耕农艺措施，发展节水高效农业。

第二十四条 市和区（市）县有关行政主管部门应当积极培育和发展农业用水者协会等民间用水组织，充分发挥其在农业节水中民主决策、民主管理、民主监督的作用。

第二十五条 市和区（市）县有关行政主管部门应当推进农业节水社会化服务体系建设，加强节水技术推广，提高农业用水效率。

第二十六条 市和区（市）县人民政府及相关部门应当积极推行节水灌溉方式，因地制宜地推广节水灌溉技术，减少灌溉水损失，提高水的有效利用率。

第二十七条 新建水利工程应当充分利用天然降水，合理配置地表水、地下水，提高水资源的利用效率。

第二十八条 对于有农业用水功能的水利工程，在农业蓄水、用水期间，禁止自行进行下列行为：

（一）影响农业用水的降水挖藕、捕鱼等作业；

（二）影响农业正常用水的发电、游乐等作业。

第四章 法律责任

第二十九条 建设项目的节水设施没有建成或者建成后没有达到国家规定擅自投入使用的，由水行政主管部门责令停止使用，限期改正，并处以5万元以上10万元以下的罚款。

第三十条 非居民用户未按规定缴纳超计划加价收费的，由水行政主管部门责令其限期缴纳，逾期仍不缴纳的，处超计划加价收费1倍以上3倍以下的罚款，并从欠缴之日起按日加收5‰的滞纳金。

第三十一条 违反本条例第九条第三款规定的，由水行政主管部门责令限期改正，可以并处100元以上1000元以下的罚款。

第三十二条 违反本条例第十四条规定的，由水行政主管部门责令限期改正，可以并处5000元以上2万元以下的罚款。

第三十三条 违反本条例第十六条第一款规定，违法生产、销售国家明令淘汰的用水设施、设备和器具的，由有关部门依照相关法律法规的规定予以处罚。

违反本条例第十六条第二款规定，在新建、扩建、改建项目中使用国家明令淘汰的用水设施、设备和器具的，由水行政主管部门责令停止使用，限期改正，并按每件（套）处以200元以上500元以下的罚款。

第三十四条 违反本条例规定，有下列行为之一的，由水行政主管部门责令限期改正，并处以5000元以上2万元以下的罚款，情节严重的经县级以上人民政府批准后，可限制其用水量：

（一）非居民用户未按照用水计划执行责任书履行节水义务的；

（二）非居民用户未按规定进行供用水管网测漏的；

（三）非居民用户擅自停用节水设施、设备和器具的；

（四）工业企业直接排放间接冷却水的；

（五）非居民用户供水、用水管道和设施有漏损情况，未及时进行维修造成水量浪费的；

（六）从事洗车业务，未按规定采用节水洗车技术、安装使用循环用水洗车设备或者使用节水器具的；

（七）洗浴场所、高尔夫球场、游泳场馆、水上娱乐场所和大型景观用水等未按规定安装使用节水设施、设备和器具的。

第三十五条 违反本条例第十九条规定，擅自开采地下水或者自建设施取水的，由水行政主管部门责令停止使用，限期改正，并处以2万元以上10万元以下的罚款。

第三十六条 供水企业未定期向水行政主管部门提供非居民用户的准确抄表水量的，由水行政主管部门责令限期改正，可以并处1000元以上5000元以下的罚款。

第三十七条 违反本条例第二十八条规定的单位和个人，由水行政主管部门责令限期改正，可以对单位并处5000元以上2万元以下的罚款；可以对个人并处100元以上500元以下的罚款。

第三十八条 市和区（市）县水行政主管部门以及有关部门不按照本条例规定履行职责的，对直接负责的主管人员和直接责任人员依法给予行政处分。

市和区（市）县水行政主管部门以及有关部门工作人员滥用职权、徇私舞弊、玩忽职守的，由所在单位或者监察部门依法给予行政处分；构成犯罪的，依法追究刑事责任。

第五章　附　则

第三十九条　本条例所称居民用户，是指在居住场所因日常生活需要发生用水行为的居民用户。

本条例所称非居民用户，是指生产、经营、科研、教学、管理等过程中发生用水行为的单位用户。

第四十条　本条例自 2009 年 1 月 1 日起施行。

成都市宗教活动场所管理规定

2006年6月8日成都市第十四届人民代表大会常务委员会第二十五次会议通过，2006年9月28日四川省第十届人民代表大会常务委员会第二十三次会议批准；

根据2015年6月26日成都市第十六届人民代表大会常务委员会第十六次会议通过，2015年9月25日四川省第十二届人民代表大会常务委员会第十八次会议批准的《成都市人民代表大会常务委员会关于修改〈成都市宗教活动场所管理规定〉的决定》修正。

第一条 为了保护宗教活动场所的合法权益，维护正常的宗教活动秩序，根据有关法律、法规，结合成都市实际，制定本规定。

第二条 本规定所称宗教活动场所，是指在本市行政区域内依法登记并开展宗教活动的寺院、宫观、清真寺、教堂及其他固定宗教活动处所。

第三条 市和区（市）县人民政府宗教事务部门依法负责本行政区域内的宗教活动场所行政管理工作，组织实施本规定。

市和区（市）县人民政府有关部门在各自职责范围内依法负责有关的行政管理工作。

第四条 筹备设立宗教活动场所和经批准筹备建设完工后申请登记，按照有关法规、规章的规定办理。

任何组织和个人不得擅自设立宗教活动场所。

宗教活动场所应当接受人民政府宗教事务部门的监督检查。

第五条 宗教活动场所合并、分立、终止或者变更登记内容，该场所的管理组织应当到原登记发证机关办理变更手续。

第六条 依法设立登记的宗教活动场所的合法权益受法律保护，任何组织和个人不得侵犯和干预。

宗教活动场所应当坚持独立自主、自办教务的原则。

第七条 宗教活动场所实行民主管理。

管理组织一般由本场所宗教教职人员或者符合本宗教规定的主持宗教活动的其他人员和信教公民代表等人员组成，其成员应当具备下列条件：

（一）热爱祖国，拥护中国共产党的领导和社会主义制度；

（二）遵守宪法、法律、法规；

（三）遵守本宗教的教规教仪和宗教活动场所制定的各项规章制度；

（四）具有一定的宗教学识和组织管理能力；

（五）热心承担宗教活动场所的事务。

管理组织成员在相应宗教团体的业务指导下经民主协商推选产生，并报该场所的登记管理机关备案。

第八条 在宗教活动场所内进行正常的宗教活动受法律保护，任何组织和个人不得干涉。宗教教职人员和信教公民不得在宗教活动场所以外布道、传教或者散发宗教宣传品。

宗教活动场所管理组织应信教公民的请求，可以根据宗教习惯，提供宗教礼仪性服务。

第九条 在宗教活动场所进行宗教活动，应当遵守法律、法规。任何人不得利用宗教活动场所进行破坏国家统一、民族团结、社会稳定，损害公民身体健康或者妨碍国家教育制度的活动。

在宗教活动场所内不得进行算命、看相、驱鬼等活动。

第十条 宗教活动场所进行宗教活动，应当由宗教教职人员主持，非宗教教职人员不得擅自主持宗教活动。

宗教活动场所在场所内举办大型宗教活动的，应当在三十日前报其登记的人民政府宗教事务部门批准。举办跨行政区域大型宗教活动的，应当按照相关规定报批。

第十一条 宗教活动场所宗教教职人员由各宗教团体按各教规定认定，并报县级以上人民政府宗教事务部门备案。

第十二条　宗教活动场所的宗教教职人员应邀到外地主持宗教活动或者邀请外地宗教教职人员到成都市主持宗教活动，应当经宗教团体同意，并报市或者区（市）县人民政府宗教事务部门备案；同境外宗教界交往，按国家有关规定办理。

第十三条　宗教活动场所可以按照宗教习惯接受公民自愿捐献的布施、奉献、乜贴。任何组织或者个人不得在宗教活动场所以外设置“功德箱”、“奉献箱”、“乜贴箱”等收取财物、捐挂功德。

宗教活动场所接受境外团体和个人的捐赠，按照国家有关规定办理。

第十四条　在宗教活动场所内，宗教活动场所管理组织可以按照国家有关规定经营销售宗教用品、宗教艺术品和宗教书刊、音像制品。

第十五条　宗教活动场所的合法财产由该场所管理组织管理和使用，其他任何组织和个人不得占有或者无偿调用。

宗教活动场所应当实行民主理财，建立健全财务管理制度；任何组织和个人不得挪用或者侵占宗教活动场所的合法财产。

第十六条　宗教活动场所合法所有或者使用的房屋、土地、园林等，由该场所的管理组织按照国家有关规定领取权益证书。

因公共利益需要征收、征用宗教活动场所的建（构）筑物、园林等，应当按照法律、法规的有关规定办理。

第十七条　改建、扩建宗教活动场所或者在场所内改建、新建建（构）筑物的，应当符合城乡规划，涉及风景名胜区的应当符合风景名胜区相关管理规定，并报市或者区（市）县宗教事务部门同意，属于文物保护单位的，应当征得文物管理部门的同意。

第十八条　被列为文物保护单位或者位于风景名胜区内的宗教活动场所，应当按照有关法律、法规的规定，管理、保护文物和保护环境，并接受有关部门的指导、监督。

第十九条　宗教活动场所应当按国家户籍管理规定，建立常住人员和暂住人员的申报管理制度，接受户籍管理机关的监督、检查。

第二十条　宗教活动场所应当建立健全消防、治安、食品安全、卫生防疫等管理制度，并接受人民政府相关部门的监督检查和指导，防止事故和灾害的发生。

第二十一条 外事、旅游、经贸、教育、文化、体育及其他部门接待的境外人士到宗教活动场所参观，应当遵守宗教活动场所的管理制度；对需要安排其他活动的，接待部门应当事先征求市或者区（市）县人民政府宗教事务部门的意见。

第二十二条 外国人、侨居国外的中国公民和港、澳、台同胞在本市行政区域内的宗教活动场所进行宗教活动和新闻采访，按照国家有关规定办理。

第二十三条 违反本规定，侵犯宗教活动场所合法权益的，依法承担民事责任；构成犯罪的，依法追究刑事责任。

第二十四条 宗教活动场所违反本规定的，由市或者区（市）县人民政府宗教事务部门依法给予行政处罚；情节严重的，由区（市）县人民政府宗教事务部门撤销该宗教活动场所的登记。

第二十五条 违反本规定，在宗教活动场所以外设“功德箱”等收取财物、捐挂功德的，由市或者区（市）县人民政府宗教事务部门责令其限期改正，并没收违法所得；情节严重的，可以并处违法所得一倍以上三倍以下的罚款。

第二十六条 违反本规定，擅自设立宗教活动场所的，由市或者区（市）县人民政府宗教事务部门予以取缔，有违法所得的，没收违法所得；违法房屋、构筑物，由建设行政主管部门依法处理。

第二十七条 违反本规定，有违反治安管理行为的，由公安机关依法给予治安管理处罚；构成犯罪的，依法追究刑事责任。

第二十八条 本规定自2007年1月1日起施行。1995年7月26日成都市第十二届人民代表大会常务委员会第十二次会议通过，1995年12月20日四川省第八届人民代表大会常务委员会第十八次会议批准的《成都市宗教活动场所管理办法》同时废止。

成都市爱国卫生管理规定

2015年6月26日成都市第十六届人民代表大会常务委员会第十六次会议通过，2015年9月25日四川省第十二届人民代表大会常务委员会第十八次会议批准。

第一条 为了加强爱国卫生工作，预防和减少疾病，保障公民身体健康，创造和保持整洁、优美、文明的城乡人居环境，促进经济社会可持续发展，根据国务院《公共场所卫生管理条例》等法律、法规，结合成都市实际，制定本规定。

第二条 本市行政区域内的任何单位和个人应当遵守本规定。

任何单位和个人均有义务参加爱国卫生活动，有权对违反本规定的行为予以举报。

第三条 本规定所称爱国卫生，是指政府领导，全社会参与，旨在强化社会卫生意识，改善城乡卫生条件，控制和消除危害健康因素，提高环境卫生质量、生活卫生质量和人民健康水平的群众性卫生活动。

第四条 爱国卫生工作实行政府组织、部门协作、全民参与、属地管理、科学治理、社会监督的原则。

第五条 市和区（市）县人民政府应当把爱国卫生工作纳入国民经济和社会发展规划，加强环境保护和卫生基础设施建设，使环境卫生质量、生活卫生质量的改善和提高与经济建设协调发展。

第六条 市和区（市）县爱国卫生运动委员会（以下简称爱卫会），负责组织、协调、指导、检查本行政区域内的爱国卫生工作。

市和区（市）县卫生行政主管部门具体负责本行政区域内的爱国卫生工作；教育、财政、环境保护、建设、交通运输、水务、商务、工商、房管、城管等部门，按照各自的职责共同做好爱国卫生工作。

乡（镇）人民政府、街道办事处、企业事业单位、居（村）民委员会根据工作需要确定人员，负责爱国卫生工作。

第七条 市和区（市）县爱卫会经同级人民政府批准，可以聘任爱国卫生监督员，负责具体实施爱国卫生监督检查工作，具体办法由市人民政府另行规定。

区（市）县爱卫会可以在有关单位聘任爱国卫生检查员，负责爱卫会委托的爱国卫生检查工作，其聘任条件、办法和工作职责由市爱卫会规定。

各单位应当落实爱国卫生工作责任制，并接受所在地区（市）县爱卫会组织的检查考核。

第八条 每年四月为本市爱国卫生月，集中开展爱国卫生活动。每年元旦、春节、五一、国庆等重大节假日期间，各地应当集中开展节前和节日期间环境卫生整治活动。

第九条 各单位应当采取多种形式普及科学卫生知识，提高健康教育普及率，增强城乡居民的健康意识和自我保健能力。

中、小学校应当开设健康教育课程，学前教育机构应当进行卫生常识教育，培养健康良好的行为习惯。

第十条 报刊、广播、电视、新闻网站等媒体应当采用多种形式对卫生、健康、防病知识进行宣传报道，制作、刊登、播出维护和改善卫生环境、预防和减少疾病的公益广告，促进卫生防病工作的有效开展。

第十一条 国家机关、企业事业单位应当对本单位职工进行健康教育与健康促进、组织健康检查，减少和控制职业伤害、职业病以及其他相关疾病发生。

第十二条 市和区（市）县人民政府应当加强病媒生物防治工作，建立完善病媒生物防治组织网络和病媒生物密度监测体系。发生传染病疫情、突发公共卫生事件和自然灾害时，市和区（市）县人民政府应当动员公众参与爱国卫生工作，落实联防联控、群防群治的具体措施，预防和减少疾病的发生。

乡（镇）人民政府、街道办事处应当采取综合防治措施，定期组织开展病媒生物防治活动。单位、个人应当配合实施，使病媒生物的密度控制在国家规定的标准以内。疾病预防控制机构应当加强对老鼠、苍蝇、蚊子、蟑螂等病媒生物密度的监测，提供预防控制技术指导，并对预防控制效果进行评价。

第十三条 医疗卫生机构、学校、宾馆、饭店、单位食堂等人员聚集场所，粮库、农贸市场、食品生产经营场所、建筑工地、建筑物管线、市政管井、下水道系统、公共厕所、废品收购站、垃圾中转站、垃圾处理场等易孳生病媒生物场所的经营管理人，应当建立健全病媒生物预防控制制度，设置病媒生物预防控制设施，落实专人负责病媒生物预防控制工作。

物业服务企业应当按照物业服务合同的约定，对其管理区域内公共场所、公用设施的病媒生物实施预防控制。

第十四条 病媒生物消杀药物的生产、经营、储存、使用，应当符合农药管理、危险化学品安全管理等有关规定。

第十五条 违反本规定第十二条第二款规定，单位和个人不配合开展或者不参与杀灭病媒生物活动，病媒生物密度超过国家规定标准的，由区（市）县卫生行政主管部门责令限期改正，逾期不改正的，对单位处以一千元以上五千元以下罚款，对个人处以五十元以上二百元以下罚款。

第十六条 本规定自2015年12月1日起施行。1996年5月23日成都市第十二届人民代表大会常务委员会第八次会议通过，1996年10月14日四川省第八届人民代表大会常务委员会第二十三次会议批准的《成都市爱国卫生管理条例》同时废止。

成都市古树名木保护管理规定

2008 年 2 月 28 日成都市第十五届人民代表大会常务委员会第二次会议通过，2008 年 5 月 21 日四川省第十一届人民代表大会常务委员会第三次会议批准；

根据 2015 年 4 月 28 日成都市第十六届人民代表大会常务委员会第十五次会议通过，2015 年 7 月 22 日四川省第十二届人民代表大会常务委员会第十七次会议批准的《成都市人民代表大会常务委员会关于修改〈成都市古树名木保护管理规定〉的决定》修正。

第一条 为了加强对古树名木的保护管理，维护历史文化名城的风貌，根据《中华人民共和国物权法》、《中华人民共和国森林法》、国务院《城市绿化条例》等法律、法规，结合成都市实际，制定本规定。

第二条 本规定所称古树，是指树龄在 100 年以上的树木；所称名木，是指珍贵、稀有或者具有历史价值、重要纪念意义、特殊价值的树木。

古树名木由市或者区（市）县古树名木行政主管部门组织专家确认，经市古树名木行政主管部门审查汇总后，报市人民政府公布。

古树名木属于私人所有的，应当在公布为古树名木前告知所有权人，并给予适当补偿。

第三条 本规定适用于本市行政区划范围内古树名木的保护管理活动。

第四条 市林业和园林行政主管部门负责全市古树名木的保护管理工作；区（市）县林业和园林行政主管部门或者区（市）县人民政府确定的行政主管部门负责其辖区内古树名木的保护管理工作。

前款规定部门统称“古树名木行政主管部门”。

第五条 古树名木是国家保护性自然资源，任何单位和个人都有保护古树名木及其附属设施的义务；对损害、损坏古树名木及其附属设施的行为，有权制止、检举和控告。

本市鼓励单位和个人捐资保护或者认养古树名木。捐资人、认养人可以根据捐资保护或者认养约定在古树名木标牌中享有一定期限的署名权。

第六条 市和区（市）县人民政府应当每年安排专项资金用于古树名木的保护管理工作。

第七条 古树名木行政主管部门对其辖区内的古树名木履行下列管理职责：

（一）进行调查登记、鉴定分级、建立档案、设置标志；

（二）定期对古树名木生长和管护情况进行监督和检查；

（三）对管护责任人予以管护技术指导；

（四）加强对古树名木保护的科学研究，推广应用科学研究成果；

（五）根据古树名木生长需要，划定古树名木保护范围，将保护档案送规划行政主管部门备案，并向社会公布信息；

（六）法律、法规、规章规定的其他保护管理职责。

第八条 古树名木的管护责任人按照下列规定确定：

（一）国家机关、部队、学校、社会团体、企事业单位和封闭式公园、风景名胜区、寺庙等用地范围内的，由所在单位负责；

（二）开放式公园、公共绿地、广场、城镇公共道路用地范围内的，由建设管理责任单位负责；

（三）铁路、公路、河堤用地范围内的，分别由铁路、公路、河道管理部门负责；

（四）住宅小区、居民院落内的，由物业服务企业或者其他管理人负责。未选聘物业服务企业或者其他管理人的，由当地社区居民委员会负责；

（五）农村集体土地上的，由土地承包经营权人、宅基地使用权人负责；尚未确定土地使用权的，由村（居）民委员会负责。

第九条 古树名木管护责任人应当与古树名木行政主管部门签订管护责任书，并履行下列管护职责：

（一）确定或者委托专门人员负责管护；

（二）按照技术规范管护古树名木；

（三）古树名木长势衰弱或濒危时，及时报告古树名木行政主管部门，并按照古树名木行政主管部门的要求进行治理和复壮。

管护责任人发生变更的，应当向古树名木行政主管部门办理管护责任转移手续。

第十条 古树名木的抢救、复壮费用由国家承担。

第十一条 古树名木死亡，管护责任人应当及时报告古树名木行政主管部门。古树名木行政主管部门确认并查明原因、确定责任后，予以注销。危及安全确需采伐的，应当按法定程序报批，经批准后方可处理。

第十二条 禁止从事下列损害、损坏古树名木及其附属设施的行为：

（一）在树冠垂直投影内挖坑取土、动用明火、排放废气、倾倒污水污物、堆物、封砌地面；

（二）在树冠外侧五米内新建建（构）筑物或者在树冠外侧三米内埋设地下管线；

（三）攀树、折枝、剥损树皮；

（四）损坏古树名木附属设施；

（五）借用树干做支撑物或者倚树搭棚；

（六）刻划、钉钉、拴绳挂物；

（七）其他损害行为。

第十三条 建设项目涉及古树名木的，建设单位应当制定避让或者保护方案，并按照避让或者保护方案做好古树名木保护工作。

第十四条 对于影响、危害古树名木正常生长的生产、经营、生活设施和建筑物，由古树名木行政主管部门责令所有权人或者实际管理人限期采取措施，消除影响和危害。

第十五条 禁止砍伐、擅自移植古树名木。

因公共利益需要确需移植古树名木的，应当报经古树名木行政主管部门审查同意，并制订移植保护方案后，报同级人民政府批准。区（市）县人民政府批准的，批准机关应当报市人民政府备案。

移植三百年以上和特别珍贵稀有或者具有重要历史价值和纪念意义的古

树名木，应经省建设、林业行政主管部门审核同意后，报省人民政府批准。

第十六条 违反本规定，侵害古树名木，造成损失的，应当依法承担损害赔偿责任。

第十七条 违反本规定第九条第一款第（二）、（三）项规定，拒不按照技术规范管护古树名木或者拒不履行报告义务的，由古树名木行政主管部门责令限期改正；造成古树名木损害的，处以每株五百元以上二千元以下罚款；造成古树名木死亡的，处以每株一万元以上三万元以下罚款。

第十八条 违反本规定第十一条规定，擅自处理死亡古树名木的，由古树名木行政主管部门处以每株二千元以上一万元以下罚款；有违法所得的，没收违法所得。

第十九条 违反本规定第十二条规定，损害、损坏古树名木及其附属设施的，由古树名木行政主管部门限期改正，并按照下列规定处以罚款：

（一）对古树名木损害较轻的，处以每株二百元以上一千元以下罚款；

（二）损害古树名木枝干或者根系的，处以每株二千元以上一万元以下罚款；

（三）造成古树名木死亡的，处以每株一万元以上五万元以下罚款。

第二十条 违反本规定第十三条、第十四条规定侵害古树名木的，由古树名木行政主管部门责令限期改正，并按照本规定第十九条的规定予以处罚。

第二十一条 违反本规定第十五条规定，砍伐或者擅自移植古树名木的，由古树名木行政主管部门按照《四川省城市园林绿化条例》或《四川省绿化条例》的相关规定处罚。

第二十二条 古树名木行政主管部门的工作人员玩忽职守、滥用职权、徇私舞弊的，由其所在单位或者上级主管部门给予行政处分；构成犯罪的，依法追究刑事责任。

第二十三条 本规定自2008年8月1日起施行。1999年4月15日成都市第十三届人民代表大会常务委员会第七次会议通过，1999年6月1日四川省第九届人民代表大会常务委员会第九次会议批准的《成都市古树名木保护管理条例》同时废止。

成都市清真食品管理规定

2004年8月26日成都市第十四届人民代表大会常务委员会第九次会议通过，2004年11月30日四川省第十届人民代表大会常务委员会第十二次会议批准；

根据2015年2月26日成都市第十六届人民代表大会常务委员会第十四次会议通过，2015年7月22日四川省第十二届人民代表大会常务委员会第十七次会议批准的《关于修改〈成都市清真食品管理规定〉的决定》修正。

第一条 为了规范清真食品生产、经营活动，尊重食用清真食品的少数民族的风俗习惯，保障食用清真食品的少数民族的合法权益，维护民族团结，根据有关法律、法规，结合本市实际，制定本规定。

第二条 本规定所称清真食品，是指以清真名义并按照回族等食用清真食品的少数民族风俗习惯和工艺要求生产、经营的食品。

第三条 凡在本市行政区域内从事清真食品生产、经营活动的企业和个体工商户（以下简称经营者），应当遵守本规定。

第四条 市和区（市）县民族事务行政主管部门负责本规定的组织实施；市和区（市）县食药、工商、卫生、农业、质监、价格、公安等行政主管部门依照各自职责协同实施本规定。

第五条 生产、经营清真食品的，应当具备下列条件：

（一）企业的主要经营管理者中至少有一名是食用清真食品的少数民族人员，企业的采购、制作、仓库管理、屠宰等主要岗位的从业人员当中有一定比例的食用清真食品的少数民族人员，个体工商户的业主是食用清真食品的少数民族人员；

（二）用于生产、加工清真食品的原辅料或者制成品以及牛、羊等畜禽的屠宰，应当符合食用清真食品的少数民族风俗习惯；

（三）用于生产、加工、计量、包装、贮存、运输、销售清真食品的用具、器皿、设备等以及生产、经营场地应当保证专用；

（四）在非专营清真食品的区域内，清真食品的摊位、柜台应当与清真禁忌食品或者物品的摊位、柜台保持适当距离或者设置明显有效的隔离设施；

（五）清真食品的生产、加工、包装、标签、产品说明书和广告宣传等制作的图案、字样、内容应当符合食用清真食品的少数民族风俗习惯；

（六）法律、法规规定的其他条件。

前款第一项规定中的食用清真食品的少数民族从业人员比例，由区（市）县民族事务行政主管部门根据清真食品产品的性质和生产经营规模具体确定。

第六条 申请从事清真食品生产、经营的，应当向区（市）县民族事务行政主管部门申请清真食品登记。

第七条 申请清真食品登记应当具备本规定第五条规定的条件，并提供下列文件和资料：

（一）清真食品登记申请；

（二）工商营业执照和食品生产、食品流通或者餐饮服务许可证复印件，并查验原件；

（三）法定代表人、负责人照片、身份证复印件；

（四）食用清真食品的少数民族人员工作岗位及所占比例情况；

（五）清真食品管理制度。

清真食品生产、加工企业除提供前款所列材料外，还应当提供拟生产产品的包装、标签、说明书的式样。

第八条 区（市）县民族事务行政主管部门应当在收到经营者齐备的申请材料之日起十个工作日内，对符合规定条件的发给清真食品登记证；对不符合条件的应当书面说明理由。

第九条 经营者依法取得清真食品登记证后，方可从事清真食品生产、经营活动。

未依法取得清真食品登记证的经营者，不得以清真名义从事生产经营；

不得使用有清真字样、都阿或者清真寺图案等具有清真食品含义的产品包装、标签、店堂装饰等。

第十条 清真食品登记证由市民族事务行政主管部门负责统一制作，任何单位和个人不得伪造、转让、出租。

第十一条 经营者应当在生产、经营场地醒目位置，悬挂或者放置清真食品登记证。

第十二条 经营者改变名称、生产经营场所、法定代表人或者负责人的，应当在依法办理工商变更登记后三十日内，到原清真食品登记发证机关办理变更登记手续。

区（市）县民族事务行政主管部门应当在收到变更申请之日起五个工作日内，对符合规定条件的办理变更登记；对不符合条件的应当书面说明理由。

经营者被依法注销、吊销营业执照的，由原清真食品登记发证机关注销清真食品登记证。

领取清真食品登记证的生产经营者应当在每年的第一季度内向登记机关书面报送年度生产经营情况。领取清真食品登记证后，连续[illegible]年未从事生产经营活动或者未在规定时间内向登记机关书面报送年度生产经营情况的，原登记机关应当注销登记证，并予以公告。

第十三条 清真食品生产经营者违反本规定第五条第一款规定的，由区（市）县民族事务行政主管部门责令限期改正，给予警告，并处以二百元以上一千元以下的罚款；拒不改正或者情节严重的，吊销清真食品登记证。

第十四条 未取得食品生产经营许可，从事本规定第九条规定行为的，由食药、工商、质监等行政主管部门按照食品安全管理法律、法规的规定处理。

未取得清真食品登记证的食品生产经营者违反本规定第九条规定的，由区（市）县民族事务行政主管部门责令停止生产、经营，没收违法所得，并处以违法所得一倍以上三倍以下罚款；没有违法所得的，对企业处以三千元以上一万元以下的罚款，对个体工商户处以五百元以上二千元以下的罚款。

第十五条 清真食品生产经营者违反本规定第十条规定，转让或者出租清真食品登记证的，由区（市）县民族事务行政主管部门责令吊销清真食品登记证，没收违法所得，并处以违法所得一倍以上三倍以下罚款；没有违法所得的，对企业处以三千元以上一万元以下的罚款，对个体工商户处以五百元以上二千元以下的罚款。

清真食品生产经营者违反本规定第十一条规定的，责令改正，并处以一百元以上五百元以下的罚款；拒不改正的，吊销清真食品登记证。

第十六条 清真食品行政管理部门工作人员滥用职权、玩忽职守、徇私舞弊的，视其情节，由所在单位或者行政监察部门给予批评、行政处分；构成犯罪的，依法追究刑事责任。

第十七条 本规定自 2005 年 5 月 1 日起施行。

成都市《中华人民共和国渔业法》实施办法

1989年8月18日成都市第十一届人民代表大会常务委员会第六次会议通过，1990年1月16日四川省第七届人民代表大会常务委员会第十三次会议批准；

根据2002年10月17日成都市第十三届人民代表大会常务委员会第三十一次会议通过，2002年11月30日四川省第九届人民代表大会常务委员会第三十二次会议批准的《成都市人民代表大会常务委员会关于修改〈成都市《中华人民共和国渔业法》实施办法〉的决定》第一次修正；

根据2006年6月8日成都市第十四届人民代表大会常务委员会第二十五次会议通，2006年9月28日四川省第十届人民代表大会常务委员会第二十三次会议批准的《成都市人民代表大会常务委员会关于修改〈成都市《中华人民共和国渔业法》实施办法〉的决定》第二次修正；

根据2015年4月28日成都市第十六届人民代表大会常务委员会第十五次会议通过，2015年7月22日四川省第十二届人民代表大会常务委员会第十七次会议批准的《成都市人民代表大会常务委员会关于修改〈成都市《中华人民共和国渔业法》实施办法〉的决定》第三次修正。

第一章　总　则

第一条　为了保护、增殖、开发和合理利用渔业资源，促进渔业生产的发展，维护公民、法人和其他组织的合法权益，根据《中华人民共和国渔业法》和《四川省〈中华人民共和国渔业法〉实施办法》，结合成都市实际，制定本实施办法。

第二条　凡在本市行政区域内的一切水域（含宜渔稻田）、滩涂从事养殖和采捕水生动物、水生植物等渔业活动，都应当遵守本实施办法。

第三条 任何单位和个人均有保护渔业资源的义务，对破坏渔业资源的行为有权制止、检举。

第四条 市和区（市）县人民政府应当把渔业生产纳入国民经济和社会发展计划；渔业生产实行以养殖为主，养殖、捕捞、加工并举，因地制宜，各有侧重的方针；保护、增殖和合理开发利用渔业资源，促进水产产业化和渔业经济的可持续发展。

第五条 渔业的监督管理，实行统一领导，分级管理。市人民政府渔业行政主管部门主管全市的渔业工作；区（市）县人民政府渔业行政主管部门主管本行政区域内的渔业工作。

第六条 渔业行政主管部门设立渔政监督管理机构。渔业行政主管部门及其所属的渔政监督管理机构配备渔政检查人员，执行渔业行政主管部门及其所属的渔政监督管理机构交付的任务。

第七条 跨区（市）县水域的渔业工作，由有关区（市）县人民政府协商制定管理办法，也可由市渔业行政主管部门及其所属的渔政监督管理机构监督管理。

第八条 市和区（市）县渔业行政主管部门应当按职责加强水产品质量标准体系建设，做好无公害水产品的监督管理工作。

第九条 渔业行政主管部门及其所属的渔政监督管理机构，应当与水务、食品药品监管、工商、质监、公安、环境保护、卫生防疫、交通等部门相互协作，督促检查渔业法律、法规的实施。

第二章　养殖业

第十条 市和区（市）县人民政府对本行政区域内水域进行统一规划，确定可用于养殖业的水域和滩涂。

单位和个人使用规划确定用于养殖业的国有水域、滩涂的，应当依法申请领取养殖证。

集体所有的或者国有由农业集体经济组织使用的水域、滩涂，可以由个人或者集体承包，从事养殖生产。

领取养殖证的单位和个人使用国有的水域、滩涂，一年内无正当理由未从事养殖生产或者放养量低于当地同类养殖水域平均放养量百分之六十的，视为荒芜。

第十一条 市和区（市）县人民政府鼓励单位和个人充分利用确定养殖的水域、滩涂发展养殖业，对有利于渔业生产的建设项目和养殖新技术、新品种的推广应用，应当在资金、物资、技术等方面给予支持和扶持。

第十二条 商品鱼生产基地和重要养殖水域，由市或者区（市）县渔业行政主管部门拟定水产养殖保护区以及保护措施，并报经同级人民政府批准后执行。

第十三条 市和区（市）县人民政府及其渔业行政主管部门应当加强渔业科学研究和水产良种体系建设，推广优良品种和养殖新技术，做好技术指导和服务工作。

市和区（市）县渔业行政主管部门及其所属的渔政监督管理机构应当加强对饵料、渔药、渔饲料和渔饲料添加剂的监督检查，防止其对养殖生产和人体健康的危害。

第十四条 生产水产种苗的单位和个人，应当向县级以上渔业行政主管部门提出申请，经批准并发给水产种苗生产许可证后准予生产。

渔业生产者自育、自用水产种苗的除外。

第十五条 从事养殖生产应当保护水域生态环境，科学确定养殖密度，合理投饵、施肥、使用药物，不得使用含有毒有害物质的饵料、渔饲料、添加剂和禁用药物，不得造成水域的环境污染。

第十六条 用于渔业并兼有调蓄、灌溉、发电的水体，由市或者区（市）县渔业行政主管部门会同有关主管部门，在确保防洪安全和兼顾灌溉、发电的前提下，确定渔业生产所需的最低水位线。用于调蓄、灌溉并兼有渔业功能的水体，养殖生产者与水体管理单位可签订合同约定渔业生产所需的最低水位线。因特殊情况不能保证最低水位线的，有关单位和个人应当通知养殖生产者及时采取补救措施，并按合同约定对其损失进行补偿；未通知的，对其损失应当全额赔偿。

第十七条 市和区（市）县渔业行政主管部门所属的水生动物防疫检疫机构负责水生动物的防疫、检疫工作，防止疾病的侵害和传播。

第十八条 严禁破坏他人的养殖水体、养殖设施和养鱼标志。

禁止偷鱼、毒鱼、抢鱼和其他侵害养殖者合法权益的行为。

第三章 捕捞业

第十九条 在天然水域从事捕捞业的单位和个人，应当向船舶登记所在地的区（市）县渔业行政主管部门按照规定条件申办捕捞许可证，按照捕捞许可证规定的作业类型、场所、时限和渔具数量进行作业。

捕捞许可证的验审签转手续，在每年第一季度由原发证机关办理，逾期未办理验审签转手续进行捕捞生产的，按无证捕捞处理。

岸边捕鱼和娱乐性游钓的管理办法，由区（市）县人民政府制定。

第二十条 区（市）县渔业行政主管部门批准发放的捕捞许可证，不得超过市渔业行政主管部门下达的控制指标。

第四章 渔业资源的增殖和保护

第二十一条 市和区（市）县渔业行政主管部门应当对其管理的渔业水域统一规划，采取措施，增殖渔业资源，并向受益的单位和个人依法征收渔业资源增殖保护费。

第二十二条 本市天然水域的禁渔期为每年的2月1日至4月30日。

市和区（市）县渔业行政主管部门可以在鱼类重要的产卵场、越冬场、索饵场、洄游通道规定禁渔区域划段实行常年禁渔区，并设置禁渔标志。

在禁渔期和禁渔区内，禁止捕捞作业、游钓和水禽放养，禁止扎巢取卵、挖砂采石，禁止销售、收购在禁渔期和禁渔区内捕捞的渔获物。

第二十三条 因养殖或者其他特殊需要，在本市天然水域采捕国家、省重点保护濒危水生物种及其产品，以及有重要经济价值水生动物卵、苗种、怀卵亲体的，应当按有关规定办理审批手续，在指定区域和时间内，按照限额采集捕捞。

第二十四条 本市重点保护的渔业资源品种，最低采捕标准，最小网目尺寸和其它保护渔业资源的措施，由市渔业行政主管部门规定。

第二十五条 禁止毒鱼、炸鱼、电鱼和拦河设栅捕鱼。

禁止使用鱼鹰、水獭在天然水域捕鱼。在特定水域确需使用鱼鹰、水獭或者电力捕捞时，应当报省渔业行政主管部门批准。不准生产、销售禁止使用的渔具。

第二十六条 市和区（市）县人民政府应当按照《中华人民共和国环境保护法》、《中华人民共和国水污染防治法》等法律、法规的规定，保护和改善渔业水域的生态环境，防治污染。市和区（市）县渔业行政主管部门及其所属渔政监督管理机构，应当对渔业水域污染情况进行监管。

第二十七条 任何单位和个人不得向渔业水域排放、倾倒、弃置超过国家规定标准的污染物、废弃物。在重要渔业水域和保护区内不得设置排污口。

因防疫需要向渔业水域投放药物的，应当事先书面通知当地渔业行政主管部门和养殖生产者采取措施，防止或者减少对渔业资源的损害和养殖生产的危害。

第二十八条 在水生动物洄游通道建闸、筑坝或者其他水下工程作业，对渔业资源有影响的，建设单位应当建造过鱼设施、渔业资源增殖放流站或者采取其他补救措施；建设项目的环境影响报告书（表）应当征求市或者区（市）县渔业行政主管部门的意见；所采取的补救措施应当征得市或者区（市）县渔业行政主管部门的同意。

第二十九条 天然水域鱼类资源的人工增殖放流，由市或者区（市）县渔业行政主管部门组织实施。未经县级以上渔业行政主管部门批准，任何单位和个人不得在天然水域进行人工增殖放流。

第五章　法律责任

第三十条 违反本实施办法规定，有下列行为之一的，给予行政处罚：

（一）生产、销售禁用渔具的，使用禁用渔具、捕捞方法捕捞的，没收禁用渔具、渔获物和违法所得，可以并处以一千元以上一万元以下的罚款；

（二）偷捕、抢夺他人养殖的水产品或者破坏他人养殖水体、养殖设施、标志的，责令改正，可以处以一千元以上二万元以下罚款；

（三）无证生产水产种苗的，没收实物和违法所得，可以并处以三千元以上三万元以下罚款；有水产种苗生产许可证但违规生产的，责令改正，可以并处以一千元以上一万元以下的罚款。

第三十一条 违反本实施办法第十条第二款、第四款，第十五条，第十九条第一款、第二款，第二十二条第三款，第二十八条或者第二十九条规定的，按照《中华人民共和国渔业法》、《四川省〈中华人民共和国渔业法〉实施办法》等法律法规的有关规定处罚。

违反本实施办法有关规定，给渔业资源或者养殖生产者造成损失的，应当依法赔偿；构成犯罪的，依法追究刑事责任。

第三十二条 拒绝、阻碍渔政检查人员依法执行公务的，由公安机关依照《中华人民共和国治安管理处罚法》的规定处罚；构成犯罪的，由司法机关依法追究刑事责任。

第三十三条 本实施办法规定的行政处罚，由市和区（市）县渔业行政主管部门或者所属的渔政监督管理机构决定。国家法律另有规定的，从其规定。

第三十四条 当事人对渔业行政主管部门或者渔政监督管理机构的具体行政行为不服的，可以依法申请行政复议或者提起行政诉讼，逾期不申请复议、不起诉，又不履行行政处罚决定的，由作出处罚决定的机关申请人民法院强制执行。

第三十五条 市和区（市）县渔业行政主管部门及其所属的渔政监督管理机构、渔政检查人员玩忽职守、滥用职权、徇私舞弊的，依法给予行政处分；构成犯罪的，依法追究刑事责任。

第六章　附　则

第三十六条 本实施办法报经四川省人民代表大会常务委员会批准后公布实施。

成都市户外广告和招牌设置管理条例

2012年8月31日成都市第十五届人民代表大会常务委员会第三十四次会议通过，2012年11月30日四川省第十一届人民代表大会常务委员会第三十四次会议批准；

根据2015年2月26日成都市第十六届人民代表大会常务委员会第十四次会议通过，2015年5月21日四川省第十二届人民代表大会常务委员会第十六次会议批准的《关于修改〈成都市户外广告和招牌设置管理条例〉的决定》修正。

第一章　总　则

第一条　为了规范户外广告和招牌的规划、设置和管理，根据《中华人民共和国广告法》、《中华人民共和国城乡规划法》和国务院《城市市容和环境卫生管理条例》等法律、法规的规定，结合成都市实际，制定本条例。

第二条　本条例适用于本市下列区域内户外广告和招牌的设置及其监督管理活动：

（一）中心城区；

（二）中心城区之外的其他区（市）县人民政府所在地城区；

（三）镇（乡）人民政府所在地建成区；

（四）工业集中发展区、农村新型社区等其他实行城市化管理的区域；

（五）本市行政区域内市管高速公路和国道、省道、县道、乡道及其两侧建筑控制区范围。

前款第四项所列区域范围，由区（市）县人民政府划定、公布。

第三条　本条例所称户外广告设置，是指利用下列载体，以文字、图像、电子显示装置、实物实体造型等表达方式向户外公共空间发布广告的行为：

（一）建筑物及其附着地块、附属设施；

（二）桥梁、广场、隧道等构筑物及其附着地块、配套设施；

（三）道路、公共绿地、水域等公共开敞空间；

（四）报刊亭、信息亭、电话亭、客运出租汽车停靠站点牌、公共汽车候车亭和停靠站点牌（桩）等市政设施；

（五）公共汽车车身等其它可以承载户外广告的载体。

利用城市轨道交通地下公共空间和在地面轨道两侧建筑控制区范围内向不特定公众发布广告的，适用本条例。

本条例所称招牌设置，是指在经营（办公）地建（构）筑物及其附属设施或者合法用地范围内的场地上，设置用于表示名称、字号、商号的标牌、标志、灯箱、霓虹灯、字体符号等的行为。

第四条 设置户外广告的，应该符合户外广告设置规划和技术规范；设置招牌的，应该符合招牌设置规范。

设置户外广告和招牌应当与区域规划功能相适应，与建（构）筑物风格和周边环境相协调。

第五条 城市管理行政主管部门负责户外广告和招牌设置的监督管理工作；交通运输行政主管部门负责公路及其两侧建筑控制区范围内的户外广告设置监督管理工作。

公安机关、工商行政管理部门和规划、建设、园林等行政主管部门按照各自职责，协同城市管理行政主管部门实施本条例。

街道办事处、镇（乡）人民政府在城市管理等行政主管部门的指导下，对本辖区的户外广告和招牌设置活动进行日常监督和检查。

第二章 规划与规范

第六条 中心城区户外广告设置规划由市规划行政主管部门会同市城市管理行政主管部门编制，报市人民政府批准；其他区域的户外广告设置规划由区（市）县规划行政主管部门会同城市管理行政主管部门编制，报同级人民政府批准。

市管高速公路和国道、省道及其两侧建筑控制区范围内的户外广告设置规划由市交通运输行政主管部门编制，报市人民政府批准；县道、乡道及其两侧建筑控制区范围内的户外广告设置规划由区（市）县交通运输行政主管部门编制，报同级人民政府批准。

经批准后公布实施的户外广告设置规划，不得擅自更改；确需调整的，应当按照原审批程序报请批准。

第七条　户外广告设置规划应当对规划区内户外广告的总量和布局进行控制，确定允许和禁止设置户外广告的路段、区域，并规划适量的公益广告点位。

第八条　市城市管理、交通运输行政主管部门应当根据国家、省、市城乡规划、市容市貌、环境保护等方面的技术标准，会同有关部门编制户外广告和招牌设置技术规范。

第九条　规划、城市管理和交通运输行政主管部门在编制户外广告设置规划、技术规范前，应当采取听证会、论证会、座谈会等形式听取专家和社会公众的意见。

第十条　户外广告设置规划、户外广告和招牌设置技术规范是城市管理和交通运输行政主管部门审批户外广告和招牌设置的主要依据。

规划、城市管理和交通运输行政主管部门应当公开户外广告设置规划、户外广告和招牌设置技术规范，方便设置人、利害关系人、社会公众查询和监督。

第三章　户外广告设置管理

第十一条　有下列情形之一的，不得设置户外广告：

（一）危及建（构）筑物使用安全的；

（二）利用交通安全设施、交通标志、地名标志物的；

（三）妨碍交通安全设施、交通标志正常使用的；

（四）影响市政设施正常使用的；

（五）影响消防救援的；

（六）利用临街建筑物玻璃的；

（七）利用建筑物屋顶的；

（八）利用树木或者损毁绿地的；

（九）法律、法规以及规划禁止设置户外广告的其他情形。

在本市中心城区范围内，除公共汽车候车亭和停靠站点牌（桩）外，禁止利用信息亭、电话亭、客运出租汽车停靠站点牌等其他地面市政设施新设置户外广告。原已设置的户外广告期满后，设置人应当在期满之日起二十日内自行拆除，并将市政设施恢复原状。

第十二条　禁止利用下列区域内的建（构）筑物及其附着地块、附属设施设置户外广告：

（一）在国家机关、人民团体、学校和医院用地范围内的；

（二）在风景名胜区用地范围内的；

（三）在文物保护单位建筑控制地带以内的。

禁止利用住宅楼及其附着地块、附属设施设置户外广告。属商住混合功能建筑物的，可以在符合法律、法规、户外广告设置规划规定和管理规约约定的前提下，利用经营性用房对应的外墙面设置户外广告。

第十三条　本市对户外广告公共载体使用权的出让，实行特许经营制度，具体管理办法由市人民政府另行制定。

第十四条　占用城乡用地或者公共空间修建构筑物用于设置户外广告的，应当在申请设置许可前依法办理规划审批手续。

利用公共绿地和信息亭、公共交通设施等市政设施设置户外广告的，应当在申请设置许可前，分别征得园林、交通运输等相关行政主管部门的同意。

第十五条　设置户外广告的，应当按照本条例的规定申请办理户外广告设置许可；未经许可，任何单位和个人不得设置户外广告。

利用非公共载体设置户外广告的，由载体所有权人提出申请。载体属区分所有建筑物的共有部分，且尚未设立业主大会的，由物业服务企业提出申请；已设立业主大会的，由业主委员会提出申请。

利用公共载体设置户外广告的，由公共载体的特许经营权人提出申请。

第十六条　在市管高速公路和国道、省道及其两侧建筑控制区范围内设置户外广告的，向市交通运输行政主管部门提出申请；在县道、乡道及其两侧建筑控制区范围内设置户外广告的，向载体所在地的区（市）县交通运输行政主管部门提出申请。

在其他区域范围内设置户外广告的，向载体所在地的区（市）县城市管理行政主管部门提出申请。

本条前两款规定之外的其他任何行政机关、具有管理公共事务职能的组织不得许可设置户外广告。

第十七条 申请设置户外广告，应当提交书面申请，并提供下列材料：

（一）载体权属或者使用权证明；

（二）载体位置关系图；

（三）户外广告设施设计图及效果图；

（四）户外广告设施制作说明及安全维护措施；

（五）法律、法规、规章规定的其他材料。

属本条例第十四条规定情形的，申请人应当提交规划或者其他相关行政主管部门出具的批准文书。

第十八条 审批部门应当自收到户外广告设置申请七日内对申请人的申请进行审查。对符合设置条件的，予以许可；对申请材料不齐或者不符合法定形式的，应当当场或者在五日内一次性告知申请人需要补充的全部材料。在规定时间内申请人未补充材料的，视为撤回申请。申请人仍需设置户外广告的，应当重新申请。

第十九条 户外广告设置许可期限不得超过三年。期满需继续设置的，设置人应当在期满前三十日内向原审批部门提出延期设置申请。期满后不再设置或者未取得延期设置许可的，设置人应当在期满之日起二十日内自行拆除户外广告及其设施，并将载体恢复原状。

第二十条 户外广告应当按照批准的位置、形式、规格、效果图进行设置，不得擅自变更。确需变更的，按照设置审批程序办理。

户外广告内容需要变更的，应当向工商行政管理部门办理变更登记手续。

第二十一条 户外广告每年连续发布公益广告的时间不得少于十五天。

户外广告设施在招商期间应当以公益广告进行覆盖。户外广告设施招商内容可以与公益广告同时发布，但招商内容只能位于公益广告下方，所占面积不得超过该户外广告面积的五分之一。

第二十二条 因举办大型文化、旅游、体育、公益活动或者商品交易会、展销会等需要设置临时户外广告的，应当提前五日向载体所在地的区（市）县城市管理行政主管部门提出申请，并提供下列材料：

（一）申请书；

（二）企业、事业单位的营业执照或者组织机构代码证的复印件；

（三）市或者区（市）县人民政府的批准文件；

（四）临时户外广告设置的形式和范围；

（五）法律、法规规定的其他材料。

在市管高速公路和国道、省道、县道、乡道及其两侧建筑控制区范围内设置临时户外广告的，应当按照本条例第十六条第一款的规定提前五日向交通运输行政主管部门提出申请，并提供前款规定材料。

第二十三条 申请设置临时户外广告的，交通运输行政主管部门或者区（市）县城市管理行政主管部门应当在收到临时户外广告设置申请之日起五日内作出许可或者不予许可的决定。

临时户外广告设置期限应当与批准的活动期限一致，设置人应当在设置期满后三日内将其拆除，并将载体恢复原状。

第二十四条 已取得《建设工程施工许可证》的房地产开发项目，确需在建设项目用地范围内设置临时户外广告宣传本开发项目的，按照本条例第二十二、二十三条的规定执行。未取得《建设工程施工许可证》的房地产开发项目不得申请设置房地产户外广告。

房地产户外广告设置期限，参照本条例第十九条的规定执行，延期设置期限最长不得超过本项目建设期。

第二十五条 申请人取得户外广告或者临时户外广告设置许可后，方可向工商行政管理部门申请办理户外广告发布登记手续。

第二十六条 依法设置的户外广告及其设施，任何单位和个人不得非法占用、拆除、遮盖、涂改、损坏。因规划调整或者公共利益需要拆除的，应当依法给予补偿。

户外广告拆除后，审批部门应当依法注销户外广告设置许可。

第二十七条 户外广告设施由设置人负责维护、管理，确保其牢固、安全。

设置人应当每年对其进行两次以上的安全检测，并作好记录；经检测不合格的，应当立即整修或者拆除。遇狂风、暴雨等异常天气，应当采取相应的安全防范措施。

户外广告设施达到设计使用年限的，设置人应当予以更新。

户外广告设施在建设、整修、更新或者拆除期间，应当采取安全保障措施并在施工现场的明显位置设置警示标志。

第二十八条 设置人应当保证户外广告及其设施整洁、完好、美观；出现画面污损、褪色、字体残缺或者设施破损等影响市容市貌情形的，应当及时维修、更新。配置夜间照明设施的，应当保持照明设施功能完好。设置霓虹灯、电子显示装置等设施的，应当保持画面显示完整；出现断亮、残损的，应当及时维护、更换，并在修复前停止使用。

第四章 招牌设置管理

第二十九条 禁止擅自设置招牌。

设置招牌的，应当向设置地的区（市）县城市管理行政主管部门提出书面申请，并提交下列材料：

（一）营业执照复印件或者有关机关批准的名称证明；

（二）招牌的用字、制作规格、式样、材料和设置位置等说明文件；

（三）经营（办公）用房的权属或者使用权证明。

在公路及其两侧设置非交通标志标牌的，按照相关法律、法规和规章的规定办理。

第三十条 区（市）县城市管理行政主管部门应当在收到设置申请五日内对申请人的申请进行审查。对符合规定要求的，予以许可；对不予许可的，应当书面说明。

第三十一条 设置招牌，应当符合下列规定：

（一）不影响规划审批的建筑物正常间距；

（二）不影响建筑物采光、通风和消防救援等正常功能；

（三）与市容景观和周围环境相协调；

（四）按规定配置夜景光源；

（五）不得利用招牌推介产品或者发布经营服务信息；

（六）不得利用建筑物楼顶或者建筑物二十米以上外立面设置招牌（标志除外）；

（七）不得占用城市道路、公共绿地等市政公共设施；

（八）符合招牌设置技术规范要求。

除临街底层经营性用房外，多个单位共用同一建筑物且需设置招牌的，应当由该建筑物的所有人或者管理人在建筑物及其附属设施或者建筑用地范围内的场地上，统一规划、规范设置。

第三十二条 需要变更招牌的设置位置、规格、形式的，应当按本条例第二十九条第二款、第三十条和第三十一条的规定办理变更手续。

第三十三条 设置人歇业、被吊销营业执照或者被撤销的，应当自行拆除招牌，恢复附着物原状。

设置人未履行前款义务且下落不明的，由招牌附着建（构）筑物、设施的所有人或者管理人代为履行。

第三十四条 招牌设置人应当保持招牌的清洁、美观、完好，用字规范，并确保其牢固、安全。招牌残缺破损、污渍明显、缺笔少划的，设置人应当及时更换、修复。

第五章　法律责任

第三十五条 违反本条例规定，擅自在公路及其两侧建筑控制区范围内设置户外广告设施的，由交通运输行政主管部门依据《中华人民共和国公路法》和国务院《公路安全保护条例》的相关规定处理。

违反本条例规定，未经规划许可擅自占用前款规定之外的城乡用地、公共空间，修建构筑物用于设置户外广告的，由城乡规划行政主管部门依据《中华人民共和国城乡规划法》、《四川省城乡规划条例》和《成都市城乡规划条例》的相关规定处理。

第三十六条 违反本条例第十五条第一款或者第二十条第一款规定的，责令限期拆除，并处以三万元以上五万元以下罚款。

户外广告设施设置期满应当拆除而未在规定期限内拆除的，由城市管理行政主管部门按照前款规定处理；位于公路及其两侧建筑控制区范围内的，由交通运输行政主管部门按照本条例第三十五条第一款的规定处理。

第三十七条 违反本条例第二十一条规定的，由工商行政管理部门责令改正，并处以五千元以上一万元以下罚款。

违反本条例第二十二条或者第二十三条第二款规定的，责令限期拆除，并处以一万元以上三万元以下罚款。

第三十八条 违反本条例第二十四条规定的，由城市管理行政主管部门责令限期拆除，并处以五万元以上十万元以下罚款。

第三十九条 违反本条例第二十七条规定的，责令限期改正，并处以五千元以上一万元以下罚款。

违反本条例第二十八条规定的，责令限期改正；逾期不改正的，处以一千元以上三千元以下罚款。

第四十条 违反本条例第二十九条第一款、第三十二条或者第三十三条规定的，由城市管理行政主管部门责令限期拆除或者改正；拒不拆除或者改正的，处以一千元以上三千元以下罚款。

违反本条例第三十四条规定的，由城市管理行政主管部门责令限期改正；逾期不改正的，处以五百元以上一千元以下罚款。

第四十一条 有下列情形之一的，城市管理行政主管部门可以依法查封户外广告或者招牌：

（一）违反本条例第十五条第一款规定，擅自设置户外广告的；

（二）违反本条例第十九条规定，逾期未拆除户外广告的；

（三）违反本条例第二十条规定，擅自变更户外广告的设置位置、形式、规格的；

（四）违反本条例第二十二条第一款规定，擅自设置临时户外广告的；

（五）违反本条例第二十三条第二款规定，逾期未拆除临时户外广告的；

（六）违反本条例第二十九条第一款规定，擅自设置招牌的；

（七）违反本条例第三十二条规定，擅自变更招牌的设置位置、形式、规格的。

查封期间，城市管理行政主管部门应当以公益广告覆盖查封对象。

第四十二条　本条例第三十五条第二款规定的行政处罚和第四十一条第一款规定的行政强制措施，纳入本市城市管理相对集中行政处罚权范围的，由城市管理行政执法部门根据本条例实施。

本条例第三十六条第一款、第三十七条第二款和第三十九条规定的行政处罚，由城市管理、交通运输行政主管部门按照本条例规定的职责范围实施。

第四十三条　城市管理、交通运输等行政主管部门及其行政执法人员有下列情形之一的，由监察机关责令改正，对直接负责的主管人员和直接责任人员依法给予行政处分：

（一）对不符合法定条件的申请人准予行政许可或者超越法定职权作出准予行政许可决定的；

（二）对符合法定条件的申请人不予行政许可或者不在法定期限内作出准予行政许可决定的；

（三）在受理、审查、决定行政许可过程中，未向申请人、利害关系人履行法定告知义务的；

（四）未依法说明不受理行政许可申请或者不予行政许可的理由的；

（五）索取或者收受他人财物或者谋取其他利益的；

（六）滥用职权、玩忽职守或者徇私舞弊的。

前款规定之外的其他行政机关、具有管理公共事务职能的组织，违反本条例规定许可他人设置户外广告的，由监察机关责令改正，对直接负责的主管人员和直接责任人员依法给予行政处分。

第六章　附　则

第四十四条　本条例所称非公共载体，是指企业法人、社会团体、其他组织、个人和集体经济组织所有或者具有使用权的土地及地上附着物；所称公共载体，是指非公共载体之外的其他属国有或者城镇集体所有的载体。

本条例中十日以内期限的规定是指工作日，不含法定节假日。

第四十五条　本条例自 2013 年 2 月 1 日起施行。2005 年 12 月 6 日成都市第十四届人民代表大会常务委员会第二十一次会议通过，2006 年 3 月 31 日四川省第十届人民代表大会常务委员会第二十次会议批准的《成都市城市户外广告和招牌设置管理条例》同时废止。

成都市房屋使用安全管理条例

2010年12月22日成都市第十五届人民代表大会常务委员会第二十一次会议通过，2011年5月27日四川省第十一届人民代表大会常务委员会第二十三次会议批准；

根据2015年2月26日成都市第十六届人民代表大会常务委员会第十四次会议通过，2015年5月21日四川省第十二届人民代表大会常务委员会第十六次会议批准的《关于修改〈成都市房屋使用安全管理条例〉的决定》修正。

目 录

第一章 总 则

第一条 为了保障城乡房屋使用安全，维护自然人、法人和其他组织的人身、财产安全，根据《中华人民共和国物权法》、《中华人民共和国建筑法》等法律、法规，结合成都市实际，制定本条例。

第二条 本条例适用于成都市行政区域内合法建造房屋的使用安全管理及其监督活动。

法律、法规对军事保护区、宗教活动场所、文物保护单位、风景名胜区以及自然保护区范围内房屋的使用安全管理另有规定的，从其规定。

第三条 本条例所称房屋使用安全管理，是指房屋使用过程中的检查、维护、白蚁防治、安全鉴定、维修加固、危险治理以及装修、改造管理等安全管理活动。

房屋消防安全以及电梯、燃气、电力、供水等专业设施设备的使用安全管理，按照相关法律、法规和规章的规定执行。

第四条 房屋使用安全管理应当遵循预防为主、防治结合、确保安全、节约资源的原则。

第五条 市房产行政主管部门是全市房屋使用安全的主管部门，其所属的市房屋安全管理机构具体负责全市房屋使用安全的监督管理工作。

区（市）县房产行政主管部门按照职责分工负责辖区内房屋使用安全的监督管理工作。

街道办事处、镇（乡）人民政府负责辖区内自建房屋使用安全的监督管理工作，并接受区（市）县房产行政主管部门的业务指导。

规划、建设、安全生产、质监、教育、卫生医疗、文化、体育、价格等行政主管部门以及公安机关、工商行政管理部门应当按照各自职责实施本条例。

本条第一至三款所述房产行政主管部门、房屋安全管理机构以下统称“房产行政管理部门”。

第六条 各级人民政府应当将房屋使用安全监督管理专项经费纳入财政预算，保障城乡房屋使用安全监督管理工作需要。

第七条 房产行政管理部门应当加强房屋使用安全知识的宣传、教育，提高社会公众的房屋安全使用意识。

对于危害房屋使用安全的行为，任何单位和个人均有权予以举报、投诉。

房产行政管理等部门或者街道办事处、镇（乡）人民政府应当按照法定职责及时受理、依法查处。

第二章 房屋使用安全责任人

第八条 新建房屋在交付使用前，开发建设单位应当向受让人提交房屋质量保证书、房屋使用说明书及其他有关文件，明确告知受让人房屋的基本情况、性能指标、使用与维护保养要求、保修范围和期限等事项。

开发建设单位应当按照法律、法规的规定以及合同的约定，承担保修期间房屋质量缺陷的保修和治理责任。其中，房屋建筑的地基基础和主体结构工程的保修和治理责任，在法定设计文件规定的该房屋建筑的使用年限内由开发建设单位承担。但因使用不当、第三方的侵权行为或者不可抗力造成的损坏除外。

第九条 保修期满后，业主为房屋使用安全责任人。房屋属国有或者集体所有的，其所有权行使人为房屋使用安全责任人。

业主的确认以房屋登记簿记载为准。尚未办理房屋所有权登记，但基于下列情形之一，已经合法占有该房屋的自然人、法人和其他组织，视为业主：

（一）合法建造；

（二）人民法院、仲裁委员会的法律文书；

（三）买卖、继承、受遗赠等法律行为。

第十条 有下列情形之一的，房屋承租人、借用人等实际使用人为房屋使用安全责任人：

（一）业主下落不明；

（二）房屋权属不清；

（三）法律、法规、规章规定的其他情形。

第十一条 业主和国有、集体所有房屋的所有权行使人，可以与房屋实际使用人约定房屋使用安全责任，但不得以此为由拒不承担房屋使用安全责任。

第十二条 房屋使用安全责任人应当对房屋及其附属设施设备承担下列

使用安全责任：

（一）检查、维修、养护等日常管理；

（二）安全鉴定；

（三）白蚁防治；

（四）加固、改造；

（五）危险治理；

（六）其他保障房屋及其附属设施设备使用安全的必要措施。

第十三条 属于区分所有建筑物的，对共有部分采取本条例第十二条规定各项措施所需费用，由业主按照法律、法规以及（临时）管理规约的规定共同分摊，需要使用专项维修资金的，按照有关规定办理；涉及专有部分的，由房屋使用安全责任人依法承担。

属于非区分所有建筑物的，所需费用由房屋使用安全责任人承担。

第十四条 建筑区划实行委托管理的，物业服务企业或者其他管理人应当按照（前期）物业服务合同的约定，承担共有部分的检查、维修、养护等日常管理责任，并建立相应的管理档案；实行自行管理的，共有部分的日常管理责任由房屋使用安全责任人依法共同承担。

专有部分的日常管理责任由房屋使用安全责任人依法承担。

第十五条 本市实行房屋使用安全检查制度。

房产行政管理部门和街道办事处、镇（乡）人民政府应当组织对房屋爆炸、沉降、垮塌等突发紧急事件和地震、洪水、地质灾害等自然灾害后的房屋进行应急检查。

教育、卫生医疗、体育、文化、交通、商务、旅游等行政主管部门应当组织专业力量定期检查学校、医院、场馆、车站、商场等公共建筑的房屋使用安全状况。

检查结果应当书面告知房屋使用安全责任人。

第十六条 房屋使用安全责任人履行房屋使用安全管理义务，以及房产行政管理部门或者街道办事处、镇（乡）人民政府履行房屋使用安全监督管理职责时，相关业主、使用人应当予以配合，不得拒绝或者阻挠。

第三章　房屋使用安全监督管理

第一节　一般规定

第十七条　自建房屋的使用安全监督管理，不适用本章规定。

第十八条　房产行政管理部门和街道办事处、镇（乡）人民政府应当按照各自职责建立辖区内房屋结构安全管理档案。

第十九条　房屋结构安全管理档案应当包含下列内容：

（一）房屋装修、改造、维修加固等情况记录；

（二）房屋使用安全检查、安全鉴定记录和白蚁防治记录。

新建房屋的结构安全管理档案应当包含《房屋使用安全信息说明书》。

房屋存续期间，利害关系人有权免费查询房屋结构安全管理档案，具体查询办法由市房产行政管理部门另行规定。

第二十条　本市实行新建房屋使用安全信息公开制度。区（市）县房产行政管理部门应当建立包括下列内容的《房屋使用安全信息说明书》：

（一）建设、设计、施工、监理等单位的名称；

（二）结构类型、竣工日期和设计使用年限；

（三）抗震设防标准；

（四）采用的新技术、新材料以及节能和白蚁预防措施；

（五）紧急避险部位。

属于公共建筑的，房屋所在地的区（市）县房产行政管理部门应当定期向市房产行政管理部门报送《房屋使用安全信息说明书》。

第二十一条　市房产行政管理部门应当加强房屋安全鉴定、白蚁防治的统一管理，拟定相应的示范文本；建立统一的房屋安全鉴定机构、白蚁防治机构名录及其从业人员名册，并向社会公布；实行房屋安全鉴定机构、白蚁防治机构及其从业人员的信用信息管理。

第二十二条　市房产行政管理部门应当建立统一的房屋使用安全管理信用监督系统，并将其纳入全市信用管理体系。

第二节　白蚁防治

第二十三条　新建、改建和扩建房屋在施工前，房产行政管理部门应当组织实施白蚁预防处理。

公共建筑在维修加固、保护时，房屋使用安全责任人应当实施白蚁防治处理。

房屋发生蚁害的，房屋使用安全责任人应当及时委托白蚁防治单位进行灭治，并予以配合。

第二十四条　白蚁防治单位应当建立防治工程竣工验收以及定期复查、回访制度，并做好相应的归档工作。

白蚁防治单位应当建立健全白蚁防治质量保证体系，按照有关房屋白蚁防治的施工技术规范和操作程序进行防治。

第三节　装修、改造管理

第二十五条　任何单位和个人装修、改造和维修加固房屋，应当遵守法律、法规，尊重社会公德，不得影响共有部分的使用和修缮、毗邻房屋的使用安全，不得损害公共利益和他人合法权益。

第二十六条　禁止任何单位和个人从事下列危害房屋使用安全的行为：

（一）未经原设计单位或者具有相应资质等级的设计单位提出设计方案，变动建筑主体和承重结构；

（二）降低底层室内标高；

（三）超过设计标准、规范，增加房屋使用荷载的；

（四）安装设施、设备影响房屋结构安全的；

（五）法律、法规以及（临时）管理规约禁止的其他危及房屋使用安全的行为。

第二十七条　实施房屋装修、改造和维修加固有下列情形之一的，应当向房屋所在地的区（市）县房产行政管理部门提出书面申请，经批准取得《房屋结构安全批准书》后方可实施：

（一）拆改房屋结构；

（二）增加夹层；

（三）其他可能影响房屋整体性、抗震性和结构安全的行为。

第二十八条 申请《房屋结构安全批准书》，应当提交下列资料：

（一）房屋权属证明文件；

（二）原设计单位或者具有相应资质条件的设计单位提出的设计方案、施工图。

房屋权属存在争议、房屋位于国有土地房屋征收范围内或者申请人未按前款规定提交有关资料的，房产行政管理部门不得予以受理。

第二十九条 房产行政管理部门应当自收到房屋结构安全批准申请之日起五日内作出是否批准的决定。符合条件的，应当颁发《房屋结构安全批准书》；不符合条件的，应当书面说明理由。

房产行政管理部门办理房屋结构安全审批事项不得收取费用。

第三十条 申请人应当按照《房屋结构安全批准书》批准的项目和设计方案进行施工。

申请人要求变更批准项目的，应当及时提出变更申请，并提交变更后的设计方案、施工图等有关资料。房产行政管理部门应当自收到变更申请之日起五日内依法办理变更批准手续。

第三十一条 房屋使用安全责任人应当在施工现场醒目位置张贴或者悬挂《房屋结构安全批准书》，并加强现场安全管理。

房产行政管理部门应当对房屋装修、改造和维修加固现场的结构安全加强监督检查。

建筑区划实行委托管理的，物业服务企业或者其他管理人应当将房屋装修的注意事项、禁止行为等书面告知房屋使用安全责任人及其委托的装修企业；发现违法行为的，应当予以劝止，劝止无效的应当及时向有关部门报告。

第三十二条 房屋使用安全责任人应当在《房屋结构安全批准书》批准的项目施工完毕后五日内，组织设计、施工、监理单位进行验收，验收合格后方可投入使用。

房屋使用安全责任人应当自验收合格之日起十五日内，向作出批准决定的房产行政管理部门备案。

第四节　安全鉴定

第三十三条　在本市从事房屋安全鉴定活动的机构应当具备相应的资质、专业技术人员、检测仪器设备、办公场地和注册资金，并能够独立承担民事责任。

第三十四条　房屋安全鉴定费用实行政府指导价。

第三十五条　有下列情形之一的，房屋使用安全责任人应当依照法律、法规的相关规定委托房屋安全鉴定机构实施鉴定：

（一）房屋达到或者超过设计使用年限继续使用的；

（二）房屋地基基础、墙体或者其他承重构件有明显下沉、裂缝、变形、腐蚀等危险症状的；

（三）因自然灾害造成房屋裂缝、变形、不均匀沉降等，需继续使用的；

（四）因爆炸、火灾等造成房屋裂缝、变形等，需继续使用的；

（五）其他可能影响公共安全和他人合法权益需要鉴定的情形。

学校、医院、场馆、车站、商场等大中型公共建筑交付使用后，其房屋使用安全责任人在房屋使用年限达到设计使用年限三分之二时，应当委托房屋安全鉴定机构实施安全鉴定。超过设计使用年限的大中型公共建筑，应当每五年实施一次房屋安全鉴定。

出现本条第一款第三项规定情形的，房产行政管理部门应当及时组织房屋安全评估，提出治理措施。

第三十六条　对存在明显险情的房屋，鉴定期间不得停止原已采取的房屋使用安全防护措施。

第三十七条　房屋安全鉴定机构出具的鉴定报告应当加盖房屋安全鉴定专用章。

房屋安全鉴定机构作出的鉴定结论是房屋使用安全状况的认定依据。

第三十八条　有下列情形之一的，利害关系人可以向房产行政管理部门提出书面的复鉴申请：

（一）两个以上鉴定机构作出的鉴定结论不一致的；

（二）房屋危及公共安全且无法加固改造，利害关系人对鉴定结论有异议的。

房产行政管理部门应当向申请人提供鉴定机构名录供其选择。申请人选择的房屋安全鉴定机构所作出的复鉴结论是认定房屋结构安全状况的最终依据。

第五节　危险治理

第三十九条　鉴定结论为危险房屋的，房屋安全鉴定机构应当在三日内将鉴定报告告知房屋使用安全责任人，并报送房屋所在地的房产行政管理部门。

房产行政管理部门应当在接到报告后的三日内向房屋使用安全责任人发出《危险房屋通知书》，并提出限期治理的意见。

第四十条　房屋使用安全责任人应当根据鉴定结论对危险房屋分别采取下列治理措施：

（一）观察使用。适用于采取适当安全技术措施后，尚能短期使用，但需继续观察的房屋。

（二）处理使用。适用于采取适当技术措施后，可解除危险的房屋。

（三）停止使用。适用于已无维修价值，且暂时不便拆除，但不危及相邻建筑和影响他人安全的房屋。

（四）整体拆除。适用于整幢危险且已无维修价值，需立即拆除的房屋。

危险房屋在治理期间或者恢复正常使用前，不得出租或者作为周转用房。房屋使用安全责任人应当设置防止他人进入的围栏或者明显的危险房屋标志。

第四十一条　房屋有下列情形之一且危及公共安全的，房产行政管理部门应当责令其停止使用、限期治理；拒不停止使用或者逾期未治理的，由房产行政管理部门申请人民法院强制执行：

（一）出现局部垮塌；

（二）随时有垮塌危险；

（三）房屋使用安全责任人对危险房屋拒不治理的。

第四章　自建房屋的使用安全监督管理

第四十二条　区（市）县房产行政主管部门应当加强对自建房屋使用安全监督管理工作的业务指导，提高农村居民房屋使用安全意识。

第四十三条　本市建立自建房屋使用安全管理协管制度。

街道办事处、镇（乡）人民政府应当确定专业人员担任房屋使用安全协管员，并接受区（市）县房产行政主管部门的业务指导。

第四十四条　自建房屋确需拆改结构的，房屋使用安全责任人应当向房屋所在地的街道办事处、镇（乡）人民政府备案。

第四十五条　政府鼓励房屋使用安全责任人对自建房屋定期进行房屋安全鉴定、白蚁防治。街道办事处、镇（乡）人民政府应当给予指导。

第四十六条　自建房屋有蚁害的，房屋使用安全责任人应当自行灭治或者委托白蚁防治单位进行灭治。

第四十七条　房屋使用安全检查发现自建房屋存在安全隐患的，房屋使用安全责任人可以委托进行房屋安全鉴定。

第四十八条　自建房屋有下列危及公共安全情形之一的，由街道办事处、镇（乡）人民政府责令停止使用、限期治理；拒不停止使用或者逾期未治理的，由街道办事处、镇（乡）人民政府申请人民法院强制执行：

（一）出现局部垮塌；

（二）随时有垮塌危险；

（三）房屋使用安全责任人对危险房屋拒不治理的。

第五章　法律责任

第四十九条　违反本条例的行为，法律、法规已作出行政处罚规定的，从其规定；造成损失的，依法承担民事责任；构成犯罪的，依法承担刑事责任。

第五十条 违反本条例第二十六条第一项、第二项、第三项或者第四项规定的，由房产行政管理部门责令其停止违法行为、恢复原状，拒不改正，属住宅的，处以一万元以上五万元以下罚款；属非住宅的，处以五万元以上十万元以下罚款。

第五十一条 违反本条例第二十七条、第三十条第一款规定，擅自进行装修、改造、维修加固或者未按《房屋结构安全批准书》批准的设计方案施工的，由房产行政管理部门责令其停止施工、限期改正。拒不改正，属住宅的，处以一千元以上五千元以下罚款；属非住宅的，处以一万元以上五万元以下罚款。

第五十二条 违反本条例第三十一条第一款规定，未将《房屋结构安全批准书》张贴或者悬挂在施工现场的，由房产行政管理部门责令其改正。

物业服务企业或者其他管理人违反本条例第三十一条第三款规定，未履行告知或者报告义务的，由房产行政管理部门处以三千元以上一万元以下罚款。

第五十三条 违反本条例第三十二条第一款规定，未组织房屋结构安全竣工验收或者房屋结构安全竣工验收不合格投入使用的，由房产行政管理部门责令其限期改正，拒不改正，属住宅的，处以三千元以上一万元以下罚款；属非住宅的，处以一万元以上五万元以下的罚款。

第五十四条 违反本条例第三十五条规定，拒不委托实施房屋安全鉴定且危及公共安全的，由房产行政管理部门责令其限期改正。逾期仍不委托的，由房产行政管理部门申请人民法院强制执行。

第五十五条 房屋安全鉴定机构有下列行为之一的，由房产行政管理部门责令其限期改正，处以一万元以上三万元以下罚款；情节恶劣或者造成严重后果的，取消或者提请有关机关取消其鉴定资格，并处以五万元以上十万元以下罚款：

（一）不具备资质条件而从事房屋安全鉴定活动的；

（二）故意将安全房屋鉴定为存在安全隐患房屋的；

（三）因过失将存在安全隐患房屋鉴定为安全房屋，并在鉴定报告有效时限内发生事故的；

（四）违反本条例第三十九条第一款规定，未按时向房产行政管理部门报送鉴定报告的。

第五十六条 房产行政管理部门和街道办事处、镇（乡）人民政府及其工作人员滥用职权、徇私舞弊或者拒不履行房屋使用安全监督管理职责的，按有关规定给予行政处分；构成犯罪的，依法追究刑事责任。

第六章 附 则

第五十七条 本条例中下列用语的含义：

（一）房屋结构，是指地基基础、上部承重体系的墙、梁、板、柱、屋盖等主体结构。

（二）房屋安全鉴定，是指对房屋结构的安全状况和使用状况进行鉴别、评定。

（三）危险房屋，是指结构已严重损坏或者承重构件已属于危险构件，随时有可能丧失结构稳定和承载能力，不能保证居住和使用安全的房屋。

（四）自建房屋，是指农村居民利用宅基地自行建造，并依法登记的房屋。

（五）（临时）管理规约，是指《临时管理规约》和《管理规约》。

第五十八条 市人民政府可以根据本条例制定房屋使用安全监督管理的具体办法。

第五十九条 本条例自2011年10月1日起施行。

1999年12月28日成都市第十三届人民代表大会常务委员会第十二次会议通过，2000年3月31日四川省第九届人民代表大会常务委员会第十五次会议批准的《成都市城市房屋装修结构安全管理规定》同时废止。

成都市烟草专卖管理条例

2006年9月22日成都市第十四届人民代表大会常务委员会第二十七次会议通过，2006年11月30日四川省第十届人民代表大会常务委员会第二十四次会议批准；

根据2012年8月31日成都市第十五届人民代表大会常务委员会第三十四次会议通过，2012年11月30日四川省第十一届人民代表大会常务委员会第三十四次会议批准的《关于修改〈成都市烟草专卖管理条例〉的决定》第一次修正；

根据2015年2月26日成都市第十六届人民代表大会常务委员会第十四次会议通过，2015年5月21日四川省第十二届人民代表大会常务委员会第十六次会议批准的《关于修改〈成都市烟草专卖管理条例〉的决定》第二次修正。

第一章　总　则

第一条　为加强烟草专卖管理，维护消费者和经营者合法权益，根据《中华人民共和国烟草专卖法》、《中华人民共和国烟草专卖法实施条例》和《四川省烟草专卖管理条例》等法律、法规，结合成都市实际，制定本条例。

第二条　本条例所称烟草专卖品，是指卷烟、雪茄烟、烟丝、复烤烟叶、烟叶、卷烟纸、滤嘴棒、烟用丝束、烟草专用机械。

卷烟、雪茄烟、烟丝、复烤烟叶统称烟草制品。

第三条　在本市行政区域内从事烟草专卖品生产、运输、存储、销售以及专卖监督管理等活动的单位和个人，应当遵守本条例。

第四条　市烟草专卖行政主管部门负责本市行政区域内的烟草专卖监督管理工作。区（市）县烟草专卖行政主管部门负责本行政区域内的烟草专卖监督管理工作，受市烟草专卖行政主管部门和本级人民政府双重领导，以市烟草专卖行政主管部门领导为主。

公安、工商、质监、交通、城管、海关、铁路、民航、邮政、税务、物价等部门应当依照各自职责，协同烟草专卖行政主管部门做好烟草专卖监督管理工作。

第五条 市和区（市）县烟草专卖行政主管部门应当会同有关部门加强吸烟危害健康的宣传教育，积极组织或者参与禁止向未成年人售烟的各项有益活动。

第六条 烟草专卖行政主管部门应当加强对申请烟草专卖零售许可证的法定代表人（负责人）和经营者的烟草专卖法律、法规知识培训。

第二章 生产、运输、存储、销售管理

第七条 生产烟草专卖品，应当依法取得国务院烟草专卖行政主管部门批准的烟草专卖生产企业许可证。

未取得烟草专卖生产企业许可证的单位和个人，不得购买卷烟纸、滤嘴棒、烟用丝束、烟草专用机械。

第八条 淘汰、报废、非法拼装的烟草专用机械和残次的滤嘴棒、烟用丝束及下脚料由市烟草专卖行政主管部门按照有关规定监督处理，其他单位和个人不得擅自销售、购买和处理。

第九条 烟草专卖品的运输实行准运证制度。跨本市区（市）县运输烟草专卖品，应当持有烟草专卖行政主管部门签发的准运证。烟草专卖品准运证应当随货同行、证货相符。

从事烟草制品零售业务的企业和个人，在发证机关所在地的行政区域范围内托运或者自运烟草制品，应当持有当地烟草专卖批发企业出具的有效购货证明。

第十条 存储烟草专卖品应当持有购货证明、合同或者准运证等合法有效的证明。仓储单位应当查验所存储烟草专卖品的合法有效证明。

禁止非法存储烟草专卖品或者为非法经营烟草专卖品行为提供存储条件。

第十一条 批发烟草制品，应当依法取得国务院或者省烟草专卖行政主管部门批准的烟草专卖批发企业许可证。

烟草制品批发企业应当在烟草专卖批发企业许可证注明的经营范围和地域范围内从事烟草制品批发业务，不得向无烟草专卖零售许可证的企业和个人提供烟草制品。

第十二条 零售烟草制品，应当依法申领烟草专卖零售许可证。

取得烟草专卖零售许可证的企业和个人，未经批准不得改变经营范围和经营地址。

取得烟草专卖零售许可证的企业和个人，应当在发证机关指定的烟草专卖批发企业购进烟草制品，并在烟草专卖零售许可证注明的地点亮证经营，明码标价。

烟草制品零售经营者应当在其经营场所的显著位置设置“吸烟有害健康”和“禁止向未成年人售烟”的标识。

第十三条 卷烟生产企业、外国烟草公司及其常驻代表机构在本市行政区域内开展卷烟促销活动，应当报请市烟草专卖行政主管部门批准。

开展卷烟促销活动的企业、机构应当提前将促销活动的内容、规模、范围、时间、地点等向市烟草专卖行政主管部门提出申请。市烟草专卖行政主管部门接到申请后，应当按照有关规定在十日内作出决定并告知申请单位；逾期未作出决定的视为批准。

第十四条 禁止下列促销行为：

（一）以促销名义销售烟草制品；

（二）将未成年人作为烟草制品促销对象；

（三）以不正当的竞争手段开展烟草制品促销活动；

（四）法律、法规、规章禁止的其他行为。

第十五条 禁止生产、运输、邮寄、存储、销售假冒伪劣烟草制品、走私烟草制品、出口倒流国产烟草制品、未缴付关税而流出免税店和保税区的烟草制品。

禁止为生产、运输、邮寄、存储、销售假冒伪劣烟草制品、走私烟草制品、出口倒流国产烟草制品、未缴付关税而流出免税店和保税区的烟草制品提供条件。

第十六条 禁止在广播电台、电视台、互联网、报刊播放、刊登烟草广告。

禁止在各类等候室、影剧院、会议厅、体育场馆、公园、医院等法律、法规、规章禁止的场所设置烟草广告。

第三章 零售许可证管理

第十七条 烟草制品零售经营点布局由区（市）县烟草专卖行政主管部门制定并向社会公布。

中（小）学校、网吧、医院内不得设置烟草制品零售经营点。

第十八条 烟草专卖零售许可证由区（市）县烟草专卖行政主管部门核发。

连锁经营企业在申请烟草专卖零售许可证时，应当由各分支机构分别向所在地的区（市）县烟草专卖行政主管部门提出申请。

第十九条 申领烟草专卖零售许可证的企业、个人应当具备下列条件：

（一）有固定的经营场所；

（二）符合当地烟草制品零售经营点布局的要求；

（三）企业的经营资金不少于五万元；城镇个人的经营资金不少于五千元；农村个人的经营资金不少于三千元；

（四）国务院烟草专卖行政主管部门规定的其他条件。

对于优抚对象、残疾人、下岗职工等人员，发证机关可以适当放宽前款第一、二、三项规定的条件。

第二十条 申领烟草专卖零售许可证的企业、个人，应当向区（市）县烟草专卖行政主管部门提交书面申请和材料。

区（市）县烟草专卖行政主管部门应当在受理之日起二十日内对申请者提交的申请材料依法审查并作出决定，对符合条件的发放烟草专卖零售许可证；不予许可的，以书面形式向申请人说明理由。

第二十一条 烟草专卖行政主管部门应当加强烟草专卖零售许可证监督检查，建立信息监管平台，对取得烟草专卖零售许可证的企业和个人实行诚信等级管理，依法公开烟草专卖零售许可证的办理和监管信息。

取得烟草专卖零售许可证的企业应当每年向发证机关报告烟草专卖零售许可证使用和经营情况。

第二十二条 烟草专卖零售许可证的持证人因主体、企业类型或者经营地址发生改变的，应当重新申领烟草专卖许可证。

第二十三条 严禁申请人利用隐瞒事实、欺骗等不正当手段非法取得烟草专卖零售许可证。

严禁出借、出租、出让、涂改、伪造、变造烟草专卖零售许可证。

第四章 监督检查

第二十四条 国务院烟草专卖行政主管部门制发的执法徽章是执法车辆和执法人员表明执法身份的统一标识。

第二十五条 烟草专卖行政主管部门依法行使行政监督检查时，可以采取下列措施：

（一）对涉嫌违法生产、运输、存储、销售的烟草专卖品进行检查；

（二）对当事人、嫌疑人、证人以及有关单位和个人进行调查、询问，并要求其在笔录上签名或者盖章；

（三）查阅、抄录或者复制有关的文件、合同、发票、单据、账册、记录、业务函电等材料；

（四）自行或者会同有关行政主管部门在机场、车站、仓库、商品交易市场等地依法进行烟草专卖检查；

（五）对涉案烟草专卖品的生产、存储、经营场所和运输工具进行检查，对与违法行为有关的烟草专卖品、工具和其他物品实施先行登记保存；

（六）合法地采用录音、录像、摄影等手段，取得所需的证据材料；

（七）法律、法规规定的其他措施。

第二十六条 烟草专卖行政执法人员在执行公务时，应当遵守下列规定：

（一）执法检查时不得少于两人，并主动出示国务院烟草专卖行政主管部门颁发的检查证件或者省人民政府颁发的行政执法证件；

（二）实施先行登记保存时，应当经本级烟草专卖行政主管部门负责人批准，并告知当事人实施先行登记保存的事实、理由和依据等事项；

（三）先行登记保存的期限按照《四川省烟草专卖管理条例》的相关规定执行。

第二十七条 当事人在其烟草专卖品或者涉案物资被烟草专卖行政主管部门先行登记保存后，不接受调查处理的，经烟草专卖行政主管部门书面通知或者自公告通知之日起三十日后仍不接受调查处理的，烟草专卖行政主管部门可以依法将先行登记保存的烟草专卖品连同涉案物资予以没收。

第二十八条 涉案烟草制品的价格按照国家有关规定认定。

第二十九条 公民、法人或者其他组织发现有违反烟草专卖法律、法规、规章的行为时，应当向烟草专卖行政主管部门举报。烟草专卖行政主管部门接到举报后，应当及时查处，并对举报信息予以保密，对举报属实的给予奖励。

第五章　法律责任

第三十条 违反本条例第七条第二款规定的，由烟草专卖行政主管部门没收其违法烟草专卖品，可并处以没收违法物品价值一倍以上二倍以下的罚款。

第三十一条 违反本条例第八条规定的，由烟草专卖行政主管部门没收其违法物品，可并处以二千元以上五万元以下罚款。

第三十二条 违反本条例第十条第二款的规定，由烟草专卖行政主管部门按下列规定给予处罚：

（一）非法存储烟草专卖品的，处以所存储烟草专卖品价值百分之五十以上一倍以下的罚款，并可以对违法的烟草制品按其市场批发价格的百分之七十予以收购；

（二）为非法经营烟草专卖品提供存储条件的，没收违法所得，可并处以二千元以上五万元以下罚款。

第三十三条 违反本条例第十二条的规定，由烟草专卖行政主管部门按下列规定给予处罚：

（一）无烟草专卖零售许可证的企业和个人经营烟草制品零售业务的，处以违法经营烟草制品价值百分之二十以上百分之五十以下的罚款，并可以对违法的烟草制品按其市场批发价格的百分之七十予以收购；

（二）擅自改变经营范围和经营地址的，责令其整改，拒不整改的，可处二百元以上一千元以下的罚款，情节严重的，可吊销其烟草专卖零售许可证；

（三）取得烟草专卖零售许可证的企业和个人未在当地烟草专卖批发企业进货的，处以进货总额百分之五以上百分之十以下的罚款，并可以对违法的烟草制品按其市场批发价格的百分之七十予以收购；

（四）未在经营场所的显著位置设置“吸烟有害健康”和“禁止向未成年人售烟”标识的，责令其整改；拒不整改的，处以五十元以上二百元以下罚款。

第三十四条 违反本条例第十三条第一款规定的，由烟草专卖行政主管部门责令其停止促销活动，可并处以一万元以上五万元以下的罚款。

第三十五条 违反本条例第十四条规定的，由烟草专卖行政主管部门按下列规定给予处罚：

（一）以促销名义销售烟草制品的，责令其停止促销活动，可并处以违法经营烟草制品价值百分之二十以上百分之五十以下的罚款；

（二）将未成年人作为烟草制品促销对象的，责令其停止促销活动，可并处以五千元以上三万元以下罚款；

（三）以不正当的竞争手段开展烟草制品促销活动的，责令其停止促销活动，可并处以五千元以上二万元以下罚款。

第三十六条 违反本条例第十五条第一款规定的，由烟草专卖行政主管部门按下列规定给予处罚：

（一）生产、运输、邮寄、存储、销售假冒伪劣烟草制品的，责令其停止违法行为，没收其生产、运输、邮寄、存储、销售的烟草制品和违法所得及用于生产、运输、销售的工具、设备和其他相关物资，可并处以生产、运输、邮寄、存储、销售烟草制品价值一倍以上二倍以下的罚款；

（二）运输、邮寄、存储、销售走私烟草制品、出口倒流国产烟草制品或者未缴付关税而流出免税店和保税区的烟草制品的，责令其停止违法行为，没收其运输、邮寄、存储、销售的烟草制品和违法所得，可并处以运输、邮寄、存储、销售烟草制品价值一倍以上三倍以下的罚款；

（三）持有烟草专卖零售许可证的经营者，销售假冒伪劣烟草制品价值在五百元以上或者存储假冒伪劣烟草制品价值在一千元以上的，烟草专卖行政主管部门除按照本条第一项给予处罚外，可吊销其烟草专卖零售许可证。

第三十七条 违反本条例第十五条第二款规定的，由烟草专卖行政主管部门没收违法所得，可并处以二千元以上五万元以下罚款。

第三十八条 违反本条例第二十三条第二款规定的，由烟草专卖行政主管部门处以一千元以下的罚款；情节严重的，可吊销其烟草专卖零售许可证。

第三十九条 烟草专卖行政主管部门的工作人员有下列行为之一的，给予行政处分：

（一）不符合许可条件给予许可或者超越职权许可的；

（二）发现违反本条例的违法行为不依法予以查处的；

（三）索贿、受贿或者接受可能影响公正执行职务的不当利益的；

（四）其他滥用职权、徇私舞弊、玩忽职守的行为。

第六章 附 则

第四十条 本条例自 2007 年 1 月 1 日起施行。

成都市烟花爆竹燃放管理规定

2014 年 8 月 26 日成都市第十六届人民代表大会常务委员会第十次会议通过，2014 年 11 月 26 日四川省第十二届人民代表大会常务委员会第十三次会议批准。

第一条 为了加强烟花爆竹燃放管理，减少空气污染，改善环境质量，维护公共安全，保障城乡居民的人身财产安全，移风易俗，营造良好的生产生活环境，根据国务院《烟花爆竹安全管理条例》和相关法律、法规，结合成都市实际，制定本规定。

第二条 本市行政区域内烟花爆竹燃放管理工作适用本规定。

第三条 本市中心城区禁止燃放烟花爆竹。中心城区是指锦江区、青羊区、金牛区、武侯区、成华区等五城区以及其他区（县）伸入绕城高速公路外侧 500 米生态保护带以内的地区。中心城区内的殡仪馆、公墓等公共祭扫场所可以在指定的区域和时间燃放。

中心城区以外的区（市）县禁止燃放烟花爆竹的区域，由区（市）县人民政府划定。

本市举行重大庆典活动需要举办焰火晚会或者其他大型焰火燃放活动的，由市人民政府决定并予以公告。

第四条 本规定第三条第一款、第二款规定以外地区的下列区域或者场所，禁止任何单位或者个人燃放烟花爆竹：

（一）国家机关、人民团体和教学科研等事业单位；

（二）车站、地铁、码头、机场等交通枢纽以及铁路线路安全保护区内；

（三）文物保护单位、饮用水水源一级保护区、山林等重点防火区、军事设施保护区、企业生产经营场所、物资储存仓库、机动车停车场；

（四）加（配）油（气）站等生产、储存易燃易爆物品的场所和输油

（气）管线、输变电设施安全保护区以及周边 200 米范围内；

（五）医疗机构、养老机构、儿童福利院、幼儿园、商场、集贸市场和文化娱乐体育场馆以及其他人员密集场所；

（六）法律、法规规定禁止燃放烟花爆竹的其他场所。

第五条 本规定第三条第一款、第二款和第四条规定以外的区域或者场所，任何单位或者个人燃放烟花爆竹不得有下列行为：

（一）在城镇居民集中居住区住宅的阳台、窗口、楼道、屋顶燃放或者抛掷烟花爆竹；

（二）向行人、车辆、航空器、建筑物、构筑物、公共绿化地、地下管网等抛掷烟花爆竹；

（三）妨碍行人、车辆、航空器安全通行；

（四）其他危害公共安全、人身安全和破坏生活环境、生态环境的行为。

第六条 禁止任何单位或者个人非法生产、销售、储存、运输烟花爆竹。在禁止燃放烟花爆竹的区域内，任何单位或者个人不得生产、销售、储存烟花爆竹。

禁止携带烟花爆竹搭乘公共交通工具。禁止在托运行李、包裹、邮件中夹带烟花爆竹。

允许销售的个人燃放类烟花爆竹的品种和规格应当符合相关国家标准。禁止向个人销售专业燃放类的烟花爆竹产品。

第七条 本规定第三条第一款、第二款规定以外地区实行烟花爆竹定点销售。定点销售的具体办法由区（市）县人民政府依照有关规定制定。

第八条 本规定由市和区（市）县人民政府组织实施。

公安机关是烟花爆竹燃放安全管理的主管部门。

民政、安监、环保、城管、工商、质监、交通运输等相关行政部门和镇（乡）人民政府、街道办事处，在各自的职责范围内负责监督管理。

第九条 国家机关、人民团体、企业事业单位、社区居民委员会、村民委员会以及其他组织应当开展保护环境、安全燃放烟花爆竹的宣传教育，协助做好烟花爆竹燃放管理工作。

第十条 公民、法人和其他组织发现有违反本规定禁止行为的，有权向监督管理部门举报。监督管理部门受理举报后应当及时查处。

第十一条 违反本规定第三条第一款、第二款和第四条、第五条规定的，由公安机关责令停止燃放，处一百元以上五百元以下罚款；违反治安管理的，依法给予治安管理处罚。

违反本规定的其他行为，由负有监管责任的部门按照《中华人民共和国治安管理处罚法》、国务院《烟花爆竹安全管理条例》和相关法律、法规的规定处罚。

第十二条 无民事行为能力人或者限制民事行为能力人燃放烟花爆竹的，应当由监护人或者其他完全民事行为能力人陪同。

无民事行为能力人或者限制民事行为能力人违反本规定造成损害后果的，由其监护人依法承担相应的民事责任。

第十三条 阻碍国家机关工作人员依法执行职务的，由公安机关依照《中华人民共和国治安管理处罚法》的规定予以处罚；构成犯罪的，依法追究其刑事责任。

第十四条 行政机关工作人员滥用职权、徇私舞弊、玩忽职守的，依法给予行政处分；构成犯罪的，依法追究刑事责任。

第十五条 本规定自2015年1月1日起施行。2008年9月17日成都市第十五届人民代表大会常务委员会第六次会议通过，2008年9月25日四川省第十一届人民代表大会常务委员会第五次会议批准的《成都市烟花爆竹燃放安全管理规定》同时废止。

成都市非机动车管理条例

2014年6月26日成都市第十六届人民代表大会常务委员会第九次会议通过，2014年9月26日四川省第十二届人民代表大会常务委员会第十二次会议批准。

目　录

第一章　总　则

第一条　为了加强非机动车管理，维护道路交通秩序，保障道路交通安全和畅通，根据《中华人民共和国道路交通安全法》、《中华人民共和国产品质量法》、《中华人民共和国道路交通安全法实施条例》等法律法规的规定，结合成都市实际，制定本条例。

第二条　本条例所称非机动车，是指以人力驱动上道路行驶的交通工具，以及虽有动力装置驱动但设计最高时速、空车质量、外形尺寸符合有关国家标准的电动自行车、残疾人机动轮椅车等交通工具。

第三条　本条例适用于本市行政区域内非机动车的生产、销售、登记、通行以及相关管理活动。

第四条　本条例由市和区（市）县人民政府负责组织实施。

公安机关交通管理部门负责非机动车的登记和通行管理。

质量技术监督行政管理部门负责生产领域非机动车产品质量的监督管理。

工商行政管理部门负责流通领域非机动车产品质量和经营行为的监督管理。

经信、公安、环保、城管、交通等行政管理部门以及残疾人联合会等社会团体应当在各自职责范围内开展非机动车管理的相关工作。

区（市）县人民政府负责组织本辖区内非机动车停放管理工作。

相关非机动车行业协会应当开展对非机动车生产、销售的指导、服务工作。

第二章　生产销售

第五条　在本市生产的非机动车应当符合国家标准。

在本市销售的电动自行车除应当符合国家标准外，还应当符合本市对车辆的电动机功率、空车质量、外形尺寸等技术参数的要求。

第六条　本市对符合国家标准和本市要求的电动自行车实行产品目录管理。未纳入本市产品目录的电动自行车，禁止在本市销售和登记。

电动自行车产品目录由市质量技术监督行政管理部门会同市经信、公安、环保、工商等有关行政管理部门以及相关行业协会编制，向社会公布并适时更新。

电动自行车产品目录编制管理办法，由市质量技术监督行政管理部门会同有关部门另行制定。

第七条　已经纳入产品目录的电动自行车技术参数发生变更的，生产企业应当向市质量技术监督行政管理部门申报，并由市质量技术监督行政管理部门组织相关部门重新核定。经营者不得销售与产品目录的技术参数不一致的电动自行车。

电动自行车生产企业擅自变更技术参数的，市质量技术监督行政管理部门应当将相应产品从产品目录中删除。

第八条　电动自行车经营者应当在销售场所醒目位置公示有效产品目录，并通过店堂告示、在销售凭证中注明等方式向消费者承诺其销售车辆已经纳入产品目录，符合本市电动自行车登记条件。

消费者因购买未纳入产品目录或者与产品目录技术参数不一致的电动自行车导致无法办理车辆登记的，有权依法要求经营者退货、更换。

第九条 禁止任何单位和个人从事下列行为：

（一）拼装非机动车；

（二）在非机动车上加装、改装动力装置或者拆除、改动电动自行车限速装置等更改非机动车技术参数影响非机动车行驶安全的行为；

（三）在非机动车上搭篷、安装挂架、加装或者改装座位等改变非机动车外形结构影响非机动车行驶安全的行为。

禁止销售具有前款所列情形的非机动车。

第十条 对违法生产、销售非机动车的行为，任何单位或者个人有权向质量技术监督行政管理部门、工商行政管理部门举报、投诉。质量技术监督行政管理部门、工商行政管理部门应当公布举报电话，并在接到举报或者投诉后，对调查属实的违法行为依法处理。

第十一条 公安机关、工商行政管理部门、质量技术监督行政管理部门应当建立协调配合的工作机制。

公安机关、工商行政管理部门、质量技术监督行政管理部门发现违法生产、销售非机动车的，应当按照职责分工依法查处。

第十二条 电动自行车所有人或者管理人应当将电动自行车的废旧电池送交电动自行车生产企业、经营者或者其他具有危险废物处置资质的单位处置，不得随意丢弃。

电动自行车生产企业、经营者应当采取以旧换新等方式回收电动自行车的废旧电池，并按照国家危险废物管理的相关规定送交具有危险废物处置资质的单位集中处置，不得随意将废旧电池交给无处置资质的单位或者个人处置。

鼓励非机动车生产企业、经营者采取以旧换新、折价回购等方式回收废旧非机动车。

第十三条 非机动车经营者应当主动向消费者告知所购非机动车的安全

驾驶常识和注意事项。

第十四条 鼓励非机动车所有人或者管理人投保第三者责任保险、人身伤害保险和财产损失保险。

第三章 登记管理

第十五条 上道路行驶的电动自行车、人力三轮车、残疾人机动轮椅车，应当经公安机关交通管理部门登记，取得非机动车号牌和行驶证。

前款所列非机动车未经依法登记禁止上道路行驶。

第十六条 本条例第十五条第一款规定的非机动车所有人或者管理人应当自购车之日起十五日内，到公安机关交通管理部门申请登记上牌，现场交验车辆并提交下列材料：

（一）身份证明、居住证明或者单位组织机构代码证等其他合法有效的证明；

（二）购车凭证或者车辆的其他合法来历证明；

（三）非机动车整车合格证明。

申办残疾人机动轮椅车牌证的，应当依法提交下肢残疾证明。

公安机关交通管理部门对符合前款规定条件的，应当发放非机动车号牌和行驶证；对不符合前款规定条件的，不予登记并书面向申请人说明理由。

非机动车登记管理办法由市公安机关交通管理部门另行制定。

第十七条 在本市中心城区，除市政、环卫等公用事业特定需求外，一律不再对人力三轮车新办、补办非机动车号牌、行驶证，不予办理转移登记。

第十八条 已经登记上牌的非机动车的所有权发生变更、转移的，非机动车所有人或者管理人应当向公安机关交通管理部门办理变更转移登记；被盗、遗失、灭失的，非机动车所有人或者管理人应当向公安机关交通管理部门备案。

已经取得外地牌证的非机动车在本市使用，所有人或者管理人应当按照本条例规定向公安机关交通管理部门申请登记，取得本市非机动车牌证。

第十九条 公安机关交通管理部门应当对已经登记的电动自行车、人力三轮车和残疾人机动轮椅车的信息进行采集，并实行档案管理，提供有关信息查询。

第二十条 公安机关交通管理部门在办理车辆登记时，应当对申请人进行道路交通安全法律法规宣传教育，增强申请人的法律意识和交通安全意识。

非机动车驾驶人应当学习道路交通安全法律法规。

第四章 道路通行

第二十一条 已经登记的非机动车应当在指定部位悬挂非机动车号牌，保持号牌清晰、完整。在道路上驾驶非机动车，驾驶人应当随车携带行驶证。应当登记的新购非机动车，驾驶人可以持购车凭证在购车后十五日内临时通行。

禁止伪造、变造或者使用伪造、变造的非机动车牌证。禁止使用其他车辆的非机动车牌证。

第二十二条 在道路上驾驶非机动车，应当确保车辆制动器、鸣号装置（车铃）、夜间反光装置齐全有效。

第二十三条 在道路上驾驶非机动车，驾驶人应当遵守下列规定：

（一）遵守交通信号，服从交通管理人员的指挥；

（二）遵守各行其道的通行原则，不得逆向行驶或者驶入人行道；

（三）在没有非机动车道的道路上，应当靠车行道的右侧行驶；

（四）通过过街人行天桥应当下车推行；

（五）禁止醉酒驾驶；

（六）禁止驶入城市快速路、高架道路、上跨桥梁、下穿隧道等机动车道；

（七）禁止在车站、轨道交通站点等交通集散地以及医院、学校、商场、步行街等人员流动密集场所周边区域非停车道路上停放车辆；

（八）禁止驾驶拼装、加装、改装等改变非机动车外形结构或者更改技术参数的非机动车上道路行驶；

（九）遵守道路交通安全法律法规的其他规定。

第二十四条 驾驶电动自行车、残疾人机动轮椅车上道路行驶，除遵守第二十三条规定外，还应当遵守下列规定：

（一）驾驶人年满十六周岁；

（二）最高时速不得超过道路交通安全法律法规的限速规定；

（三）非下肢残疾人员不得驾驶残疾人机动轮椅车。

第二十五条 本市中心城区以外的区（市）县人民政府可以另行制定人力三轮车的管理办法。

第二十六条 非机动车载人，应当遵守下列规定：

（一）驾驶自行车、电动自行车限载一名十二周岁以下的未成年人；

（二）十八周岁以下的未成年人驾驶非机动车不得载人；

（三）驾驶人力货运三轮车、残疾人手摇轮椅车禁止载人，驾驶人力客运三轮车限载二人，残疾人驾驶机动轮椅车限载一名陪护人员。

第二十七条 非机动车载物，应当遵守下列规定：

（一）自行车、电动自行车、残疾人手摇轮椅车、残疾人机动轮椅车载物，高度从地面起不得超过1.5米，宽度左右各不得超出车把0.15米，长度前端不得超出车轮，后端不得超出车身0.3米；

（二）人力三轮车载物，高度从地面起不得超过2米，宽度左右各不得超出车身0.2米，长度不得超出车身1米；

（三）非机动车载物应当采取加固措施，防止发生货物散落、飘洒等影响道路通行的情况。

第二十八条 道路停车点位，由公安机关交通管理部门根据道路实际和非机动车停放需求进行规划与设置，并由各区（市）县人民政府确定的部门负责管理，其他任何单位和个人不得擅自规划与设置。

申请设置占道非机动车停车场，应当经公安机关交通管理部门和负责设置管理的部门审查同意，纳入规范管理。停车场管理人员应当引导车辆有序停放。

禁止占道非机动车停车场擅自改变使用性质。

第二十九条 医院、学校、商场、步行街、体育馆、展览馆、集贸市场等人员流动频繁的场所，可以根据交通需要合理设置收费或者免费的非机动车停车场，并落实专人或者委托专业服务机构管理。

停放非机动车，应当进入停车场。未设停车场的，应当停放在划定区域内。

第三十条 公安机关交通管理部门应当加强道路执法，疏导车辆，保障非机动车道畅通。

公安机关交通管理部门根据道路和交通流量的具体情况，可以对非机动车采取疏导、限制通行、禁止通行等措施。

第五章 法律责任

第三十一条 违反本条例规定的行为，法律法规已有处罚规定的，从其规定。

第三十二条 违反本条例第五条第一款规定，生产不符合国家标准的非机动车的，由质量技术监督行政管理部门按照《中华人民共和国产品质量法》、《成都市产品质量监督条例》的规定处罚。

违反本条例第五条第二款、第六条第一款和第七条第一款规定，在本市销售不符合本市要求、未纳入产品目录或者与产品目录的技术参数不一致的电动自行车，由工商行政管理部门责令改正，并根据情节处以销售产品（包括已售出和未售出的产品）货值金额等值以上三倍以下罚款。

违反本条例第八条第二款规定，拒不退货或者更换不符合标准电动自行车的，由工商行政管理部门按照《中华人民共和国消费者权益保护法》的规定处理。

第三十三条 违反本条例第九条规定，从事经营性拼装、加装、改装非机动车或者销售拼装、加装、改装非机动车的，由质量技术监督行政管理部门或者工商行政管理部门按照职责处以销售产品（包括已售出和未售出的产品）货值金额等值以上三倍以下罚款。

违反本条例第二十三条第（八）项规定，驾驶拼装、加装、改装等改变非机动车外形结构或者更改技术参数的非机动车的，由公安机关交通管理部门处以三十元以上一百元以下罚款。

第三十四条 违反本条例第十二条第一款、第二款规定，随意丢弃废旧电池或者将废旧电池交给无处置资质的单位或者个人处置的，由环保行政管理部门按照《中华人民共和国环境保护法》等法律法规相关规定处罚。

第三十五条 违反本条例第十五条第二款和第十八条第二款规定，驾驶未经依法登记的车辆上道路行驶的，由公安机关交通管理部门处以五十元罚款。

第三十六条 违反本条例第二十四条第（一）项和第二十六条第（二）项规定，十六周岁以下的未成年人驾驶电动自行车或者十八周岁以下的未成年人驾驶非机动车载人的，由公安机关交通管理部门给予口头警告，并可以责令其监护人加强监管。

第三十七条 违反本条例第二十八条第一款、第二款规定，未经批准设置非机动车停车场或者擅自划线定位停放车辆的，由区（市）县人民政府确定的行政管理部门责令限期改正，并对责任人处五百元以上二千元以下罚款。

违反本条例第二十八条第三款规定，擅自改变占道非机动车停车场使用性质的，由区（市）县人民政府确定的行政管理部门责令其限期改正，并处五百元以上二千元以下罚款；逾期不改正的，处以三千元以上一万元以下罚款。

第三十八条 非机动车驾驶人违反道路交通安全法律法规的行驶规定应当受到罚款处罚而拒绝接受处罚的，公安机关交通管理部门可以扣留其车辆。

第三十九条 对违反本条例的非机动车驾驶人，公安机关交通管理部门可以责令其学习道路交通安全法律法规。

第六章　附　则

第四十条 本条例公布之前，已经购买不符合国家标准和本市要求的电动自行车，其所有人或者管理人应当在本条例公布之日起六个月内向公安机关交通管理部门申领临时通行证，可以自本条例实施之日起三年以内上道路行驶，期满后禁止上道路行驶。

前款规定的具体实施办法由市公安机关交通管理部门另行制定。

第四十一条 本条例自2015年1月1日起施行，2006年8月10日成都市第十四届人民代表大会常务委员会第二十六次会议通过、2006年11月30日四川省第十届人民代表大会常务委员会第二十四次会议批准的《成都市非机动车管理规定》同时废止。

成都市地名管理条例

2014年4月29日成都市第十六届人民代表大会常务委员会第八次会议通过，2014年7月30日四川省第十二届人民代表大会常务委员会第十次会议批准。

第一章　总　则

第一条　为了加强地名管理，实现地名管理规范化、标准化，方便城乡居民生产生活，适应经济社会发展和对外交往的需要，根据国务院《地名管理条例》和相关法律法规，结合成都市实际，制定本条例。

第二条　本条例适用于本市行政区域内地名的命名、更名、注销、使用、标志设置以及相关管理活动。

第三条　地名管理应当尊重当地历史和现状，突出历史文化特色，体现时代特征，保持地名相对稳定，坚持人文性、前瞻性、整体性、大众性和专有性的原则。

第四条　本条例所称地名包括：

（一）山、河、湖、湿地等自然地理实体名称；

（二）区（市）县、乡（镇）等行政区域名称和区（市）县人民政府派出机构所辖区域名称，以及村、社区、区片等名称；

（三）公路、城市道路、桥梁、隧道、轨道交通站点等名称；

（四）城市公园、大型公共广场等城市公共空间名称；

（五）住宅、商场、写字楼、宾馆等大型建筑物（群）名称；

（六）门（楼）牌号；

（七）高速公路、铁路、机场、火车站、长途汽车客运站、货运枢纽站、码头、水库以及名胜古迹、纪念地、游览地等专业部门使用的具有地名意义的名称；

（八）其他具有地名意义的名称。

第五条 民政部门是地名管理的行政主管部门，负责本行政区域内地名的管理工作。

公安机关负责地名标志的设置和维护管理工作。

发改、财政、国土、建设、规划、房管、城管、交通、水务、林业园林、文化、工商、档案等行政主管部门在各自的职责范围内，协同开展有关地名管理工作。

第六条 市和区（市）县地名管理和地名标志设置所需经费应当纳入同级财政预算。

第二章 地名的命名、更名与注销

第七条 市民政部门应当会同国土、建设、规划、交通、水务、林业园林等相关行政主管部门编制本市地名总体规划。地名总体规划应当报市人民政府审定后组织实施。

地名总体规划未经法定程序不得修改。

本市中心城区的地名分区规划方案，应当依据地名总体规划由市民政部门会同相关行政主管部门和所在地人民政府编制。其他区域的地名分区规划方案由所在区（市）县人民政府组织编制，并报市民政部门备案。

城市轨道交通站点的命名规划方案，应当依据地名总体规划由市民政部门会同市城乡规划主管部门和轨道交通建设管理单位在编制轨道交通规划方案时同步编制。

第八条 地名命名应当符合地名总体规划的要求，反映当地的历史、文化、地理等特征，并符合下列要求：

（一）禁止使用有损国家主权、民族尊严和领土完整以及带有民族歧视性的字词，不得使用违背社会公序良俗的字词；

（二）禁止以国外地名、国内外企业名、产品名和商标名为道路、桥梁、隧道、轨道站点等城市公共设施命名；

（三）禁止有偿命名地名；

（四）本市范围内的乡（镇）、街道办事处、重要的自然地理实体名称不得重名，并避免同音；本市中心城区范围内或者其他区域行政区划范围内城市道路、建筑物名称、村和社区的名称，不得重名，并避免同音；

（五）地名应当由专名和通名两部分组成，专名反映地名的专有属性，通名反映地名的类别属性，不得单独使用专名词组或者通名词组作地名；

（六）地名通名应当真实反映其实体的属性类别，建筑物通名应当具备与之相适应的用地面积、总建筑面积、高度、绿地率等；

（七）派生地名应当与主地名相协调；名称中含有本市行政区域、区片名称或者道路名称的实体，应当在该行政区域、区片范围内或者该道路沿线；

（八）地名命名应当符合《中华人民共和国国家通用语言文字法》的规定，不得使用外文、繁体字、异体字、自造字和标点符号，并避免使用多音字、生僻字和容易产生歧义的字。

第九条 地名的命名、更名应当征求社会各界、专家学者和当地居民的意见。对城市快速路、主干道路和大型桥梁、广场等重要实体以及涉及历史地名保护名录的命名、更名事项应当组织论证。

第十条 地名命名，应当按照下列程序办理：

（一）行政区域的命名、更名，按照国家相关规定的程序办理。

（二）区（市）县范围内的自然地理实体的命名，公民、法人或者其他组织可以提出相关地名命名的建议，由乡镇人民政府、街道办事处受理和申报，经区（市）县民政部门审核并组织论证后，报区（市）县人民政府审批，并报市民政部门备案。涉及两个以上区（市）县的，由相关区（市）县民政部门提出意见，区（市）县人民政府联合上报，经市民政部门审核并组织论证后，报市人民政府审批。

（三）本市中心城区城市道路〔包括跨区（市）县道路〕、桥梁和隧道的命名，市人民政府投资建设的项目在下达建设任务前，由市建设行政主管部门向市民政部门提出命名申请，按照规定程序报市人民政府审批。其他投资主体建设的项目由项目投资人向所在地民政部门提出命名申请，按照规定程序报市民政部门审核后报市人民政府审批。其他区域的城市道路、桥梁和隧道的命名，跨区（市）县的由市民政部门按照地名规划统一协调后，分别由所在地人民政府按照规定程序审批。其他城市道路、桥梁和隧道，分别由所在地人民政府按照规定程序审批。

（四）公园、大型广场、湖泊、河道等的命名，由相关行政主管部门向所在地的民政部门提出命名申请，受理申请的民政部门按照规定程序报同级人民政府审批。

（五）城市轨道交通站点的命名由轨道交通建设管理单位按照站点命名规划方案向市民政部门提出申请，市民政部门按照规定程序报市人民政府审批。

（六）住宅、商场、写字楼、宾馆等大型建筑物（群），在开工建设前应当依法办理建筑物名称备案手续。城乡规划主管部门发放建设工程规划许可时，应当告知项目业主到民政部门办理建筑物名称备案手续；建设行政主管部门在发放建设工程施工许可时，应当查验项目业主取得的建筑物名称备案文件。本市中心城区内的建筑物名称报市民政部门备案，其他区域内的建筑物名称报所在地的区（市）县民政部门备案。

（七）乡村公路的命名由所在地的区（市）县交通行政主管部门向同级民政部门提出命名申请，民政部门审核后报同级人民政府审批。

（八）高速公路、铁路、机场、火车站、长途汽车客运站、货运枢纽站、码头以及名胜古迹、纪念地、游览地等专业部门使用的具有地名意义的名称，按照相关法律法规的命名规定执行。

地名更名和注销应当严格遵循与地名命名相同的审批程序办理。

第十一条 有下列情形之一的，民政部门应当根据管理权限按照第十条规定的程序予以更名：

（一）在本市中心城区范围内或者其他区域行政区划范围内同类地名重名的；

（二）因行政区划调整，需要变更区（市）县、乡（镇）、街道办事处、村（社区）等名称的；

（三）依照法律法规应当依法更名的其他情形。

第十二条　有下列情形之一的，民政部门可以根据管理权限按照第十条规定的程序予以更名：

（一）在本市中心城区范围内或者其他区域行政区划范围内同类地名同音，或者地名使用多音字、生僻字和容易产生歧义的字；

（二）派生地名与主地名不一致的；

（三）因规划调整需要变更道路名称的；

（四）在项目建设施工前或者施工中因开发建设主体发生变更，需要变更建筑物名称的；

（五）因自然变化和城市建设等原因导致地域上的地理实体被改造、被拆除或者消失，造成原标准地名与改变后情况不符的；

（六）依照法律法规应当依法更名的其他情形。

本条第一款第（一）、（二）项规定的情形下，需要更名的，应当征求当地居民的意见。

第十三条　因地名更名，公民、法人或者其他组织需要更换相关证照的，相关行政主管部门应当免收费用。

第十四条　有下列情形之一的，民政部门应当根据管理权限注销原地名：

（一）因行政区划调整、城市建设或者自然变化而消失的地名；

（二）原有地名已经更名的。

第三章　地名的使用

第十五条　本条例所称标准地名是指符合地名管理相关规定，并经市和区（市）县人民政府或者专业部门依法批准的地名。

本条例实施前经市和区（市）县民政部门认定，仍在使用的地名，视为标准地名。

标准地名自批准后五个工作日内，由民政部门或者相关行政主管部门以及专业部门向社会公布。

第十六条　下列事项涉及地名时，应当使用标准地名：

（一）地图、电话簿、企业名录等公开出版物以及地理信息系统和相关网站；

（二）公共交通站点、道路交通指示牌等公共服务设施；

（三）各类公文、证照及其他法律文书；

（四）报刊、广播、电视、网络等公共媒体发布的信息；

（五）媒体广告和户外广告；

（六）城乡规划主管部门制定的各类规划，发展和改革行政主管部门审批城市道路、桥梁和隧道等建设项目立项；

（七）应当使用标准地名的其他情形。

任何单位和个人不得公开宣传、使用未经批准的地名。

第十七条　地名的书写应当符合《中华人民共和国国家通用语言文字法》等法律法规的规定。地名的罗马字母拼写，以国家公布的《汉语拼音方案》作为统一规范。

第十八条　建设行政主管部门发放住宅、商场、写字楼、宾馆等大型建筑物（群）建设工程施工许可和房产行政主管部门发放商品房预售许可，应当使用经民政部门备案的建筑物名称。

广告经营者、发布者在本市行政区域内发布的房地产广告中涉及新建建筑物的，应当查验广告主的备案文件，并发布与备案名称一致的广告。

备案的建筑物名称标志应当在建筑物交付使用前设置。

第四章　地名标志设置与管理

第十九条　地名标志的设置应当在标准地名公布之日起三十个工作日内完成。

地名标志的设置与管理应当符合国家标准和相关规定，地名标志应当设置在适当、明显且不被遮蔽的位置，并保持地名标志内容准确、清晰和标志牌完好。地名标志不得承载广告。

第二十条　公安机关负责组织编制地名标志设置规划。

第二十一条　需要移动或者拆除地名标志的，应当征得公安机关等地名标志设置管理部门的同意。

第二十二条 公民、法人和其他社会组织有保护地名标志的义务。

禁止涂改、污损、遮蔽、覆盖和擅自移动、拆除地名标志等损坏地名标志的行为。

第二十三条 民政部门应当会同有关部门加强对地名标识标牌设置管理情况的监督检查。有下列情形之一的，应当责令地名标志设置单位限期改正：

（一）标准地名公布后，未在规定时间内设置相关地名标志的；

（二）地名标志未使用标准地名、不符合强制性国家标准或者书写、拼写不规范的；

（三）地名已经更名，地名标志未相应更新的；

（四）地名标志锈蚀破损、字迹模糊不清或者残缺不全的；

（五）地名标志设置位置不当的；

（六）利用地名标志承载户外广告的；

（七）应当改正的其他情形。

第五章 地名档案管理与公共服务

第二十四条 民政部门应当建立地名档案，加强对地名档案的管理。

第二十五条 民政部门应当加强地名信息化建设，建立地名数据库，并及时维护更新地名数据库信息。

第二十六条 民政部门应当根据经济社会发展需要建设地名公共服务体系，并向社会无偿提供地名信息查询服务。

第二十七条 民政部门应当与相关行政主管部门互通与地名有关的基础信息，实现资源共享，共同实施地名公共服务基础建设。

第六章 历史地名保护

第二十八条 本条例所称历史地名是指 1949 年 10 月 1 日前形成的具有历史文化价值和纪念意义的地名。

市和区（市）县人民政府应当加强对历史地名保护工作的领导，鼓励和吸纳社会力量共同参与历史地名保护和研究，并在政策等方面予以保障和支持。

第二十九条 历史地名保护应当坚持合理使用、注重传承的原则。

对历史地名保护名录中在用地名的更名，应当严格控制。历史地名保护名录中不再使用的地名应当按照地域就近原则优先恢复启用。未被恢复启用的，应当采取挂牌立碑等措施加以保护。

第三十条 历史地名保护应当纳入地名规划，并与历史文化名城、名镇、名村保护规划相衔接。

第三十一条 文化行政主管部门应当组织开展对具有重要历史文化内涵地名的发掘保护工作，提出历史地名保护名录，经专家评审后，由民政部门审核后报同级人民政府批准。

第三十二条 对依法拆除或者迁移历史地名保护名录中地名所指称的实体，有关部门应当事先会同民政部门制定地名保护方案。

第七章 法律责任

第三十三条 违反本条例规定的行为，法律法规已有处罚规定的，从其规定。

第三十四条 违反本条例第十六条规定，公开宣传、使用未经批准的地名的，由民政部门责令停止使用、限期改正。

第三十五条 违反本条例第十八条第一款规定，住宅、商场、写字楼、宾馆等大型建筑物（群）公开使用未经备案名称或者使用与备案不一致名称的，由民政部门责令限期改正；逾期不改正的，依法撤销其名称，并处以一万元以上二万元以下罚款。

违反本条例第十八条第二款规定，房地产广告经营者、发布者未履行查验义务，发布与备案名称不一致的建筑物广告的，由工商行政管理部门责令广告经营者、发布者停止发布，可处以五千元以上一万元以下罚款。

第三十六条 违反本条例第二十二条规定，损坏地名标志的，由公安机关责令其限期改正；逾期不改正的，处以一千元以上五千元以下罚款。

第八章　附　则

第三十七条　本条例自2014年10月1日起施行。2002年1月17日成都市第十三届人民代表大会常务委员会第二十六次会议通过，2002年3月30日四川省第九届人民代表大会常务委员会第二十八次会议批准的《成都市地名管理规定》同时废止。

成都市饮用水水源保护条例

1991 年 12 月 20 日成都市第十一届人民代表大会常务委员会第二十二次会议通过，1992 年 3 月 13 日四川省第七届人民代表大会常务委员会第二十八次会议批准；

2014 年 6 月 26 日成都市第十六届人民代表大会常务委员会第九次会议修订，2014 年 7 月 30 日四川省第十二届人民代表大会常务委员会第十次会议批准。

目　录

第一章　总　则

第一条　为了加强饮用水水源保护，保障饮用水安全和城乡居民身体健康，促进经济和社会可持续发展，根据《中华人民共和国水污染防治法》、《中华人民共和国水法》、《四川省饮用水水源保护管理条例》等法律、法规的规定，结合成都市实际，制定本条例。

第二条　本条例适用于本市行政区域内饮用水水源的保护及相关管理

活动。

第三条 饮用水水源包括集中式饮用水水源和分散式饮用水水源。

本条例所称集中式饮用水水源，是指通过输配水管网集中提供饮用水，且供水人口在一千人以上的给水设施的取水水体，包括现用、备用和规划的饮用水水源。

本条例所称分散式饮用水水源，是指供水人口不足一千人的供水水源。

第四条 饮用水水源保护应当遵循科学规划、统筹兼顾，综合治理、确保安全，权责统一、综合平衡的原则。

第五条 市和区（市）县人民政府对本行政区域内的饮用水水源的水环境质量和饮用水安全负责，履行下列保护和管理职责：

（一）制定本辖区饮用水水源保护规划和具体措施，并组织实施；

（二）加大对饮用水水源保护的投入，合理布局和调整饮用水水源保护区及上游地区的产业结构；

（三）因地制宜推进集中式供水，减少分散式供水；

（四）加强饮用水水源污染事故应急能力建设，组织编制饮用水水源污染事故处理应急预案；

（五）法律、法规规定的其他饮用水水源保护职责。

市人民政府应当建立目标责任制和考核评价制度，将饮用水水源保护工作纳入目标考核。

第六条 市和区（市）县环境保护行政主管部门负责对本行政区域内饮用水水源污染防治实施统一监督管理。

发展改革、经济和信息化、公安、国土资源、建设、规划、交通运输、水务、农业、林业等部门按照各自职责，做好饮用水水源保护工作。

市环境保护和水行政主管部门应当会同有关部门做好跨区（市）县的饮用水水源保护监督管理工作。

第七条 市和区（市）县人民政府及有关部门应当组织开展饮用水水源保护的宣传教育，普及饮用水水源保护法律法规和科学知识，提高公众参与饮用水水源保护的意识和能力。

新闻媒体应当加强饮用水水源保护的公益宣传。

第二章 饮用水水源保护区的划定

第八条 市和区（市）县人民政府应当根据本行政区域经济社会发展需要和水资源开发利用现状，遵循优先保障城乡居民生活用水的原则，将水质良好、水量稳定的大中型水库、重要河流等确定为饮用水水源地。

新建、改建、扩建集中式饮用水供水工程项目的，应当采用封闭式管道引水方式，缩短径流引水距离，降低原水污染风险。

已建成并投入使用的集中式饮用水供水工程，采用地表径流引水方式的，应当按照统一规划、分步实施的原则，逐步改用封闭式管道引水方式。

第九条 本市实行饮用水水源保护区制度。对饮用水水源地按照国家、四川省颁布的相关技术规范和标准，划定一定范围的水域、陆域作为饮用水水源保护区，防止污染和破坏。

因划定或者调整饮用水水源保护区，对保护区内的公民、法人或者其他组织的财产造成损害的，市或者区（市）县人民政府应当依法予以补偿。

第十条 市和区（市）县人民政府应当设置专项资金，建立健全饮用水水源保护专项补偿机制，明确补偿方式、范围和对象，确定补偿标准，保护和改善饮用水水源保护区的生态环境，促进饮用水水源保护区和其他区域的协调发展。跨区（市）县行政区域划定饮用水水源保护区的，相关受益和保护区的区（市）县人民政府之间应当协商签订补偿协议。

饮用水水源保护专项补偿具体办法由市人民政府另行制定。

第十一条 为本市中心城区提供饮用水的柏条河、徐堰河、沙河等集中式水源地、备用水源地应当划定保护区；为其他区域的城镇、农村新型社区提供饮用水的河流、水库、塘、堰等集中式地表水源地和地下水源地应当划定保护区。

为前款区域之外的其他地区提供饮用水的分散式地表、地下水源地，应当根据国家有关规定和实际需要划定适当的保护范围。

岷江紫坪铺水库是本市主要河流水源，应当按照国家和四川省有关规定加强保护。

第十二条 集中式饮用水水源保护区划分为一级保护区、二级保护区，并可以根据实际保护需要，划定一定的区域作为准保护区。根据实际保护需要，可以采用严于国家技术规范和四川省相关规定的标准划定保护区。

饮用水水源一级保护区、二级保护区和准保护区内的水质，应当符合国家、省、市规定标准的相应要求。

第十三条 中心城区饮用水水源保护区的划定，由市人民政府提出方案，报省人民政府批准；区（市）县饮用水水源保护区的划定，由区（市）县人民政府提出方案，经市人民政府同意后上报省人民政府批准。

前款规定之外的饮用水水源保护区的划定，由区（市）县人民政府提出方案，报市人民政府批准后报省人民政府备案。

跨区（市）县行政区域饮用水水源保护区的划定，由相关区（市）县人民政府协商后共同提出方案，经市人民政府同意后，报省人民政府批准；协商不成的，由市环境保护行政主管部门会同水务、国土资源、建设、林业、卫生等部门提出方案，经市人民政府同意后，报省人民政府批准。

第十四条 饮用水水源保护区划定后，因公共利益需要、自然环境发生变化等情况需要调整或者取消的，由原提出划定方案的人民政府组织对调整或者取消的必要性、可行性进行论证后，按照本条例第十三条的规定重新报批。

第十五条 区（市）县人民政府应当在饮用水水源保护区的边界设立明确的地理界标和明显的警示标志，标志标牌应当符合国家有关图形标志标准。

饮用水水源一级保护区所在地区（市）县人民政府应当在饮用水水源一级保护区设置隔离设施，实行封闭式管理。

禁止任何单位和个人擅自改变、破坏饮用水水源保护区地理界标、警示标志和隔离设施。

第十六条 市和区（市）县人民政府应当根据经济社会可持续发展需要，规划建设本区域的饮用水备用水源，参照饮用水水源保护区相关规定实施保护和管理，并建设完备的取水、输水系统，保障正常启用。

中心城区备用水源由市人民政府统一组织规划建设。

第三章　饮用水水源的保护

第一节　地表水水源保护区管理

第十七条　禁止在地表水饮用水水源准保护区内从事下列活动：

（一）设置工业企业、集中式污水处理厂或者规模化养殖场的排污口；

（二）新建、扩建对水体污染严重的建设项目，改建增加排污量的建设项目；

（三）设置化工原料、矿物油类及有毒有害矿产品的贮存场所；

（四）堆放、倾倒或者填埋粉煤灰、工业废弃物、生活垃圾、医疗废弃物、放射性物品等固体废物，或者设置相关的堆放场所和转运场所；

（五）在水体清洗装贮过油类或者有毒有害污染物的车辆、容器；

（六）向水体排放含重金属、病原体、油类、酸碱类污水、放射性废水等有毒有害物质；

（七）可能严重影响饮用水水源水质的矿产勘查、开采活动；

（八）法律、法规禁止的其他行为。

第十八条　禁止在地表水饮用水水源二级保护区内从事下列活动：

（一）设置排污口；

（二）设置规模化养殖场；

（三）从事经营性取土、采石（砂）等活动；

（四）修建墓地、丢弃或者掩埋动物尸体；

（五）网箱养殖、施肥养鱼等污染饮用水水体的活动；

（六）滥用农药和化肥；

（七）法律、法规和本条例第十七条禁止的其他行为。

第十九条　禁止在地表水饮用水水源一级保护区内从事下列活动：

（一）使用农药和化肥；

（二）清洗车辆；

（三）畜禽养殖、旅游、游泳、垂钓、采砂、清洗衣物或者其他可能污染饮用水水体的活动；

（四）法律、法规和本条例第十八条禁止的其他行为。

禁止在地表水饮用水水源一级保护区内新建、改建、扩建与供水设施和保护水源无关的建设项目；已建成的与供水设施和保护水源无关的建设项目，由区（市）县人民政府责令限期拆除或者关闭。

第二节　地下水水源保护区管理

第二十条　禁止在地下水饮用水水源准保护区内从事下列活动：

（一）利用渗坑、渗井、矿井、矿坑、裂隙和溶洞等排放、倾倒含有毒污染物的废水、含病原体污水或者其他废弃物；

（二）利用透水层孔隙、裂隙、溶洞和废弃矿坑储存油类、放射性物质、有毒有害化工物品、农药等；

（三）设置化工原料、矿物油类及有毒有害矿产品的贮存场所，以及生活垃圾、工业固体废物和危险废物的堆放场所和转运站；

（四）使用不符合国家农田灌溉水质标准的水进行灌溉；

（五）法律、法规禁止的其他行为。

在地下水饮用水水源准保护区内从事地下勘探、兴建地下工程设施等活动的，应当采取防护性措施，防止破坏和污染地下水。

第二十一条　禁止在地下水饮用水水源二级保护区内从事下列活动：

（一）设置排污口；

（二）铺设输送污水、油类或者其他有毒有害物品的管道；

（三）修建墓地、丢弃或者掩埋动物尸体、处置垃圾；

（四）法律、法规和本条例第二十条禁止的其他行为。

第二十二条　禁止在地下水饮用水水源一级保护区内从事下列活动：

（一）建设与取水无关的建筑物或者构筑物；

（二）法律、法规和本条例第二十一条禁止的行为。

第三节 其他规定

第二十三条 分散式饮用水水源保护范围边界应当设立警示标志，并参照集中式饮用水水源二级保护区的规定进行管理。

第二十四条 下列建设项目的环境影响评价文件由市级以上环境保护行政主管部门负责审批：

（一）在饮用水水源一级保护区内，建设与供水设施和保护水源相关的建设项目；

（二）在饮用水水源二级保护区内，建设不排放污染物的建设项目。

第二十五条 禁止装载剧毒化学品或者其他对水体、环境具有危害的危险化学品、危险废物的船舶进入饮用水水源保护区。

公安机关交通管理部门应当划定禁止装载危险化学品车辆通行的区域，设置禁行标志，并按照《中华人民共和国道路交通安全法》、《危险化学品安全管理条例》等法律、法规的规定，加强对危险化学品、危险废物运输车辆的道路交通安全管理工作。

装载剧毒化学品或者其他对水体、环境具有危害的危险化学品的车辆，确需驶入饮用水水源保护区的，应当在驶入前向当地公安机关交通管理部门申请办理通行许可。

第二十六条 市和区（市）县人民政府应当加强饮用水水源保护区及汇水区域的面源污染控制，限制农药、化肥使用，大力发展生态农业，加强畜禽养殖污染控制，采取建设截污沟、人工湿地、水源涵养林、生态隔离带等措施，减轻地表径流对饮用水水源保护区水体的污染。

第四章 监督管理

第二十七条 市和区（市）县人民政府应当建立饮用水水源保护工作责任机制，落实饮用水水源安全监管、检查巡查制度。

市和区（市）县人民政府应当建立饮用水水源水质监测预警预报系统和应急处置机制，建立饮用水水源水量、水质信息管理系统；统一发布本行政区域内的饮用水水源污染事故、环境质量状况信息以及相关的水文水资源等信息。

第二十八条 市和区（市）县环境保护行政主管部门应当履行下列职责：

（一）会同水行政主管部门等相关部门编制饮用水水源保护区环境保护和污染防治规划，经同级人民政府批准后组织实施；

（二）会同发展改革、国土资源、规划、水、卫生等有关行政主管部门组织编制饮用水水源保护区划定方案；

（三）组织对本行政区域内饮用水水源保护区的水环境质量进行监测和评估，定期发布饮用水水源水质信息；

（四）对本行政区域内影响饮用水水源水质的污染物排放行为进行调查、处理；

（五）法律、法规规定的其他饮用水水源保护监督管理职责。

第二十九条 市和区（市）县水行政主管部门应当履行下列职责：

（一）合理配置水资源，协调做好饮用水水源宏观调控工作；

（二）加强饮用水水源地水土保持工作；

（三）枯水季节或者重大旱情等造成水量不能满足取水要求的，应当优先保证饮用水取水；

（四）法律、法规规定的其他监督管理职责。

第三十条 市和区（市）县国土资源、规划等行政主管部门应当根据土地利用总体规划、城乡总体规划，严格控制饮用水水源保护区内的规划用地和项目建设。

依据法律、法规规定可以在饮用水水源保护区内建设的项目，国土资源、规划等相关行政主管部门在核准选址、定点手续前，应当征求环境保护和水行政主管部门的意见。

第三十一条 市和区（市）县农业行政主管部门应当加强对饮用水水源保护区内种植业和畜禽养殖业的监督管理；组织制定饮用水水源保护区内农用农药化肥施用办法，指导饮用水水源保护区农民发展绿色农业，逐步减少农药和化肥使用量，防止农药、化肥、畜禽粪便及废水等污染饮用水水源。

第三十二条 市和区（市）县林业行政主管部门应当组织对饮用水水源保护区内的林业、花卉苗木等农药化肥施用情况进行监督管理；负责饮用水水源保护区域水源涵养林、自然植被、湿地的保护和管理。

第三十三条 饮用水水源保护区内的镇（乡）人民政府、街道办事处应当依法做好本辖区内饮用水水源保护相关工作。

村（居）民委员会应当结合当地实际，在村规民约或者居民公约中规定村（居）民保护饮用水水源的义务，落实保护措施。

第三十四条 供水企业应当履行下列义务：

（一）在饮用水水源保护区内进行日常巡查，并设置监控设施、实施实时监测；

（二）发现异常情况，应当采取有效措施并按照有关规定立即向水、环境保护等行政主管部门报告；

（三）编制本单位的应急预案，储备应急物资、建立应急处置机构，定期进行演练。

第三十五条 饮用水水源保护区内的单位和个人应当遵守饮用水水源保护相关管理规定，不得从事违反法律、法规规定的活动。

保护区内的单位应当编制本单位水源污染事故应急预案，报区（市）县环境保护和水行政主管部门备案，并做好应急物资储备，定期进行演练；发生或者可能发生水源污染事故的，应当立即启动应急预案，采取应急措施，同时向事故发生地的区（市）县人民政府及环境保护和水行政主管部门报告，不得迟报、谎报、瞒报、漏报。

第三十六条 任何单位和个人都有义务保护饮用水水源不受污染，有权举报污染饮用水水源、破坏饮用水水源保护设施的行为。

市和区（市）县人民政府、有关部门应当对举报信息保密并及时予以处理，对在饮用水水源保护工作中做出显著成绩的单位和个人给予表彰或者奖励。

任何单位和个人造成饮用水水源污染的，市和区（市）县环境保护、水等行政主管部门可以依法支持受到损害的当事人向人民法院提起诉讼。

第五章　法律责任

第三十七条　违反本条例第十五条第三款规定的，由市或者区（市）县人民政府环境保护行政主管部门责令停止违法行为，恢复原状；情节严重的，处以五千元以上二万元以下的罚款。

第三十八条　违反本条例第十七条规定，在地表水饮用水水源准保护区内从事下列行为之一的，由市或者区（市）县环境保护行政主管部门责令限期改正，并按照下列规定给予处罚：

（一）违反第一项或者第六项规定的，处以五万元以上二十万元以下的罚款；情节严重的，处以二十万元以上五十万元以下的罚款；

（二）违反第二项规定的，处以二十万元以上五十万元以下的罚款；

（三）违反第三项或者第四项规定的，处以三万元以上十万元以下的罚款；情节严重的，处以十万元以上二十万元以下的罚款；

（四）单位违反第五项规定的，处以三万元以上十万元以下的罚款；个人违反第五项规定的，处以三千元以上一万元以下的罚款；

（五）违反第七项规定的，没收违法所得，并处以三万元以上十万元以下的罚款。

第三十九条　违反本条例第十八条或者第十九条第一款规定，在地表水饮用水水源二级或者一级保护区内从事下列行为之一的，由市或者区（市）县环境保护行政主管部门按照相关法律、法规的规定处理：

（一）本条例第十七条规定的各项行为；

（二）本条例第十八条第一至五项规定的行为；

（三）本条例第十九条第一款第二项或者第三项规定的行为。

违反本条例第十八条第六项或者第十九条第一款第一项规定的，由市或者区（市）县农业行政主管部门按照相关法律、法规的规定处理。

第四十条　违反本条例第二十条第一款第一至三项规定、第二十条第二款、第二十一条或者第二十二条规定的，由市或者区（市）县环境保护行政主管部门按照相关法律、法规的规定处理。

违反本条例第二十条第一款第四项规定的，由市或者区（市）县农业行政主管部门按照相关法律、法规的规定处理。

第四十一条 违反本条例第二十五条第一款规定的，由市或者区（市）县交通运输行政主管部门按照相关法律、法规的规定处理。

违反本条例第二十五条第三款规定的，由公安机关交通管理部门责令改正，并处以五万元以上十万元以下的罚款；构成违反治安管理行为的，依法给予治安管理处罚。

第四十二条 供水企业违反本条例第三十四条第二项规定，迟报饮用水水源污染事故的，由市或者区（市）县环境保护行政主管部门责令改正，并处以一万元以上三万元以下罚款；谎报、瞒报、漏报饮用水水源污染事故的，处以三万元以上十万元以下罚款。

第四十三条 有下列行为之一的，对市和区（市）县人民政府及相关部门负有责任的主管人员和直接责任人给予行政处分：

（一）未依法划定或者调整饮用水水源保护区的；

（二）未按要求制定和实施饮用水水源保护规划，拟定饮用水水源污染事故处理应急预案的；

（三）对饮用水水源保护区内的不能确定责任人的污染源，不采取措施及时处理的；

（四）未按规定设置警示标志及隔离设施的；

（五）对饮用水水源受到严重污染、供水安全受到威胁等紧急情况，未立即启动应急预案，造成供水短缺的；

（六）对发生事故或者突发事件造成或者可能造成饮用水水源水质污染，未及时按照国家、省、市有关规定采取应急措施的；

（七）其他滥用职权、玩忽职守、徇私舞弊的行为。

第六章　附　则

第四十四条 本条例自 2015 年 1 月 1 日起施行。

成都市人民代表大会常务委员会执法检查条例

2013年8月30日成都市第十六届人民代表大会常务委员会第四次会议通过，2013年11月28日四川省第十二届人民代表大会常务委员会第六次会议批准。

目　录

第一章　总　则

第一条　为了增强监督工作实效，保证法律、法规在本市行政区域内的遵守和执行，根据《中华人民共和国各级人民代表大会常务委员会监督法》和《四川省〈中华人民共和国各级人民代表大会常务委员会监督法〉实施办法》的相关规定，结合成都市实际，制定本条例。

第二条　市人民代表大会常务委员会（以下简称市人大常委会）每年选择若干关系本市改革发展稳定大局和群众切身利益、社会普遍关注的重大问题，有计划地对法律、法规的实施情况，组织执法检查。

第三条　市人大常委会可以就整部法律、法规的实施情况进行全面检查，也可以就其中部分内容的实施情况进行检查。

多部法律、法规规范同一事项的，市人大常委会可以对实施情况一并进行检查。

第四条 市人大常委会开展执法检查，应当遵循依法实施、集体行权、科学合理、客观公正、注重实效的原则。

第五条 市人大常委会组织执法检查组开展执法检查工作。

市人民代表大会有关专门委员会或者市人大常委会有关工作机构（以下简称市人大专门委员会或者常委会工作机构）具体负责执法检查的组织实施工作。

本市其他国家机关和社会团体、企业事业单位、个人应当配合执法检查工作，并提供必要协助。

第二章 计 划

第六条 市人大常委会年度执法检查建议，由市人大有关专门委员会或者常委会工作机构按照下列职责分工汇总整理后，在上一年十一月底前提出：

（一）市人大常委会在行使职权过程中发现的法律、法规实施中存在的突出问题，由市人大有关专门委员会、常委会工作机构提出；

（二）市人大代表提出的议案和建议、批评、意见集中反映的问题，由市人大常委会人事代表工作机构提出；

（三）市人大常委会组成人员提出的比较集中的问题，由市人大常委会办公厅会同有关专门委员会、常委会工作机构提出；

（四）市人大专门委员会或者常委会工作机构在调查研究中发现的突出问题，由开展该项调查研究工作的专门委员会或者常委会工作机构提出；

（五）人民来信来访集中反映的问题，由市人大常委会信访工作机构提出；

（六）社会普遍关注的其他问题，由市人大有关专门委员会、常委会工作机构提出。

市人民政府、市人民法院或者市人民检察院建议市人大常委会对有关法律、法规的实施情况进行检查的，应当在上一年十一月底前以书面报告的方式提出。

第七条 本条例第六条所规定的各类执法检查建议，由市人大常委会办公厅汇总，拟订市人大常委会执法检查计划草案。

执法检查计划草案应当包括执法检查的项目、理由、重点、时间安排和组织实施责任主体等内容。

第八条 执法检查计划纳入市人大常委会年度监督工作计划，由主任会议一并审议、决定。

主任会议根据实际需要或者市人民政府、市人民法院、市人民检察院的建议，可以适当调整执法检查计划。

第九条 年度执法检查计划经主任会议通过或者调整后，由市人大常委会办公厅印发常委会组成人员、有关专门委员会和常委会工作机构，以书面形式通知市人民政府及相关部门或者市人民法院、市人民检察院，通报市人大代表，并通过市人大常委会门户网站和其他新闻媒体向社会公布。

市人大常委会向市人民代表大会报告工作时，应当报告执法检查计划的执行情况。

第三章　实　施

第十条 执法检查组成员，从市人大常委会、有关专门委员会组成人员和常委会工作机构负责人中确定，可以邀请市人大代表、相关领域专业人士和市民代表参加。

第十一条 执法检查方案由市人大有关专门委员会或者常委会工作机构，根据《中华人民共和国各级人民代表大会常务委员会监督法》、《四川省〈中华人民共和国各级人民代表大会常务委员会监督法〉实施办法》、本条例的相关规定和年度执法检查计划拟订，报主任会议审议、决定。

执法检查方案经主任会议审议通过后，市人大常委会办公厅应当在开始检查之日起一个月前书面通知接受执法检查的机关或者部门。

第十二条 执法检查由执法检查组根据执法检查方案组织实施。执法检查组可以分成若干小组开展执法检查工作。

第十三条 市人民政府及相关部门或者市人民法院、市人民检察院应当如实汇报下列情况，并按照执法检查组的要求提供相关资料：

（一）相关法律、法规的实施情况；

（二）相关法律、法规实施中的主要问题；

（三）改进行政执法、司法工作的措施和建议；

（四）完善有关立法的建议；

（五）执法检查方案要求汇报的其他情况。

第十四条　执法检查组对执法检查中发现的问题，可以提出建议、批评和意见，但不直接处理问题。

执法检查组发现违法行为的，应当转交有关机关依法处理；收到信访材料的，应当转交市人大常委会信访工作机构研究处理。

第十五条　执法检查组应当在执法检查结束后十五日内提出执法检查报告，由主任会议决定提请市人大常委会审议。

执法检查报告应当包含下列内容：

（一）执法检查的基本情况；

（二）相关法律、法规实施情况的总体评价；

（三）相关法律、法规实施中的主要问题和原因分析；

（四）改进行政执法或者司法工作的建议；

（五）相关法律、法规的修改完善建议；

（六）执法检查组认为应当向市人大常委会报告的其他内容。

第十六条　市人大常委会可以委托区（市）县人大常委会对相关法律、法规在其行政区域内的实施情况进行检查。

受委托的区（市）县人大常委会应当对相关法律、法规的实施情况进行检查，并提出执法检查报告，报送市人大常委会。

第四章　审　议

第十七条　执法检查报告由执法检查组组长向市人大常委会会议报告，组长可以委托副组长报告，执法检查组其他成员应当出席或者列席当次会议。

市人大常委会审议执法检查报告时，市人民政府及相关部门或者市人民法院、市人民检察院的负责人应当到会听取意见，回答询问。

第十八条 同一年度内，市人大常委会既采取执法检查又采取听取专项工作报告方式，对同一事项实施监督的，应当将执法检查报告和专项工作报告的审议，列入同一次常委会会议议程。先由有关机关报告专项工作情况，再由执法检查组报告检查情况，常委会会议一并进行审议。

第十九条 市人大常委会组成人员对执法检查报告的审议意见，由有关专门委员会或者常委会工作机构负责在常委会会议闭会后七日内整理完毕。

审议意见经主任会议审议通过后，形成审议意见书，连同执法检查报告，由市人大常委会办公厅送交市人民政府及相关部门或者市人民法院、市人民检察院研究处理。

审议意见书应当包括相关法律、法规实施情况的总体评价、存在的主要问题、改进工作的建议和办理期限等内容。

第二十条 市人民政府及相关部门或者市人民法院、市人民检察院应当在审议意见书规定的期限内，向市人大常委会提交研究处理情况报告。

研究处理情况报告应当说明研究处理的方案、过程、内容以及其他需要说明的问题，并事先送市人大有关专门委员会或者常委会工作机构征求意见。

研究处理情况报告以及市人大有关专门委员会或者常委会工作机构对该报告提出的意见，由主任会议一并决定，提交市人大常委会会议审议。

第二十一条 市人大常委会认为必要时，可以就执法检查中涉及的重大问题作出决议、决定。

市人民政府及相关部门或者市人民法院、市人民检察院应当按照决议、决定规定的内容和时限，向市人大常委会报告执行情况。

第二十二条 对执法检查中发现的重大问题，或者行政执法、司法活动中存在的普遍性、倾向性问题，常委会组成人员可以依法提出询问或者质询案，由主任会议决定受询问或者受质询的机关向市人大常委会或者有关专门委员会答复。

对执法检查中发现的特别重大问题，市人大常委会可以依法组织特定问题调查委员会进行调查。

第二十三条 有下列情况之一的，市人大常委会可以组织执法情况跟踪检查：

（一）市人民政府及相关部门或者市人民法院、市人民检察院已经采取整改措施，但有必要对整改目标的实现情况进行跟踪检查的；

（二）执法检查中发现的重大问题以及其他问题需要进行跟踪检查的。

执法情况跟踪检查由市人大常委会委托有关专门委员会或者常委会工作机构组织实施，并报告跟踪检查结果。

第二十四条 下列文件材料，由市人大常委会办公厅向市人民代表大会代表通报并依法向社会公布：

（一）执法检查报告；

（二）审议意见书以及研究处理情况报告；

（三）市人大常委会作出的决议、决定以及执行情况报告。

第二十五条 违反本条例规定，有下列情形之一的，给予通报批评、责令限期改正；逾期不改正的，责成有关机关对责任人员给予行政处分：

（一）无正当理由未提交或者未按规定期限提交审议意见书研究处理情况报告的；

（二）未按照市人大常委会决议、决定规定的内容和时限报告决议、决定执行情况的；

（三）拒绝、阻碍或者干扰执法检查的。

违反本条例规定，拒不执行市人大常委会决议、决定的，责成责任机关及其负责人作出书面检查，责成有关机关对责任人员给予行政处分。

第五章　附　则

第二十六条 市人大常委会受上级人大常委会委托，对相关法律、法规在本市行政区域内的实施情况进行检查的，按照本条例第三、四章的规定执行，上级人大常委会另有不同要求的除外。

第二十七条 本条例自 2014 年 1 月 1 日起施行。

成都市专利保护和促进条例

2006年10月27日成都市第十四届人民代表大会常务委员会第二十八次会议通过，2006年11月30日四川省第十届人民代表大会常务委员会第二十四次会议批准；

根据2013年8月30日成都市第十六届人民代表大会常务委员会第四次会议通过，2013年11月28日四川省第十二届人民代表大会常务委员会第六次会议批准的《成都市人民代表大会常务委员会关于修改〈成都市专利保护和促进条例〉的决定》修正。

第一章　总　则

第一条　为鼓励和保护发明创造及其推广应用，促进科学技术进步和自主创新，培育自主知识产权，根据《中华人民共和国专利法》、《中华人民共和国专利法实施细则》和《四川省专利保护条例》等法律、法规，结合成都市实际，制定本条例。

第二条　本条例适用于本市行政区域内的专利保护和促进工作。

第三条　市和区（市）县人民政府应将专利保护和促进工作纳入国民经济和社会发展规划，建立健全专利保护和促进机制，提供必要的保障措施和物质条件，鼓励和支持专利的开发和应用。

第四条　市管理专利工作的部门负责本市行政区域内的专利保护和促进工作并组织实施本条例；各区（市）县管理专利工作的部门在市管理专利工作的部门的指导下，开展本行政区域内的专利保护和促进工作。

发展改革、科技、公安、商务、工商、质监、新闻出版等行政管理部门，应按照各自的职责，协助做好专利保护和促进工作。

第二章　专利保护

第一节　一般规定

第五条　市管理专利工作的部门应建立专利保护工作的协调机制；依法查处专利违法行为，处理专利侵权纠纷，保护专利权人、发明人（设计人）及其他利害关系人的合法权益。

第六条　禁止任何单位和个人从事下列行为：

（一）侵犯他人专利权；

（二）假冒专利。

禁止任何单位和个人为前款所列行为提供资金、场所、设备、运输、仓储等生产经营便利条件。

第七条　侵犯他人专利权，引起纠纷的，由当事人协商解决；不愿协商或者协商不成的，专利权人或者利害关系人可以向人民法院提起民事诉讼，也可以请求市管理专利工作的部门处理。

假冒专利的，由市管理专利工作的部门处理；涉嫌构成犯罪的，依法移送公安机关。

第八条　市管理专利工作的部门应建立本条例第六条第一款所列违法行为的档案，在案件处理或审结完毕后将有关情况向本市企业和个人信用信息征集机构通报，由后者向社会公布。

第二节　专利违法行为的行政查处

第九条　市管理专利工作的部门应建立举报制度，鼓励单位和个人对专利违法行为进行举报，并为举报人保密。

市管理专利工作的部门接到举报或者发现本条例第六条第一款第二项所列行为的，应于七日内审查立案。

第十条　市管理专利工作的部门在查处专利违法行为过程中，可以依法行使下列职权：

（一）询问有关当事人、证人；

（二）查阅、复制与案件有关的合同、发票、账簿以及其他相关资料；

（三）对当事人涉嫌专利违法行为的场所实施现场检查；

（四）抽样取证；

（五）对涉嫌侵犯制造方法专利权的，要求被调查人进行现场演示；

（六）委托有关单位或者专家进行技术检测、鉴定；

（七）法律、法规规定的其他职权。

第十一条 市管理专利工作的部门在调查收集证据时，可以依法对与案件有关的可能灭失或者以后难以取得的物品予以登记保存。

禁止任何单位和个人在案件处理完毕前擅自启封、销毁或转移依法登记保存的涉案物品。

第十二条 市管理专利工作的部门在查处专利违法行为时，有关单位和个人应协助、配合，如实反映情况，不得拒绝、阻挠。

第三节 专利侵权纠纷的行政处理和调解

第十三条 当事人请求市管理专利工作的部门处理专利侵权纠纷，应当符合下列条件：

（一）请求人是专利权人或者利害关系人；

（二）有明确的被请求人；

（三）有明确的请求事项和具体的事实、理由；

（四）被请求人住所地或者侵权行为地在本市行政区域范围内；

（五）当事人无仲裁协议并且一方当事人未就该专利侵权纠纷向人民法院起诉。

第十四条 当事人请求市管理专利工作的部门处理专利侵权纠纷，应当提交请求书以及相关证据和证明材料，并按被请求人的数量提供副本。

市管理专利工作的部门应当自收到请求书和有关证据之日起五日内，作出是否受理的决定，并书面通知请求人。

市管理专利工作的部门应当自决定受理专利侵权纠纷之日起五日内，将请求书副本和答辩通知书送达被请求人。

被请求人应当自收到请求书副本后的十五日内提交答辩书和有关证据。被请求人未提交答辩书和有关证据的，不影响专利侵权案件的处理。

第十五条 市管理专利工作的部门处理专利侵权纠纷时，可以采取本条例第十条所列措施核实证据材料。

当事人可以依法申请市管理专利工作的部门对与案件有关的可能灭失或者被转移的物品予以登记保存。

第十六条 市管理专利工作的部门认定侵权行为成立的，应依法作出处理决定，并采取下列措施制止侵权行为：

（一）侵权人以生产经营为目的制造、使用、销售专利产品的，责令其立即停止制造、使用、销售行为，销毁制造侵权产品的专用设备或模具，并且不得销售、使用尚未售出的侵权产品或者以其他形式将其投放市场。

（二）侵权人许诺销售专利产品或者依照专利方法直接获得的产品的，责令其立即停止许诺销售侵权产品的行为，消除影响，并且不得进行任何实际销售行为。

（三）侵权人进口专利产品或者依照专利方法直接获得的产品，并且已经进入本市的，责令其不得销售、使用该侵权产品或者以其他形式将其投放市场；侵权产品尚未入境的，可以将处理决定通知有关海关。

（四）其他制止侵权行为的必要措施。

采取前款第一、三项规定的措施不能制止侵权行为，或者侵权产品难以保存的，市管理专利工作的部门可以责令侵权人销毁或者拆解侵权产品。

第十七条 下列专利纠纷，当事人可以请求市管理专利工作的部门调解：

（一）侵犯专利权的赔偿数额纠纷；

（二）专利申请权和专利权归属纠纷；

（三）发明人、设计人资格纠纷；

（四）职务发明创造的发明人、设计人的奖励和报酬纠纷；

（五）发明专利申请公布后，专利权授予前使用发明而未支付适当费用的纠纷。

对前款第五项所列的纠纷，专利权人应当在专利权被授予之后提出。

本条第一款所列专利纠纷经调解达成协议的，市管理专利工作的部门应当制作调解协议书；调解不成的，应当告知当事人可以依法向人民法院提起民事诉讼。

第四节　其他专利保护规定

第十八条　有下列情形之一且涉及专利技术的，申请人或者申报人应向有关行政管理部门提交专利检索报告：

（一）申请政府资助的研究开发、技术改造、技术引进或成果转化项目的；

（二）市政工程项目立项的；

（三）申报政府相关奖励的；

（四）法律、法规规定的其他情形。

申请人或者申报人不提交专利检索报告的，有关行政管理部门不予立项、认定或者授奖。

第十九条　本市国有资产占有单位有下列情况之一的，应提请具有专利评估资质的评估机构进行专利资产评估：

（一）转让专利申请权、专利权的；

（二）法人的变更或者终止前需要对专利资产作价的；

（三）以专利技术作价出资设立中外合资企业或者中外合作企业的；

（四）以专利技术作价出资设立有限责任公司、股份有限公司或者有限合伙企业的；

（五）从境外引进专利技术的；

（六）以专利权质押的；

（七）法律、法规规定需要进行专利资产评估的其他情形。

第二十条　展览会、推广会、交易会等展会的举办者对标有专利标志的参展产品或技术，可以要求参展者提供专利证书或专利许可合同；参展者未能提供专利证书或专利许可合同的，举办者应拒绝其以专利产品、专利技术的名义进场参展。举办者发现专利违法行为的，应向市管理专利工作的部门举报。

参展产品或技术涉嫌违反专利法律、法规的，由市管理专利工作的部门根据国家的有关规定处理。

第二十一条 从事专利代理、专利检索、专利评估等专利服务的中介机构应具备国家规定的相应资质，并依法办理注册登记手续。

从事专利服务的中介机构及其工作人员应遵守法律、法规和规章，独立、客观、公正地开展专利中介服务，不得从事下列行为：

（一）出具虚假报告；

（二）泄露或剽窃委托人的发明创造内容；

（三）与当事人串通牟取非法利益；

（四）其他损害专利权人、利害关系人或社会公众利益的行为。

第三章 专利促进

第二十二条 企事业单位在研究开发、技术改造等工作中，应进行专利信息跟踪，建立与专利有关的研究开发工作档案。对符合条件、需要申请专利的发明创造及时申请专利。

企事业单位应鼓励、支持员工进行发明创造；尊重员工的非职务发明，不得压制员工的非职务发明创造申请专利。

第二十三条 有下列情况之一，单位和员工可以根据平等自愿的原则，对专利申请权和专利权的归属等事项作出约定：

（一）利用本单位的物质技术条件进行发明创造的；

（二）个人兼职进行发明创造的；

（三）合作或者委托进行发明创造的；

（四）在其他单位进修、学习或者工作期间进行发明创造的；

（五）订立其他科学研究与开发合同的。

第二十四条 任何人未经单位许可不得将与职务发明创造有关的、不对外公开的技术资料泄露或者出卖给其他单位或个人。因终止、解除劳动关系或其他原因离开原单位的人员，应在离职前将已完成或者尚在进行的与职务发明创造有关的实验材料、试验记录、样品样机及其他不对外公开的技术资料等归还原单位。

第二十五条 被授予专利权的单位，应自专利权公告之日起三个月内发给发明人或者设计人奖金。一项发明专利的奖金最低不少于四千元；一项实用新型专利或者外观设计专利的奖金最低不少于一千元。

由于发明人或者设计人的建议被其所属单位采纳而完成的发明创造，被授予专利权的单位应优先发给奖金。

发给发明人或者设计人的奖金，企业可以计入成本，事业单位可以从事业费中列支。

第二十六条 被授予专利权的单位在专利权的有效期限内，每年应从实施该项发明或者实用新型专利所得利润纳税后提取不低于百分之五，或者从实施该项外观设计专利所得利润纳税后提取不低于千分之五，作为报酬给付发明人或者设计人，也可以参照上述比例，一次性给付发明人或者设计人。

被授予专利权的单位转让或者许可他人实施其专利的，应从该项专利转让费或者专利实施许可费纳税后提取不低于百分之二十，作为发明人或者设计人的报酬。

被授予专利权的单位以专利权作价入股的，应从该专利股份中提取不低于百分之二十，作为发明人、设计人的股份，或者将该股份折价给付发明人、设计人。

本条规定的报酬和提取的股份，单位与发明人或者设计人另有约定的，从其约定。

第二十七条 市人民政府应设立专利专项资金，用于下列事项：

（一）为申请发明等专利提供资助；

（二）促进专利技术实施和产业化；

（三）对有重大贡献的发明人或者设计人给予奖励；

（四）国际间专利交流合作；

（五）其他专利促进事项。

专利专项资金的具体管理办法由市管理专利工作的部门会同财政部门制定。

第二十八条 市人民政府设立专利奖，对促进本市经济和社会发展做出突出贡献的专利权人以及发明人或者设计人予以奖励，具体办法由市人民政府制定。

第二十九条 对本市县级以上人民政府财政资金支持的项目，可能产生专利的，有关行政主管部门应与项目承担单位约定专利目标，并将取得专利的情况纳入项目的管理内容。

本市县级以上人民政府财政资金支持的项目所产生的专利，归项目承担单位所有；项目承担单位可以自主决定专利的实施、许可他人实施、转让、作价入股等，并取得相应的收益，但有关行政主管部门和项目承担单位对专利权及与专利权有关的权利另有约定的除外。

第三十条 市管理专利工作的部门应建立专利信息网络，建立专利研究开发、专利技术交易等公共服务平台，为社会提供专利政策法规、政务服务、预警发布、案件举报、技术交易等专利信息服务，促进专利信息的开发和利用。

第四章　法律责任

第三十一条 违反本条例第六条、第十一条第二款或第十二条规定的，依照法律、法规的有关规定处理。

第三十二条 违反本条例第十九条规定，国有资产占有单位未对专利资产进行评估的，由上级主管机关责令改正，并对主要负责人和直接责任人员给予行政处分。

第三十三条 展览会、推广会、交易会等展会的举办者违反本条例第二十条第一款规定，怠于履行其法定义务的，由市管理专利工作的部门予以警告，责令改正，可并处以一千元以上五千元以下罚款。

第三十四条 从事专利服务的中介机构违反本条例第二十一条规定，出具虚假专利检索报告的，由市管理专利工作的部门责令改正，没收违法所得，并处以违法所得一倍以上三倍以下罚款；没有违法所得的，处以二千元以上一万元以下罚款。出具虚假专利资产评估、专利信息咨询等报告的，依照法律、法规的有关规定处理。

第三十五条 县级以上管理专利工作的部门、其他有关行政管理部门及其工作人员滥用职权、玩忽职守、徇私舞弊的，由有权机关依法给予行政处分。

第三十六条 违反本条例规定，构成违反治安管理处罚法的，由公安机关处理；构成犯罪的，依法追究刑事责任。

第五章 附 则

第三十七条 本条例自2007年3月1日起施行，2004年5月1日起施行的《成都市专利保护办法》同时废止。

成都市建筑垃圾处置管理条例

2013 年 8 月 30 日成都市第十六届人民代表大会常务委员会第四次会议通过，2013 年 9 月 25 日四川省第十二届人民代表大会常务委员会第五次会议批准。

目　录

第一章　总　则

第一条　为了加强建筑垃圾处置管理，保护和改善城乡环境，促进经济社会可持续发展，根据《中华人民共和国固体废物污染环境防治法》、《四川省〈中华人民共和国道路交通安全法〉实施办法》和《四川省城乡环境综合治理条例》等法律、法规，结合成都市实际，制定本条例。

第二条 在本市行政区划范围内从事建筑垃圾排放、运输、消纳等处置活动的，应当遵守本条例。

前款所称建筑垃圾，是指单位和个人在新建、改建、扩建、拆除、修缮各类建（构）筑物、管网，道路施工和装饰装修房屋等过程中所产生的渣土、沙石、弃料以及其他废弃物。

前款规定行为过程中所产生的危险废物，按照相关法律、法规、规章的规定处理。

第三条 建筑垃圾处置应当遵循减量化、无害化、资源化的原则。

建筑垃圾可以再利用或者再生利用的，应当回收利用；不能再利用或者再生利用的，应当依照有关法律、法规和本条例的规定处置。

第四条 本市鼓励建筑垃圾的减排，提倡采用新技术、新工艺、新材料、新设备对建筑垃圾进行综合利用。

市和区（市）县人民政府应当在每年的财政预算中安排一定数额的资金，用于支持建筑垃圾的减排和综合利用活动。

第五条 产生建筑垃圾的单位和个人，应当承担处置建筑垃圾的责任，并按照有关规定交纳处置费用。

排放、运输、消纳建筑垃圾的单位和个人，应当承担及时消除污染的责任。代为消除的，所需费用由责任人承担。

第六条 建筑垃圾处置实行属地为主、条块结合的管理原则。

城市管理行政主管部门负责建筑垃圾处置的监督管理工作。

建设行政主管部门按照法定职责对施工现场范围内的建筑垃圾处置活动实施监督管理。交通运输行政主管部门和公安机关交通管理部门按照法定职责对建筑垃圾运输活动实施监督管理。规划、环保、房管、国土、水务、安监、林业和园林等部门按照各自职责做好建筑垃圾处置活动监督管理的相关工作。

街道办事处、镇（乡）人民政府在城市管理等行政主管部门的业务指导下，对本辖区范围内的建筑垃圾处置活动进行监督、检查。

第二章 排 放

第一节 减 排

第七条 本市鼓励建设单位和工程设计单位选用节能环保材料，鼓励施工单位优化施工措施，以减少建筑材料的消耗和建筑垃圾的产生。

第八条 本市鼓励建筑工业化，逐步推行建（构）筑物配件的标准化设计、工厂化生产和现场装配。

提倡新建住宅的开发建设单位直接向使用者提供全装修成品房。

第九条 建设单位和施工单位不得采用已被国家、省有关规定所禁止的施工技术、设备、材料和产品。

鼓励采用可重复使用的材料搭设施工现场临时建筑物、临时围挡。

第十条 本市鼓励具备现场分类条件的施工单位按照分类要求结合施工或者拆除步骤对建筑垃圾进行分类。

鼓励施工单位在施工现场回收利用建筑垃圾。施工单位应当优先将施工现场产生并且可以利用的建筑垃圾作为填充物回用于建设工程。

第二节 排放许可

第十一条 建设单位或者施工单位应当在开工之日二十日前，对工程项目的建筑垃圾产生数量进行评估，并编制排放情况评估报告后，持下列材料向工程项目所在地的区（市）县城市管理行政主管部门申请办理《建筑垃圾处置（排放）证》：

（一）《建设工程施工许可证》、《房屋征收决定书》或者《房屋结构安全批准书》等法律文件；

（二）《建筑垃圾排放评估报告》；

（三）建筑垃圾处置方案；

（四）建筑垃圾处置费交纳凭证。

前款第三项所称处置方案应当包括工程项目和建设、施工单位名称，施工地址以及建筑垃圾的种类、数量、运输企业、消纳场地、回收利用等内容。

第十二条 因抢险、救灾等特殊情况需要紧急排放建筑垃圾的，不适用本条例第十一条的规定。但是，建设单位或者施工单位应当在险情、灾情消除后三日内报区（市）县城市管理行政主管部门备案。

第十三条 区（市）县城市管理行政主管部门应当在接到申请之日起五日内进行审核。符合规定的，应当核发《建筑垃圾处置（排放）证》；不符合规定的，不予核发，并向申请人书面告知原因。

第十四条 《建筑垃圾处置（排放）证》应当载明工程项目、建设和施工单位名称，施工地址，以及建筑垃圾的种类、数量、排放期限和运输企业、消纳场地的名称等内容。

建设单位或者施工单位应当按照《建筑垃圾处置（排放）证》的要求排放建筑垃圾。

禁止涂改、出租、出借、转让或者倒卖《建筑垃圾处置（排放）证》。

第三节 排放现场管理

第十五条 建设单位或者施工单位应当配置施工现场建筑垃圾处置（排放）管理员，并按照下列规定加强施工现场管理，防止建筑垃圾污染周围环境：

（一）实施封闭施工；

（二）采取防尘措施；

（三）硬化施工现场出入口道路；

（四）对驶出施工现场的车辆进行除泥除尘处理；

（五）法律、法规、规章规定的其他要求。

工程竣工或者房屋拆除后，建设单位或者施工单位应当在十五日内将建筑垃圾全部清除。

第十六条 从事下列零星施工和市政工程维修活动的，业主或者施工单位应当将施工区域有效隔离，防止建筑垃圾扩散污染周围环境：

（一）供排水、电力、燃气、通信等管线、管道施工；

（二）道路及交通设施维修；

（三）绿化施工；

（四）其他零星施工和市政工程维修活动。

前款规定活动所排放的建筑垃圾，施工单位和个人应当在二十四小时内处置完毕。

第十七条 零星装修或者维修房屋排放建筑垃圾的，业主或者施工单位、个人应当实行袋装化收集，并按照下列规定委托他人统一处置：

（一）实行委托管理的建筑区划，委托物业服务企业或者其他管理人处置；

（二）未实行委托管理，但已实行生活垃圾处置社会化服务的建筑区划，委托该建筑区划的环境卫生作业服务企业处置；

（三）未实行委托管理和生活垃圾处置社会化服务的建筑区划，委托所在地的社区服务机构处置。

前款规定建筑垃圾由被委托人组织清运，处置费用由业主或者使用人承担。

第十八条 禁止擅自倾倒建筑垃圾。

禁止将危险废物混入建筑垃圾或者将建筑垃圾混入生活垃圾。

第三章 运 输

第一节 企业、车辆和驾驶员

第十九条 本市建筑垃圾运输实行公司化、规模化、专业化运营管理。

在本市从事建筑垃圾运输经营活动的，应当符合下列要求，并持相关资料向企业所在地的区（市）县城市管理行政主管部门备案：

（一）具有独立企业法人主体和道路运输经营资格；

（二）具有适度数量规模的自有运输车辆；

（三）符合条件的驾驶员人数与车辆规模相适应；

（四）具备健全的企业运营管理制度并得到有效执行，配备相应的专门工作人员；

（五）具备停车场地和车辆冲洗设备；

（六）建立安全生产管理制度，配备专职的安全生产管理人员；

（七）法律、法规、规章规定的其他条件。

第二十条 城市管理行政主管部门应当自收到备案申请之日起五日内进行核实。符合本条例第十九条第二款规定条件的，予以备案，并纳入建筑垃圾运输企业名录；不符合规定的，不予备案，并向申请人书面告知原因。

市城市管理行政主管部门应当根据备案情况建立全市统一的建筑垃圾运输企业名录，向社会公布并提供免费查询服务。

第二十一条 建筑垃圾运输车辆应当符合下列要求：

（一）具备道路运输经营资格；

（二）车辆前部安装放大反光号牌，车厢尾部喷涂放大反光号码；

（三）安装符合国家相关标准的具有行驶记录功能的卫星定位系统等电子装置，并纳入管理部门监督平台；

（四）符合本市建筑垃圾运输车辆技术规范要求；

（五）车辆技术标准与机动车行驶证一致；

（六）安装符合技术规范的全密闭覆盖设施。

第二十二条 建筑垃圾运输车辆驾驶员应当符合下列要求：

（一）取得相应准驾车型驾驶证并具有三年以上驾驶经历；

（二）具备道路运输从业资格；

（三）无饮酒或者醉酒后驾驶记录；

（四）三年内未发生承担全部责任或者主要责任的重大及以上道路交通安全事故；

（五）法律、法规、规章规定的其他要求。

第二节　运输许可

第二十三条 建设单位或者施工单位应当与本市建筑垃圾运输企业名录

中的运输企业签订建筑垃圾运输合同。

本条例第十六条和第十七条规定活动所排放的零星建筑垃圾，处置责任人可以委托本市建筑垃圾运输企业名录以外的单位和个人运输。但是，承运人应当实行袋装化运输或者密闭运输，不得沿途撒漏或者随意丢弃。

市城市管理行政主管部门应当会同市工商管理部门拟订建筑垃圾运输合同示范文本。

第二十四条 承运建筑垃圾的运输企业，应当在实施运输十日前，持下列材料向建筑垃圾运出地的公安机关交通管理部门申请办理《建筑垃圾处置（运输）证》：

（一）《建筑垃圾处置（排放）证》；

（二）建筑垃圾运输合同；

（三）《建筑垃圾运输申报表》；

（四）与建设单位或者施工单位签订的安全承诺书。

前款第二项所称建筑垃圾运输合同应当包括下列内容：

（一）双方单位名称和派驻现场的管理人员名单；

（二）运输线路与时间；

（三）运输车辆车牌号码。

第二十五条 公安机关交通管理部门应当在接到申请之日起十日内进行审核，符合规定的，核发《建筑垃圾处置（运输）证》；不符合规定的，不予核发，并书面告知原因。

《建筑垃圾处置（运输）证》的办理实行一车一证制。

禁止涂改、出租、出借、转让或者倒卖《建筑垃圾处置（运输）证》。

第三节　运输作业

第二十六条 运输建筑垃圾应当遵守下列规定：

（一）遵守道路交通安全法律、法规、规章，不得有超载、超速行驶、违反交通信号或者污损、遮挡号牌等交通违法行为；

（二）按规定的时间、线路行驶；

（三）随车携带《建筑垃圾处置（运输）证》；

（四）保持车轮、车身外部整洁，不得带泥行驶；

（五）密闭运输，不得冒载或者沿途泄漏、遗撒；

（六）将建筑垃圾运送至核定的消纳场地。

第二十七条 运输企业应当配置作业现场建筑垃圾处置（运输）管理员，监督运输车辆密闭启运，督促驾驶员规范使用运输车辆安装的卫星定位系统等电子装置。

第四章 消 纳

第一节 综合利用

第二十八条 市和区（市）县人民政府应当将建筑垃圾综合利用项目列入科技发展规划和高新技术产业发展规划，并在产业、科技、财政、税收、金融、用地等方面给予扶持。

鼓励和引导社会资本参与建筑垃圾综合利用项目，支持建筑垃圾再生产品的研发机构和生产企业发展。

第二十九条 鼓励本市建设项目使用建筑垃圾综合利用产品。新建、改建、扩建工程项目的非承重结构部位施工，提倡优先使用建筑垃圾再生产品。

第三十条 鼓励道路工程的建设、施工单位使用建筑垃圾作为路基垫层。

鼓励不同工程项目就近利用建筑垃圾用于回填、堆坡造景。

第三十一条 市建设行政主管部门应当建立建筑垃圾综合利用信息平台，根据本市建筑垃圾的排放情况，引导建设、施工单位和建筑垃圾综合利用企业通过综合利用信息平台交换利用建筑垃圾。

第二节 消纳管理

第三十二条 市规划行政主管部门应当会同城市管理、环保、国土、水务等行政主管部门，编制建筑垃圾固定消纳场设置规划，报市人民政府批准。

市人民政府应当根据本市建设发展实际需要，保障建筑垃圾固定消纳场的用地需求，建立固定消纳场建设管理工作机制。

第三十三条 下列区域不得设置建筑垃圾固定消纳场：

（一）地质结构不良、地层破碎、活动断层或者有滑动崩塌危险的地区；

（二）基本农田；

（三）环城生态区、饮用水水源保护区；

（四）河流、湖泊、水库等水域保护区；

（五）法律、法规、规章规定不得设置的其他区域。

第三十四条 设置建筑垃圾固定消纳场的，应当符合下列要求，并向消纳场所在地的区（市）县城市管理行政主管部门申请办理《建筑垃圾处置（消纳）证》：

（一）规划、环保、国土等行政主管部门核发的批准文件；

（二）符合《建筑垃圾处理技术规范》要求；

（三）场地四周设置不低于两米的实体围栏；

（四）配备防尘、防污水外溢和渗漏、消杀等设施；

（五）硬化出入口道路，设置冲洗设施；

（六）配置专人管理；

（七）封场绿化、复垦或者平整设计方案。

第三十五条 区（市）县城市管理行政主管部门应当在接到申请之日起二十日内进行审核。符合规定的，应当核发《建筑垃圾处置（消纳）证》；不符合规定的，不予核发，并向申请人书面告知原因。

第三十六条 建筑垃圾固定消纳场达到原设计容量或者因其他原因导致无法继续从事消纳活动的，应当在停止消纳三十日前向区（市）县城市管理行政主管部门提出申请。未经批准，不得擅自关闭或者拒绝受纳建筑垃圾。

建筑垃圾固定消纳场关闭后，应当按照原审批的设计方案实现用地功能。

第三十七条 有下列情形之一的，可以临时对外受纳建筑垃圾，但是应当在受纳后三日内报区（市）县城市管理行政主管部门备案：

（一）再生利用建筑垃圾的；

（二）因建设项目回填或者堆坡造景需要的。

除前款规定外，任何单位和个人未经许可不得擅自受纳建筑垃圾。

第三十八条 建筑垃圾运输车辆进入固定消纳场或者临时消纳场地，应当服从场地管理人员的指挥，按要求倾卸，不得带泥驶出。

建筑垃圾消纳场地不得受纳工业垃圾、生活垃圾或者有毒有害、易燃易爆等危险废物，并采取有效措施防止建筑垃圾污染周围环境。

第五章 监督管理

第三十九条 本市推行建筑垃圾处置凭证管理制度。

实行建筑垃圾处置凭证管理的区域，建设单位或者施工单位应当在建筑垃圾运出施工现场前如实填写凭证内容，经排放现场管理人员签字确认后交运输企业随车携带。建筑垃圾运输车辆进入消纳场地后，消纳场地经营者应当核实凭证记载事项，并将第一联交回建设单位或者施工单位，将第二联于每月月底前报区（市）县城市管理行政主管部门备案。

第四十条 市城市管理行政主管部门应当建立建筑垃圾处置监督管理信息共享平台。

相关部门应当根据各自管理职能向信息共享平台提供以下信息：

（一）城市管理行政主管部门提供建筑垃圾排放、消纳场地设置许可或者备案，受纳情况备案，以及运输企业备案、名录管理等方面的信息；

（二）建设行政主管部门提供建设工程施工许可等方面的信息；

（三）交通运输行政主管部门提供建筑垃圾运输企业安全生产管理和运输车辆、驾驶员道路运输从业资格等方面的信息；

（四）公安机关交通管理部门提供建筑垃圾运输许可，运输车辆信息，以及驾驶员驾驶纪录、交通违法行为处理情况、交通事故记录等信息；

（五）其他需要各相关部门提供的共享信息。

第四十一条 本市对建筑垃圾运输企业实行记分管理。

运输企业违反本条例规定的，除依法予以行政处罚外，城市管理行政主管部门应当对其扣除规定的记分。对扣分达到一定分值的运输企业，城市管理行政主管部门应当责令其停运整改；经整改仍不符合规定的，在本市建筑垃圾运输企业名录中除名。

第四十二条 相关部门按照下列职责分工，对建筑垃圾排放、运输、消纳等处置行为实施监督管理：

（一）城市管理行政主管部门应当加强建筑垃圾处置监督管理工作，依法对发生在城市道路上的建筑垃圾运输过程中的撒漏、污染行为实施处罚；

（二）建设行政主管部门应当对施工现场内的建筑垃圾排放行为进行监督管理，依法对排放过程中发生的污染行为实施处罚；

（三）交通运输行政主管部门应当对建筑垃圾运输企业的道路运输经营行为进行监督管理，依法对运输企业的道路运输经营违法行为和发生在公路上的建筑垃圾运输过程中的撒漏、污染行为实施处罚；

（四）公安机关交通管理部门应当对建筑垃圾运输中的道路交通安全行为进行监督管理，依法对运输车辆的道路交通安全违法行实施处罚。

第四十三条 任何单位和个人都有权对违反本条例的行为进行举报和投诉。

市和区（市）县人民政府相关部门应当设置举报电话，受理公众举报和投诉。接到公众举报和投诉，应当在三十日内将调查或者处理结果告知举报人或者投诉人。

第六章 法律责任

第四十四条 本条例规定的禁止行为，国家、四川省相关法律、法规已有处罚规定的，从其规定。

第四十五条 违反本条例规定，有下列行为之一的，由城市管理行政主管部门责令限期改正，并处以三万元以上十万元以下罚款；逾期未改正的，查封建筑垃圾排放现场：

（一）未取得《建筑垃圾处置（排放）证》，擅自排放建筑垃圾的；

（二）未按照《建筑垃圾处置（排放）证》核定的期限和数量排放建筑垃圾的。

第四十六条 违反本条例第十四条第三款规定的，由城市管理行政主管部门撤销《建筑垃圾处置（排放）证》，并处以五千元以上二万元以下罚款。

运输企业违反本条例第二十五条第三款规定的，由公安机关交通管理部门撤销《建筑垃圾处置（运输）证》，并处以三千元以上一万元以下罚款。

第四十七条 单位违反本条例第十六条或者第十七条第一款规定的，由城市管理行政主管部门责令限期改正、清除污染，并处以三千元以上一万元以下罚款。

个人从事前款规定行为的，由城市管理行政主管部门责令限期改正，并处以二百元以上五百元以下罚款。

第四十八条 建设单位或者施工单位、运输企业违反本条例第十八条第一款规定的，分别按照本条例第四十五条、第五十二条第一款第三项的规定处理。

建设单位或者施工单位、运输企业之外的其他单位或者个人违反本条例第十八条第一款规定的，按照本条例第四十七条的规定处理。

第四十九条 建设单位或者施工单位违反本条例规定，将建筑垃圾交由本市建筑垃圾运输企业名录以外的单位、个人运输的，由城市管理行政主管部门责令限期改正，并处以三万元以上十万元以下罚款；逾期未改正的，查封建筑垃圾排放现场。

本市建筑垃圾运输企业名录以外的单位、个人违反本条例规定，擅自承运建筑垃圾的，由公安机关交通管理部门责令限期改正，并处以三万元以上五万元以下罚款；未取得道路运输经营许可，擅自从事建筑垃圾运输经营的，由交通运输行政主管部门按照道路运输管理法规、规章的规定处理。

第五十条 运输企业违反本条例规定，未办理《建筑垃圾处置（运输）证》擅自运输建筑垃圾的，由公安机关交通管理部门责令限期改正，并处以一万元以上三万元以下罚款。

运输企业违反本条例规定，雇用不符合要求的驾驶员从事建筑垃圾运输活动的，由城市管理行政主管部门责令改正，并处以三千元以上一万元以下罚款。

第五十一条 违反本条例第二十六条第一项或者第二项规定的，由公安机关交通管理部门按照道路交通安全管理法律、法规、规章的规定处理。

违反本条例第二十六条第三项规定的，由公安机关交通管理部门责令改正，并处以一千元以上三千元以下罚款。

第五十二条 在城市道路上违反本条例第二十六条第四至六项规定的，由城市管理行政主管部门责令限期改正、清除污染，并按照下列规定处以罚款：

（一）违反第四项规定的，处以一千元以上三千元以下罚款；

（二）违反第五项规定的，处以五千元以上一万元以下罚款；造成污染的，处以二万元以上五万元以下罚款；污染特别严重的，处以五万元以上十万元以下罚款；

（三）违反第六项规定，沿途倾倒建筑垃圾的，处以五万元以上十万元以下罚款。

在公路上从事前款规定行为的，由交通运输行政主管部门按照相关法律、法规、规章的规定处理。

第五十三条 违反本条例第三十六条第一款规定，擅自关闭建筑垃圾固定消纳场或者拒绝受纳建筑垃圾的，由城市管理行政主管部门责令改正，并处以五千元以上二万元以下罚款。

违反本条例第三十八条第二款规定的，由城市管理行政主管部门责令改正，并处以五千元以上一万元以下罚款。

第五十四条 单位违反本条例第三十七条第二款规定，未经许可擅自受纳建筑垃圾的，由城市管理行政主管部门责令改正，并处以五千元以上二万元以下罚款。

个人从事前款规定行为的，由城市管理行政主管部门责令改正，并处以一千元以上三千元以下罚款。

第五十五条 城市管理、建设、交通运输等行政主管部门、公安机关交通管理部门和街道办事处、镇（乡）人民政府及其工作人员在建筑垃圾处置监督管理活动中徇私舞弊、滥用职权或者拒不履行法定职责的，由上级主管部门或者监察机关责令改正；情节严重的，由上级主管部门或者监察机关对直接负责的主管人员和其他直接责任人员依法给予行政处分。

第七章　附　则

第五十六条　本条例所称处置，包含建筑垃圾的排放、运输和消纳活动。

本条例所称运输企业，是指本市建筑垃圾运输企业名录中的运输企业。

本条例中三十日以内期限的规定是指工作日，不含法定节假日。

第五十七条　市人民政府可以根据本条例制定配套的实施办法。

本市建筑垃圾运输企业备案和名录公布、记分以及建筑垃圾处置凭证管理的具体办法，由市城市管理行政主管部门另行制定。

第五十八条　本条例自2014年1月1日起施行。1998年4月17日成都市第十二届人民代表大会常务委员会第三十一次会议通过，1998年8月30日四川省第九届人民代表大会常务委员会第四次会议批准的《成都市城市建筑垃圾管理规定》同时废止。

成都市水资源管理条例

1991 年 10 月 18 日成都市第十一届人民代表大会常务委员会第二十一次会议通过，1992 年 5 月 27 日四川省第七届人民代表大会常务委员会第二十九次会议批准；

2013 年 1 月 5 日成都市第十五届人民代表大会常务委员会第三十七次会议修订，2013 年 4 月 2 日四川省第十二届人民代表大会常务委员会第二次会议批准。

目　录

第一章　总　则

第一条　为了加强水资源管理，合理开发、利用、节约和保护水资源，实现水资源可持续利用，适应经济社会发展和生态建设的需要，根据《中华人民共和国水法》等有关法律、法规的规定，结合成都市实际，制定本条例。

第二条　在本市行政区域内规划、开发、利用、节约、保护和管理水资源，防治水害，适用本条例。

本条例所称水资源，包括地表水、地下水、再生水。

第三条　水资源管理应当遵循统筹规划、合理开发、高效利用、全面节约、强化保护的原则，科学协调生活、生产和生态用水。

第四条 市和区（市）县人民政府应当将水资源管理纳入本级国民经济和社会发展规划，建立和完善水资源规划、开发、利用、节约和保护机制，促进水资源可持续利用。

第五条 依照分级管理权限，市水行政主管部门负责全市水资源的统一管理和监督工作。

区（市）县水行政主管部门负责本行政区域内水资源的统一管理和监督工作。

市和区（市）县人民政府有关部门应当依照各自职责开展本行政区域内水资源管理的相关工作。

第六条 任何单位和个人都应当遵守水资源管理的法律、法规，增强节约和保护水资源意识，并有权劝阻、举报违反水资源管理的行为。

第七条 对在规划、开发、利用、节约、保护以及管理水资源和防治水害工作中做出突出成绩的单位或者个人，市和区（市）县人民政府可以给予表彰和奖励。

第二章　水资源规划和开发利用

第八条 市和区（市）县水行政主管部门应当会同规划、发展改革、环境保护、建设、农业、林业和园林等行政部门，依据流域、区域规划和上一级水资源规划，编制本行政区域内的水资源综合规划和专业规划，报本级人民政府批准后执行，并报上一级水行政主管部门备案。

第九条 水资源综合规划以及与土地利用关系密切的专业规划，应当与国民经济和社会发展规划以及土地利用总体规划、城乡总体规划和环境保护规划相协调，兼顾各地区、各行业的需要。

国民经济和社会发展规划、城乡总体规划、水电开发规划、重大产业布局等，应当进行水资源论证，并与区域和流域水资源的承载能力相适应。

有关部门编制各项专业规划涉及水资源的，应当征求水行政主管部门的意见。

第十条 开发利用水资源，应当依照水资源综合规划和专业规划实施，坚持总量控制和计划用水，首先满足城乡居民生活用水，科学配置农业、工业和生态用水。优先开发利用地表水，严格控制开采地下水，推广利用再生水。

第十一条 市和区（市）县人民政府应当以水资源综合规划和专业规划为依据，建设各类水源工程，提高水资源利用效率。

鼓励农村集体经济组织及其成员依法在本集体经济组织所有的集体土地或者承包土地上兴建蓄水池、山平塘、石河堰等小型水源工程，合理集蓄利用雨水资源。

鼓励社会各界参与水资源的开发利用。

第十二条 市和区（市）县水行政主管部门应当提高调蓄洪水的能力，发挥综合效益。

第十三条 市和区（市）县人民政府应当采用、推广集雨新技术，科学开发利用雨水资源。

第十四条 市和区（市）县人民政府应当加强政策引导，加快推进城镇再生水利用工程建设。再生水的水质应当达到国家标准，分级分类使用。

再生水供水管网和设施覆盖范围内的园林绿化、道路清洗，应当使用再生水。

河湖景观补充水，应当优先采用再生水。鼓励住宅小区、公共建筑广泛利用再生水。

第三章 水资源保护

第十五条 市和区（市）县人民政府应当加强水功能区生态水域、人工湿地和生态廊道建设，保护水生态系统，促进水生态自我修复，提高水体自然净化能力。

第十六条 市和区（市）县人民政府应当实施公益林建设，提高河、渠、湖、库等水域周边的植被覆盖率，涵养水源，防治水土流失，改善生态环境。

第十七条 市和区（市）县水行政主管部门应当按照水功能区水质要求

和水环境容量，核定该水域纳污负荷量，向环境保护行政主管部门提出该水域限制排污总量的意见。

环境保护行政主管部门应当制定该水域排污总量控制指标，分解落实到排污单位，并监督执行。

第十八条 市和区（市）县水行政主管部门应当依照分级管理权限，核定各类水利水电工程最小下泄流量，并监督执行。

各类水利水电工程下泄流量不得低于最小下泄流量。

第十九条 在河、渠、湖、库等水域从事养殖、旅游、水上运动、餐饮等活动所产生的垃圾和废弃物，应当集中处置；产生的污水，应当收集处理，达标后按规定排放。

不得降低水功能区水质类别和使用功能，不得在水域周边填埋、堆放、存储固体废弃物和其他污染物。

第二十条 河流生态修复应当采取生态护岸、合理配置水生生物等综合措施，改善河流水质，提高水体自然净化和修复能力。

第二十一条 乡（镇）人民政府应当依照属地管理原则履行水资源保护职责，加强对面源污染防治的宣传，指导农业生产者改进种植和养殖技术及方式，引导农业生产者科学确定畜禽、水产养殖密度，推进农村生活污水、养殖废水、垃圾及秸秆的收集处理与综合利用。

第二十二条 城市广场、公园、道路隔离带和绿地设施建设应当采用有利于雨水渗透的建筑材料，推广采用低洼草坪，增加地下水补给。

公共供水管网覆盖的区域，确需开采地下水的，应当进行科学论证，依法取水。

取水工程设施形成的深井，应当在取水许可到期后，按取水许可要求对深井采取封、填处理措施，防止地下水污染。

第二十三条 市和区（市）县人民政府应当建立并健全水资源管理信息系统，促进水资源管理智能化。

第二十四条 市和区（市）县人民政府应当采取措施，防止水源枯竭和水体污染，保证城乡居民饮用水安全。

市和区（市）县人民政府应当实施备用水源工程建设，预防饮用水源突发事件，保障城乡居民正常生活。

第二十五条 市和区（市）县人民政府应当建立并健全水资源保护补偿机制，促进水源地保护区经济社会发展。

第四章 取水管理

第二十六条 单位或者个人需要直接取用水资源的，应当按照国家取水许可规定，向水行政主管部门申请办理取水许可证。

水行政主管部门应当根据总量控制与定量结合的要求，按照统筹规划、合理开发、科学控制、综合利用、持续高效的原则，结合用水定额，核定取水户的取水量，下达取水计划并监督实施。

第二十七条 依照分级管理权限，市和区（市）县水行政主管部门应当依照下列标准审批取水申请并核发取水许可证：

（一）地下水日取水量三千立方米以下的，地表水日取水量二万立方米以下的，由取水口设施涉及水体所在区（市）县水行政主管部门审批；

（二）地下水日取水量三千立方米以上五千立方米以下的，地表水日取水量二万立方米以上三万立方米以下的，经取水口设施涉及水体所在区（市）县水行政主管部门初审同意后，报市水行政主管部门批准。

第二十八条 新建、改建、扩建的建设项目需要取水的，建设单位或者个人应当委托具有相应资质的单位进行水资源论证，编制建设项目水资源论证报告书。

地下水日取水量小于三百立方米或者地表水日取水量小于二千立方米，对周边环境影响较小的建设项目，建设单位或者个人应当委托具有相应资质的单位填写建设项目水资源论证表。

未进行水资源论证或者论证未通过的建设项目，审批机关不得批准，建设单位不得擅自开工建设和投入使用。

第二十九条 实施施工降水的，应当在实施施工前，向有管辖权的水行政主管部门提交取水申请书、建设项目施工许可证复印件以及论证通过的专项降水设计，获得批准之后实施施工降水。

水行政主管部门应当在受理施工降水申请手续后的十五个工作日内作出是否批准的决定；取水工程应当经水行政主管部门验收合格并核发取水许可证后，建设单位或者施工单位方可取水。

鼓励建设单位有效利用施工降水。

第三十条 取水单位或者个人应当安装取水计量器具，依照相关法律、法规的规定进行检定，保证计量器具的准确性。

取水计量器具发生故障不能正常运行的，应当在二十四小时内告知水资源费征收单位，并及时修复。水资源费征收单位应当在接到报告后二十四小时内到现场核查。维修期间需继续取水的，应当依照水泵额定流量和不间断运行时间计算其取水量。

施工降水不安装取水计量器具的，应当按照许可井数、水泵额定流量和不间断运行时间计算其取水量。

第三十一条 取水单位或者个人应当按照水行政主管部门下达的取水计划取水，并依法交纳水资源费。对超出计划的取水量，水行政主管部门应当依照下列标准实行累进加价收费：

（一）超计划取水百分之十（不含百分之十）以下的，超计划部分水资源费加价一倍；

（二）超计划取水百分之十至百分之三十（不含百分之三十）的，超计划部分水资源费加价二倍；

（三）超计划取水百分之三十以上的，超计划部分水资源费加价三倍。

第五章　法律责任

第三十二条 违反本条例第十八条第二款规定，各类水利水电工程未按最小下泄流量标准下泄流量的，由市或者区（市）县水行政主管部门责令其限期改正；逾期仍不改正造成轻微危害的，处一万元罚款；造成较大危害的，处三万元罚款；造成严重危害的，处五万元罚款，并承担由此造成的经济损失、恢复河流下泄流量。

第三十三条 违反本条例第十九条第二款规定，降低水功能区水质类别和使用功能或者在水域周边填埋、堆放、存储固体废弃物和其他污染物，由水行政主管部门责令改正，限期采取补救措施。对水域使用功能造成较大影响的，处五万元罚款；对水域使用功能造成严重影响的，处十万元罚款。

第三十四条 违反本条例第二十八条第三款规定，未进行水资源论证或者论证未通过，建设单位擅自开工建设或者投入使用的，违反第二十九条第二款规定，施工降水无证取水的，由水行政主管部门责令停止违法行为，并处三万元以上十万元以下罚款。

第三十五条 违反本条例的其他行为，法律、法规已有规定的，从其规定。

第三十六条 行政机关工作人员滥用职权、玩忽职守、徇私舞弊的，依法给予行政处分。

第六章 附 则

第三十七条 本条例自 2013 年 10 月 1 日起施行。

成都市环城生态区保护条例

2012年10月19日成都市第十五届人民代表大会常务委员会第三十五次会议通过，2012年11月30日四川省第十一届人民代表大会常务委员会第三十四次会议批准。

目　录

第一章　总　则

第一条　为了加强环城生态区保护，规范环城生态区规划、建设和管理，推进世界生态田园城市建设，根据《中华人民共和国城乡规划法》、《中华人民共和国土地管理法》和《中华人民共和国环境保护法》等法律、法规，结合成都市实际，制定本条例。

第二条　本条例适用于环城生态区的规划、建设、管理及其监督活动。

第三条　本条例所称环城生态区，是指由成都市城市总体规划确定的，沿中心城区绕城高速公路两侧各五百米范围及周边七大楔形地块内的生态用地和建设用地所构成的控制区，其具体范围由环城生态区总体规划确定。

第四条　环城生态区的保护，应当遵循生态为本、科学规划、统筹建设、严格管理的原则，确保生态环境资源永续存在，实现现代化城市形态、高端化城市业态、特色化城市文态、优美化城市生态相结合，促进城市全面协调可持续发展。

第五条 市人民政府应当将环城生态区的保护和利用纳入城市总体规划和土地利用总体规划，制定各类相关规划和配套政策，建立规划、土地、林业园林、环境保护、水务等方面的统一管理及监督检查制度，统筹协调解决环城生态区保护工作中的重大事项。

有关区县人民政府应当按照各自职责，负责本辖区内的环城生态区保护工作。

第六条 市城乡规划行政主管部门负责环城生态区总体规划、控制性详细规划的编制、实施和监督管理工作。

市土地行政主管部门负责环城生态区的土地利用专项规划编制、土地用途管理等工作。

市建设行政主管部门负责环城生态区的生态建设实施计划编制、基础配套设施建设等工作。

农业、林业园林、环保、水务、发展改革、财政、城管、安监、交通、经济和信息化等行政主管部门按照各自职责负责相关工作。

第七条 市和有关区县人民政府及有关部门应当加强对环城生态区保护和管理的宣传，提高公民、法人和其他组织遵守规划、保护生态的意识。

第八条 任何单位和个人都应当遵守环城生态区及其生态环境资源的各类保护制度，并有权劝阻、举报违反环城生态区规划、建设和管理制度的行为。

市人民政府应当建立重大违法行为举报有奖制度。

第二章 规划控制和土地利用管理

第九条 环城生态区总体规划由市城乡规划行政主管部门统一编制。环城生态区总体规划应当报市人民代表大会常务委员会审议。

市人民代表大会常务委员会审议环城生态区总体规划，按照《成都市人民代表大会常务委员会讨论决定重大事项的规定》执行。

第十条 环城生态区总体规划应当确定环城生态区生态用地和建设用地控制区的规模、用途、形态要求等事项。

第十一条 环城生态区土地利用专项规划由市土地行政主管部门会同市人民政府其他相关部门和有关区县人民政府，根据环城生态区总体规划和土地利用总体规划编制，报市人民政府批准。

第十二条 环城生态区控制性详细规划由市城乡规划行政主管部门会同有关区县人民政府根据环城生态区总体规划编制，报市人民政府批准。

第十三条 环城生态区总体规划、土地利用专项规划和控制性详细规划，是保护、建设和管理环城生态区的依据。

前款规定的规划经批准后，应当报市人民代表大会常务委员会备案。

第十四条 环城生态区生态用地由农用地和园林绿地构成，总面积为133.11平方公里。其中，锦江区12.23平方公里，青羊区8.13平方公里，金牛区15.76平方公里，武侯区9.26平方公里，成华区16.23平方公里，龙泉驿区17.43平方公里，新都区19.74平方公里，温江区1.5平方公里，双流县9.15平方公里，郫县16.14平方公里，以及成都高新技术产业开发区范围内7.54平方公里。

市和有关区县人民政府应当采取有效措施，确保本辖区内的环城生态区生态用地规模不减少。

第十五条 禁止将环城生态区生态用地用于农业生产、绿化和水体、应急避难、公共文化体育或者市政基础设施建设之外的其他用途。

禁止在生态用地内设置户外广告。

第十六条 在生态用地内实施绿地、水体、景观等生态建设的，配套建设的经营性和非经营性服务设施总占地面积不得超过0.5平方公里。

配套服务设施的建设形态应当符合小体量、园林式的要求，其规划设计方案由市城乡规划行政主管部门审查确定。

禁止将非经营性配套服务设施用房改变为经营性用房。

第十七条 环城生态区建设用地上的建设项目，应当按照低高度、低强度、多样化的建筑形态进行规划控制。

禁止违反规划新建高层建筑。

第十八条 本市对环城生态区内的建设用地规模实行总量控制，坚持“先拆旧后建新”和“多拆少建”的原则，逐步减少建设用地面积。

建设项目应当在完成拆旧地块的整理和复垦后，经土地行政主管部门验收合格方可依法办理建设项目用地手续。

第十九条 环城生态区内的农用地应当坚持农地农用，不得非法改变农用地用途。

禁止违反规划将实施土地整治拆除复垦后的土地再次用于非农业建设。原址复垦为耕地的，纳入农用地管理。

第二十条 因公共利益需要，确需对环城生态区总体规划、控制性详细规划进行修改的，由市城乡规划行政主管部门对修改的必要性进行论证。

经论证确需修改的，市城乡规划行政主管部门应当在征求规划地段内利害关系人的意见并组织召开规划修改听证会后，提出规划修改方案的专题报告报市人民政府批准。

半数以上的听证代表不同意修改的，应当终止规划修改。

第二十一条 修改环城生态区总体规划，应当报市人民代表大会常务委员会审议。

市人民代表大会常务委员会审议修改方案，按照本条例第九条第二款的相关规定执行。

第二十二条 市城乡规划行政主管部门应当通过政府公众信息网和城乡规划固定展示场所，将环城生态区规划向社会公布，法律、法规规定不得公开的内容除外。未经依法公布的，不得作为城乡规划管理的依据。

市城乡规划行政主管部门应当依据已批准的规划，在规划区域现场分片组织设置生态用地边界示意牌，接受公众的监督。

第二十三条 任何单位和个人在环城生态区内进行下列建设活动，应当向市城乡规划行政主管部门申请办理规划审批手续：

（一）建筑物工程；

（二）道路、桥梁、管线、管沟等各类市政设施工程；

（三）广场、停车场建设；

（四）地下空间开发和利用工程；

（五）法律、法规规定的其他需要履行规划审批手续的建设工程项目。

在环城生态区内进行绿地、水体等生态项目建设的，应当依法报经有关行政主管部门批准。

第二十四条 未经规划许可或者违反规划许可进行违法建设的，所在地镇（乡）人民政府、街道办事处应当及时予以劝阻，并向城乡规划、土地等行政主管部门报告。

第三章 生态环境建设和保护

第二十五条 市建设行政主管部门应当会同市林业园林、水务等行政主管部门，依据环城生态区规划制定生态建设实施计划，报经市人民政府批准后组织实施。

第二十六条 环城生态区生态建设应当符合下列要求：

（一）农业种植物、苗木、生态植物植被、树木和水体的占地面积占生态用地总面积的比例不得低于百分之八十；

（二）生态用地内的建筑物、构筑物、道路和铺装场地的总硬化率不得超过百分之六。

第二十七条 任何单位和个人都应当爱护环城生态区内的生态植物植被和树木，保护环城生态区内的野生动物及其栖息地。

禁止破坏生态植物植被或者擅自砍伐、移植树木。确需砍伐、移植树木的，应当经市林业园林行政主管部门批准。

禁止在环城生态区内捕捉、猎杀、贩卖野生动物或者对其实施繁殖干扰、栖地破坏。

第二十八条 市和有关区县人民政府应当采取生态护岸、合理配置水生生物等综合措施，改善河流、湖泊、湿地等水域的水质，提高水体自然净化和修复能力。

市环保、水务等行政主管部门应当采取清理、取缔排污口，设置水质断面监测等综合治理与监控措施，保障河流、湖泊、湿地等水域的水质。

第二十九条 生产、经营活动产生的污水应当按规定收集处理达标后排放。禁止私设暗管或者采取其他规避监管的方式排放水污染物。

禁止在环城生态区内新设排污口或者从事影响水质的养殖活动。现有的排污口和影响水质的养殖场所应当限期关闭。

第三十条 利用环城生态区内水域从事旅游、水上运动等开发利用活动的，应当经市水务行政主管部门批准。

禁止擅自占用河流、湖泊、湿地等水域。

第三十一条 在环城生态区内建设广场、公园、道路隔离带和绿地的，应当采取有利于雨水渗透的措施。

任何单位和个人不得擅自取用地下水。公共供水管网能够满足用水需要的区域，禁止取用地下水。

第三十二条 环城生态区内各类农业生产应当符合生态农业和景观农业的要求。鼓励发展绿色生态农业、节水农业和休闲观光农业。

禁止在农业生产中使用剧毒、高毒、高残留农药或者国家明令禁止、限制使用的农药。

禁止新增规模化畜禽养殖、工厂化作物栽培等设施农业。现有规模化畜禽养殖企业和工厂化作物栽培企业应当限期迁出。

第三十三条 未经依法批准，任何单位和个人不得在环城生态区内从事建窑、挖砂、采石、取土、弃土、爆破等破坏地形地貌的活动。

第三十四条 禁止在环城生态区内新建工业项目。现有的工业项目应当限期迁出或者依法关闭。

第三十五条 禁止在环城生态区内违反规定排放大气污染物。市环境保护行政主管部门应当对环城生态区环境空气质量实施监测，并定期向社会公布。

禁止在环城生态区内生产、销售、使用燃煤或者其他高污染燃料。现有型煤生产、销售单位，应当在市人民政府规定的期限内迁出或者依法关闭；现有使用燃煤设施的单位和居民应当在规定的期限内改用清洁能源。

第三十六条 除加油、加气站外，禁止在环城生态区内新建、改建、扩建危险化学品生产、经营、储存项目。现有的危险化学品生产、经营、储存企业应当限期迁出。

第三十七条 市和有关区县规划、建设、城市管理行政主管部门应当加强环城生态区内环境卫生设施的规划、建设和管理，合理设置环境卫生设施。

禁止任何单位和个人占用、损毁环境卫生设施；任何单位和个人不得擅自关闭、拆除、迁移环境卫生设施。

第三十八条 市城市管理行政主管部门应当按照分类投放、定点收集、统一运输、集中处置的原则，制定环城生态区的道路清扫、保洁以及生活垃圾的收集、运输和处置等环境卫生作业规范。

第三十九条 在环城生态区内产生的建筑垃圾可以通过堆坡造景等方式实现综合利用。

禁止在环城生态区内新建生活垃圾、建筑垃圾处置场；禁止随意倾倒生活垃圾、建筑垃圾。

第四章 监督检查

第四十条 市和有关区县人民政府应当定期向同级人民代表大会常务委员会报告环城生态区保护和本条例实施情况。

第四十一条 市和有关区县人民政府应当加强对环城生态区各类规划实施情况的监督检查。

市人民政府应当建立健全环城生态区保护工作绩效的社会公众意见反馈评判机制。社会评价应当采取群众评价与特约独立社会组织评价相结合的方式进行，并将评估结果向公众公开。

第四十二条 市城乡规划行政主管部门应当加强对环城生态区相关规划实施情况的监督检查。发现违法建设的，应当按照法定职责组织查处，或者将有关情况及时抄告有关区县人民政府并督促其依法查处。公安机关、工商行政管理部门和土地、建设、房管、卫生、水务等行政主管部门应当协同配合，形成有效的违法建设预防和查处体系。

市土地行政主管部门应当加强对环城生态区土地利用专项规划实施情况的督察工作，保障环城生态区土地利用专项规划的实施。

第四十三条 市规划、国土、建设、林业园林、环保、水务、城管等履行环城生态区保护职责的行政主管部门应当加强对违反本条例行为的监督检查，对单位和个人举报的违法行为，应当及时受理、依法处理，并将处理结果告知举报人。

第五章 法律责任

第四十四条 有下列行为之一的，由上级行政机关或者监察部门责令改正，通报批评；对负责人和其他直接责任人员依法给予行政处分：

（一）未按照本条例规定制定环城生态区总体规划、土地利用专项规划和控制性详细规划，或者违反本条例规定编制、审批、修改环城生态区总体规划、土地利用专项规划和控制性详细规划的；

（二）违反本条例规定核发用地手续的；

（三）违反本条例规定核准规划许可手续的；

（四）违反本条例规定制定、实施生态建设实施计划的；

（五）不履行环城生态区保护监督管理职责的。

第四十五条 违反本条例第十六条第三款规定的，由城乡规划行政主管部门责令限期改正、恢复原状；逾期不改正的，没收违法所得，并按经营性用房的建筑面积处以每平方米一百元的罚款。

第四十六条 违反本条例第十九条第一款规定，擅自改变农用地用途的，由土地行政主管部门责令限期改正，没收违法所得，并处以违法所得百分之五十的罚款。

违反本条例第十九条第二款规定，将实施土地整治拆除复垦后的土地违反规划再次用于非农业建设的，由土地行政主管部门责令限期拆除新建的建筑物、构筑物、设施。

第四十七条 违反本条例第二十三条第一款规定，实施违法建设的，由城乡规划行政主管部门责令停止建设、限期拆除、恢复原状，并扣押用于违法建设的施工设施、设备；尚可采取改正措施消除对规划实施的影响的，限期改正，处以违法建设工程造价百分之十的罚款；无法采取改正措施消除影响的，限期拆除，不能拆除的，没收实物或者违法收入，可以并处违法建设工程造价百分之十的罚款。

当事人自行拆除违法的建筑物、构筑物、设施，并恢复原状的，可以不再给予行政处罚。当事人逾期未自行拆除的，依法强制拆除，强制拆除费用由当事人承担。

第四十八条 违反本条例第三十三条规定的，由土地行政主管部门责令限期改正或者治理；逾期不改正或者不治理的，处以耕地开垦费两倍的罚款。

第四十九条 违反本条例规定的其他行为，由有关行政主管部门依照相关法律、法规、规章的规定处理。

第六章 附 则

第五十条 本条例所称高层建筑，是指层数为七层以上的住宅建筑和建筑高度超过二十四米的公共建筑。

第五十一条 与环城生态区相邻一百米范围内的建设用地上的建设项目，其建设形态应当按照由低向高逐渐过渡、高低错落的天际轮廓线要求进行控制，并与所在区域业态、文态、生态相协调，具体控制要求由环城生态区总体规划确定。

第五十二条 市人民政府可以根据本条例，制定相关的配套实施办法。

第五十三条 本条例自 2013 年 1 月 1 日起施行。

成都市职业教育促进条例

2012年8月31日成都市第十五届人民代表大会常务委员会第三十四次会议通过，2012年11月30日四川省第十一届人民代表大会常务委员会第三十四次会议批准。

目　录

第一章　总　则

第一条　为了适应现代产业发展要求，建立现代职业教育体系，培养技术技能人才，提高劳动者就业能力，促进经济社会发展，根据《中华人民共和国职业教育法》等有关法律、法规，结合本市实际，制定本条例。

第二条　本市行政区域内的职业教育及其相关活动，适用本条例。

第三条　职业教育应当坚持服务经济社会、满足社会需求、规范办学行为、立足学生的发展原则。

第四条　市和区（市）县人民政府应当将职业教育纳入国民经济和社会发展规划。

市和区（市）县人民政府编制的土地利用总体规划和城乡统筹规划，应当与本地职业教育发展规划相衔接。

第五条 本市建立和完善政府主导、行业指导、企业参与、院校自主的职业教育办学机制。

第六条 市和区（市）县人民政府应当统筹城乡职业教育协调发展，促进城乡技术技能人才和实用性人才培养，促进城乡就业，推动城镇化进程。

第七条 本市鼓励和支持普通教育和职业教育双向融通，中等职业教育和高等职业教育相互衔接。

本市鼓励和支持在蓉高等学校向职业教育开放教育教学资源，职业院校应当利用高等学校资源开展教育教学。

本市高等职业教育应当提高人才培养规格和层次。

第二章　政府及其所属部门职责

第八条 市和区（市）县人民政府应当建立职业教育联席会议制度，定期召开联席会议，研究、解决职业教育中的重大问题。

第九条 市和区（市）县人民政府应当建立由政府行政主管部门、职业教育研究机构、行业协会、企业、职业院校组成的职业教育指导委员会。

职业教育指导委员会下设相关专业指导委员会，负责制定行业准入、专业规划、课程设置和教学评估等标准，参与实训基地建设，开展教师培训，预测人才需求和规格，指导职业院校做好学生就业。

第十条 市和区（市）县人民政府应当建立和健全职业教育目标考核体系，将职业教育招生、学生就业等纳入目标考核。

第十一条 市和区（市）县人民政府应当将职业教育经费列入财政预算，足额拨付职业教育经费，保障生均教育费用和生均公用经费逐步增长。

市属高等职业院校生均财政拨款标准达到市属相应普通本科院校地方承担的生均财政拨款标准。本市中等职业学校生均财政拨款标准达到或超过省人民政府规定的中等职业院校生均财政拨款标准。地方教育费附加安排用于职业教育的比例不低于30%。

财政、教育、人社等行政管理部门，应当加强资金管理，提高资金使用效益。

任何单位和个人不得挪用、截留职业教育经费。

第十二条 市和区（市）县人民政府应当减收或者免收职业院校基础设施建设、城市建设配套费。

第十三条 市和区（市）县人民政府应当支持、指导职业院校建立校内外实习、实训基地。

第十四条 市教育行政主管部门负责全市职业教育监督、管理和指导工作。

第十五条 市教育、人社行政主管部门应当根据国家相关规定，制定符合职业教育特点的专（兼）职教师资格标准、专业技术职务（职称）评聘办法，制定符合职业教育特点的校长任职资格标准。

第十六条 市和区（市）县教育、人社行政主管部门应当制定职业教育教师培养计划，并通过参与课程改革、挂职锻炼等形式对职业教育教师进行培训。

第十七条 市教育、人社行政主管部门应当根据本市产业发展和人力资源市场需求，制定年度招生计划。

第十八条 市和区（市）县发改、经信、财政、商务、旅游、国资、农委、审计等行政部门及群团组织应当在各自职责范围内做好职业教育相关工作，推动职业教育事业发展。

第三章　教育教学

第十九条 中等职业学校的设立、变更或者终止，应当向有关行政主管部门提出申请，办理相关手续。

未经批准，任何单位和个人不得设立职业学校。

第二十条 职业院校在办学模式、育人方式、资源配置、人事管理、合作办学、社区服务等方面依法享有办学自主权。

第二十一条 职业院校应当与行业组织、企业合作，根据本市产业结构调整和人才需求变化建立职业教育专业和课程设置动态调整机制。

第二十二条 职业院校应当建立和健全教学质量监控和评价制度，加强教学过程管理，定期组织教学质量检测、评估。

第二十三条 职业院校不得有偿招生或者通过非法中介机构招生，不得与不具备办学条件的学校或者机构联合招生。

职业院校发布的招生广告、招生简章，应当真实合法，并报相应的教育、人社行政主管部门备案。

第二十四条 本市职业院校的教师，应当符合国家规定的任职学历和资格，专业教师应当具有相应的行业经历和经验。

鼓励普通高等院校联合相关企业，专门培养职业教育师资。

本市鼓励职业院校教师加入行业协会组织。

第二十五条 本市职业院校师生比按不低于相应普通院校标准，核定教职工编制数，其中按不少于编制数25%用于聘请行业专业技术人员、高技能人才担任专兼职教师。

第二十六条 民办职业院校教师在资格认定、职称评审、进修培训、课题申请、评先选优、国际交流等方面与公办职业院校教师享受同等待遇。

第二十七条 职业院校应当建立和完善教师实习、实践制度，专业教师和实习指导教师每年到企业或生产服务一线的时间累计不少于两个月。

第二十八条 职业院校应当对学生加强社会公德、职业道德教育，培养学生自尊自信、尊重劳动、爱岗敬业、诚实守信。

第二十九条 本市鼓励职业院校学生取得学历证书并通过职业鉴定机构考核，取得相应的职业资格证书。

第三十条 职业院校应当建立和完善应急预案，定期组织师生开展学校突发事件应急培训和应急演练。

第四章 校企合作

第三十一条 本市鼓励和支持职业院校、企业共同开展校企合作，具体鼓励办法由市人民政府制定。

第三十二条 职业院校应当根据经济社会发展和市场需求，与企业开展下列事项合作：

（一）根据合作企业生产技术、生产工艺、生产方法、企业文化，优化教学内容，开发专业课程；

（二）与合作企业构建多形式的技能型人才培养模式；

（三）配合合作企业建立规范有序的学生实习制度；

（四）实施订单式培养，为合作企业培养所需专业毕业生；

（五）与合作企业共同推进毕业生就业指导；

（六）与合作企业开展教师、高技能人才双向互动交流；

（七）与合作企业建立生产性实训车间，兴办技术创新机构；

（八）其它合作。

第三十三条 企业应当接纳职业院校学生参加专业对口的实习实训。

职业院校学生到企业上岗实习的，职业院校应当与企业签订合作协议，并为学生购买人身伤害保险。

企业对上岗实习的职业院校学生，应当给予适当的实习报酬，并按照国家规定在企业所得税前扣除。

第三十四条 接受学生实习实训的企业，应当开展实习实训前的安全培训，负责实习实训期间的劳动保护。下列事项不得安排学生实习实训：

（一）高空、井下、放射性、有毒、易燃易爆、四级体力劳动强度的岗位；

（二）酒吧、夜总会、歌厅、洗浴中心等营业性娱乐场所；

（三）通过中介机构代理、组织、安排和管理实习工作；

（四）与所学专业不相符的岗位；

（五）其他具有安全隐患的岗位。

学生每天顶岗实习不得超过八小时，不得安排一年级的学生到企业顶岗实习。

第三十五条 职业院校应当利用现有公共实训基地资源为企业职工技能培训和继续教育提供服务，并为合作企业优先推荐毕业生。

第三十六条 职业院校应当配合企业开展技术改造、产品研发和科技项目攻关，促进科技成果转化。

第三十七条 本市鼓励企业管理者、高技能人才到职业院校兼职从教，职业院校教师到企业实践，校长到企业挂职等校企双向互动。

第五章 职业教育集团

第三十八条 市和区（市）县人民政府应当根据国家有关规定，鼓励和支持职业教育集团的发展。

第三十九条 行业主管部门应当组织、指导行业协会、重点企业、职业院校建立面向先进制造业、现代服务业、都市现代农业、战略性新兴产业、文化产业等职业教育集团。

本市鼓励职业教育集团与跨国企业、职业教育机构等开展合作，组建涉外型职业教育集团。

第四十条 行业协会、重点企业、职业院校应当按照平等自愿、互惠互利、共同发展的原则，制定职业教育集团章程，并按照职业教育集团章程享有相应的权利并承担相应的义务。

第四十一条 职业教育集团应当建立产业与职业院校专业、企业生产标准与职业院校标准、企业生产过程与职业院校教学课程相衔接的运行模式。

职业教育集团应当建立教师、学生流动机制，实行教学、实训、就业等资源共享。

第六章 社会参与

第四十二条 本市鼓励企业、事业单位、社会团体、境内外社会组织及公民个人投资举办职业教育，对符合条件的民办职业院校给予政策支持。

第四十三条 本市鼓励企业、事业单位、社会团体、境内外组织及公民个人对职业教育事业给予资助和捐赠。

第四十四条 本市鼓励和支持职业院校建立和健全包括工学联动、实践嵌入、课程外包在内的社会化教学合作运行机制。

本市培育和扶持第三方职业教育咨询、评估机构。

第四十五条 本市鼓励职业院校与国外职业教育机构合作，引进先进的职业教育理念、标准、课程，开展联合办学、教师交流、学生交换，培养国际化技术技能人才。

第七章 法律责任

第四十六条 违反本条例第十一条第四款规定的，由上级行政机关责令限期归还被挪用、截留的经费，并追究主管人员和其他直接责任人的行政责任。

第四十七条 违反本条例第十九条第二款规定的，由教育或者人社行政主管部门责令限期改正；符合设立条件的，可以补办审批手续；逾期仍达不到设立条件的，予以取缔并没收违法所得。

第四十八条 违反本条例第二十三条第一款规定的，由教育或者人社行政主管部门责令限期改正；拒不改正的，责令停止招生，并追究其直接责任人的行政责任。

第四十九条 违反本条例第三十四条规定之一的，由教育或者人社行政主管部门责令改正；造成人员伤害的，依法承担民事责任，并追究直接责任人的行政责任。

第八章 附 则

第五十条 本条例自 2013 年 1 月 1 日起施行。

成都市计量监督管理条例

1996年9月26日成都市第十二届人民代表大会常务委员会第二十次会议通过，1996年12月24日四川省第八届人民代表大会常务委员会第二十四次会议批准；

根据2006年6月8日成都市第十四届人民代表大会常务委员会第二十五次会议通过，2006年9月28日四川省第十届人民代表大会常务委员会第二十三次会议批准的《关于修改〈成都市计量管理监督条例〉的决定》第一次修正；

根据2012年8月31日成都市第十五届人民代表大会常务委员会第三十四次会议通过，2012年11月30日四川省第十一届人民代表大会常务委员会第三十四次会议批准的《关于修改〈成都市计量管理监督条例〉的决定》第二次修正。

第一章　总　则

第一条　为了加强计量监督管理，保障国家计量单位制的统一和量值的准确可靠，维护经济秩序，保障公民、法人和其他组织的合法权益，根据《中华人民共和国计量法》等法律、法规，结合成都市实际，制定本条例。

第二条　在本市行政区域内制造、修理、销售、安装、改装、检定、使用计量器具以及从事计量活动的，应当遵守本条例。

法律、法规另有规定的，从其规定。

第三条　本市全面实行国家法定计量单位。

第四条　市质量技术监督行政管理部门对全市计量工作实施统一监督管理；区（市）县质量技术监督行政管理部门负责本行政区域内的计量监督管理工作。

市和区（市）县有关部门依照法律、法规、规章，按各自职责做好本系统、本行业的计量管理工作。

第五条 市和区（市）县人民政府应当将计量事业纳入当地经济社会发展规划，有计划地发展计量事业；鼓励、支持计量科学技术研究，采取先进的科学技术和管理方法，为国家法定计量检定机构配备先进的技术设备。

第六条 任何单位和个人对计量违法行为都有检举或者控告的权利。

第七条 市和区（市）县人民政府或者质量技术监督行政管理部门对在计量工作中作出显著成绩的单位和个人给予表彰、奖励。

第二章 计量单位和计量器具

第八条 从事下列活动，应当使用国家法定计量单位：

（一）制发公文、公报、统计报表；

（二）编制广播、电视节目；

（三）制定标准、技术规范、检定规程、产品使用说明书；

（四）签订合同；

（五）出版发行图书、教材、报纸、期刊、音像制品、电子出版物；

（六）制作、印发票据、票证、账册；

（七）生产、进口、销售商品，标注商品标识、标签、标价签；

（八）出具检定、测试、校准、检验、试验数据及凭证；

（九）发布广告；

（十）发表报告；

（十一）法律、法规规定应当使用计量单位的其他活动。

再版、出版古籍、文学作品不适用前款规定。

出口产品使用的计量单位依据合同约定。

第九条 使用进口的计量器具或者进口为设备配套的计量器具，应当符合有关法律、法规规定，确定该计量器具的量值溯源地。

第十条 制造、修理计量器具实行许可证制度。

禁止伪造、冒用或者利用他人产品、生产设备和技术文件骗取《制造计量器具许可证》、《修理计量器具许可证》。

取得《制造计量器具许可证》、《修理计量器具许可证》的单位和个人，不得涂改、倒卖、出租、出借许可证，或者以其他方式非法转让许可。

第十一条 下列计量器具，由市质量技术监督行政管理部门根据经济和社会发展需要拟定目录，经市人民政府批准后，报省质量技术监督行政管理部门备案。但已列入国家强制检定计量器具目录的除外：

（一）涉及人体健康、安全防护或者生态环境保护的；

（二）用于重要商品或者大宗物料交易的；

（三）用于判定法定责任的。

使用前款规定计量器具的单位和个人，应当向国家法定或者授权的计量检定机构申请周期检定或者校准。检定、校准周期按照有关规定执行。

第十二条 任何单位和个人不得损坏使用中的计量器具检定或者校准封印、标记；不得使用无有效检定或者校准封印、证书、标记的计量器具。

第三章 计量管理

第十三条 收购、销售商品或者提供服务实行计量收费的，经营者应当标明计量单位，并配备和使用符合国家规定的计量器具。

实行现场计量收费的，经营者应当明示计量操作过程和计量器具显示的量值。

商品交易场所，其管理者或者经营者应当设置供消费者复核计量准确度的计量器具。

经营者不得少报瞒报计量数据、短秤少量。经营者不得违背消费者意愿估量计费，法律、法规另有规定的，从其规定。

第十四条 经营者收购、销售商品的量或者提供服务的量的实际值、标注值与结算值应当一致，其计量准确度应当符合国家的有关规定。

第十五条 商品交易无现行规定的计量方式和允差，由市质量技术监督行政管理部门制定。

第十六条 电表、气表、水表等用能计量器具应当经国家法定或者授权的计量检定机构检定合格。

经营者应当以用能计量器具显示的量值为用能计量结算依据。

用能计量结算办法，由市人民政府另行规定。

第十七条 企业、事业单位应当对本单位的计量工作实行统一管理，全面使用国家法定计量单位，采取国际先进计量管理标准，推广先进计量技术，确保测量数据准确可靠。

第十八条 企业、事业单位应当配备与生产、科研、经营管理相适应的计量检测设施，方能从事生产、科研、经营活动。

新建、扩建生产项目，其设计方案中应当有相应的计量保证措施，方可施工。

生产过程中计量检测控制可靠、量值溯源有效的产品，方可认定为荣誉产品。

第十九条 企业、事业单位需要对本单位的计量监督保证体系和提供数据的有效性进行评定的，可以向市和区（市）县质量技术监督行政管理部门申请计量确认。达到计量确认要求的，发给计量确认证书。

计量确认证书可作为向需方提供计量保证的证明和认定荣誉产品的基本条件。

第四章 计量监督

第二十条 市质量技术监督行政管理部门负责组织计量器具产（商）品质量监督检验工作。

计量器具产（商）品质量监督检验费按国家有关规定执行。

第二十一条 市和区（市）县质量技术监督行政管理部门应当对检定者检定的准确性和可靠性实施监督。

第二十二条 计量监督执法人员有权向被检查者明示使用录音、录像、照相等手段进行调查；有权查阅、复制与被监督的计量行为相关的发票、账册、合同、凭证、文件、业务函电等资料。

任何单位和个人不得拒绝监督检查，不得纵容、包庇计量违法行为。

计量监督执法人员应当保守被检查者的商业秘密和技术秘密。

第二十三条 计量监督执法人员对被检查者使用的计量器具或者对定量

包装商品的计量准确性进行监督检查时，被检查者应当给予配合，并无偿提供被查计量器具或者规定数量的定量包装商品。检查结束，被查计量器具或者定量包装商品合格的应当退还被检查者。

第二十四条 本条例所涉及的有关证书在使用有效期内，质量技术监督行政管理部门应当进行年审或者抽查。

第五章 法律责任

第二十五条 违反本条例第八条第一款规定的，按照《中华人民共和国计量法实施细则》和《四川省计量监督管理条例》的相关规定处理。

第二十六条 违反本条例第十条第二款规定的，责令停止制造或者修理计量器具，没收非法财物和违法所得，并处以违法所得百分之二十以上百分之五十以下的罚款。

违反本条例第十条第三款规定的，责令改正，没收违法所得，并处以五千元以上一万元以下的罚款。

第二十七条 违反本条例第十一条第二款或者第十二条规定的，责令停止使用计量器具，责令改正，可并处三千元以上五千元以下罚款。

第二十八条 违反本条例第十三条或者第十四条规定的，由有关行政主管部门责令改正，赔偿消费者损失，没收违法所得，视其情节，可并处二百元以上五千元以下罚款。

第二十九条 违反本条例第十六条第二款规定的，责令改正，可处以五千元以上一万元以下罚款。

第三十条 计量监督管理人员和执法人员应当遵纪守法，秉公执法。对滥用职权、徇私舞弊、玩忽职守或者收受贿赂的，由其所在单位或者上级主管部门给予行政处分；构成犯罪的，依法追究刑事责任。

第六章 附 则

第三十一条 本条例自公布之日起施行。

成都市产品质量监督条例

1994年12月22日成都市第十二届人民代表大会常务委员会第八次会议通过，1995年4月26日四川省第八届人民代表大会常务委员会第十四次会议批准；

根据2001年10月24日成都市第十三届人民代表大会常务委员会第二十四次会议通过，2001年11月23日四川省第九届人民代表大会常务委员会第二十六次会议批准的《关于修改〈成都市产品质量监督条例〉的决定》第一次修正；

根据2012年8月31日成都市第十五届人民代表大会常务委员会第三十四次会议通过，2012年11月30日四川省第十一届人民代表大会常务委员会第三十四次会议批准的《关于修改〈成都市产品质量监督条例〉的决定》第二次修正。

第一章　总　则

第一条　为了加强对产品质量的监督，提高产品质量水平，保护消费者的合法权益，根据《中华人民共和国产品质量法》等法律、法规，结合成都市实际，制定本条例。

第二条　在本市行政区域内从事产品生产、销售的，应当遵守本条例。

建设工程不适用本条例。但是，建设工程使用的建筑材料、建筑构配件和设备、装饰材料以及在建筑物内使用的、能保持其原有特性或者用途的产品适用本条例。军工企业生产的民用产品适用本条例。

第三条　生产者、销售者应当建立健全内部产品质量管理制度，严格实施岗位质量规范、质量责任以及相应的考核办法。

第四条　市和区（市）县人民政府应当将提高产品质量纳入国民经济和社会发展规划，加强对产品质量工作的统筹规划和组织领导，引导、督促生产者、销售者加强产品质量管理，提高产品质量，组织各有关部门依法采取措施，制止产品生产、销售中违反本条例规定的行为，保障本条例的施行。

第五条 市产品质量监督部门负责本行政区域内的产品质量监督工作。

本市各级产品质量监督部门在其职责范围内负责产品质量监督和执法工作。

市和区（市）县人民政府有关行政管理部门在各自的职责范围内负责产品质量监督工作。

法律、法规对产品质量的监督部门另有规定的，从其规定。

第六条 鼓励、支持和保护任何单位和个人对产品质量进行监督。对举报或者协助查处违反产品质量法律、法规行为的，有关行政管理部门应当为其保密，并可以予以表彰、奖励。

第七条 鼓励推行科学的质量管理方法，采用先进的科学技术，鼓励企业产品质量达到并超过行业标准、国家标准和国际标准。对产品质量管理先进和产品质量达到国际国内先进水平成绩显著的单位和个人，由各级人民政府或者产品质量监督部门给予奖励。

第二章　责任和义务

第八条 生产者和销售者应当对其生产、销售的产品质量负责。产品质量应当符合下列要求：

（一）生产者生产的产品应当具有并符合产品标准。没有国家标准、行业标准或者地方标准的，企业应当制定相应的企业标准，并按规定备案；

（二）产品质量符合在产品上或者其包装上注明执行的产品标准，符合以产品说明、实物样品、标识等方式表明的质量状况；

（三）产品质量达不到规定标准，但仍有使用价值并符合安全卫生要求，需出厂或者销售的，应当在产品或者包装上明示“次品”、“等外品”、“处理品”等字样；

（四）用散件组装或者分装的产品，应当在产品或者包装上用中文注明组装或者分装厂的厂名、厂址；

（五）产品或者其包装上应当附加标识和产品标准编号。其标识应当符合《中华人民共和国产品质量法》第二十七条的规定；

（六）易碎、易燃、易爆、有毒、有腐蚀性、有放射性等危险物品以及储运中不能倒置和有其他特殊要求的产品，其包装质量应当符合《中华人民共和国产品质量法》第二十八条的规定；

（七）产品销售时，对需要标明产品规格、等级、所含主要成分的名称和含量的，应当予以标明并向消费者明示。

第九条 可能危及人体健康和人身、财产安全的工业产品，应当符合保障人体健康和人身、财产安全的国家标准、行业标准、地方标准；未制定国家标准、行业标准、地方标准的，应当符合保障人体健康和人身、财产安全的要求。禁止生产、销售不符合保障人体健康和人身、财产安全的标准和要求的工业产品。具体管理办法按照国务院的规定办理。

第十条 禁止生产、销售下列产品：

（一）国家明令淘汰的；

（二）伪造或者冒用他人的厂名、厂址、产地、防伪标识、条形码的；

（三）伪造、冒用或者转让认证证书（标志）、名优标志、生产（制造）许可证（准产证）证书（标志）、检验合格证等质量标志的；

（四）掺杂、掺假、以假充真，以旧充新，以次充好，或者以不合格产品冒充合格产品的；

（五）以本条第一、二、三、四项产品为主要部件组装的；

（六）失效、变质的，超过保存（保质）期、安全使用期或者失效日期的，或者伪造生产日期、安全使用期、失效日期的；

（七）法律、法规禁止生产、销售的其他产品。

第十一条 国家规定实施安全认证强制性监督管理的产品，未经安全认证或者认证不合格的，不得出厂、销售。

国家规定实行生产许可证（准产证）的产品，应当在产品或者其包装和说明书上注明生产许可证（准产证）标志和编号及有效期。

第十二条 生产者应当按照国家有关规定对产品进行检验。没有检验能力的，应当委托具有相应检验能力的产品质量检验机构检验。经检验合格后方可出厂。凡不具备基本生产条件，不能保证生产出合格产品的，一律不准开工生产。

销售者、服务业的经营者、建设单位和施工单位应当建立并执行进货（场）检查验收制度，验明产品合格证明和其他标识，并采取必要的保管措施，保持产品的质量。

销售者、服务业的经营者、建设单位和施工单位可以委托具有相应检验能力的产品质量检验机构对产品质量进行检验。

第十三条 任何单位和个人，不得为以假充真者提供制假生产技术，不得支持、包庇、纵容生产、销售违反本条例规定的产品，并不得为其提供运输、保管、仓储、场所、资金、物品等便利条件。

第十四条 印制者承接印制产品标识、标签、名优标志、认证标志、防伪标识、生产许可证（准产证）标志、条形码或者含以上标志（标识）的包装物、产品说明、铭牌时，应当查验有关合法的证明文件，并复印留存。委托人不能提供合法证明文件的，印制者不得承接印制。

印制者不得将印制有前款所列标志（标识）或者含标志（标识）的包装物、产品说明、铭牌等提供给非委托人。

第十五条 生产者、销售者在设计制作、刊登、播放涉及产品质量内容的产品介绍、产品说明或者用其他方式宣传产品时，内容应当真实，其宣传的该产品质量应当符合所执行的产品标准要求，符合产品说明、实物样品等方式表明的质量状况。不得对产品质量作虚假宣传。

第十六条 产品质量监督部门、工商行政管理部门或者其他国家机关、具有行政管理职能的组织以及产品质量检验机构不得向社会推荐生产者的产品；不得以对产品进行监制、监销等方式参与产品经营活动。

第三章 监督检查

第十七条 产品质量监督部门负责生产领域的产品质量监督管理，工商行政管理部门负责流通领域的商品质量监督管理。工商行政管理部门在实施流通领域的商品质量监督管理中查出的属于生产环节引起的产品质量问题，应当移交给产品质量监督部门处理。

第十八条 对产品质量实行以抽查为主要方式的监督检查制度。法律对产品质量的监督检查另有规定的，从其规定。

产品质量监督抽查应当防止重复，其计划管理按国家和《四川省产品质量监督管理条例》的有关规定执行。监督抽查结果应当公告或者告知被检查者。

第十九条 产品质量检验所需费用，按国家和《四川省产品质量监督管理条例》有关规定执行。

第二十条 产品质量检验机构，其检测条件和能力应当按法律规定考核合格和认可，方可承担产品质量检验工作，其出具的检验数据和结论具有法律效力。法律、行政法规对产品质量检验机构另有规定的，从其规定。

第二十一条 产品质量检验机构应当依据法律、法规的规定和产品标准，按照规定的检验程序、检验方法、技术规范、样品数量和期限对产品进行检验，并对出具的检验数据和检验结论承担法律责任。

第二十二条 受检者对抽查检验数据和检验结论有异议的，可以在接到检验报告之日起 15 日内向实施抽查的产品质量监督部门或者其上级产品质量监督部门书面申请复检，由受理复检的产品质量监督部门作出复检结论。复检费由申请人预付，责任方承担。国家对复检另有规定的，从其规定。

第二十三条 对依法进行的产品质量监督检查，生产者、销售者不得拒绝。

第二十四条 产品质量监督部门和工商行政管理部门根据已经取得的违法嫌疑证据或者举报，对涉嫌违反本条例的行为进行查处时，有权采取下列措施，被检查人或者有关人员应当配合，并如实提供有关资料和情况：

（一）按规定程序询问被检查人和有关人员；

（二）查阅、复制、收集有关的发票、账册、单据、记录、文件、业务函电等资料；

（三）用照相、录音、录像等手段取得所需的证明材料；

（四）进入产品存放现场和仓库检查产品。

行政执法人员对生产者、销售者的技术秘密和商业秘密应当保密。

第二十五条　行政执法人员在收集证据时，可以采取抽样取证的方法。抽样取证应当通知当事人到场，当事人应当予以配合。当事人不到场或者拒绝配合的，行政执法人员应当作好记录，注明情况。

第四章　法律责任

第二十六条　违反本条例第八条第一项规定的，责令限期改正，逾期不改或者重犯的，处以500元以上5000元以下的罚款；情节严重或者违反第二、三、四、六、七项规定之一的，责令停止生产、销售，处以生产、销售产品（包括已售出和未售出的产品，下同）货值金额10%以上30%以下的罚款，有违法所得的，没收违法所得；对直接责任者可处以1000元以上5000元以下的罚款。

违反本条例第八条第五项规定的，责令改正；情节严重的，责令停止生产、销售，并处违法生产、销售产品货值金额10%以上30%以下的罚款；有违法所得的，并处没收违法所得。销售无产品合格证明、无中文标明的产品名称和厂名厂址的产品的，责令停止销售。

第二十七条　违反本条例第九条规定的，责令停止生产、销售，没收违法生产、销售的产品，并处违法生产、销售产品货值金额等值以上3倍以下的罚款；有违法所得的，并处没收违法所得。

第二十八条　违反本条例第十条第一、二、三项规定之一的，责令停止生产、销售，可没收违法生产、销售的产品，并处违法生产、销售产品货值金额30%以上等值以下的罚款；有违法所得的，并处没收违法所得。

违反本条例第十条第四、五、七项的，责令停止生产、销售，没收违法生产、销售的产品，并处违法生产、销售产品货值金额等值以上3倍以下的罚款；有违法所得的，并处没收违法所得。

违反本条例第十条第六项的，责令停止生产、销售，没收违法生产、销售的产品，并处违法生产、销售产品货值金额50%以上2倍以下的罚款；有违法所得的，并处没收违法所得。

违反本条例第十条各项规定之一的，对直接责任者可处以1000元以上1

万元以下的罚款。

第二十九条 违反本条例第十一条第一款规定的，没收违法销售的产品，并处违法销售产品货值金额等值以上 3 倍以下的罚款；有违法所得的，并处没收违法所得；对直接责任者可处以 1000 元以上 5000 元以下的罚款。

违反第二款规定的，责令改正，没收违法所得；对生产者处以该批产品总值 15% 至 20% 的罚款，对销售者处以该批产品总销售额 15% 至 20% 的罚款。

第三十条 违反本条例第十三条规定，提供制假生产技术的，知道或者应当知道属于本条例禁止生产、销售的产品而为其提供运输、保管、仓储、场所、资金、物品等便利条件的，没收全部违法收入，并处违法收入 50% 以上 3 倍以下的罚款。

第三十一条 违反本条例第十四条规定的，没收违法印制品和违法收入，并处违法收入 1 倍以上 5 倍以下的罚款；对直接责任者可处以 1000 元以上 1 万元以下的罚款；并没收印制者专门用于印制违法物品的印制工具、设备和原材料。

第三十二条 生产者、销售者违反本条例第十五条规定，对产品质量作虚假宣传的，责令停止虚假宣传，消除影响，并依照《中华人民共和国反不正当竞争法》、《中华人民共和国广告法》的有关规定予以处罚。

第三十三条 生产者、销售者以不正当手段推销、采购本条例规定不得生产、销售的产品的，没收全部违法所得和该批产品，对直接责任者可处以 1000 元以上 1 万元以下的罚款。

第三十四条 服务业的经营者将违反本条例规定的产品用于经营性服务的，建设单位或者施工单位采购使用违反本条例规定的产品，责令停止使用，拒不提供或者不如实提供其生产者、销售者的，按照本条例对销售者的处罚规定处罚。

第三十五条 生产者、销售者、服务业的经营者、施工单位继续生产、销售、使用已被责令停止生产、销售、使用的产品的，没收其产品，处以该批产品货值金额等值以上 5 倍以下的罚款；对直接责任者可处以 1000 元以上

1万元以下的罚款。

第三十六条 对依法进行的产品质量监督检查，拒绝提供、不如实提供或者隐匿有关票据、账册等材料或者提供伪证，致使对货值金额、违法所得、违法收入难以确认的，处以5000元以上10万元以下的罚款。尚未销售的违法产品可予以没收。

第三十七条 对生产者专门用于生产本条例第十条所列产品的原辅材料、包装物、工具，应当予以没收。

第三十八条 本条例规定的行政处罚，由产品质量监督部门或者工商行政管理部门依照各自职权决定。依法应当吊销营业执照的，由工商行政管理部门决定。在查处违法行为过程中，经审理认为不属于本部门管辖的，应当作出移送案件的决定，并在7日内移送给有管辖权的部门。法律、行政法规对行使行政处罚权的机关另有规定的，从其规定。

第三十九条 产品质量监督、工商行政管理等执法部门在依法查处违法行为的过程中，发现生产、经营者涉嫌构成犯罪，依法需要追究刑事责任的，应当按规定向公安机关移送。

第四十条 本市各级人民政府和其他国家机关有包庇、放纵产品生产、销售中违反《中华人民共和国产品质量法》和本条例规定的行为的，依法追究其主要负责人的法律责任。

产品质量监督部门、工商行政管理部门或者其他国家机关、具有行政管理职能的组织违反本条例第十六条的规定，向社会推荐生产者的产品或者以监制、监销等方式参与产品经营活动的，由其上级机关或者监察机关责令改正，消除影响，有违法收入的予以没收；情节严重的，对直接负责的主管人员和其他责任人员依法给予行政处分。

产品质量检验机构有前款所列违法行为的，由产品质量监督部门责令改正，消除影响，有违法收入的予以没收，可以并处违法收入30%以上1倍以下的罚款，情节严重的，撤销其质量检验资格。

第四十一条 产品质量监督、工商行政管理等部门及其行政执法机关的工作人员滥用职权、玩忽职守、徇私舞弊，超过规定的数量索取样品、违反规定收取检验费用的，由上级机关责令退还，给予行政处分，并可以由颁证机关吊销行政执法证件。

产品质量监督部门或者工商行政管理部门的工作人员违法实施行政处罚或者违法对产品进行查封、扣押，使生产者或者销售者的合法权益受到损害的，行政机关应当依法承担赔偿责任。

第四十二条 各级人民政府工作人员和其他国家机关工作人员有下列情形之一的，依法给予行政处分；构成犯罪的，依法追究刑事责任：

（一）包庇、放纵产品生产、销售中违反本条例规定行为的；

（二）向从事违反本条例规定的生产、销售活动的当事人通风报信，帮助其逃避查处的；

（三）阻挠、干预产品质量监督部门或者工商行政管理部门依法对产品生产、销售中违反本条例规定的行为进行查处，造成严重后果的；

（四）负有追查责任的国家工作人员玩忽职守、徇私舞弊，对有本条例所列违法行为的单位或者个人，不履行法律、法规规定的追查职责的；

（五）滥用职权、假公济私，对检举揭发本条例所列违法行为的举报人实行打击报复、陷害的。

第五章 附 则

第四十三条 本条例自公布之日起施行。

成都市实施《中华人民共和国集会游行示威法》办法

1990年6月22日成都市第十一届人民代表大会常务委员会第十二次会议通过，1990年9月5日四川省第七届人民代表大会常务委员会第十八次会议批准；

根据2012年8月31日成都市第十五届人民代表大会常务委员会第三十四次会议通过，2012年11月30日四川省第十一届人民代表大会常务委员会第三十四次会议批准的《关于修改〈成都市实施《中华人民共和国集会游行示威法》办法〉的决定》修正。

第一条 为了保障公民依法行使集会、游行、示威的权利，维护我市社会稳定和公共秩序，根据《中华人民共和国集会游行示威法》和《四川省〈中华人民共和国集会游行示威法〉实施办法》，结合成都市实际，制定本办法。

第二条 在成都市行政区域范围内举行集会、游行、示威的，应当遵守本办法。

第三条 集会、游行、示威的主管机关，是集会、游行、示威举行地的区（市）县公安机关；游行、示威路线经过两个以上区（市）县的，主管机关为市公安局。

第四条 举行集会、游行、示威的，应当依照本办法向主管机关提出申请并获得许可。依照《中华人民共和国集会游行示威法》第七条第二款的规定不需要申请的除外。

第五条 举行集会、游行、示威的，应当确定负责人，并由其持本人居民身份证或者其他有效身份证件，在五日前到主管机关递交申请书，填写申请登记表。

申请书应当由负责人签名，并载明下列事项：

（一）集会、游行、示威的目的、方式、标语、口号、人数、车辆数、使用音响设备的种类与数量；

（二）起止时间、路线和集合、解散地点；

（三）负责人的姓名、职业、住址、联系方式。

更换负责人的，应当按照前款规定重新申请。以信函、电子邮件、电话或者其他方式提出申请的，主管机关不予受理。

第六条 主管机关接到集会、游行、示威申请书后，应当在申请举行时间的二日前，作出许可或者不许可的书面决定。对不许可的，应当说明理由；逾期不作出决定的，视为许可。

申请集会、游行、示威的负责人应当在申请举行时间的二日前到主管机关接收决定通知书。逾期不到主管机关接收或者拒不签收的，视为撤回申请。

第七条 申请举行集会、游行、示威要求解决具体问题的，主管机关接到申请后，可以通知有关机关或者单位同申请集会、游行、示威的负责人协商解决问题，并可以将申请举行的时间推迟五日。

有关机关或者单位接到主管机关通知后，应当立即同申请集会、游行、示威负责人协商解决有关问题，并在法定时限内，将协商结果告知主管机关。

第八条 申请举行集会、游行、示威，有下列情形之一的，不予许可：

（一）反对宪法所确定的基本原则的；

（二）危害国家统一、主权和领土完整的；

（三）破坏民族团结，煽动民族分裂的；

（四）有充分根据认定申请举行的集会、游行、示威将直接危害公共安全或者严重破坏社会秩序的。

第九条 集会、游行、示威的负责人对主管机关不许可的决定不服的，可以自接到决定通知书之日起三日内，向主管机关的同级人民政府申请复议。

人民政府应当在接到申请复议书之日起三日内作出书面决定。逾期不作出书面决定的，视为撤销主管机关的决定，许可集会、游行、示威。申请复议人应当在法定期限内到人民政府领取复议决定，逾期不到复议机关接收或者拒不签收复议决定通知书的，视为撤回申请。

经人民政府复议许可的集会、游行、示威，其负责人应持复议决定通知书到主管机关办理有关手续。

人民政府的复议决定为终局决定。

第十条 集会、游行、示威在国家机关、军事机关、广播电台、电视台、外国驻本市领事馆等单位所在地举行或者经过的，主管机关为了维护秩序，可以在上述单位所在地周边设置临时警戒线，或者在地面上划定警戒标志线，必要时还可以设置障碍物。未经现场执勤警察许可，任何人不得逾越。

第十一条 禁止举行集会、游行、示威区域的具体范围，由市人民政府依据《中华人民共和国集会游行示威法》和《四川省〈中华人民共和国集会游行示威法〉实施办法》的相关规定确定。

第十二条 经许可举行集会、游行、示威的，应当按照许可的目的、方式、时间、地点、路线和其他事项进行，禁止从事下列行为：

（一）使用任何暴力或者煽动使用暴力；

（二）携带武器、管制刀具和易燃易爆等危险物品；

（三）沿途涂写、刻画、张贴标语或者散发与许可目的不相符合的宣传品；

（四）使用与集会、游行、示威目的不相符合的横幅和标语牌；

（五）发表、呼喊与集会、游行、示威目的不相符合的演说、口号；

（六）造谣惑众或者诽谤、侮辱他人；

（七）扰乱社会秩序、生产秩序、工作秩序、教学科研秩序和人民群众的生活秩序；

（八）拦截、损坏车辆，阻碍交通；

（九）使用音量超过国家标准的音响设备；

（十）侵占、损毁公共设施、园林绿地；

（十一）影响市容环境卫生；

（十二）阻碍、抗拒人民警察依法执行公务；

（十三）进行其他违法犯罪活动或者煽动他人违法犯罪。

第十三条 举行集会、游行、示威时，负责人应当佩戴明显标志，负责维持秩序，并指定不少于参加集会、游行、示威人数五分之一的人员佩戴统一标志，协助执勤的人民警察维持秩序。佩戴标志的样式，应当在举行集会、游行、示威一日前，送主管机关备案。

第十四条 举行集会、游行、示威，有下列情形之一的，人民警察应当予以制止：

（一）未依照本办法规定申请或者申请未获许可的；

（二）未按照主管机关许可的目的、方式、起止时间、地点、路线进行的；

（三）未按照主管机关的许可使用标语、呼喊口号的；

（四）在进行中出现危害公共安全或者严重破坏社会秩序的；

（五）未经现场执勤警察许可，逾越警戒线的。

有前款所列各项情形之一，且不听制止的，人民警察现场负责人有权命令解散；拒不解散的，由公安机关依法处理。

第十五条 违反本办法第十二条规定的，由公安机关依法处理；造成他人人身损害、财产损失的，依法承担赔偿责任。

第十六条 本办法自公布之日起施行。

成都市园林绿化条例

2012年6月29日成都市第十五届人民代表大会常务委员会第三十三次会议通过，2012年9月21日四川省第十一届人民代表大会常务委员会第三十二次会议批准。

第一章　总　则

第一条　为了促进园林绿化事业发展，保护和改善生态环境，保障城乡居民身体健康，根据《中华人民共和国城乡规划法》、国务院《城市绿化条例》等法律、法规，结合本市实际，制定本条例。

第二条　本条例适用于本市城乡规划区范围内的园林绿化及其监督管理活动。

前款所称园林绿化，是指在建设用地上植树、种草、栽花、育苗以及兴建和管理保护园林绿地的活动。

本市行政区划范围内古树名木的保护管理，按照相关法律、法规的规定执行。

第三条　园林绿化应当坚持生态、景观、文化统一协调和节约资源的原则，保护和利用原有水体、地形地貌、植被和历史文化遗址等自然、人文资源，形成以遮荫乔木为主体、多种植物合理配置的种植结构。

园林绿化应当加强科学研究，促进园林绿化科技成果的转化应用，防止有害物种侵入，保护植物多样性，鼓励选育（种）适应本市自然条件的植物，推广生物防治病虫害技术。

第四条　市和区（市）县人民政府应当将园林绿化事业纳入国民经济和社会发展计划，将辖区公共绿地的建设和养护经费列入本级财政预算。

第五条　市园林绿化行政主管部门负责全市园林绿化的监督管理工作；

区（市）县园林绿化行政主管部门负责本辖区园林绿化的监督管理工作。

规划、国土、建设、交通、水务、环保、房管、城市管理行政执法等部门按照各自职责，协助作好园林绿化监督管理工作。

第六条 鼓励单位和个人以投资、捐资、认养、植树纪念等形式，参与绿地的建设和养护。单位和个人投资建设的公共绿地，可以依法根据其意愿命名；捐资、认养的树木，可以设置标志牌。

任何单位和个人都应当爱护绿化成果和绿化设施，并有权对破坏园林绿化的行为予以劝止、举报。

第七条 对园林绿化工作做出突出成绩的单位和个人，各级人民政府和园林绿化行政主管部门可以给予表彰和奖励。

第二章 规划和建设

第八条 绿地系统规划由市和区（市）县园林绿化行政主管部门会同规划行政主管部门组织编制，报经同级人民政府批准后实施。

绿地系统规划应当明确园林绿化目标、规划布局、各类绿地的面积和控制原则，并按照规定标准确定绿化用地面积，合理布局公共绿地，确定各类公共绿地的绿线。

第九条 编制绿地系统规划，应当立足本市实际，兼顾近期和长期发展的需要，有利于改善生态环境和市容景观，因地制宜，合理布局。

绿地系统规划应当委托具有相应资质的规划编制单位进行编制。报批前，应当组织专家评审，并向社会公布，广泛听取公众意见。

第十条 规划行政主管部门在组织编制控制性详细规划时，应当根据城市、镇总体规划，提出不同类型地块的绿化用地界线，并向社会公布，接受公众监督。

依法确定的绿线不得擅自修改。确需修改的，由规划行政主管部门会同园林绿化行政主管部门组织论证后，按照规划修改的法定程序报请原审批机关批准。

第十一条 新建、改建和扩建项目的绿地率应当符合下列规定：

（一）旧城改造区、城市商业区的大中型商业和服务设施不得低于百分之二十；

（二）新开发建设区、大专院校、科研机构和宾馆、饭店、体育场馆等大型公共建筑不得低于百分之三十；

（三）医院、疗养院不得低于百分之三十五；

（四）新建城镇主干道不得低于百分之三十，次干道不得低于百分之二十；改建、扩建城镇主干道不得低于百分之二十，次干道不得低于百分之十五；其他道路应当预留行道树种植位置。

商住建筑等混合功能建设项目，以其建筑面积占总建筑面积比例最大部分的使用性质确定其应当适用的绿地率标准。

规划行政主管部门应当将绿地率纳入规划条件，作为核发或者变更建设用地规划许可证的依据。建设项目确因条件限制无法达到本条所规定的绿地率标准的，按照《四川省城市园林绿化条例》的相关规定执行。

第十二条　园林绿化项目建设，采用本地乔木树种的比例应当占该项目绿地乔木树种总量的百分之七十以上；乔灌木覆盖率应当占绿地总面积的百分之七十以上，其中乔木覆盖率不得低于百分之六十。

城镇主干道行道树的种植应当采用胸径不小于十厘米的树木，其它道路行道树的种植应当采用胸径不小于六厘米的树木。人行道的乔木覆盖率不得低于百分之八十。

本条第一款所称本地树种的具体名录，由市园林绿化行政主管部门拟定、公布。

第十三条　从境外引进绿化种子和其他繁殖材料的，应当经过林业行政主管部门按照国家有关规定审批，并经植物检疫机构检疫合格。

第十四条　鼓励发展垂直绿化、屋顶绿化等多种形式的立体绿化，具体办法由市人民政府制定。

第十五条　园林绿化建设应当与地上地下各种管线等市政公用设施保持规定的安全间距。规划行政主管部门在核定建设项目用地位置和界线时，应当兼顾管线安全和树木生长需要。

第十六条 各类建设项目的附属绿地工程应当与主体工程同时规划、设计、施工。建设项目竣工后，园林绿化行政主管部门应当对绿地率实施审核。未达到核定标准的，规划行政主管部门不得核发建设工程规划合格证。

第十七条 下列绿化工程建设项目，应当按照公开、公平、公正的原则，通过招投标方式确定设计、施工单位，并实行专业监理：

（一）关系社会公共利益的大型基础设施绿化工程建设项目；

（二）国有资金占总投资一半以上的绿化工程建设项目；

（三）使用国际组织或者外国政府贷款、援助资金的绿化工程建设项目；

（四）法律、法规规定应当实行招投标管理的其他绿化工程建设项目。

第十八条 园林绿化工程的设计、施工和监理，应当由具有相应资质等级的单位承担。

园林绿化工程的设计、施工，应当执行园林绿化工程设计规范和施工规程，确保质量，并接受园林绿化行政主管部门的监督、检查和指导。

本市建立园林绿化企业诚信管理制度，对在本市承接绿化工程的企业实施信用管理。

第十九条 公共绿地的建设和管理养护费用，由同级城市维护费列支，并免收城市基础设施配套费。

第三章 保护和管理

第二十条 园林绿地由其所有权人负责管理养护。

建筑区划内的园林绿地，属于专有部分的，由其所有权人负责管理养护；属于共有部分的，按照下列规定确定管理养护责任人：

（一）实行自主管理的建筑区划，由业主共同负责管理养护；

（二）实行委托管理的建筑区划，由物业服务企业或者其他管理人负责管理养护。

第二十一条 管理养护责任人应当按照绿化养护管理技术规范管理养护园林绿地。乔木、灌木、花、草等植物受损或者毁坏的，应当及时修复、补种或者更换。

第二十二条 修剪公共绿地上树木的，应当严格执行有关技术规范，不得毁坏树木。

管理养护责任人应当定期检查树木生长情况。有下列情形之一的，应当按照兼顾公共安全和树木正常生长的原则及时组织修剪：

（一）因树木生长严重影响他人采光、通风，且利害关系人提出修剪要求的；

（二）遮挡交通信号灯、交通标志或者交通标线的；

（三）影响架空线、管线、交通设施等公共设施使用安全的；

（四）树木自身养护需要。

因不可抗力致使树木倾倒危及公共安全的，管理养护责任人或者其他有关单位可以先行修剪、扶正或者砍伐树木，及时排除安全隐患。

因前款事由砍伐树木的，应当在三个工作日内报告园林绿化行政主管部门。

第二十三条 禁止擅自占用园林绿地；禁止破坏绿地范围内的地形地貌、水体和植被。

因公共利益需要临时占用园林绿地的，在中心城区范围内，由市园林绿化行政主管部门批准；在其他区域的，由所在地区（市）县园林绿化行政主管部门批准。

临时占用园林绿地的，应当按照批准占用的面积和期限归还，并恢复原貌。

第二十四条 因建设需要或者影响公共安全确需移植胸径六厘米以上树木的，应当按照下列规定报经批准后方可实施：

（一）一处移植不足三十株，在中心城区范围内的，由所在地区（县）园林绿化行政主管部门审批；在其他区域的，由所在地街道办事处、镇（乡）人民政府审核后，报区（市）县园林绿化行政主管部门批准；

（二）一处移植三十株以上，在中心城区范围内的，由所在地区（县）园林绿化行政主管部门初审、市园林绿化行政主管部门审核后，报市人民政府批准；在其他区域的，由所在地区（市）县园林绿化行政主管部门审核后，报同级人民政府批准，并报市人民政府备案。

移植前款规定树木的，同一建设项目及其附属工程为一处，应当按照规划确定的范围一次性报批；必要时应当组织专家进行论证，或者召开听证会听取社会公众意见。

第二十五条 禁止擅自砍伐园林绿地上的树木。

下列树木，按照本条例第二十四条的规定报经批准后可以砍伐：

（一）已经死亡的；

（二）危及公共安全的；

（三）发生检疫性病虫害或者其他严重病虫害的。

第二十六条 移植、砍伐公共绿地上树木的，应当将移植、砍伐原因和株数在移植、砍伐现场公示，接受公众监督。

第二十七条 禁止任何单位和个人在园林绿地内从事下列行为：

（一）穿行绿篱、爬树、摇树、攀枝、采花、采果、剥皮、摘笋或者刻划树木；

（二）在树木上钉钉子、架电线、拴绳挂物或者拴系牲畜；

（三）倾倒垃圾污物、取土、挖沙、采石、铲草、捕鸟、葬坟或者放牧；

（四）停放车辆、堆放物料、倚树堆物搭棚或者圈围树木；

（五）其他损害园林绿地、破坏绿化成果的行为。

第四章　法律责任

第二十八条 违反本条例规定，偷盗、损坏树木或者毁坏园林绿地，构成违反《中华人民共和国治安管理处罚法》的，由公安机关依法处理；造成损失的，依法承担赔偿责任。

第二十九条 违反本条例规定，建设项目竣工后未达到核定的绿地率标准的，责令限期改正，并按照不足绿地面积数处以每平方米三万元以上五万元以下的罚款。

第三十条 违反本条例规定，拒不履行园林绿地管理养护责任的，责令限期改正；逾期不改正的，处以一千元以上二千元以下的罚款。

第三十一条 违反本条例第二十二条第一款规定，造成树木损坏的，责令赔偿损失，并处以二千元以上五千元以下的罚款。

违反本条例第二十三条第一款规定的，责令赔偿损失，并处以五千元以上一万元以下的罚款。

违反本条例第二十四条第一款或者第二十五条第一款规定的，责令赔偿损失，并处以赔偿金额一倍以上二倍以下的罚款。

第三十二条 在公共绿地内从事本条例第二十七条规定各项行为之一的，责令改正，给予警告；拒不改正的，按照下列规定处理：

（一）有第一项规定行为之一的，处以五十元的罚款；

（二）有第二项规定行为之一的，处以二百元的罚款；

（三）有第三项规定行为之一的，处以五百元的罚款；

（四）有第四项规定行为之一的，处以五百元以上二千元以下的罚款。

前款规定行为，造成树木损坏、绿地毁坏等严重后果的，按照本条例第三十一条第一款、第二款的规定处理。

第三十三条 本条例第二十九至三十二条设置的行政处罚，由园林绿化行政主管部门实施；实行城市管理相对集中行政处罚权的区（市）县，由城市管理行政执法部门实施。

第三十四条 规划、园林绿化、城市管理行政执法等部门及其工作人员在园林绿化监督管理活动中滥用职权、玩忽职守、徇私舞弊的，由所在单位或者上级主管部门依法给予行政处分。

第五章　附　则

第三十五条 本条例所称园林绿地和绿地，是指建设用地范围内以自然植被和人工植被为主要存在形态的绿化用地。

本条例所称公共绿地，是指下列国有或者集体所有的绿地：

（一）供公众游憩观赏的公园、动物园、植物园、小游园、陵园、寺庙园林和文物园林内的绿地；

（二）城镇公共道路的绿化用地；

（三）其它属于国有或者集体所有的绿地。

本条例所称绿线，是指各类绿地范围的控制线。

本条例所称绿地率，是指建设工程附属绿化用地面积占建设用地总面积的比例。绿地面积不包括屋顶绿化、垂直绿化、阳台绿化和室内绿化的面积。

本条例所称以上、以下、内，均含本数；所称低于、小于、不足，不含本数。

第三十六条 本条例自2013年1月1日起施行。1991年6月13日成都市第十一届人民代表大会常务委员会第十九次会议通过，1991年9月28日四川省第七届人民代表大会常务委员会第二十五次会议批准的《成都市城市园林绿化条例》同时废止。

成都市行政执法责任制条例

2001 年 12 月 13 日成都市第十三届人民代表大会常务委员会第二十五次会议通过，2002 年 1 月 18 日四川省第九届人民代表大会常务委员会第二十七次会议批准；

根据 2012 年 6 月 29 日成都市第十五届人民代表大会常务委员会第三十三次会议通过，2012 年 9 月 21 日四川省第十一届人民代表大会常务委员会第三十二次会议批准的《成都市人民代表大会常务委员会关于修改〈成都市行政执法责任制条例〉的决定》修正。

目　录

第一章　总　则

第一条　为了规范行政执法行为，促进行政执法机关依法行使职权，维护公民、法人和其他组织的合法权益，保障法律、法规、规章的正确实施，根据有关法律、法规，结合成都市实际，制定本条例。

第二条　行政执法机关实行行政执法责任制，适用本条例。

本条例所称行政执法机关是指市和区（市）县、乡（镇）人民政府及其具有执行法律、法规、规章职责的政府部门和法律、法规授权管理公共事务的组织。

本条例所称行政执法责任制是指依法确定行政执法主体资格，明确执法职责，规范执法行为，加强执法监督，追究违法执法责任的制度。

第三条 行政执法机关应当建立行政执法责任制。

市人民政府负责全市行政执法责任制工作；区（市）县、乡（镇）人民政府负责所辖区域的行政执法责任制工作。

市和区（市）县人民政府法制工作部门在本级人民政府的领导下，负责本条例的组织实施和监督检查工作。

第四条 市和区（市）县人民代表大会及其常务委员会根据有关法律、法规和本条例的规定，对本级人民政府实行行政执法责任制的情况进行监督。

第二章 执法制度

第五条 市和区（市）县人民政府应当依法确认行政执法机关的执法主体资格，并向社会公布。

第六条 行政执法机关的主要负责人为行政执法责任制的责任人。

第七条 行政执法机关应当建立行政执法岗位责任制度，将法律、法规和规章规定的职责，具体落实到行政执法岗位和行政执法人员。

第八条 行政执法机关应当根据法律、法规、规章规定的执法程序，制定和完善保障其实施的具体办法。

法律、法规、规章对行政执法程序未作规定或者规定不具体的，市人民政府可以根据工作实际，制定相应的行政执法工作程序。

第九条 行政执法机关应当建立行政执法人员资格认证制度，组织进行法律、法规、规章和专业知识培训，经考试、考核合格，取得行政执法资格后，方可从事行政执法工作。

第十条 行政执法机关应当建立行政执法公示制度，将法定的执法范围、职责、标准、条件、时限、程序、收费等公诸于众。法律、法规另有规定的，从其规定。

第十一条 行政执法机关应当建立罚没财物收缴管理制度，严格执行法律、法规、规章关于罚没收入的规定，实行罚缴分离。

第十二条 行政执法机关应当建立投诉、举报和案件回访制度，依法受理行政管理相对人的投诉、举报。

第十三条 行政执法机关应当建立监督检查制度，防止违法执法行为的发生，及时纠正违法执法行为，查处违法行政执法人员。

第十四条 行政执法机关应当建立规章、规范性文件备案制度。

第十五条 行政执法机关应当建立执法情况报告制度。市和区（市）县人民政府工作部门应当定期向本级人民政府报告行政执法情况；对负责实施的本市新公布的地方性法规、政府规章实施一周年时，向本级人民代表大会常务委员会或者有关专门委员会（工作委员会）和本级人民政府专题报告。

第十六条 行政执法机关应当建立法律、法规、规章的宣传制度，对其负责实施的法律、法规、规章进行宣传。

第三章 执法规范

第十七条 行政执法机关制定规范性文件，应当遵守下列规定：

（一）不得与法律、法规、规章和上级规范性文件相抵触；

（二）不得设定行政处罚、行政强制；

（三）不得设定行政许可、行政事业性收费、集资、登记等项目或者将备案改为许可；

（四）按规定程序制定、发布规范性文件。

第十八条 行政执法机关实施具体行政行为时，应当确保主体资格合法、事实清楚、证据充分、严格遵守法定程序、依法作出处理。

第十九条 行政执法人员履行行政执法职责时，应当持有合法的执法证件，并向行政管理相对人出示。

第二十条 行政执法机关、行政执法人员在行政执法中，不得有下列行为：

（一）执行已废止的法律、法规、规章和规范性文件；

（二）继续执行已取消的行政审批事项或者颁发已取消的证照；

（三）对符合法定条件，申请行政机关颁发许可证、执照、资质证、资格证等证书，或者申请行政机关审批、登记有关事项，拖延不办；

（四）无法律、法规依据，将行政审批及资格、资质认证、培训、指定服务等作为企业注册登记前置条件；

（五）扩大行政事业性收费范围，提高收费标准或者对已取消、降低标准的收费项目，仍按原项目、标准执行；

（六）无法定依据实施行政处罚或者擅自改变行政处罚的种类、幅度；

（七）违法实施行政强制；

（八）使用、损毁扣押的财物，或者逾期不作出处理；

（九）以罚款代替其他行政处罚或者对依法应当移送司法机关追究刑事责任的不移交，以行政处罚代替刑事处罚；

（十）在实施行政许可、处罚、检查等行为时，谋取不正当利益；

（十一）行政执法机关对行政管理相对人的投诉、举报无正当理由拒绝受理，对复议申请不依法受理或者受理后拖延不办；

（十二）法律、法规、规章禁止的其他行为。

第二十一条 行政执法机关不得对行政执法工作岗位和行政执法人员下达罚没收入指标，不得将罚没收入与行政执法工作岗位或者行政执法人员经济利益相联系，不得将法定职责以各种形式转化为有偿服务，不得截留、私分或者变相私分罚没收入。

第二十二条 行政执法机关作出责令停产停业、吊销许可证或者执照、较大数额罚款或者没收较大数额的违法所得、非法财物等重大行政处罚决定的，应当在作出决定之日起十五日内将处罚决定书和必要的说明材料抄送本级人民政府法制工作部门和上一级行政执法机关备案。

前款规定的较大数额的罚款、违法所得的具体标准，按四川省人民政府的规定执行。

第二十三条 作出具体行政行为的，应当制作规范的法律文书，依法送达当事人，并告知当事人享有的权利。

第二十四条 行政执法机关依法作出的行政行为，非经法定程序，不得改变和撤销。

第四章　执法监督

第二十五条　对行政执法机关实行行政执法责任制采取下列方式予以监督：

（一）现场检查、重点和专项调查；

（二）调阅执法案卷和其他有关文书；

（三）对行政执法人员进行抽查考核；

（四）受理对有关行政执法行为的申诉、投诉和举报；

（五）法律、法规和规章规定的其他方式。

第二十六条　市和区（市）县人民政府法制工作部门应当对行政执法责任制进行考核，其考核的重点是：

（一）行政执法责任制的建立和落实情况；

（二）执法主体、执法依据、执法程序、事实认定、证据采信、文书规范等情况；

（三）行政执法人员接受培训、持证上岗以及熟悉相关法律、法规、规章及其他规范性文件的情况；

（四）行政复议、行政诉讼、行政赔偿情况；

（五）执行、办理本级人民代表大会及其常务委员会决议、决定、意见和建议的情况；

（六）执行《行政执法监督检查决定书》和办理《行政执法监督检查建议书》的情况；

（七）违法执法责任追究情况。

第二十七条　对监督中发现的问题，可以《行政执法监督检查建议书》通知该行政执法机关自行纠正，或者以《行政执法监督检查决定书》直接进行处理。

第二十八条　行政执法机关在收到《行政执法监督检查建议书》后，应当立即办理，并在规定时限内将办理结果向市、区（市）县人民政府或者有关机关报告。

第五章 责任追究

第二十九条 有下列情形之一的，由行政执法机关主要负责人承担责任：

（一）未按本条例的规定建立行政执法责任制的；

（二）行政执法机关违法执法问题突出或者发生重大违法执法行为的；

（三）对违法行政执法人员查处不力的；

（四）行政执法机关违反本条例规定的其他行为。

第三十条 在行政执法活动中，行政执法人员违法执法造成后果时，按下列规定确定责任人：

（一）承办人违法执法的，由承办人承担责任；

（二）因审核人、批准人更改或者授意更改事实、证据和承办人的意见而造成违法执法的，由审核人、批准人承担责任；

（三）审核人、批准人未纠正承办人的违法执法行为，造成批准错误的，由承办人、审核人、批准人分别承担相应责任；

（四）行政执法机关授意承办人违法执法的，由该行政执法机关负责人承担主要责任；

（五）对应当提请行政执法机关集体研究决定的重大案件而不提请研究，并造成违法执法的，由承办人或者有关负责人承担责任；

（六）行政执法机关集体研究决定造成违法执法的，由行政执法机关负责人承担责任；

（七）上级行政执法机关维持下级行政执法机关的错误决定，由该上、下两级行政执法机关的有关人员分别承担责任；上级行政执法机关改变下级行政执法机关决定造成违法执法的，由上级行政执法机关的有关人员承担责任。

第三十一条 行政执法机关违反本条例规定的，由市或者区（市）县人民政府通报批评，责令限期改正，并可对其主要负责人给予行政处分。

第三十二条 行政执法人员实施行政执法责任制，经考核不合格的，暂扣行政执法证件，限期整改；经整改后仍不合格的，按国家公务员、事业单位工作人员年度考核的有关规定处理。

第三十三条 行政执法人员违法执法的，由本级人民政府法制工作部门或者有关主管机关责令改正，可视情节轻重，给予通报批评、暂扣行政执法证件或者责令离岗培训；情节严重的，吊销其行政执法证件，并由主管机关视情节给予行政处分；构成犯罪的，依法追究刑事责任。

第三十四条 行政执法机关及其行政执法人员违法执法侵犯公民、法人和其他组织合法权益造成损害的，行政执法机关应当依法予以赔偿；行政执法机关赔偿损失后，应当责令有故意或者重大过失的行政执法人员、受委托的组织、个人承担部分或者全部赔偿费用。

第六章　附　则

第三十五条 本条例自2002年5月1日起施行。

成都市就业促进条例

2012年4月26日成都市第十五届人民代表大会常务委员会第三十二次会议通过，2012年5月31日四川省第十一届人民代表大会常务委员会第三十次会议批准。

目　录

第一章　总　则

第一条　为了促进城乡劳动者充分就业，实现经济发展与扩大就业相协调，促进社会和谐稳定，根据《中华人民共和国就业促进法》和有关法律、法规，结合本市实际，制定本条例。

第二条　在本市行政区域内从事与就业促进有关的活动，适用本条例。

第三条　市和区（市）县人民政府应当实施积极的就业政策，实行劳动者自主择业、市场调节就业、政府促进就业相结合的方针，实现城乡统筹就业。

第四条 市和区（市）县人民政府应当把就业放在经济社会发展优先位置，把扩大就业作为经济和社会发展的重要目标纳入国民经济和社会发展规划，并制定促进就业的中长期规划和年度计划。

第五条 市和区（市）县人民政府应当通过发展经济和调整产业结构、规范人力资源市场、完善就业服务体系、加强职业教育和培训，促进高校毕业生等特殊群体和就业困难群体实现就业。

优化创业环境，鼓励劳动者自主创业、自谋职业。

第六条 市和区（市）县人民政府应当建立健全统一领导、职责明确、分工负责、协调配合的工作机制，解决就业工作中的重大问题。

第七条 市和区（市）县人民政府应当根据就业状况和就业工作目标，在年度财政预算中足额安排就业专项资金，用于促进就业和创业。

第八条 市和区（市）县人民政府应当建立逐级督查制度，对促进就业工作计划定期进行督查考核，促进城乡劳动者充分就业。

第九条 市和区（市）县人力资源社会保障行政部门负责本行政区域内的就业促进工作，其所属的公共就业服务机构具体负责就业促进的日常管理和服务工作。

市和区（市）县人民政府所属部门应当按照各自的职责分工，协调配合，共同做好就业促进工作。

第十条 乡（镇）人民政府、街道办事处应当做好本辖区内的就业失业人员登记和统计、就业岗位信息收集和发布、就业政策宣传等就业促进工作。

村民委员会、居民委员会应当配合有关部门做好就业促进工作。

第十一条 工会、共青团、妇联、残联、工商联及其他社会组织应当协助人民政府开展就业促进工作，引导和帮助城乡劳动者实现就业，依法维护城乡劳动者的劳动权利。

第十二条 大众传播媒介应当承担社会责任，开展就业促进工作的公益性宣传。

第二章　公共就业服务

第十三条　市和区（市）县人民政府应当建立健全公共就业服务体系，完善公共就业服务机构。

公共就业服务机构应当按照统一的服务规范和标准，为城乡劳动者提供及时、有效、均等化的就业服务。

区（市）县人民政府应当加强街道（乡镇）、社区（村）基层公共就业服务机构建设。

第十四条　市人民政府应当建立人力资源信息共享平台，市和区（市）县人力资源社会保障、公安、教育、工商、税务等行政部门应当建立人力资源信息共享机制。

第十五条　市和区（市）县人民政府应当按照优势互补、互惠共赢的原则，建立跨区域人力资源合作机制。

区（市）县人民政府应当在本市不同区域之间建立人力资源合作机制。

第十六条　市和区（市）县人民政府应当加强农村劳动力就业服务，引导农业富余劳动力就近就业或者有序转移就业。

农民集中居住区、农村新型社区建设，应当同步规划公共就业服务场地和创业、就业场所，促进劳动者就地就近创业和就业。

农民集中居住区、农村新型社区配套建设的经营性用房，应当优先用于解决被征地农民就业。

因征收农村土地而直接受益的企业，应当提供适当岗位优先安排被征地农民就业。

第三章　就业失业管理

第十七条　市人民政府应当建立健全城乡统一的就业失业登记制度。

用人单位应当为与其建立劳动关系的劳动者办理就业登记，个体工商户和灵活就业的劳动者应当办理就业登记。

在法定劳动年龄内、有劳动能力、有就业要求且处于无业状态的人员应当办理失业登记。

各级公共就业服务机构承担就业失业登记及管理工作。

第十八条 市和区（市）县人民政府应当建立健全适龄城乡劳动者就业实名制动态管理制度。

市和区（市）县人力资源社会保障部门应当定期开展对适龄劳动者就业、失业状况调查，将其纳入信息化管理。

第十九条 市和区（市）县人力资源社会保障部门应当建立用人单位录用人员、解除或者终止劳动关系人员备案制度。

用人单位应当在录用人员之日起三十日内，到当地公共就业服务机构进行录用备案和就业登记。

用人单位应当在与劳动者解除或者终止劳动关系之日起十五日内，到当地公共就业服务机构办理解除或者终止劳动关系人员备案。

第二十条 市和区（市）县人民政府应当定期开展城乡劳动者就业及失业、就业意愿等情况的普查或者抽样调查，并向社会公布调查结果。普查或者抽样调查可以委托社会调查机构实施。

第二十一条 用人单位应当规范用工行为，办理就业登记、签订劳动合同、缴纳社会保险费，接受人力资源社会保障行政部门年度检查。

第四章　职业培训

第二十二条 市人民政府应当建立职业技能培训制度，根据本地产业结构和人力资源市场状况，统筹规划、合理布局，完善职业技能培训体系建设。

市和区（市）县人民政府相关部门应当结合职能，会同人力资源社会保障部门组织开展定向、订单、创业技能及职业技能提升等多种形式的培训。

第二十三条 市人民政府相关部门应当依法确定定点职业技能培训机构，建立对职业技能培训机构的增补、淘汰机制和巡查制度，加强监督管理。

职业技能培训机构应当向人力资源社会保障部门申报培训计划，向社会公示培训内容，建立培训学员实名制度。

第二十四条 市和区（市）县人力资源社会保障部门应当定期组织开展

职业技能培训需求调查，制定培训计划并组织实施。

第二十五条 市人民政府应当建立职业技能培训补贴标准的调节机制，根据培训成本，适时调整培训补贴标准。

企业组织开展职工技能提升培训所需经费从企业提取的职工教育经费中列支。

企业新录用符合职业培训补贴条件的劳动者，由企业依托所属培训机构或者政府认定机构开展岗前培训的，应当给予企业适当的培训补贴。

对在本市行政区域内培训就业的非本市户籍且符合职业培训补贴条件的城乡劳动者，应当给予培训补贴。

第二十六条 市和区（市）县人民政府应当建立健全就业见习制度，加强就业见习基地建设，帮助大中专毕业生提升就业能力，实现就业。

第二十七条 市和区（市）县人民政府应当制定职业院校建设规划，建立职业能力建设多元投入机制。

鼓励民间资本参与职业能力建设，加强技能人才培养。

鼓励初高中毕业生接受中等职业教育、参加职业技能培训，对接受中等职业教育、参加职业技能培训的初高中毕业生，市和区（市）县人民政府应当给予学费和生活费补贴。

第二十八条 市和区（市）县人民政府应当建立高技能人才工作机制，鼓励企业和院校建立高技能人才培养和研修制度。

第二十九条 市和区（市）县人民政府应当建立职业技能实训基地，向社会提供示范性技能训练和职业技能鉴定服务。

第三十条 鼓励用人单位按照国家制定的职业标准，对技术、技能要求较高的技术职业工种，优先招用取得相应职业资格证书的人员，国家有就业准入规定的，依照其规定。

人力资源社会保障部门应当将职业技能鉴定作为评价培训成果的主要内容，建立职业培训补贴与职业资格证书挂钩的机制。

第三十一条 市和区（市）县人民政府相关部门应当组织开展职业技能竞赛，促进职业技能竞赛制度化、规范化和社会化。

第三十二条 企业应当依法提取职工教育培训经费，其中用于一线职工的教育和培训经费不得低于百分之六十。

第五章 创业促进

第三十三条 市和区（市）县人民政府应当加强公共创业指导服务。

鼓励社会各类服务机构为创业者开展创业指导服务。

第三十四条 市和区（市）县人民政府应当面向社会征集创业项目，建立创业项目资源库，为城乡劳动者提供创业项目信息服务。

鼓励单位和个人提供创业项目。

第三十五条 市和区（市）县人民政府应当建立创业园区和创业孵化基地，为城乡劳动者提供创业、孵化、实训等服务。

鼓励民间资本参与创业园区和创业孵化基地建设，扩大创业孵化基地规模。

第三十六条 市和区（市）县人民政府应当多渠道筹集小额担保贷款担保资金，建立小额担保贷款激励和担保资金风险补偿机制，引导金融机构、担保机构和小额贷款公司加大对创业者、劳动密集型小型和微型企业及个体工商户的融资扶持力度。

区（市）县人民政府可以建立联保互保、社区信用担保等多种形式的小额担保贷款机制。

第三十七条 市和区（市）县人民政府应当建立激励创业的机制，对成功创业者或者吸纳劳动者就业达到一定数量的单位和个人，可以给予奖励。

第六章 就业援助

第三十八条 市和区（市）县人民政府应当建立就业援助制度，加强就业援助服务体系建设，优先扶持就业困难人员。

市和区（市）县人力资源社会保障部门应当建立对就业困难人员的申报、认定和退出制度。

第三十九条 市和区（市）县人民政府应当开展人力资源市场监测，建立失业预警机制，适时调整就业援助范围，实行特殊情况下紧急就业援助。

第四十条 市和区（市）县人民政府应当建立就业援助即时服务和托底安置服务机制，对符合条件的就业困难人员，两个工作日内帮助其实现就业。

第四十一条 市和区（市）县人民政府应当开发公益性岗位，建立公益性岗位空岗申报和统一调配制度。

公益性岗位由人力资源社会保障部门统一调配，优先用于安置就业困难人员。

提供公益性岗位并安置了就业困难人员的用人单位，享受公益性岗位补贴。

第四十二条 市和区（市）县人力资源社会保障部门建立就业援助基地申报、认定和退出制度，安置就业困难人员的就业援助基地享受公益性岗位就业扶持政策。

第四十三条 就业困难人员灵活就业的，公共就业服务机构应当按照有关规定给予灵活就业社会保险补贴。

第四十四条 市和区（市）县相关部门、群团组织应当开展多种形式的送就业岗位、送技能培训、送创业项目等就业巡回服务活动。

第七章 失业保险

第四十五条 市人民政府应当建立健全失业保险工作机制，保障失业人员基本生活，促进其再就业。

第四十六条 市和区（市）县人民政府应当发挥失业保险基金促进就业和稳定就业的作用。

第四十七条 市和区（市）县人民政府应当建立被征地农民的失业保险制度并促进其就业。

第四十八条 享受失业保险待遇的失业人员，应当接受公共就业服务机构提供的职业介绍、就业培训等服务和参加社区公益性活动。

第八章　人力资源市场

第四十九条　市和区（市）县人民政府应当建立和完善城乡一体、统一规范的人力资源市场体系，发挥市场在就业促进中的基础性作用。

第五十条　市和区（市）县人民政府应当建立人力资源市场监管体系和供求信息发布制度，加强对人力资源流动和人才培养的引导。

第五十一条　市和区（市）县人民政府推行公共就业服务外包，建立激励机制，并向社会开放。

鼓励经营性人力资源服务机构参与公益性就业服务。

第五十二条　市和区（市）县人民政府应当对人力资源市场建设实行统一规划、合理布局。

第五十三条　鼓励和吸引国（境）内外人力资源服务机构按照国家有关规定，在本市设立分支机构或者中外合资（合作）机构，拓展人力资源服务高端项目，带动行业服务整体水平提升。

第五十四条　人力资源服务行业应当加强诚信制度建设，建立人力资源服务机构信誉等级评价制度。

经营性人力资源服务机构应当依法诚信经营，为劳动者及用人单位提供全面、准确、及时的服务。

第九章　法律责任

第五十五条　用人单位、人力资源服务机构、培训机构或者个人骗取促进就业资金的，由人力资源社会保障行政部门责令退回，对单位处以五千元以上五万元以下的罚款；对个人处以五百元以上二千元以下的罚款。

第五十六条　违反本条例第十九条第二款未进行就业登记的，由人力资源社会保障行政部门给予警告，责令限期改正，逾期不改正的，处以二千元以上一万元以下罚款。

第五十七条　违反本条例第三十二条规定，企业未按规定提取职工教育经费的，由人力资源社会保障行政部门责令限期改正，逾期未改正的，按应提取金额的一至三倍处以罚款；企业未按规定使用职工教育经费的，由人力资源社会保障行政部门责令改正，并可处五千元以上三万元以下的罚款。

第五十八条 违反本条例第五十四条第二款规定，经营性人力资源服务机构，以职业中介活动为名，骗取劳动者钱物的，由人力资源社会保障行政部门责令退还，并按每人一千元以上五千元以下的标准处以罚款。

第五十九条 违反本条例规定，人力资源社会保障等有关部门及其工作人员滥用职权、玩忽职守、徇私舞弊的，对直接负责的主管人员和其他直接责任人员依法给予行政处分。

第十章 附 则

第六十条 本条例自 2013 年 1 月 1 日起施行。

成都市客运出租汽车管理条例

1997年11月20日成都市第十二届人民代表大会常务委员会第二十八次会议通过，1998年4月6日四川省第九届人民代表大会常务委员会第二次会议批准；

根据2001年12月13日成都市第十三届人民代表大会常务委员会第二十五次会议通过，2002年3月30日四川省第九届人民代表大会常务委员会第二十八次会议批准的《关于修改〈成都市客运出租汽车管理条例〉的决定》修正；

2011年10月27日成都市第十五届人民代表大会常务委员会第二十七次会议修订，2012年3月29日四川省第十一届人民代表大会常务委员会第二十九次会议批准。

目　录

第一章　总　则

第一条　为了规范客运出租汽车的经营服务行为，提高服务质量，维护乘客、经营者和驾驶员的合法权益，根据《中华人民共和国行政许可法》等相关法律、法规，结合成都市实际，制定本条例。

第二条 本条例适用于本市行政区域内的客运出租汽车经营服务及其监督管理活动。

第三条 本条例所称客运出租汽车，是指依法取得营运资格，按照乘客意愿提供客运服务并按行驶里程、时间计费的小型客运汽车。

第四条 客运出租汽车行业管理应当遵循科学规划、规范有序、安全运营、方便群众的原则。

经营者和驾驶员应当依法经营、公平竞争、诚信文明、优质服务。

客运出租汽车行业推行公司化经营、员工制管理，鼓励集约化、品牌化发展。

第五条 市交通运输行政主管部门负责全市客运出租汽车行业的管理工作，并直接负责锦江、青羊、金牛、武侯、成华区（以下统称“五城区”）行政区域和国际机场、机场高速公路范围内的客运出租汽车监督管理工作；其所属的客运出租汽车管理机构具体负责对上述区域内客运出租汽车实施管理，并负责指导五城区以外其他区（市）县客运出租汽车的行业管理工作。

五城区以外其他区（市）县交通运输行政主管部门负责本辖区范围内的客运出租汽车监督管理工作；其所属的客运出租汽车管理机构具体负责对本辖区内的客运出租汽车实施管理。

第六条 公安机关负责本市客运出租汽车治安和道路交通安全管理工作。

发改、经信、财政、人社、工商、质监、城管、税务等部门按照各自职责，负责客运出租汽车有关的管理工作。

第七条 客运出租汽车行业协会应当按照协会章程依法开展活动，表达行业合理诉求并做好信息沟通、行业文明建设和职业道德教育等工作。

第二章 经营管理

第一节 一般规定

第八条 客运出租汽车发展规划、运力投放计划和营运区域范围调整方案，由交通运输行政主管部门根据辖区经济社会发展的实际情况制定，报同级人民政府批准后实施。

第九条 本市建立统一的客运出租汽车信息化服务、管理平台，将客运出租汽车服务和管理信息数据纳入市智能交通管理系统。

市交通运输行政主管部门应当采取招投标方式确定本市客运出租汽车信息服务提供者，由其与经营者签订信息服务协议，明确双方的权利义务。

第十条 客运出租汽车管理机构应当完善经营者和驾驶员诚信评价体系，制定客运出租汽车经营管理、服务质量的行业标准和规范，建立经营者和驾驶员从业信用档案。

客运出租汽车管理机构应当对经营者和驾驶员在守法经营、安全生产、服务质量、劳动保障、员工制管理和财务管理等方面的情况进行考核和记分。考核和记分结果作为经营者、驾驶员服务质量的评价依据，记入经营者和驾驶员从业信用档案，并作为特许经营权配置、延期的主要依据。

经营者质量信誉考核和驾驶员记分管理办法由市交通运输行政主管部门按照国家有关规定制定。

第二节　特许经营权

第十一条 客运出租汽车实行政府特许经营制度。从事客运出租汽车经营的，应当取得客运出租汽车特许经营权。

客运出租汽车特许经营权期限最长不得超过八年。

第十二条 交通运输行政主管部门应当按照客运出租汽车发展规划，在征求社会各方面意见并进行充分论证后，拟订特许经营权出让方案，按照有关规定报经批准后组织实施。

特许经营权出让方案应当包括下列内容：

（一）客运出租汽车投放数量；

（二）出让价格；

（三）使用期限和车辆要求；

（四）出让方式、使用要求等其他内容。

第十三条 新增客运出租汽车特许经营权出让应当按照公开、公平、公正的原则，以服务质量和有利规模化经营管理为主要竞标条件的招投标等方式授予中标人。

第十四条 转让客运出租汽车特许经营权的，受让人应当具备本条例第二十一条规定的条件，并经交通运输行政主管部门同意。

第十五条 经营者取得特许经营权后，应当在规定的时间内与交通运输行政主管部门签订特许经营合同，并按照出让方案的规定和特许经营合同的约定完善经营条件，提供符合合同约定的服务。

第十六条 经营者有下列情形之一的，交通运输行政主管部门应当收回客运出租汽车特许经营权：

（一）使用技术条件不合格的车辆从事客运出租汽车营运的；

（二）伪造、变造客运出租汽车经营资格证明文件等资料从事客运出租汽车营运的；

（三）发生较大及以上交通安全责任事故且负同等以上责任的；

（四）连续两年质量信誉考核不合格的；

（五）擅自停业、歇业，严重影响社会公共利益的；

（六）违反本条例第二十六条规定的。

经营者有下列情形之一，且拒绝改正或者经过停业整顿后仍不合格的，交通运输行政主管部门可以收回客运出租汽车特许经营权：

（一）在经营期内安全生产状况等级评定不合格的；

（二）不配合交通运输行政主管部门的监督检查或者不及时处理乘客投诉的。

第十七条 经营者在特许经营期内提出解除合同的，应当提前九十日向交通运输行政主管部门提出书面申请。交通运输行政主管部门应当自收到申请之日起三十日内作出同意或者不同意的决定。在交通运输行政主管部门同意解除合同前，经营者应当保证正常的经营与服务。

第十八条 以欺骗、贿赂等不正当手段获取特许经营权的，交通运输行政主管部门应当在报经同级人民政府批准后终止特许经营合同，收回特许经营权。

特许经营权被收回的经营者，三年内不得参与本市客运出租汽车特许经营权受让活动。

因本条例第十六条或者本条第一款规定情形之一收回特许经营权的，交通运输行政主管部门应当注销相应的客运出租汽车车辆营运证。

第十九条 特许经营权期限届满后，交通运输行政主管部门应当收回特许经营权，并按照下列方式处理：

（一）在特许经营期限内，经营者每年质量信誉考核为合格且经营规模达到交通运输行政主管部门规定标准的，交通运输行政主管部门可以再次将特许经营权授予该经营者；

（二）属其他情形的，按照本条例第十三条规定重新出让特许经营权。

特许经营权收回、配置、延期的具体方案由交通运输行政主管部门拟订，报有权机关批准后实施。

第二十条 有下列情形之一的，特许经营合同自动终止：

（一）经营者取得的特许经营权期限届满的；

（二）在经营期内经合同双方同意解除特许经营合同的；

（三）特许经营权被收回的。

第三节 经营者

第二十一条 从事客运出租汽车经营的，应当具备下列条件：

（一）达到规定的经营规模；

（二）具有企业法人资格且注册资本达到规定标准；

（三）具有符合规定的营运车辆；

（四）具有与其经营规模相适应的办公场所、停车场地和综合服务场所；

（五）具有符合要求的管理人员和驾驶员；

（六）经营、安全、服务质量、财务等相关管理制度健全、规范。

前款规定的具体标准由交通运输行政主管部门根据本辖区的实际情况确定。

第二十二条 经营者应当在取得特许经营权后三个月内到客运出租汽车管理机构办理客运出租汽车经营资格证、车辆营运证和驾驶员从业资格注册手续。

经营者停业整顿期间，客运出租汽车管理机构应当暂缓办理许可证件。

第二十三条 经营者应当在取得客运出租汽车经营资格证后七日内向公安机关办理治安备案手续。

经营者变更企业法定代表人、股本结构、主要办公场所的，应当自变更之日起十日内向客运出租汽车管理机构和公安机关备案。

第二十四条 营运证件、专用标志、专用设施遗失或者损毁的，经营者或者驾驶员应当在二十四小时内向客运出租汽车管理机构报告并申请补办，客运出租汽车管理机构应当在三个工作日内核实处理。

营运手续补办期间，相关车辆不得从事营运活动。

第二十五条 经营者应当依法与驾驶员订立、履行劳动合同，按月足额发放驾驶员工资，按时足额为驾驶员缴纳各项社会保险费。

经营者应当建立驾驶员工资集体协商制度，依法通过集体协商确定驾驶员最低工资标准和工资增长幅度等事项。

第二十六条 经营者应当自行承担客运出租汽车经营服务的主体责任和经营风险，不得从事下列行为：

（一）出租或者擅自转让客运出租汽车特许经营权的；

（二）以车辆挂靠、一次性买断等方式牟取不当利益的；

（三）分包、转包营运车辆的；

（四）其他向驾驶员转嫁经营责任和风险的行为。

第二十七条 经营者需要停业的，应当提前三十日向客运出租汽车管理机构提出书面申请，客运出租汽车管理机构应当在收到申请之日起十个工作日内作出答复。未经客运出租汽车管理机构同意，经营者不得擅自停业；停业期间，不得从事营运活动。

经营者需要歇业的，应当履行相关法律、法规和规章规定的义务，按照本条例第十七条的规定申请解除特许经营合同，并到客运出租汽车管理机构办理客运出租汽车经营资格证、车辆营运证的注销手续和驾驶员从业资格证注销注册手续。

第四节　车辆和驾驶员

第二十八条　从事客运出租汽车营运的车辆应当符合下列要求：

（一）车型、排气量、排放标准符合相关规定；

（二）设置统一规范的客运出租汽车标志灯、客运编号、车辆识别颜色、价格标签等专用标志和计价器、空车标志牌、监控管理和通讯设备、电子识别标签、营运服务数据信息采集系统等专用设施；

（三）法律、法规、规章规定和特许经营合同约定的其他条件。

新投入营运的车辆应当采用出厂新车。

第二十九条　驾驶员应当具备下列从业条件：

（一）具有本市常住户口或者“成都市居住证”；

（二）身体健康，初中毕业以上文化程度；

（三）取得相应机动车驾驶证三年以上，无较大以上且负同等以上责任的交通事故记录；

（四）具有出租汽车驾驶员从业资格证；

（五）法律、法规、规章规定的其他条件。

第三十条　需要更新车辆的，应当持相关材料向客运出租汽车管理机构申请办理登记或者变更手续。

营运车辆退出营运的，应当按要求改变车身颜色，清除专用标志，拆除专用设施，经客运出租汽车管理机构审核同意后，方可以到公安机关办理变更登记。

营运车辆达到国家规定的报废标准的，由公安机关依法予以强制报废。

驾驶员退出客运出租汽车服务的，经营者应当向客运出租汽车管理机构办理驾驶员从业资格相关手续。

第三章　客运服务

第三十一条　下列地点应当规划、设置客运出租汽车待客站点或者停靠点，并设置明显标志：

（一）机场、火车站、汽车客运站、客运码头、风景名胜区、轨道交通出入口等重要客运集散地；

（二）大型商场、宾馆、大专院校、住宅小区、医院、福利院、大型娱乐场所等对客运业务有较大需求的场所；

（三）对客运业务有较大需求的城市主干道和繁华地段；

（四）其他应当设置停靠点的场所。

客运出租汽车待客站点和停靠点的设置，由交通运输行政主管部门会同公安机关和规划、建设、城市管理等部门根据规划和道路交通需要依法组织实施。

禁止其他车辆占用客运出租汽车待客站点或者停靠点。

第三十二条　经营者应当遵守客运出租汽车行业相关标准和规范，制定和实施车辆检查、驾驶员管理、安全行车和规范服务等制度，承担下列管理责任：

（一）加强对出租汽车驾驶员教育，建立培训档案；

（二）不得将营运车辆交给未办理从业资格注册的驾驶员营运；

（三）建立对驾驶员服务质量、安全生产的考核制度，并将对驾驶员的考核情况向客运出租汽车管理机构备案；

（四）在经营期内确保安全生产状况等级评定合格；

（五）加强对营运车辆的安全管理，按国家或者行业有关标准规定的行驶里程或者间隔时间，对车辆进行维护作业；

（六）组织车辆回场检查，保持车辆车况良好、车容整洁、座套清洁平整、专用设施和各类标志齐全完好。

第三十三条　经营者应当遵守下列规定：

（一）如实办理并按规定设置营运证件、专用标志和设施；

（二）定期接受有关部门对计价器和其他设施、设备的检定、检测；

（三）按照价格行政主管部门核定的标准标示价格、结算费用并按规定使用票据；

（四）保证运营服务数据采集系统的正常运行，并按交通运输行政主管部门的要求及时提供相关数据信息；

（五）接受交通运输行政主管部门的监督检查，处理乘客投诉；

（六）法律、法规、规章规定以及特许经营合同约定的其他义务。

第三十四条 驾驶员应当在核准的区域内营运，不得从事下列行为：

（一）强迫乘客组合租车或者利用他人招揽乘客；

（二）伪造、变造、转借营运证件或者使用他人的营运证件；

（三）伪造、骗取、转借客运出租汽车专用标志或者为前述行为提供条件；

（四）将车辆交给未办理从业资格注册的驾驶员营运；

（五）拒绝载客、中断服务、多收车费或者未征得乘客同意绕道行驶；

（六）在车内吸烟或者行车时拨打、接听电话；

（七）营运过程中语言不文明；

（八）擅自在车身内外设置、张贴广告。

第三十五条 乘客应当文明乘车，遵守下列规定：

（一）爱护车辆卫生、设施、标志；

（二）醉酒者、无民事行为能力人乘车应当有人员陪同；

（三）禁止携带易燃、易爆、有毒等危险品乘车；

（四）携带家禽、宠物等动物乘车的，应当征得驾驶员同意；

（五）上、下车时应当注意交通安全，遵守站点上下客规定；

（六）按照价格行政主管部门核定的标准支付租乘费用；

（七）道路交通安全、治安管理等方面的其他规定。

乘客违反前款第一项或者第二项规定的，驾驶员应当予以劝阻，劝阻无效的可以拒绝或者中止服务；违反前款第三项规定的，驾驶员有权拒绝或者中止服务。

中止服务前的营运费用，乘客应当按照实际发生额支付。

第三十六条 交通运输、价格等行政主管部门应当设置投诉、举报电话并公示。

对驾驶员无理拒载、不按规定使用计价器、虚增行驶里程、未征得乘客同意绕道行驶、多收车费、不出具票据、服务态度恶劣等行为，乘客有权向经营者、相关部门投诉、举报。

投诉、举报人应当提供真实姓名、联系电话、通讯地址等相关信息，并配合协助调查。

经营者、相关部门接到投诉后，应当在十个工作日内答复，并为投诉人保密。

第四章　治安管理

第三十七条　公安机关应当根据社会治安管理的需要，制定客运出租汽车治安防范目标考核标准和办法，实施客运出租汽车治安检查，并组织对经营者进行考核，考核结果纳入经营者的信用档案。

第三十八条　经营者应当接受公安机关的治安防范指导、监督、检查、考核，并遵守下列规定：

（一）与公安机关签订治安目标责任书，并承担治安目标责任书规定的责任；

（二）定期组织驾驶员进行治安防范学习，并建立学习记录制度；

（三）建立健全人员、车辆档案、治安保卫组织、昼夜值班、车辆调度、联络等制度和记录，配备专、兼职保卫人员；

（四）执行公安机关对客运出租汽车治安防范的各项措施，及时向公安机关报告重要治安信息，协助公安机关预防、处置突发事件和打击违法犯罪活动；

（五）协助公安机关进行治安防范检查工作和调查取证工作。

第三十九条　客运出租汽车应当符合下列治安防范要求：

（一）按照国家规定安装经质量监督管理部门鉴定合格的治安、消防等安全防护设施；

（二）车窗上不得张贴有色膜、反光膜，不得悬挂窗帘或者放置遮挡物；

（三）车辆号牌应当清晰、完好。

公安机关按照道路交通安全法律、法规对客运出租汽车进行审验时，同时就车辆是否符合治安防范要求进行审验。

第四十条 驾驶员应当履行下列义务：

（一）参加治安防范培训；

（二）遭到不法侵害时，及时向公安机关报案，并向所属经营者报告；

（三）发现违法犯罪嫌疑人及时向公安机关报告；

（四）协助公安机关开展调查取证工作，接受公安机关的治安检查。

第四十一条 驾驶员不得有下列行为：

（一）对本车内发生的违法犯罪活动不报告或者明知是违法犯罪活动而为其提供条件；

（二）利用客运出租汽车参与非法集会、游行、示威和聚众斗殴；

（三）利用客运出租汽车运载违禁物品或者易燃、易爆等危险品。

第五章 法律责任

第四十二条 违反本条例规定的行为，同时违反治安、道路交通安全、价格、无线电以及城市管理等领域行政管理秩序的，本章规定以外的其他行政机关应当同时依据相关法律、法规、规章实施处罚。但是，对于当事人的同一个违法行为，交通运输行政主管部门、公安机关以及其他相关行政机关不得给予两次以上罚款的行政处罚。

违反本条例规定的行为，构成犯罪的，依法追究刑事责任。

第四十三条 未取得客运出租汽车特许经营权或者超出核准的营运区域，利用汽车摆点候客、行驶揽客、运载乘客或者采取其他形式，从事客运出租汽车营运的，由交通运输行政主管部门责令停止营运，没收违法所得，并处以一万元以上三万元以下罚款。

前款规定行为，情节严重的，按照下列规定处理：

（一）组织外地客运出租汽车或者仿冒客运出租汽车营运的，没收违法所得和非法财物，并处以十万元以上二十万元以下罚款；

（二）使用仿冒客运出租汽车营运的，没收违法所得和非法财物，并处以五万元以上十万元以下罚款；

（三）使用伪造、变造或者他人的客运出租汽车营运证件、专用标志营运的，没收违法所得，并处以三万元以上五万元以下罚款；

（四）已两次因前款的规定行为被实施过行政处罚，或者以聚众、暴力方式阻挠行政执法，或者造成严重后果的，按照本条第二款第二项规定处理。

违反法律、法规、规章关于车辆停放、临时停车的规定，在对客运出租汽车业务有较大需求区域的道路上长时间停放的，公安机关应当给予警告，责令其立即驶离；机动车驾驶人不在现场或者虽在现场但拒绝立即驶离的，公安机关应当依法处以罚款，并将车辆拖离。

第四十四条 经营者有下列情形之一的，由交通运输行政主管部门责令限期改正，逾期不改正的，处以五千元以上三万元以下罚款，可以并处以法定代表人一千元以上三千元以下罚款：

（一）不遵守客运出租汽车行业相关标准和规范的；

（二）聘用未按规定办理从业资格注册的人员从事经营活动，或者不按规定组织实施驾驶员继续教育的；

（三）一年内乘客投诉率超过相关规定的；

（四）违反本条例第二十四条第二款或者第二十七条规定的；

（五）停业整顿期间继续营运的。

第四十五条 驾驶员有下列情形之一的，由交通运输行政主管部门吊销其从业资格证：

（一）殴打乘客的；

（二）利用营运车辆进行违法活动被依法追究刑事责任的；

（三）在一年内被暂扣从业资格证累计超过三十日的；

（四）在一个考核周期内服务质量信誉考核累积综合得分有两次以上为零分的；

（五）从事本条例第四十三条第一款规定行为或者为仿冒客运出租汽车行为提供便利条件的；

（六）更改计价设施、设备，虚增运费的；

（七）在营运中发生较大以上且负同等以上责任的交通事故的；

（八）发生交通安全事故后隐瞒不报、谎报或者拖延不报的；

（九）故意破坏或者伪造交通安全事故现场的；

（十）从业资格证被暂扣期间从事客运出租汽车客运服务的。

驾驶员被吊销从业资格证后，自吊销从业资格证之日起，五年内不得从事客运出租汽车服务。因下列原因之一被吊销从业资格证的，终身不得从事客运出租汽车服务：

（一）酒后驾驶营运车辆的；

（二）在营运中发生较大以上且负同等以上责任的交通事故的；

（三）前款第五项或者第六项规定情形。

第四十六条 驾驶员有下列第一至四项情形之一的，由交通运输行政主管部门责令改正，并处以五十元以下罚款；有下列第五至七项情形的，由交通运输行政主管部门责令改正，并处以五十元以上二百元以下罚款；有下列第八至十三项情形之一的，由交通运输行政主管部门责令改正，并处以一千元以上五千元以下罚款，情节严重的，暂扣驾驶员从业资格证五至十日或者对其从业资格延期注册：

（一）营运中未做到车容车貌整洁，专用设施、标志齐全完好，着装规范、仪容整洁和用语文明的；

（二）不文明行车或者向车外吐痰、乱扔废弃物的；

（三）在车内吸烟或者行车时拨打、接听电话；

（四）擅自在车身内外设置、张贴广告的；

（五）不按规定出具票据的；

（六）不按规定携带从业资格证的；

（七）辱骂乘客的；

（八）在允许上客路段乘客招停后不载客、在营运站点不服从调派、待租时拒绝运送乘客的，无正当理由中断服务、未经乘客同意绕道行驶或者强迫乘客组合租车的；

（九）不按规定设置、使用计价器的；

（十）未按规定办理驾驶员从业资格注册手续从事客运出租汽车客运服务的；

（十一）载客到核准的营运范围以外空车返程时未倒下空车牌或者关闭空车待租标志的；

（十二）将车辆、营运证件交给非本车驾驶员营运或者驾驶他人车辆营运的；

（十三）不按规定使用监控管理和通讯设备的。

第四十七条 经营者违反本条例第三十八条第一项或者第四项规定的，由公安机关处以五千元以上三万元以下罚款；情节严重的，责令停业整顿，并处以法定代表人一千元以上五千元以下罚款。

驾驶员违反本条例第四十条第四项或者第四十一条第一项规定的，由公安机关责令改正，并处以五百元以上三千元以下罚款。

第四十八条 对违反本条例规定的行为不能当场处理，或者当事人不配合现场执法调查弃车逃逸的，交通运输行政主管部门可以扣押车辆、设备，责令其限期接受处理。当事人逾期不接受处理的，交通运输行政主管部门可以依法作出行政处罚决定。当事人履行行政处罚决定后，交通运输行政主管部门应当归还扣押的车辆、设备。

当事人逾期不履行行政处罚决定的，作出处罚决定的行政机关应当申请人民法院强制执行。

第四十九条 行政执法人员应当秉公执法，文明服务，对玩忽职守、滥用职权、徇私舞弊的，按有关规定给予行政处分；构成犯罪的，依法追究刑事责任。

第六章　附　则

第五十条 已取得特许经营权的个体经营者，应当按照客运出租汽车管理机构的要求接受经营企业的业务管理，并履行本条例规定的经营者义务。

第五十一条 本条例自 2012 年 6 月 1 日起施行。

成都市摩托车管理规定

1997年5月30日成都市第十二届人民代表大会常务委员会第二十五次会议通过，1997年8月19日四川省第八届人民代表大会常务委员会第二十八次会议批准；

2006年6月8日成都市第十四届人民代表大会常务委员会第二十五次会议修订，2006年11月30日四川省第十届人民代表大会常务委员会第二十四次会议批准；

2011年12月21日成都市第十五届人民代表大会常务委员会第二十八次会议修订，2012年3月29日四川省第十一届人民代表大会常务委员会第二十九次会议批准。

第一条 为了加强对摩托车的管理，维护道路交通秩序，保障道路交通安全与畅通，保护公民人身和财产安全，根据《中华人民共和国道路交通安全法》和有关法律、法规，结合成都市实际，制定本规定。

第二条 本规定适用于本市行政区域内摩托车的生产、销售、登记、维修、行驶等管理。

电动自行车、残疾人机动轮椅车依法纳入非机动车管理。

第三条 本规定所称摩托车包括燃油、电力或者以其他动力装置驱动的两轮摩托车、三轮摩托车以及两轮轻便摩托车、三轮轻便摩托车。

第四条 公安机关交通管理部门应当加强对摩托车注册登记和通行安全的监督管理。

第五条 质监、工商、交通运输等行政管理部门应当按照各自的职责加强对摩托车产品质量、销售、维修等管理。

第六条 禁止生产、销售不符合国家机动车安全技术标准的摩托车。

第七条 摩托车维修、销售、使用者不得拼装或者擅自改装摩托车。

第八条 未经公安机关交通管理部门核发行驶证和号牌的摩托车，禁止在道路上行驶。

驾驶摩托车应当持有准许驾驶该类型机动车驾驶证。

第九条 本市中心城区根据道路交通情况实行摩托车限制通行，具体限制办法由市人民政府制定并公布。

市公安机关交通管理部门对无入城证的摩托车禁止通行的区域和时段进行规定并公布。

禁止三轮摩托车、三轮轻便摩托车以及发动机排量150毫升以上的两轮摩托车在本市中心城区道路上通行，警用、抢险等特种用途摩托车除外。

第十条 本市中心城区以外的其他区（市）县人民政府可以根据本地实际情况，对摩托车的通行区域和时段进行规定并公布。

第十一条 违反本规定第六条、第七条、第八条、第九条第三款规定的，由质监、工商、交通运输、公安机关交通管理等行政管理部门依法处罚。

第十二条 行政执法部门及其工作人员滥用职权、徇私舞弊、玩忽职守的，由其所在单位或者上级主管部门给予行政处分；构成犯罪的，依法追究刑事责任。

第十三条 本规定自2012年6月1日起施行。

成都市妇女权益保障条例

2011年6月24日成都市第十五届人民代表大会常务委员会第二十四次会议通过，2011年9月29日四川省第十一届人民代表大会常务委员会第二十五次会议批准。

目　录

第一章　总　则

第一条　为了保障妇女的合法权益，促进男女平等，根据《中华人民共和国妇女权益保障法》等法律、法规的规定，结合成都市实际，制定本条例。

第二条　本市行政区域内妇女权益的保障，适用本条例。

第三条　市和区（市）县人民政府负责本行政区域内的妇女权益保障工作。

国家机关、社会团体、企业事业单位、基层群众自治组织等，应当依照法律、法规的规定保障妇女的权益。

第四条　市和区（市）县人民政府妇女儿童工作委员会负责组织、指导、协调、督促有关部门做好妇女权益的保障工作，履行下列职责：

（一）组织、指导妇女权益保障法律、法规的宣传；

（二）监督、检查妇女权益保障法律、法规的贯彻实施；

（三）研究妇女权益保障工作的重大事项；

（四）接受群众对侵害妇女权益行为的投诉、举报，督促有关部门依法查处侵害妇女权益的行为；

（五）表彰、奖励在妇女权益保障工作中成绩显著的单位和个人；

（六）其他应当由妇女儿童工作委员会履行的职责。

第五条 教育、公安、民政、司法、人社、农业、卫生、计生等行政管理部门应当在各自的职责范围内做好妇女权益保障工作。

大众传播媒介应当加强保障妇女权益的宣传工作。

第六条 各级妇女联合会代表和维护妇女的利益，参与、监督有关妇女法律、法规的执行，协助各级人民政府做好保障妇女合法权益的工作。

本市制定地方性法规、规章，对涉及妇女权益保障的重大问题，有关单位应当听取本级妇女联合会的意见和建议。

第七条 市和区（市）县人民政府应当将妇女权益保障经费纳入同级财政预算，专项用于保障妇女权益社会公益活动，推动妇女发展规划的执行，实施妇女发展项目，为权益受到侵害的妇女提供救助。

第八条 提倡和鼓励单位、个人为发展妇女事业提供捐赠和参与妇女权益保障工作。

第二章 政治参与权利

第九条 国家机关、社会团体、企业事业单位应当加强对女干部的培养。

第十条 各级妇女联合会及其团体成员、各级工会女职工委员会等组织可以向国家机关、社会团体、企业事业单位推荐女干部。

有关单位应当重视妇女联合会、工会女职工委员会等组织的推荐意见。

第十一条 国家机关、社会团体、企业事业单位应当有女性领导成员。市和区（市）县人民政府所属部门应当有一定比例的女性正职领导。

第十二条 各级人民代表大会代表候选人中，妇女的比例应当占百分之二十五以上。市和区（市）县人民代表大会常务委员会组成人员中，妇女应当占一定比例。

村民委员会和居民委员会中应当有女性成员。

各单位职工代表大会的妇女代表比例应当与本单位的女职工比例相适应。

第三章　发展保障权利

第十三条　国家机关、社会团体、企业事业单位应当重视培养女性专业人才，保障妇女从事科学、技术、文学、艺术和其他专业活动的权利，发展符合妇女特点的文化教育事业、科研事业和体育事业。

第十四条　市和区（市）县人民政府应当保障城乡妇女享有同等的文化教育、社会保障、社会救助、社会福利和卫生保健权利。

第十五条　市和区（市）县人民政府应当加强就业指导，引导妇女树立正确的就业观念，对生活和就业困难的女性实施重点扶持和帮助。

市和区（市）县人民政府应当将农村女性劳动力从业技能培训纳入本地农村劳动力培训计划，开展专业技能培训。

第十六条　用人单位在录用职工时，应当实行男女平等，不得以任何形式歧视或者变相歧视女性；不得以限制妇女结婚或者生育作为录用的附加条件。

用人单位应当有计划地对女职工进行上岗、在岗、转岗等职业教育和技能培训。

第十七条　用人单位与女职工签订的劳动合同或服务协议应当包含对女职工经期、孕期、产期、哺乳期保护的特殊劳动保护条款，并约定女职工的岗位、劳动报酬、劳动安全和卫生等内容。

任何单位不得因为女职工孕期、产期、哺乳期的劳动保护降低工资标准或者减少劳动报酬。

女职工退休年龄按照国家规定执行。

第十八条　对夫妻共有财产，妇女享有与其配偶平等的知情权和占有权、使用权、收益权、处分权。夫妻双方另有约定的除外。

家庭的宅基地使用权、土地承包经营权、林地使用权和耕地保护基金等，妇女与其他家庭成员依法享有共同使用、收益和处分的权利。

在办理房屋所有权证、土地使用权证、土地承包经营权证、林权证以及其他不动产权属证书时，妇女可以申请共有权登记。属于夫妻共有不动产的，受理登记的机构应当依照法律、行政法规的规定予以办理。

第十九条 妇女在农村土地承包经营、土地征收或者征用补偿等方面享有与男子平等的权利，任何组织和个人不得以妇女未婚、结婚、离婚、丧偶等理由剥夺妇女的权利。

农村土地承包期内，妇女因结婚在新居住地未取得承包地的，原居住地发包方不得收回其承包地；妇女离婚或者丧偶，仍在原居住地生活或者虽不在原居住地生活，但在新居住地未取得承包地的，发包方不得收回其承包地。法律、法规另有规定的除外。

农村土地承包期内，妇女因结婚、离婚、丧偶等原因分户并申请变更承包合同的，发包方应当按照法定程序办理相关手续。

第二十条 结婚、离婚、丧偶的妇女依照本市户籍管理规定可以自行选择落户地点。

第二十一条 镇（乡）人民政府或街道办事处应当依法对所辖区域内的村民自治章程、村规民约和农村集体经济组织章程进行监督检查。对侵害妇女合法权益的，受侵害的妇女可以请求镇（乡）人民政府或街道办事处督促修改。

第二十二条 被拐卖、绑架的妇女经解救回原籍后，镇（乡）人民政府或街道办事处和民政、卫生、人社等有关行政管理部门应当做好善后工作。对生活困难的妇女在就业、医疗、居住、养老等方面实施重点帮扶政策。妇女联合会应当协助和配合做好相关工作。

第二十三条 禁止以语言、文字、图片、声像、电子信息或者以肢体行为等形式，对妇女实施性骚扰。

用人单位和公共场所管理单位应当采取措施，预防和制止对妇女的性骚扰。

第二十四条 国家机关、社会团体、企业事业单位、基层群众自治组织及其工作人员在处理、报道妇女的事务时，涉及个人隐私的，应当予以保密。

第四章 健康保障权益

第二十五条 市和区（市）县人民政府应当把妇女健康保健纳入公共卫生服务，将妇科病检查纳入全民健康安全保障体系。

卫生行政管理部门应当结合实施国家重大公共卫生项目和本市全民健康体检活动，组织医疗机构对本市城乡妇女至少每三年免费进行一次宫颈癌、乳腺癌等妇科疾病检查。

人口和计划生育行政管理部门应当按照有关要求，对本市已婚育龄妇女进行免费生殖健康服务。

用人单位应当至少每两年组织本单位的女职工进行一次妇科病、乳腺病的筛查。有条件的单位可以增加筛查次数和项目。

提倡和鼓励企业事业单位、社会组织和个人为妇科病检查、预防工作提供帮助和经费支持。

第二十六条 从事容易引起流产、早产、畸胎的特殊岗位作业的女职工，怀孕前可以与单位协商调换至对怀孕无影响的岗位。

女职工怀孕后或者哺乳期不适应原工作岗位的，可以与用人单位协商调整工作岗位或者改善相应的工作条件，用人单位应当给予照顾。

孕期女职工经县级以上医疗保健机构证明有习惯性流产史、严重妊娠合并症、妊娠并发症等可能影响其健康和胎儿正常发育的，本人可以提出休假申请。用人单位核实后，应当予以批准。

第二十七条 市和区（市）县人民政府应当推行城乡一体的生育保障制度，采取措施逐步缩小城乡妇女生育保险待遇的差距。

用人单位应当为女职工依法参加生育保险，按时、足额缴纳生育保险费，保证女职工享有生育保险待遇。

未参加生育保险或者欠缴生育保险费的，用人单位应当承担女职工享有的生育保险待遇。

农村妇女生育保险按本市有关规定执行。

第二十八条 市和区（市）县人民政府应当对实施了计划生育措施的妇女在就业、医疗保险、养老保险等方面给予优惠待遇。

第二十九条 学校应当加强男女平等教育，根据女性学生成长的特点开展生理、心理和自我保护等方面教育，并在教育方式、管理制度、设施配置等方面采取措施，保障女学生身心健康和人身安全。

第五章 预防和制止家庭暴力

第三十条 本条例所称的家庭暴力是指行为人以殴打、捆绑、残害、强行限制人身自由或者以精神折磨、胁迫等其它手段，给其家庭成员的身体、精神等造成一定伤害后果的行为。

第三十一条 市和区（市）县人民政府应当建立预防和制止家庭暴力工作网络和合作机制，把预防和防止家庭暴力纳入社会治安综合治理，对遭受家庭暴力的妇女提供救助。

第三十二条 遭受家庭暴力的妇女可以径直或者委托他人向村（居）民委员会、家庭暴力当事人所在单位或者各级妇女联合会、工会、共青团等组织投诉或求助。

受理家庭暴力投诉或者求助的组织不得拒绝、推诿。

受理家庭暴力投诉或者求助的单位，应当及时进行劝阻，对家庭暴力当事人进行调解和疏导，如实记录家庭暴力行为人的违法事实和受害人的受害情况，并在征求受害人意见后制作和保存见证材料。对劝阻无效的，应当及时向公安机关报案。

第三十三条 公安机关应当将家庭暴力报案纳入报警服务受理范围，接到报案后，应当及时出警予以制止，并做好相关证据的收集工作。

第三十四条 司法行政部门应当指导人民调解组织，及时调解婚姻家庭纠纷，做好疏导教育工作。

第三十五条 市和区（市）县人民政府可以根据实际情况设立或者指定家庭暴力庇护场所，为遭受家庭暴力要求庇护的妇女提供临时住处。

第六章　法律责任

第三十六条　违反本条例第十六条、第二十四条规定，侵害妇女合法权益造成民事损害的，依法承担民事赔偿责任；违反相关行政管理规定的，依法给予行政处罚；构成犯罪的，依法追究刑事责任。

第三十七条　违反本条例第十七条第二款规定的，由人社行政管理部门责令改正。情节严重的，处以五千元以上二万元以下罚款。

第三十八条　违反本条例第十九条规定的，妇女可以依法申请仲裁或者向人民法院提起诉讼。

第三十九条　违反本条例第二十三条第一款规定的，由行为人所在工作单位根据情节轻重进行教育或者处分；行为人没有工作单位的，由公安机关进行教育、训诫；造成民事损害的，依法承担民事赔偿责任；违反相关行政管理规定的，依法给予行政处罚；构成犯罪的，依法追究刑事责任。

第四十条　违反本条例第二十七条第二款、第三款规定的，由人社行政管理部门依照有关法律、法规的规定予以处罚。

第四十一条　违反本条例第三十二条第二款规定的，应当实施行政问责，由其所在单位或者上级机关责令改正；情节严重的，由其行政管理部门或者监察部门对直接负责的主管人员和其他直接责任人员给予行政处分；构成犯罪的，依法追究刑事责任。

第四十二条　违反本条例规定的行为，法律、法规另有规定的从其规定。

第七章　附　则

第四十三条　本条例自2012年3月8日起施行。

成都市著名商标认定和保护规定

2000 年 4 月 11 日成都市第十三届人民代表大会常务委员会第十四次会议通过，2000 年 7 月 15 日四川省第九届人民代表大会常务委员会第十七次会议批准；

2011 年 6 月 24 日成都市第十五届人民代表大会常务委员会第二十四次会议修订，2011 年 9 月 29 日四川省第十一届人民代表大会常务委员会第二十五次会议批准。

第一条 为了规范成都市著名商标的认定工作，保护著名商标权利人和消费者的合法权益，促进品牌提升，根据《中华人民共和国商标法》等法律、法规，结合成都市实际，制定本规定。

第二条 本规定适用于成都市著名商标的认定和保护工作。

本规定有关商品商标的规定，适用于服务商标。

第三条 本规定所称成都市著名商标（以下简称著名商标），是指在市场上享有较高声誉，为相关公众所知悉，商标权利人正在合法使用的注册商标。

第四条 著名商标的认定和保护应当遵循公开、公正、公平的原则。

第五条 市工商行政管理部门负责组织著名商标的认定工作。

市和区（市）县工商行政管理部门负责著名商标的管理和保护工作。

农业、经信、商务等行政主管部门应当根据各自职责，协助做好著名商标的认定和保护工作。

有关行业协会（商会）配合做好著名商标的培育工作。

第六条 申请认定著名商标应当具备下列条件：

（一）申请人符合下列条件之一：

1. 本市行政区域内的注册商标所有人；

2. 经本市行政区域内的注册商标所有人许可使用并授权申请；

3. 本市行政区域外的注册商标许可本市自然人、法人和其他组织使用。

（二）商标核准注册满一年且已连续实际使用三年以上，商标权属无争议；

（三）该商标为相关公众所熟知，在相关市场内具有较高的知名度；

（四）使用该商标的商品质量优良，具有良好的信誉；

（五）申请认定著名商标的商品近三年来的年销售量、营业收入、净利润、纳税额等主要经济指标在本市同行业领先；

（六）申请人近三年未因违反商标管理、生产经营、产品质量、劳动保障、环境保护、安全生产等法律、法规、规章而受到较大数额罚款以上的行政处罚或者刑事处罚；

（七）申请人具有健全的商标使用、管理和保护制度。

第七条 申请认定著名商标，应当填写《成都市著名商标认定申请表》后向区（市）县工商行政管理部门提出，并提供下列材料：

（一）申请人名称；

（二）申请认定著名商标的《商标注册证》以及商标连续使用满三年的证明材料；

（三）申请认定著名商标的商品近三年主要经济指标的下列证明材料：

1. 商品的年销售量、营业收入和净利润等的财务报表；

2. 税务部门出具的完税证明；

3. 中介机构、市级以上行业协会或者行业主管部门出具的同行业排名（或者市场占有率）证明；

4. 带有该商标标识的商品实物照片；

5. 商品销售区域（含出口）的证明材料。

（四）商标使用、管理和保护情况；

（五）该商标专用权遭受侵害的情况；

（六）证明相关公众对该商标知晓程度的其他材料；

（七）近三年未受到较大数额罚款以上的行政处罚和刑事处罚的书面

承诺。

第八条 区（市）县工商行政管理部门应当自收到申请材料之日起十五日内，按照本规定第六条、第七条的规定对申请材料进行初审，并作出受理与否的决定。

决定予以受理的，应当书面通知申请人，并将初审意见和申请材料转送市工商行政管理部门；决定不予受理的，应当书面通知申请人并说明理由。

申请材料需要补正的，应当一次性告知申请人限期补正。申请人逾期不补正的，视为放弃申请。

第九条 市工商行政管理部门应当在收到区（市）县工商行政管理部门转送的著名商标认定申请后四十个工作日内，对申请材料进行审查、核实，提出书面审核意见，报市著名商标评审专家组进行评审。审核期间，应当征询有关行政主管部门、行业协会、消费者协会的意见。必要时，可以委托有关机构进行调查。

市著名商标评审专家组的组成、成员条件、评审方式等事项由市工商行政管理部门另行制定。

经评审通过的，由市工商行政管理部门发布认定公告，并发给著名商标证书；对未予认定的，市工商行政管理部门应当书面通知申请人，并说明理由。

第十条 著名商标的有效期为五年，自公告之日起计算。

有效期届满需要保留著名商标认定的，著名商标所有人应当在其著名商标有效期届满前六个月内向所在地区（市）县工商行政管理部门提出复核申请。复核申请按照著名商标认定申请的程序办理。

第十一条 著名商标转让的，应当自商标核准转让之日起三十日内报市工商行政管理部门备案。需要保留著名商标称号的，应当重新认定。

有下列情形之一的，著名商标所有人应当在三十日内向市工商行政管理部门备案：

（一）许可他人使用著名商标的；

（二）著名商标所有人依法变更名称、住所的；

（三）法律、法规、规章调整使认定为著名商标的商品名称或者类别发生改变的。

第十二条 著名商标所有人应当加强对其著名商标的自我管理和自我保护，自觉维护著名商标的信誉。

第十三条 有下列情形之一的，由市工商管理部门撤销著名商标认定：

（一）以欺骗手段或者其他不正当手段取得著名商标认定的；

（二）认定为著名商标的商品粗制滥造或者以次充好，严重损害消费者利益或者造成恶劣社会影响的；

（三）在著名商标有效期内，认定为著名商标的商品出现下列情形之一的：

1. 连续停产一年以上的；

2. 销售量、营业收入、纳税额等相关经济指标在本市同行业中不再领先的；

3. 丧失其他著名商标认定条件的。

（四）不按核准的商标和核定的范围使用，经工商行政管理部门责令改正后仍拒不改正的；

（五）被认定为著名商标的注册商标被依法撤销或者注销的；

（六）有效期满未按本规定申请复核的；

（七）因严重违反商标管理、生产经营、产品质量、劳动保障、环境保护、安全生产等法律、法规、规章而受到较大数额罚款以上的行政处罚或者刑事处罚。

第十四条 任何单位和个人不得伪造、涂改或者擅自制作、出租、出借、转让著名商标证书。

被撤销著名商标认定的，市工商行政管理部门应当收回其著名商标证书，并予以公告。

第十五条 自著名商标公告之日起，将与著名商标相同或者近似的文字申请作为企业名称的字号登记、足以引起公众误认并可能对著名商标所有人的合法权益造成损害的，企业登记主管机关不予登记。

著名商标权利人认为其商标或者企业名称被他人混淆，引起相关公众误认的，可以请求市工商行政管理部门依法保护其商标或者变更他人企业名称，但他人商标注册或者企业名称登记在先的除外。

有下列情形之一的，不适用本条前两款规定：

（一）著名商标的文字为县级以上行政区划名称的，但该名称除地名外另有含义的除外；

（二）著名商标的文字为国家或者省、市闻名的江、河、湖、山以及风景名胜等名称的；

（三）著名商标的文字具有其他公用性质的。

第十六条 在非类似商品上，将与他人著名商标相同或者近似的文字、图形等作为商品名称、装潢或者作为未注册商标使用，且会暗示该商品与著名商标所有人存在某种联系，从而可能使著名商标所有人权益受到损害的，著名商标所有人可以在知道或者应当知道之日起两年内，请求工商行政管理部门予以制止。

两个以上相同或者近似商标均被认定为著名商标，在非类似商品上使用的，不适用前款规定。

第十七条 对侵犯著名商标专用权的，任何单位和个人均可以向侵权人所在地或者侵权行为发生地的工商行政管理部门投诉或者举报。被侵权人也可以直接向人民法院提起诉讼。

第十八条 违反本规定第十六条第一款规定，在非类似商品上，将与他人著名商标相同或者近似的文字、图形等作为商品名称、装潢或者作为未注册商标使用，且会暗示该商品与著名商标所有人存在某种联系，从而使著名商标权利人权益受到损害的，由工商行政管理部门责令改正；拒不改正或者情节严重的，没收非法所得，并处以非法经营额百分之十以上百分之五十以下罚款。

违反本规定，侵犯他人著名商标的商标专用权的，由市或者区（市）县工商行政管理部门依照相关法律、法规和规章的规定处理。

第十九条 工商行政管理部门及其工作人员在著名商标认定和保护过程中滥用职权、玩忽职守、徇私舞弊的，由其上级机关或者监察部门责令改正，对直接负责的主管人员和其他直接责任人员依法给予行政处分；构成犯罪的，依法追究刑事责任。

第二十条 本规定自2012年1月1日起施行。

成都市社会急救医疗管理规定

1998年12月30日成都市第十三届人民代表大会常务委员会第四次会议通过，1999年1月29日四川省第九届人民代表大会常务委员会第七次会议批准；

2011年6月24日成都市第十五届人民代表大会常务委员会第二十四次会议修订，2011年9月29日四川省第十一届人民代表大会常务委员会第二十五次会议批准。

第一条 为了加强社会急救医疗管理，提高对急、危、重伤病员的救治能力，保障生命安全和人体健康，根据有关法律、法规，结合成都市实际，制定本规定。

第二条 本规定适用于本市行政区域内的社会急救医疗管理活动。

第三条 本规定所称社会急救医疗，是指对急、危、重伤病员在事发现场以及转送医院过程中的院前、院外紧急医疗救护。

第四条 本市社会急救医疗实行分级负责、属地管理原则。

市卫生行政主管部门负责全市社会急救医疗的监督管理工作；区（市）县卫生行政主管部门负责本辖区社会急救医疗的监督管理工作。

公安机关和规划、交通、民政、人社、信息等行政主管部门应当按照各自职责，配合做好社会急救医疗工作。

第五条 市和区（市）县人民政府应当将社会急救医疗事业纳入本地区经济社会发展规划，保障社会急救医疗事业与经济社会协调发展。

第六条 社会急救医疗工作应当按照统一受理、统一协调、统一调度、统一指挥的原则，根据伤病员情况，实行就急、就地、就近救护，保证急救工作高效、及时。

第七条 本市社会急救医疗网络由市急救指挥中心、急救指挥分中心和

120网络医疗机构组成。

前款规定之外的任何单位和个人不得冒用120急救标志。

120网络医疗机构的设置标准和认定办法由市人民政府依照国家有关规定另行制定。

第八条 市急救指挥中心负责全市社会急救医疗的组织、协调、调度和指挥工作，履行下列职责：

（一）检查、督促各急救指挥分中心、120网络医疗机构执行本规定；

（二）设置120医疗呼救专线电话，二十四小时接受呼救，收集、处理和贮存社会急救信息；

（三）组织开展急救知识、技能的宣传培训和急救医学的科研、学术交流；

（四）建立、健全社会急救医疗网络的管理、统计报告等制度，按有关规定做好急救医疗资料的汇总、统计、保管和上报工作。

各急救指挥分中心在所在地区（市）县卫生行政主管部门的领导下，服从市急救指挥中心的行业管理和急救指挥调度，负责辖区社会急救医疗的组织、协调、调度和指挥工作，检查、督促120网络医疗机构执行本规定，并履行前款第二、三、四项规定职责。

市急救指挥中心和各急救指挥分中心，以下统称“急救指挥中心”。

第九条 120网络医疗机构应当履行下列职责：

（一）服从急救指挥中心的指挥、调度，承担社会急救医疗任务；

（二）接受呼救，救治急、危、重伤病员；

（三）实行首诊负责制和二十四小时应诊制，并组建社会急救医疗队，制定急救医疗预案；

（四）按规定配备院前急救人员，建立和执行急救医师、护士培训制度。院前急救医师应当具有三年以上、院前急救护士应当具有两年以上临床实践经验；

（五）按照国家卫生行政主管部门的规定，配置社会急救医疗药械、设备并及时保养、维修和更换；

（六）按有关规定做好急救医疗资料的登记、保管和上报工作；

（七）开展急救常识宣传、急救技能培训、急救医学科研及学术交流等活动。

第十条 急救指挥中心应当配备急救指挥车，120 网络医疗机构应当配备 120 专用救护车。

急救指挥车和 120 专用救护车应当设置统一的通讯设备、灯具、警报器、医疗急救标记和急救设备、设施。

120 网络医疗机构应当保证 120 专用救护车车况良好，接到呼救信息后，在五分钟以内派出救护车。

120 专用救护车应当专车专用，不得执行非急救任务。

第十一条 学校、商场、机场、较大规模的车站、旅游景区（点）等人员密集场所，应当按照规定建立专业性或者群众性的救护组织，配置必要的急救药械，并组织相关人员接受急救医疗技能培训。

第十二条 报刊、电视、广播等新闻媒体应当加强公益宣传，普及灾害事故的抢救、自救、互救知识，提高全民急救意识和技能，培育公众的救死扶伤精神。

第十三条 电信运营机构应当保证 120 通信网络畅通，并及时向急救指挥中心、120 网络医疗机构提供所需的设备、信息和技术服务。

第十四条 任何单位和个人发现需要急救的伤病员，可以向 120 医疗呼救专线电话呼救，并给予现场援助。

第十五条 120 医疗呼救专线电话录音由急救指挥中心统一保存，其保存期限不得少于两年。

第十六条 急救车辆在执行急救任务时，在确保安全的前提下，不受行驶路线、行驶方向、行驶速度和信号灯的限制，其他车辆和行人应当主动让行。

第十七条 120 网络医疗机构在社会急救医疗工作中，发现伤病员涉嫌犯罪的，应当做好记录并及时报告公安机关。

第十八条 120 网络医疗机构应当服从急救指挥中心的指挥、调度，其院前急救人员应当及时对急、危、重伤病员采取紧急措施进行院前救治。

第十九条 市和区（市）县人民政府应当将急救医疗网络的建设、人员培训和车辆、器械、通讯设备的配置等相关经费列入同级财政预算。

鼓励境内外组织和个人资助社会急救医疗事业。

第二十条 接受急救医疗的急、危、重伤病员，应当按照价格行政主管部门核定的医疗收费标准交纳急救医疗费用。

属于社会救济对象的急、危、重伤病员，其急救医疗费用由民政部门按照有关规定支付。

急救医疗费用的报销或者支付，不受城镇职工基本医疗保险、城乡居民基本医疗保险和人寿保险等定点医疗的限制，但法律、法规另有规定的除外。

第二十一条 违反本规定，冒用120急救标志的，由市或者区（市）县卫生行政主管部门责令改正，并处以一万元以上三万元以下罚款。

第二十二条 120网络医疗机构违反本规定，有下列行为之一的，由市或者区（市）县卫生行政主管部门责令限期改正；逾期不改正的，由其所在单位或者上级主管部门对直接责任人和主管责任人给予行政处分：

（一）不执行首诊负责和二十四小时应诊制度的；

（二）未按规定配置、保养、维修和更换社会急救医疗药械、设备的；

（三）不执行社会急救医疗统计报告制度的。

第二十三条 120网络医疗机构违反本规定，有下列行为之一的，由市或者区（市）县卫生行政主管部门处以二万元以上五万元以下罚款；对直接责任人和主管责任人，由其所在单位或者上级主管部门给予行政处分：

（一）拒绝抢救或者收治急、危、重伤病员的；

（二）拒绝急救指挥中心的调度、指挥的；

（三）动用值班120专用救护车执行非急救任务或者在规定时间内不能派出救护车的。

120网络医疗机构不执行急救医务人员岗前培训制度或者独立值班的急救医师、护士临床实践年限不符合规定的，由市或者区（市）县卫生行政主管部门责令改正，并处以五千元以上一万元以下罚款。

急救工作人员违反本规定，延误急、危、重伤病员的抢救和诊治，造成严重后果的，按有关法律、法规处理。

第二十四条 违反本规定，应当建立专业性或者群众性救护组织而未建立的，由市或者区（市）县卫生行政主管部门责令限期建立。

第二十五条 侮辱、殴打急救医疗工作人员，损毁急救医疗设备或者伪造信息、恶意呼救，扰乱急救医疗工作秩序的，由公安机关按照《中华人民共和国治安管理处罚法》的规定处理；构成犯罪的，依法追究刑事责任。

第二十六条 卫生行政主管部门和急救指挥中心及其工作人员滥用职权、玩忽职守、徇私舞弊的，由其所在单位、上级主管部门或者监察部门给予行政处分；构成犯罪的，依法追究刑事责任。

第二十七条 本规定自 2012 年 1 月 1 日起施行。

成都市《中华人民共和国献血法》实施办法

1999年9月15日成都市第十三届人民代表大会常务委员会第十次会议通过，1999年10月14日四川省第九届人民代表大会常务委员会第十一次会议批准；

2010年10月27日成都市第十五届人民代表大会常务委员会第二十次会议修订，2011年1月15日四川省第十一届人民代表大会常务委员会第二十次会议批准。

第一条　为保证医疗临床用血需要和安全，保障献血者和用血者身体健康，发扬人道主义精神，促进社会文明进步，根据《中华人民共和国献血法》等法律、法规，结合成都市实际，制定本实施办法。

第二条　本市行政区域内的献血、采血、供血、临床用血等活动，应当遵守本实施办法。

第三条　本市依法实行公民自愿无偿献血制度。

提倡十八周岁至五十五周岁的健康公民自愿无偿献血。

倡导公民个人、家庭、亲友和社会团体互助献血。鼓励公民多次献血、固定预约献血、成分献血。

第四条　市和区（市）县人民政府负责本行政区域内无偿献血组织领导工作。制定无偿献血应急预案，组织无偿献血应急队伍，保障突发公共卫生事件、灾害事件的医疗急救用血需要。

第五条　市和区（市）县卫生行政管理部门主管本行政区域内的无偿献血工作。对本行政区域内的采供血、临床用血和采供血机构进行监督管理。

市卫生行政管理部门应当按照全市采供血统一规划要求，在区（市）县人民医院设置储血点。

区（市）县卫生行政管理部门应当对本行政区域内的储血点工作运行给予经费保障。

财政、规划、建设、公安、交通、城管、教育等有关部门应当在各自的职权范围内，配合卫生行政管理部门做好献血工作。

第六条 市血液中心是不以营利为目的采集、提供临床用血的公益性卫生机构。

市血液中心应当制定采供血计划，按照国家法律、法规及技术标准开展采供血工作，保证献血者安全和血液质量。

储血点应当对辖区内用血医院提供技术支持。

第七条 国家机关、企业事业组织、社会团体、居（村）民委员会，应当宣传动员、组织本单位和本居住区的适龄公民参加自愿无偿献血。

各级红十字会应当协助同级人民政府和卫生行政管理部门开展献血的宣传、动员、表彰工作。

新闻媒介应当配合市和区（市）县人民政府和卫生行政管理部门，开展献血的社会公益性宣传。

医疗机构应当向患者亲友开展无偿献血的宣传动员。

学校应当开展献血知识教育。

鼓励志愿者积极参加无偿献血宣传服务活动，并定期参与无偿献血。

第八条 市、区（市）县人民政府对无偿献血成绩突出的单位和个人应当给予表彰和奖励。

第九条 健康适龄公民可凭本人居民身份证等有效证件，参加无偿献血。

公民无偿献血后，由市血液中心发给国务院卫生行政管理部门统一制作的《无偿献血证》。

任何单位和个人不得非法组织他人出卖血液，不得雇用他人或者冒名献血，不得伪造、转让、租借、涂改《无偿献血证》。

第十条 按国家现行规定，公民一次献血量为二百毫升至四百毫升。公民可自愿多次献血，两次献血间隔时间不得少于六个月。

第十一条 市血液中心对献血者应当按照国家规定免费进行必要的健康检查，身体状况不符合有关献血条件规定的，市血液中心应当向其说明情况，不得采集血液。

第十二条 临床用血按照国家和省有关规定缴纳血液采集、分离、检验和储存等费用。

第十三条 已在本市无偿献血的公民，其临床用血享受下列优惠：

（一）献血之日起三年内，可免费享用献血量三倍的临床用血；

（二）献血之日起三年后，可免费享用献血量等量的临床用血；

（三）累计献血量八百毫升以上者，终身免费享用无限量临床用血。

已在本市无偿献血的公民，其父母、配偶、子女、兄弟姐妹、配偶的父母可免费享用其献血量等量的临床用血，超出部分应当按照国家规定缴纳血液费用。

第十四条 公民在本市临床用血实行先收费再按本实施办法规定退费的办法。符合本实施办法第十三条规定条件的公民在医院用血出院后，凭《无偿献血证》和《居民身份证》或者能证明与献血者有家庭成员关系的有效证件或者证明，以及医院用血申请表的原件、医院住院（含门诊）费用结算票据的有效凭证办理退费。

第十五条 本市临床用血实行统一管理，坚持科学、合理用血。医疗机构应当遵守下列规定：

（一）使用成都市血液中心提供的血液或者国家、省级卫生行政管理部门批准调剂的血液；

（二）遵守国家临床输血有关规定及技术规范，不得将不符合国家标准的血液用于临床；

（三）根据供血计划和临床用血需要，合理制定用血计划和储备适量的各类血液，保证急诊用血需要；

（四）严格掌握输血指征，不得滥用和浪费血液；

（五）建立血液使用、报废认定、废物处置等管理制度，确保可追溯；

（六）输血前，应当向受血患者或者其亲属说明输血可能出现的不良反应以及经血液传播疾病的风险。

医疗机构应当倡导自身储血、自体输血。

第十六条 无偿献血的血液应当用于临床救治病人，不得买卖和转让。科研用血和特殊需要用血，应当报省级卫生行政管理部门批准。

第十七条 医疗机构违反本实施办法第十五条规定，由市或者区（市）县卫生行政管理部门责令改正；给患者健康造成损害的，应当依法赔偿，对直接负责的主管人员和其他直接责任人员，依法给予行政处分；构成犯罪的，依法追究刑事责任。

第十八条 伪造、转让、租借、涂改《无偿献血证》的，由市或者区（市）县卫生行政管理部门处二百元以上一千元以下罚款；其中以牟取经济利益为目的的，没收违法所得和非法财物，可并处一千元以上五千元以下罚款。

第十九条 有下列行为之一的，由市或者区（市）县卫生行政管理部门予以取缔，没收违法所得，可并处一万元以上五万元以下的罚款；情节严重的，处五万元以上十万元以下罚款；构成犯罪的，依法追究刑事责任：

（一）非法采集血液的；

（二）非法买卖或者转让无偿献血的血液的；

（三）非法组织他人出卖血液的。

第二十条 市血液中心违反国家有关操作规程和制度采集血液，由市或者区（市）县卫生行政管理部门责令改正，依法给予行政处罚；给献血者健康造成损害的，应当依法赔偿，对直接负责的主管人员和其他直接责任人员，依法给予行政处分；构成犯罪的，依法追究刑事责任。

第二十一条 市血液中心违反本实施办法规定，向医疗机构提供的血液不符合国家规定标准的，由市或者区（市）县卫生行政管理部门责令改正；情节严重，造成经血液途径的疾病传播或者有传播严重危险的，对直接负责的主管人员和其他直接责任人员，依法给予行政处分；构成犯罪的，依法追究刑事责任。

第二十二条 卫生行政管理部门及其工作人员在献血、用血的监督管理工作中，滥用职权、徇私舞弊、玩忽职守的，依法给予行政处分；构成犯罪的，依法追究刑事责任。

第二十三条 非本市户籍的居民及港、澳、台同胞，归国华侨，外籍人员在本市参加无偿献血和医疗用血的，参照本实施办法相关条款执行。

第二十四条 本实施办法自 2011 年 6 月 14 日起施行。

成都市消防条例

2000年8月31日成都市第十三届人民代表大会常务委员会第十六次会议通过，2000年11月30日四川省第九届人民代表大会常务委员会第二十次会议批准；

根据2006年6月8日成都市第十四届人民代表大会常务委员会第二十五次会议通过，2006年9月28日四川省第十届人民代表大会常务委员会第二十三次会议批准的《成都市人民代表大会常务委员会关于修改〈成都市消防条例〉的决定》修正；

2010年6月18日成都市第十五届人民代表大会常务委员会第十七次会议修订，2010年7月24日四川省第十一届人民代表大会常务委员会第十七次会议批准。

第一章　总　则

第一条　为了预防和减少火灾危害，加强应急救援工作，保护人身、财产安全，维护公共安全，根据《中华人民共和国消防法》和有关法律、法规的规定，结合成都市实际，制定本条例。

第二条　本市行政区域内的单位和个人，应当遵守本条例。

第三条　消防工作贯彻预防为主、防消结合的方针，按照政府统一领导、部门依法监管、单位全面负责、公民积极参与的原则，实行消防安全责任制，建立健全社会化的消防工作网络。

第四条　本市各级人民政府负责本行政区域内的消防工作。

市和区（市）县人民政府应当将消防工作纳入国民经济和社会发展计划，保障消防工作与经济建设和社会发展相适应。

市和区（市）县人民政府有关部门应当在各自的职责范围内，依照法律、法规的规定做好消防工作。

第五条 市和区（市）县公安机关对本行政区域内的消防工作实施监督管理，公安机关消防机构负责实施。

第二章 火灾预防

第一节 消防安全职责

第六条 市和区（市）县人民政府应当履行下列职责：

（一）按照国家规定建立公安消防队、专职消防队，增强火灾预防、扑救和应急救援的能力；

（二）建立消防工作联席会议制度，研究并协调解决消防工作中的重大问题；

（三）对本级政府有关部门履行消防安全职责的情况进行监督检查；

（四）将公共消防设施建设和消防工作业务经费纳入同级财政预算，保障资金投入；

（五）组织政府有关部门开展有针对性的消防安全检查、消防宣传教育；

（六）法律、法规规定的其他消防安全职责。

镇（乡）人民政府、街道办事处应当组织、督促本区域内的单位做好消防工作；指导、支持和帮助社区居民委员会、村民委员会开展群众性消防工作；定期组织消防安全检查，督促消除火灾隐患；协调、配合火灾事故处理。

第七条 公安机关消防机构应当履行下列职责：

（一）开展消防监督检查，督促整改火灾隐患；

（二）负责建设工程消防设计审核、消防验收、备案抽查以及公众聚集场所投入使用、营业前的消防安全检查；

（三）确定本行政区域内的消防安全重点单位；

（四）负责消防产品使用环节的监督检查；

（五）开展消防安全宣传，组织消防安全培训；

（六）承担火灾扑救工作，调查火灾原因，统计火灾损失；

（七）参加重大灾害事故和其他以抢救人员生命为主的应急救援工作；

（八）管理、指导消防队伍建设和训练；

（九）法律、法规规定的其他职责。

第八条 公安派出所应当进行日常消防监督检查，负责消防安全宣传教育、保护火灾现场、配合火灾事故调查等消防安全工作，并确定专（兼）职消防民警。

第九条 社区居民委员会、村民委员会应当确定消防安全管理人，健全消防安全管理制度，组织居（村）民制定防火安全公约，宣传防火、灭火和应急逃生知识，进行防火安全检查，督促整改火灾隐患。

第十条 机关、团体、企业、事业单位的主要负责人是消防安全责任人，对本单位的消防安全工作全面负责。

单位应当实行逐级消防安全责任制和岗位消防安全责任制，明确逐级和岗位消防安全职责，确定各级、各岗位的消防安全责任人。

第十一条 消防安全重点单位除应当履行《中华人民共和国消防法》第十六条、第十七条规定的职责外，还应当履行下列消防安全职责：

（一）将消防安全重点单位标志在显著位置标识；

（二）每季度向公安机关消防机构报告本单位消防安全状况和履行消防安全义务的情况；

（三）确定本单位的消防安全管理人，并自确定或变更之日起十五个工作日内报公安机关消防机构备案。

第二节　消防监督管理

第十二条 市人民政府应当将包括消防安全布局、消防站、消防供水、消防通信、消防车通道、消防装备等内容的消防规划纳入城乡规划，并负责组织实施。

消防规划由市规划行政主管部门会同市公安机关消防机构共同组织编制，区（市）县人民政府参与编制。

第十三条 规划行政主管部门在规划中应当规划公共消防设施建设用地，

国土资源行政主管部门应当按照规划依法提供消防用地。

第十四条 市和区（市）县人民政府应当组织有关部门依照消防规划和技术标准，建设、配置和维护消防站、消防车通道、消防通信、消火栓等公共消防设施。

公共消防设施、消防装备不足或者不适应实际需要的，公安机关应当书面报告本级人民政府。接到报告的人民政府应当及时核实，组织有关部门增建、改建、配置或者进行技术改造。

第十五条 大型人员密集场所建设工程和其他特殊建设工程的建设单位，应当将消防设计文件报公安机关消防机构审核。未经依法审核或者审核不合格的，负责审批该工程施工许可的部门不得给予施工许可，建设单位、施工单位不得施工。

除前款规定外，其他需要进行消防设计的新建、改建、扩建等建设工程，建设单位应当自依法取得施工许可之日起七个工作日内，将消防设计文件报公安机关消防机构备案，公安机关消防机构应当依法进行抽查。对被抽查到的建设工程，建设单位应当按照规定报送抽查资料。经抽查不合格的建筑工程，施工单位应当停止施工，进行整改。

第十六条 建设工程消防设计经公安机关消防机构审核合格或者已经依法备案，需要变更的，建设单位应当重新申请消防设计审核或者重新备案。

第十七条 按照国家工程建设消防技术标准需要进行消防设计的建设工程竣工后，建设单位应当依照下列规定申请消防验收或者备案：

（一）公安机关消防机构审核的建设工程竣工后，建设单位应当委托具备相应资质的消防技术服务机构对消防设施、电气以及有防火性能要求的建筑装修材料进行检测，检测合格后，建设单位应当向公安机关消防机构申请消防验收。未经验收或者验收不合格的，禁止投入使用；

（二）其他建设工程竣工后，建设单位应当在竣工验收后七个工作日内报公安机关消防机构备案，公安机关消防机构应当依法进行抽查。对被抽查到的建设工程，建设单位应当按照规定报送抽查资料。经抽查不合格的，应当停止使用，进行整改。

第十八条 建设工程施工单位应当依照经公安机关消防机构审核合格或者备案的消防设计文件施工。

建设工程施工现场的消防安全由施工单位指定专人负责。施工单位应当制定并落实消防安全管理制度，配备必要的消防设施和器材。

第十九条 建设工程先期竣工部分需要投入使用的，公安机关消防机构可以根据建设单位的申请，按照国家有关建设工程消防验收的规定进行局部消防验收。

第二十条 任何单位或者个人不得擅自改变建筑物使用性质，降低防火条件。

第二十一条 建设工程消防设计、施工、安全评估、检测以及建筑消防设施维护保养等消防技术服务机构及其执业人员应当依法取得相应的资质、资格，依照国家法律、法规和相关规定提供消防技术服务，并对出具的结论负责。

第二十二条 建筑物设有自动消防设施的，产权单位或管理单位应当与具有相应资质的单位签订维护保养合同，落实维护保养责任，保证自动消防设施正常运行。

设有自动消防设施的产权单位或管理单位，应当对自动消防设施每年进行一次全面检测，并将检测情况及时报公安机关消防机构备案。

建筑物设有消防控制室的，产权单位或管理单位应当按照有关管理规定确保消防控制室二十四小时有专人值班。

第二十三条 户外广告、灯杆、架空管线、绿化景观等的设置不得影响消防车通行、火灾扑救和人员逃生，不得破坏建筑物防火条件。

第二十四条 建筑物的公共消防安全应当实施统一管理。

建筑物实行物业管理的，公共消防安全工作由物业管理单位负责。

未实行物业管理的，产权人和使用人应当成立消防安全组织进行管理。

第二十五条 建筑物公共消防安全设施设备维修、更新或改造等所需经费，按照相关法律法规的规定，由专项维修资金列支。

未设立专项维修资金的，由产权人按照约定承担；没有约定或约定不明确的，由产权人按照专有部分比例共同承担。

第二十六条 产权人提供的建筑物实行承包、租赁或者委托经营、管理的，应当符合消防安全要求。

承包人、承租人或受委托人应当约定各方的消防安全职责，没有约定或约定不明确的，在其使用、管理范围内履行相应的消防安全职责。

第二十七条 统一规划建设的农村住宅区，应当满足防火间距要求，设置必要的消防设施。

农村主要道路，应当满足消防车通行需要。

农村设有生产生活供水管网的，应当设置室外消火栓；利用河流、池塘等天然水源作为消防水源的，应当设置消防取水设施；没有生产生活供水管网和天然水源的，应当设置消防水池，满足火灾扑救需要。

第二十八条 幼儿园、中小学校、福利院、养老院、特殊教育学校、医院等单位，应当制定灭火和应急疏散预案，每年开展消防演练。

第二十九条 公共交通运营企业应当按照国家标准、行业标准或企业标准为投入使用的公共交通车辆配置消防安全防护系统等消防设施、器材。

第三十条 建筑面积在三百平方米以上的餐饮场所，分散使用罐装液化气作燃料的，应当采用集中供气方式，有条件的，应当使用管道天然气，并符合国家有关消防技术规范的要求。

第三十一条 公共娱乐场所在营业期间，严禁进行电焊、气焊、油漆粉刷等施工和设备检修作业。

人员密集场所在营业、使用期间，严禁使用电焊、气焊等明火作业。因施工等特殊情况需要使用明火作业的，应当按照规定事先办理审批手续，将施工区和使用区进行有效的防火分隔，清除动火区域的易燃、可燃物，配置消防器材，进行专人监护，保证施工和使用范围的消防安全。

人员密集场所的毗邻区域使用电焊、气焊等明火作业的，按照本条第一款、第二款的规定执行。

第三十二条 公众聚集场所和生产、运输、储存、销售易燃易爆危险物品的单位，应当依照有关法律法规的规定投保火灾公众责任保险。

第三十三条 单位应当组织下列人员参加公安机关消防机构组织的消防安全培训：

（一）消防安全责任人、管理人；

（二）专、兼职消防人员；

（三）消防工程的设计、施工、监理、检测人员；

（四）消防设施安装、维护、检测、操作人员，消防控制室值班人员以及消防技术服务机构的执业人员；

（五）易燃易爆危险物品的作业、管理人员以及进行电焊、气焊等具有火灾危险作业的人员；

（六）公众聚集场所的管理人员；

（七）法律、法规规定的其他人员。

第三章 灭火救援

第三十四条 市和区（市）县人民政府应当组织有关部门针对本行政区域内的火灾特点制定应急预案，建立应急反应和处置机制，统一领导火灾扑救和应急救援工作，配置消防应急救援装备。

第三十五条 消防车、抢险救援车在赶赴火灾或抢险救援现场时，在确保安全的前提下，不受行驶速度、行驶路线、行驶方向和指挥信号的限制，其他车辆以及行人应当避让，不得穿插、超越、阻挠。对妨碍灭火救援的障碍物，公安机关消防机构可以实施破拆。

交通管理指挥人员应当保证消防车和抢险救援车优先通行。

第三十六条 公安消防队、专职消防队接到出警命令后必须立即出动，赶赴火灾、应急救援现场。

火灾现场总指挥员由在场的公安机关消防机构负责人担任，统一组织和指挥火灾扑救，并根据火灾现场需要，有权依法采取紧急措施。

在扑救重大火灾和进行重大的抢险救援时，公安机关消防机构应当立即报告本级人民政府，并由到场的政府负责人组织协调有关部门、人员，调集所需物资进行灭火、救援。

公安消防队、专职消防队参加火灾以外的其他重大灾害事故的应急救援工作，由县级以上人民政府统一领导。

第三十七条 发生火灾时，公安机关应当负责警戒火灾现场，维护交通、治安秩序。

医疗、防疫、交通、通讯、供电、供水、供气、气象、环保等单位应当配合灭火和抢险救援。

第三十八条 公安机关消防机构可以根据需要封闭火灾现场。未经公安机关消防机构许可，任何单位和个人不得擅自进入、清理、撤除火灾现场。

有关单位和个人应当如实向公安机关消防机构提供火灾现场情况、接受火灾事故调查。任何单位和个人不得阻碍火灾调查工作。

第三十九条 公安消防队、专职消防队扑救火灾、应急救援，不得收取任何费用。

单位专职消防队、志愿消防队参加外单位火灾扑救、应急救援所损耗的燃料、灭火剂和器材、装备等，由事故发生地的区（市）县人民政府给予补偿。

第四十条 对因参加扑救火灾、应急救援或者消防训练受伤、致残或者死亡的人员，按照国家有关规定给予医疗、抚恤。

第四章 法律责任

第四十一条 违反本条例第十一条第（二）项、第（三）项规定的，责令改正，处警告或者五百元以上二千元以下罚款。

第四十二条 违反本条例第十五条、第十七条规定，建设单位未依法报公安机关消防机构备案或者未按照规定报送抽查材料的，责令限期改正，处一千元以上五千元以下罚款。

第四十三条 违反本条例第十六条规定，擅自变更经公安机关消防机构审核合格的建设工程消防设计的，责令停止施工，并处一万元以上十万元以下罚款。

擅自变更已经依法备案的建设工程消防设计的，责令停止施工，并处一千元以上五千元以下罚款。

第四十四条 违反本条例第二十条规定的，处二千元以上二万元以下罚款。

第四十五条 违反本条例第二十二条第一款、第二款规定的，责令限期改正，逾期不改正的，处一千元以上一万元以下罚款。

违反本条例第二十二条第三款规定的，责令改正，处一千元以上五千元以下罚款。

第四十六条 违反本条例第二十三条规定的，责令改正，处一千元以上一万元以下罚款。

第四十七条 违反本条例第二十九条规定的，责令改正，处一千元以上一万元以下罚款。

第四十八条 违反本条例第三十条规定的，责令限期改正，逾期不改正的，处二千元以上二万元以下罚款。

第四十九条 违反本条例第三十一条第一款规定的，责令改正，处二千元以上二万元以下罚款。

违反本条例第三十一条第二款规定的，责令改正，处一千元以上一万元以下罚款。

第五十条 违反本条例第三十三条规定的，责令限期改正，逾期不改正的，处五百元以上二千元以下罚款。

第五十一条 违反本条例第三十八条第一款规定的，处二千元以下罚款。

第五十二条 公安机关消防机构及其他行政机关工作人员在消防工作中滥用职权、玩忽职守、徇私舞弊的，依法给予行政处分；构成犯罪的，依法追究刑事责任。

第五十三条 违反本条例规定的行为，法律、法规另有规定的，从其规定。

第五章 附 则

第五十四条 本条例自2010年11月9日起施行。

成都市养犬管理条例

2009年10月23日成都市第十五届人民代表大会常务委员会第十三次会议通过，2009年11月27日四川省第十一届人民代表大会常务委员会第十二次会议批准。

第一章 总 则

第一条 为加强养犬管理，维护市容环境和公共秩序，保障公民健康和人身安全，根据有关法律、法规的规定，结合成都市实际，制定本条例。

第二条 在本市行政区域内的养犬行为及对养犬的管理活动，适用本条例。

警用、搜救犬只以及动物园、科研机构等单位因特定工作需要饲养犬只的，不适用本条例。

第三条 本市行政区域的养犬管理划分为限养区和非限养区。

限养区指本市中心城区及其他区（市）县人民政府划定的限养区域。

非限养区指未被划定为限养区的区域。

第四条 养犬管理实行管限结合、基层组织参与、社会公众监督、养犬人自律的原则。

第五条 本市各级人民政府负责本行政区域内条例的组织实施。各级人民政府应当建立养犬管理协调机制。

公安机关负责本市行政区域内的养犬行政管理工作，具体负责限养区内犬只的登记和年检，查处违法养犬，收容处置流浪犬、狂犬、伤人犬。

动物防疫监督管理部门负责兽用狂犬病疫苗的组织和供应，犬类的预防接种、登记，免疫证的发放，犬类狂犬病疫情的监测。

城市管理部门负责查处敞放犬只，违法携带犬只进入公共场所、公共绿地等影响市容环境的行为。

工商、卫生、房管、教育、林业和园林等行政管理部门按照各自的职责协助做好相关工作。

非限养区的乡镇人民政府、街道办事处负责本行政区域内的犬只登记等相关工作。

第六条 公安机关可以委托符合法律、法规规定条件的组织实施养犬管理的具体事务，具体办法由市人民政府制定。

第七条 居民委员会、村民委员会应当协助有关行政管理部门开展养犬管理工作，在本行政区域内开展依法、文明养犬宣传教育；接受居民的举报、投诉；对违法养犬行为予以制止，并向有关行政管理部门报告；调解因养犬引起的纠纷。

居民委员会、村民委员会以及居民住宅小区业主大会可以依法就本区域内有关养犬事项制定公约，并组织实施。

居民住宅小区物业管理单位应当协助有关部门开展养犬管理工作。

养犬行业协会应当加强行业自律，协助有关行政管理部门开展工作。

第二章　一般管理

第八条 本市实行养犬信息化管理。

第九条 本市行政区域内实行犬只强制免疫制度。养犬人应当将犬只送动物疫病预防控制机构或者取得资质的动物诊疗机构进行狂犬病等疾病的免疫，取得犬只免疫证明。

第十条 犬只伤害他人的，养犬人应当立即将被伤害人送医疗卫生机构诊治，先行垫付医疗费后，依法承担责任。

第十一条 养犬人和动物诊疗机构发现犬只疑似患有狂犬病或者人畜共患传染性疾病的，应当立即向动物防疫监督管理部门报告，并协助进行检疫和无害化处理。

第十二条 动物防疫监督管理部门对疑似患有狂犬病、人畜共患传染性疾病的犬只，应当立即委托专业机构进行诊断。对确认患有狂犬病和死亡的犬只，应当依法采取无害化处理措施。

第十三条 开办犬只养殖场、犬只交易市场，或者为犬只服务的诊疗、美容机构等从事与犬只相关经营活动的，应符合法律法规规定的动物防疫条件，并办理工商登记。

经营者应当在办理工商登记后的30日内，到所在地的区（市）县公安机关备案。

第十四条 举办犬只展览、比赛、表演等活动的，应当经动物疫病预防控制机构检疫合格后，在活动开始20日前到举办地的区（市）县公安机关办理审批手续。

第十五条 交易犬只应当在规定的交易市场进行。任何单位和个人不得占用道路、桥梁、人行天桥、地下通道、住宅小区等公共场所交易犬只。

交易的犬只应当具备有效的动物免疫证明或检验检疫证明。

第十六条 市和区（市）县人民政府可以设立犬只收容处置场所。

第十七条 犬只收容处置场所对收容的犬只按照下列规定处理：

（一）对收容的犬只进行暂养处置；

（二）对流浪犬进行收容处置；

（三）对捕捉的犬只进行检疫和无害化处理。

犬只收容处置场所收容的犬只，自收容之日起15日内没有被认领的，按照无主犬只处理。

第十八条 禁止在机关办公区、医院、幼儿园、学校教学区和学生宿舍区、单位集体宿舍区等区域养犬。

第十九条 对于违法养犬行为，任何单位或个人有权进行劝阻、举报和投诉。

公安机关、城市管理部门、动物防疫监督管理部门以及犬只收容处置场所应当公布受理举报、投诉的电话、信箱、电子邮箱，接到举报、投诉后应当登记，及时处理，并将处理情况告知举报人、投诉人。

第三章　限养区管理

第二十条 限养区内养犬户每户限养1只犬；盲人和肢体重残人每人限

养1只导盲犬或扶助犬。

母犬繁殖幼犬的，养犬人应当在幼犬出生后4个月内妥善处置。

第二十一条 禁止个人饲养烈性犬、大型犬。

单位因护卫等工作需要饲养烈性犬只或饲养多只犬只的，应当报所在地的区（市）县公安机关批准。

烈性犬、大型犬的品种目录，由动物防疫监督管理部门会同公安机关确定，并向社会公布。

第二十二条 限养区内养犬，养犬人必须携犬只免疫证明，在30日内到饲养地的公安派出所登记、办证。

第二十三条 申请养犬登记的单位，应当符合下列条件：

（一）有看护财物、表演等合理用途；

（二）有健全的养犬管理制度；

（三）有专人管理；

（四）有安全牢固的犬笼、犬舍和围墙等圈养设施。

第二十四条 申请养犬登记的个人，应当具备下列条件：

（一）具有本市常住户口或者暂住本市的合法证明；

（二）具有完全民事行为能力；

（三）有独立固定的住所；

（四）符合养犬的其他规定。

第二十五条 申请人应当按照下列规定到饲养地的公安派出所或指定地点办理犬只登记：

（一）单位申请养犬的，持单位主体资格证明、单位法定代表人身份证明、犬只免疫证明、犬只数量清单以及符合本条例第二十三条规定条件的相关证明；

（二）个人申请养犬的，应当携带犬只并持养犬人身份证明、犬只免疫证明以及符合本条例第二十四条规定条件的相关证明。

第二十六条 公安派出所对于符合本条例第二十三条、第二十四条规定的，应当予以登记并发放《养犬登记证》和犬只标识牌；对于不符合条件的，不予登记，并说明理由，告知申请人在3日内将犬只自行处置。

第二十七条 公安机关应当建立犬只登记电子档案，记载下列内容：

（一）养犬人姓名或者名称、地址、联系方式；

（二）犬只的品种、出生时间、主要体貌特征和照片；

（三）《养犬登记证》号码、发放时间，以及《养犬登记证》、犬只身份标识的换发、补发等情况；

（四）养犬登记续期、变更、注销等情况；

（五）犬只免疫情况；

（六）犬只管理服务费的缴纳情况；

（七）其他相关内容。

第二十八条 《养犬登记证》有效期为1年。养犬人应当在养犬登记期限届满前30日内到公安派出所申请年检。逾期未年检的，注销《养犬登记证》。

第二十九条 养犬人的姓名、住址变更的，应当自变更之日起30日内到饲养地公安派出所办理变更登记。

养犬人遗失《养犬登记证》或犬只标识牌的，应当自遗失之日起30日内到原登记机关申请补办。

第三十条 犬只死亡或者失踪的，养犬人应当自犬只死亡或者失踪之日起30日内到登记机关办理注销手续。未办理注销手续的，不得再次养犬。

养犬人因故确需放弃所饲养犬只且无法自行安置的，应将犬只送交犬只收容处置场所，并到原登记机关办理注销手续。

第三十一条 养犬人应当每年缴纳犬只管理服务费。犬只管理服务费用于犬只管理工作，具体办法由市人民政府制定。

第三十二条 养犬人应当对犬只拴养或者圈养，妥善管理犬只。

犬吠影响他人正常生活时，养犬人应当采取有效措施予以制止。

养犬人不得虐待或者遗弃犬只。

第三十三条 养犬人携犬出户，应当遵守下列规定：

（一）将犬只装入犬笼、犬袋或者由完全民事行为能力人使用犬绳牵领；

（二）为犬只佩戴标识牌；

（三）避让老年人、残疾人、孕妇和儿童及其他行人；

（四）对犬只粪便即时清除；

（五）及时制止犬吠和犬只攻击行人的行为；

（六）不得乘坐除小型出租汽车以外的公共交通工具。携犬乘坐小型出租汽车时，应征得驾驶员的同意。

第三十四条　下列区域禁止携犬只进入：

（一）机关办公区、医院、学校、幼儿园；

（二）影剧院、博物馆、美术馆、图书馆、少年宫、体育场馆；

（三）文物保护单位、宗教场所；

（四）主要交通干道、步行街区、候车室、候机室、商场；

（五）其他禁止携带犬只进入的公共场所。

盲人携带导盲犬和肢体重残人携带扶助犬的除外。

第四章　法律责任

第三十五条　违反本条例第九条规定，未依法对犬只实施免疫的，由动物防疫监督管理部门依照动物防疫相关法律法规的规定处罚，并对所查获犬只实施强制免疫。

第三十六条　违反本条例第十条规定，不及时将被伤害人送诊或不先行垫付医疗费的，由公安机关予以警告，并可以对单位处1000元以上5000元以下罚款，对个人可以处100元以上500元以下罚款。情节严重的，强制收容犬只，注销《养犬登记证》。

第三十七条　违反本条例第十一条规定，未及时报告疫情的，由动物防疫监督管理部门对单位处2000元以上5000元以下罚款，对个人处500元以上2000元以下罚款。情节严重的，由公安机关强制收容犬只，注销《养犬登记证》。

第三十八条　违反本条例第十三条、第十五条规定，违法从事犬只交易等经营活动的，由工商行政管理部门或者城市管理部门依法处理。

违反本条例第十四条规定的，由公安机关依照相关法规予以处罚。

第三十九条 违反本条例第十八条、第二十条、第二十一条规定之一的，由公安机关强制收容犬只，并对单位处500元以上2000元以下罚款，对个人处50元以上200元以下罚款。

第四十条 违反本条例第二十二条、第二十八条、第二十九条规定的，由公安机关给予警告，责令限期办理《养犬登记证》，15日内逾期未办理的，强制收容犬只。

第四十一条 违反本条例第三十二条第一款规定的，由城市管理部门责令改正，并可处50元以上200元以下罚款，情节严重的由公安机关强制收容犬只；违反本条例第三十二条第二款规定的，由公安机关处100元以上500元以下罚款，情节严重的强制收容犬只；违反本条例第三十二条第三款规定，遗弃犬只的，由公安机关对单位处500元以上2000元以下罚款，对个人处200元以上1000元以下罚款。

第四十二条 违反本条例第三十三条第（四）项规定的，由城市管理部门责令改正，并可处50元以上200元以下罚款。

第四十三条 违反本条例第三十四条规定的，由城市管理部门责令改正，并可处50元以上200元以下罚款。对于不听劝阻的，由公安机关强制收容犬只。

第四十四条 养犬人因违反本条例，被公安机关强制收容犬只、注销《养犬登记证》的，在5年内不得申办养犬登记。

第四十五条 行政机关工作人员滥用职权、徇私舞弊、玩忽职守的，依法给予行政处分；构成犯罪的，依法追究刑事责任。

第五章　附　则

第四十六条 本条例自2010年7月1日起施行。

成都市法制宣传教育条例

2009年6月10日成都市第十五届人民代表大会常务委员会第十一次会议通过，2009年7月22日四川省第十一届人民代表大会常务委员会第十次会议批准。

第一条 为了加强法制宣传教育工作，提高公民的法律素质，提高全社会的法治化水平，加快依法治市进程，根据有关法律、法规，结合成都市实际，制定本条例。

第二条 在本市行政区域内开展法制宣传教育活动，应当遵守本条例。

第三条 法制宣传教育工作应当全面规划、统一组织，实行经常教育与集中教育相结合、普及教育与重点教育相结合、宣传教育与法治实践相结合的原则。

第四条 市和区（市）县司法行政部门是法制宣传教育工作的主管部门，负责本条例的组织实施。

第五条 各级人民政府应当将法制宣传教育工作纳入国民经济和社会发展规划。

国家机关、社会团体、企业事业单位和其他组织，应当将法制宣传教育工作列入工作计划，并确定相应的部门和人员，负责法制宣传教育工作。

第六条 各级人民政府应当将法制宣传教育工作经费列入财政预算，专款专用，并随着经济社会发展水平不断提高而逐步增加，保障法制宣传教育工作正常开展。

第七条 市司法行政主管部门应当于每年第一季度将本年度全市法制宣传教育计划向社会公布。

第八条 国家机关、事业单位、社会团体和大中型企业应当将本单位法制宣传教育计划报送所在地司法行政主管部门备案。

第九条 市和区（市）县司法行政主管部门应当做好下列工作：

（一）贯彻执行有关法制宣传教育的法律、法规、决议、决定；

（二）制定并组织实施本行政区域的法制宣传教育工作规划、年度计划；

（三）指导、协调、检查和考核本行政区域的法制宣传教育工作；

（四）组织法制宣传教育培训和考试；

（五）开展调查研究，总结推广法制宣传教育工作的经验；

（六）组织、指导法学专家、法律工作者、法制宣传员和法制宣传志愿者开展法制宣传教育工作；

（七）编印法制宣传教育资料；

（八）办理法制宣传教育的其他事项。

第十条 公务员管理部门应当将基本的法律知识和与公务员业务相关的法律知识列入培训计划，定期对公务员进行法律知识的培训和考核。

录用公务员应当将法律知识作为录用考试的内容之一。

第十一条 司法机关和行政执法部门应当加强对司法人员和行政执法人员的法制教育，规范执法行为，并结合司法和行政执法活动向社会开展法制宣传教育。

第十二条 教育行政管理部门应当将法制宣传教育的内容列入教学计划，并组织实施。

中小学校应当聘请具有一定法律知识和法制工作经验的工作人员兼任法制副校长或兼任法制辅导员，协助学校开展法制宣传教育。

第十三条 国有资产监督管理部门应当对国有企业和国有控股企业法定代表人和主要经营管理人员进行法律知识培训和考核。

第十四条 公安、民政、劳动和社会保障等行政管理部门应当对暂住人口、失业人员和再就业培训人员进行法制宣传教育。

第十五条 文化、广播电视、新闻出版等行政管理部门应当根据法制宣传教育年度计划，开展法制宣传教育，开设法制宣传教育栏目，刊登或者播出有关法制宣传教育的公益广告。

第十六条 工会、共青团、妇联等人民团体，应当结合自身特点，加强对职工、青少年、妇女等群体的法制宣传教育。

第十七条 社区居民委员会、村民委员会应当确定一名委员负责法制宣传教育工作，对所在地的居民、村民进行法制宣传教育。

第十八条 行业协会应当对本行业内的单位和个人进行法制宣传教育。

第十九条 鼓励社会组织和法学专家、法律工作者及其他志愿者以多种方式参与法制宣传教育活动。

第二十条 每年十二月四日全国法制宣传日，各部门各单位应当根据法制宣传教育工作的安排开展法制宣传教育专题活动。

第二十一条 凡涉及重大改革政策实施和规模征用土地、重点工程拆迁安置等重大事项，相关部门应当结合实际开展专项法制宣传教育活动。

第二十二条 司法行政主管部门对各单位法制宣传教育计划落实情况实行年度考核。

第二十三条 对在法制宣传教育工作中成绩显著的单位和个人，各级人民政府应当给予表彰和奖励。

第二十四条 对不履行本条例规定或者在法制宣传教育工作检查、验收中不合格的，由司法行政主管部门提出整改意见，逾期不改正的，提请同级人民政府给予通报批评；对直接负责的主管人员和其他直接责任人员，由有关部门给予批评或者处分。

第二十五条 本条例自 2009 年 12 月 4 日起施行。

成都市罚没财产管理规定

2008年6月20日成都市第十五届人民代表大会常务委员会第四次会议通过，2008年9月25日四川省第十一届人民代表大会常务委员会第五次会议批准。

第一条 为加强对罚没财产的管理，根据有关法律、法规，结合本市实际，制定本规定。

第二条 本规定所称“罚没财产”，是指本市各级司法机关、行政执法机关在司法、行政执法活动中依法取得并且应当上缴国库的下列财产：

（一）执行罚金、没收财产而取得的款项、物资及其他非人身财产权利；

（二）在查处犯罪案件过程中，依法没收的违禁品、供犯罪所用的犯罪分子本人所有的财物、取保候审保证金；

（三）依照法律、法规、规章实施罚款、没收违法所得和非法财物等行政处罚而取得的款项、物资和其他非人身财产权利，以及依据法律、行政法规收缴的直接用于实施行政违法行为的违法者本人的财物；

（四）依法没收的暂缓行政拘留保证金；

（五）其他依据法律、行政法规的规定应当予以没收并且上缴国库的财产。

本规定所称“罚没收入”，是指前款规定的罚没款和没收财产的拍卖、变价款。

本规定所称“行政执法机关”，是指对违反行政管理秩序的行为具有行政处罚权的行政机关和法律、法规授权的具有管理公共事务职能的组织。

第三条 本规定适用于本市罚没财产的管理、处理、上缴及其监督活动。

法律、行政法规、本省地方性法规另有规定的，从其规定。

第四条 罚没财产按照财政管理体制实行分级管理。

市财政部门负责市级司法机关、行政执法机关罚没财产的监督管理工作；区（市）县财政部门负责本级司法机关、行政执法机关罚没财产的监督管理工作，并接受市财政部门的业务指导。

各级司法机关、行政执法机关负责本单位罚没财产的日常管理工作。

各级审计、监察、法制、价格等部门按照其法定职责，负责对罚没财产的管理工作实施监督。

第五条 财政部门应当加强对罚没财产凭证、解缴的管理，定期会同有关部门检查司法机关、行政执法机关罚没财产的凭证缴销、财务管理情况。

司法机关、行政执法机关应当按照有关规定建立健全罚没财产处置申报制度，收入解缴制度，票据领用缴销制度，物资验收、移交和保管登记制度，财产结算对账制度。

第六条 罚没物资在按有关规定处理、移交前，司法机关、行政执法机关应当妥善保管，防止毁损、灭失或挪作他用。

第七条 下列罚没物资，司法机关、行政执法机关应当自取得之日起7日内，将物资清单和相关法律文书报告财政部门，由财政部门分别通知有关部门按下列规定处理：

（一）纯金银及其制品、外币交由人民银行按照相关规定收兑；

（二）烟草、酒类、食盐、木材等专卖品交由专卖部门按规定处理；

（三）国家、省、市重点保护的野生动（植）物或者其产品交由林业行政主管部门按规定处理；

（四）药品、农药、种子分别交由药品监督管理部门和农药、种子行政主管部门按规定处理；

（五）易燃易爆、剧毒等危险物品，毒品、毒品原植物、易制毒化学品，枪支弹药、管制刀具、赌具、间谍专用器材等，交由公安、国家安全部门按规定处理；

（六）放射性危险物品由环境保护部门会同相关部门按规定处理；

（七）非法出版物、非法音像制品和违法电影拷贝，分别交由新闻出版、文化和广播电视行政主管部门或者由其会同公安机关按规定处理；

（八）国家禁止流通的文物、古脊椎动物化石和古人类化石交由文物行政主管部门按规定处理；

（九）假冒伪劣物品，由质量技术监督部门、工商行政管理部门或者法律、法规授权单位按规定处理。

前款各项所列罚没物资，有关部门应当自处理完结之日起7日内将处理结果书面报告财政部门备查。

第八条 对于没收的鲜活商品和其他易腐烂、变质的物品，司法机关、行政执法机关应当及时委托当地农副产品批发市场或集贸市场就地公开处置，并将处理情况报告财政部门备查。

第九条 下列罚没财产，司法机关、行政执法机关应当自持有或者占有之日起15日内开列清单，连同权属证书及相关法律文书报告财政部门。由财政部门会同司法机关、行政执法机关按照本规定第十条第二款的规定处理：

（一）船舶、汽车等大宗动产；

（二）股票、票据、提单、企业债券、国库券等有价证券；

（三）房屋、林木、建设用地使用权等不动产或不动产物权；

（四）专利、商标使用权等其他非人身财产权利。

第十条 本规定第七条第一款、第八条和第九条所列罚没财产以外的其他罚没物资，司法机关、行政执法机关应当自取得之日起15日内开列清单，逐一注明品名、数量、规格、牌号、成色（贵重物品还应当作特征说明并附照片）后，连同相关法律文书报告财政部门。

前款规定物资，依法应当公开拍卖的，由财政部门会同司法机关、行政执法机关委托法定鉴定机构、价格评估机构分别进行鉴定、评估后，按《中华人民共和国拍卖法》的有关规定委托拍卖人进行拍卖；不适宜公开拍卖的，由财政部门会同司法机关、行政执法机关以及价格、质监等相关部门按质定价、变价处理；无法变价处理或者变价价值较低但具有一定使用价值的，可由财政部门会同司法机关、行政执法机关共同决定将其用于公益捐赠。

第十一条 各级司法机关、行政执法机关依法没收的款项，应当自取得之日起2日内上缴同级国库；其他没收财产拍卖、变价款，应当自拍卖成交或者变价处理之日起30日内，上缴同级国库。

第十二条 司法机关、行政执法机关和财政部门及其工作人员有下列行为之一的，由财政、审计、监察等部门依照国家有关法律、法规处理；构成犯罪的，提请司法机关依法追究刑事责任：

（一）未按规定建立健全各项罚没财产管理制度，造成罚没财产严重毁损、灭失或者罚没收入严重流失的；

（二）不按规定处理罚没财产的；

（三）隐瞒、截留、挪用、坐支罚没收入的；

（四）侵占、挪用或者擅自低价购买、私分罚没财产的；

（五）其他违反罚没财产管理规定的行为。

第十三条 本规定自2009年1月1日起施行。1992年6月26日成都市第十一届人民代表大会常务委员会第二十六次会议通过，1992年12月1日四川省第七届人民代表大会常务委员会第三十二次会议批准的《成都市罚没财物和追回赃款赃物管理条例》同时废止。

成都市物业管理条例

2007年8月10日成都市第十四届人民代表大会常务委员会第三十四次会议通过，2007年9月27日四川省第十届人民代表大会常务委员会第三十次会议批准。

第一章　总　则

第一条　为了规范物业管理活动，维护业主、物业服务企业及其他管理人的合法权益，根据《中华人民共和国物权法》、国务院《物业管理条例》等法律、法规，结合成都市实际，制定本条例。

第二条　本条例适用于本市行政区域内物业的管理、使用、服务及其监督管理活动。

第三条　市房产行政主管部门负责全市物业管理活动的监督管理工作，区（市）县房产行政主管部门负责其辖区内物业管理活动的监督管理工作。

规划、建设、城管、公安、工商、价格、民政等行政主管部门应当按照其法定职责协同实施本条例。

街道办事处、乡（镇）人民政府负责组织、指导本辖区内的业主依法设立业主大会，协调物业管理与社区建设之间的关系，配合调解处理物业管理中的投诉，指导监督业主大会、业主委员会依法履行职责。

社区居民委员会应当按照有关规定对业主大会、业主委员会进行指导和监督。

第四条　市物业管理行业协会应当加强行业建设，建立行业服务、协调、激励和惩戒等机制，促进物业管理业科学、规范、和谐发展。

第五条　本市提倡依靠科技进步提高物业服务水平；对于采用新技术、新方法节能降耗的，政府给予鼓励。

第二章　建筑区划

第一节　建筑区划的划分与调整

第六条　新建建设项目，包括分期建设或者由两个以上单位共同开发建设的项目，其设置的附属设施设备是共用的，应当划分为一个建筑区划。但该建设项目内已按规划分割成两个以上自然院落或者封闭区域的，在明确附属设施设备管理、维护责任的情况下，可以分别划分为独立的建筑区划。

第七条　开发建设单位在申请办理建设工程规划许可证的同时，应当持建设项目规划设计方案，向区（市）县房产行政主管部门提出划分建筑区划的要求。

区（市）县房产行政主管部门应当自受理之日起 5 个工作日内在征求街道办事处、乡（镇）人民政府及社区居民委员会的意见后进行划分，并告知开发建设单位。

第八条　确需调整建筑区划的，由区（市）县房产行政主管部门会同街道办事处、乡（镇）人民政府及社区居民委员会，按照本条例第六条的规定，结合当地社区的布局，拟定调整方案，经各相关建筑区划业主大会分别同意后进行划分；尚未设立业主大会的建筑区划，由全体业主共同决定。

业主大会或者全体业主决定前款事项的，应当经该建筑区划内专有部分占建筑物总面积过半数的业主且占总人数过半数的业主同意。

尚未划分建筑区划的，应当按照前款比例征得相关业主同意后，按照本条第一款规定执行。

第九条　建筑区划划分、调整后，市或区（市）县房产行政主管部门应当在不动产登记簿上予以相应注记，开发建设单位应当向物业买受人明示。

建筑区划调整后，区（市）县房产行政主管部门应当在相关建筑区划内公告。

第二节　附属设施设备的配置

第十条　新建建筑区划内，开发建设单位应当按照下列规定配置物业服务用房：

（一）建筑面积不低于建设工程规划许可证载明的房屋总建筑面积的2‰，并不得少于80平方米；

（二）配置物业服务企业或其他管理人用房和业主委员会议事活动用房，其中业主委员会议事活动用房建筑面积不得少于30平方米；

（三）具备水、电等基本使用功能，且位于地面以上部分不低于50%。

物业服务用房配置不符合前款规定的，规划行政主管部门不予核发建设工程规划许可证。

第十一条 新建住宅建筑区划内的水、电、气计量装置应当实行专有部分一户门号一贸易结算表、共有部分独立计量表；安全防范、消防、环卫、邮政、信息等附属设施设备的配置应当符合物业使用的基本条件。

第十二条 新建住宅建筑区划机动车停放库（位）与住户数的最低比例标准，由市规划行政主管部门制定。

本市鼓励开发建设单位投资建设住宅建筑区划内机动车停放库（位），具体办法由市价格行政主管部门会同有关部门制定。

第三节 新建住宅的交付使用

第十三条 本市实行新建住宅交付使用监管制度。新建住宅建筑区划内建设工程竣工验收合格后，其附属设施设备应当具备下列条件后，方可交付使用：

（一）住宅生活用水纳入城乡自来水管网，并供水到户；

（二）住宅用电按照电力部门的供电方案，纳入城市供电网络，不得使用临时施工用电；

（三）住宅的雨水、污水排放纳入永久性城乡雨水、污水排放系统。确因客观条件所限需采取临时性排放措施的，应当经水务、环保部门审核同意，并确定临时排放的期限；

（四）住宅区附近有燃气管网的，完成住宅室内、室外燃气管道的敷设并与燃气管网镶接。住宅区附近没有燃气管网的，完成住宅室内燃气管道的敷设，并负责落实燃气供应渠道；

（五）住宅区内电话通信线、有线电视线和宽带数据传输信息端口敷设到户，安防等设施设备按设计规范配置到位；

（六）住宅区与城市道路或者公路之间有直达的道路相连；

（七）按照规划要求完成教育、医疗保健、环卫、邮政、农贸市场及其他商业服务、社区服务和管理等公共服务设施的配套建设。住宅建设工程分期建设，上述设施尚未建成的，应当有可供过渡使用的相应公共服务设施；

（八）按照住宅设计规范预留设置空调器外机和冷凝水排放管的位置；

（九）按照规划要求完成住宅区内的绿化建设；

（十）按照规划要求完成住宅区内停车库（位）的配置；

（十一）住宅建设工程分期建设的，已建成的住宅周边场地清洁、道路平整，与施工工地有明显有效的隔离措施；

（十二）法律、法规规定的其他条件。

个人建造的自住房屋不适用前款规定。

第十四条　新建住宅交付使用前，开发建设单位应当向市或区（市）县房产行政主管部门办理新建住宅交付使用备案手续，并提供新建住宅建设工程竣工验收文件和本条例第十三条第一款所列附属设施设备符合交付使用条件的相关文件、资料。

第四节　新建住宅物业保修金

第十五条　本市实行新建住宅物业保修金监管制度。

保修金监管实行统一交存、权属不变、专款专用、政府监管的原则。

市房产行政主管部门应当对保修金的交存、使用、管理和退还实施统一监督管理。

第十六条　新建住宅物业、住宅区内的非住宅物业以及与单幢住宅楼结构相连的非住宅物业，其开发建设单位应当在申请新建住宅不动产权属登记前，按照住宅物业建筑安装总造价2%的比例，一次性向保修金监管账户交存保修金，作为该住宅物业保修期内保修费用的保证。

保修金监管账户以建筑区划为单位设立专户。开发建设单位在办理新建住宅物业不动产权属登记时，应当提供专户银行出具的住宅物业保修金全额交存证明。

保修金存储期限与物业的法定保修期限一致。

第十七条 开发建设单位应当按照法定的保修期限、范围，承担住宅物业的保修责任；开发建设单位可以自行组织维修，也可以委托他人进行维修。

第十八条 开发建设单位不履行保修义务的，业主或者业主委员会可以提出申请，经市或区（市）县房产行政主管部门核实后，由业主委员会或者社区居民委员会组织维修，其费用在保修金中垫支。

未设立业主大会的建筑区划，其物业共有部分出现质量问题时，社区居民委员会可以依照前款规定申请动用保修金垫支维修费用。

市或区（市）县房产行政主管部门应当在保修金动用后3个工作日内书面通知开发建设单位。

第十九条 业主、业主委员会或者社区居民委员会按照本条例第十八条规定程序动用保修金后，开发建设单位应当在收到房产行政主管部门的通知之日起15日内足额补存。

开发建设单位对维修责任承担持有异议的，可以在前款规定期限内依法提起民事诉讼或者申请仲裁，由人民法院或者仲裁委员会确定的责任人补存保修金。逾期不起诉或申请仲裁的，视为其认可承担维修责任。

第二十条 物业保修期间，开发建设单位因破产、解散、被撤销等原因消亡的，保修金监管机构应将保修金本息余额提存。

物业出现保修范围内的质量问题时，业主、业主委员会或者社区居民委员会可以按照本条例第十八条规定申请动用保修金。

第二十一条 符合下列条件之一的，保修金存储期满后本息余额退还开发建设单位；开发建设单位已消亡的，保修金本息余额依法列入清算财产：

（一）未出现属于保修范围内的物业质量问题；

（二）出现物业质量问题，但开发建设单位已按相关规定进行维修并经验收合格，或者与业主就维修费用承担达成和解协议并履行给付义务；

（三）出现物业质量问题且双方就责任承担发生争议，但开发建设单位已按人民法院或者仲裁委员会的法律文书履行义务。

第二十二条 保修金存储期满前30日，保修金监管机构应将拟退还保修金事项在相关建筑区划内书面公示。

第二十三条 保修金监管机构应当每年定期向相关建筑区划的业主和开发建设单位公布该建筑区划保修金的交存、使用情况，接受业主和开发建设单位的监督。

第三章 物业的管理主体与物业使用

第一节 业主大会筹备组

第二十四条 同一建筑区划内，符合下列条件之一的，应当召开首次业主大会会议，设立一个业主大会：

（一）专有部分交付的建筑面积达到建筑物总面积50%以上；

（二）首次交付专有部分之日起满两年且入住的建筑面积达到建筑物总面积20%以上。

业主总人数在100人以内且经全体业主一致同意，决定不设立业主大会的，由业主共同履行管理职责。

第二十五条 符合本条例第二十四条第一款规定条件之一的建筑区划，其开发建设单位应当书面报告区（市）县房产行政主管部门。报告应当包含下列相关文件资料：

（一）建筑区划划分意见书；

（二）业主名册；

（三）建筑规划总平面图；

（四）附属设施设备交付使用备案证明；

（五）物业服务用房配置证明；

（六）住宅物业保修金交存证明；

（七）建筑物及其附属设施的专项维修资金筹集证明；

（八）其他必要的文件资料。

第二十六条 区（市）县房产行政主管部门应当在接到本条例第二十五条规定的报告之日起5个工作日内，抄送街道办事处、乡（镇）人民政府。开发建设单位未及时书面报告的，业主可以向区（市）县房产行政主管部门或者街道办事处、乡（镇）人民政府提出设立业主大会的书面要求。

街道办事处、乡（镇）人民政府应当在收到报告或者要求之日起15个工作日内组织业主成立业主大会筹备组，筹备召开首次业主大会会议。

第二十七条 筹备组由开发建设单位、业主和街道办事处、乡（镇）人民政府派员组成，其中业主所占比例不得低于筹备组总人数的三分之二。筹备组组长由街道办事处、乡（镇）人民政府派员担任。

筹备组应当自成立之日起3日内在建筑区划内书面公告其成员名单和工作职责。

第二十八条 筹备组履行下列职责：

（一）确定召开首次业主大会会议的时间、地点和内容；

（二）草拟管理规约、业主大会议事规则、业主委员会工作规则；

（三）确认业主身份和核计业主人数、专有部分面积；

（四）确定业主委员会委员候选人条件和选举办法；

（五）组织产生首届业主委员会委员候选人；

（六）完成召开首次业主大会会议的其他准备工作。

前款第（一）至（五）项所列内容，筹备组应当在召开首次业主大会会议15日前以书面形式在建筑区划内公示。业主对业主身份、人数或者专有部分面积等提出异议的，筹备组应当予以复核并告知异议人复核结果。

第二十九条 筹备组应当自成立之日起30日内组织召开首次业主大会会议。自业主大会依法设立之日起，筹备组职责自行终止。

筹备组的必要经费由开发建设单位承担。

第二节　业主大会与业主委员会

第三十条 业主在业主大会会议上的投票权，按照国家有关规定行使。

业主身份以及专有部分面积的确定，以不动产登记簿或者其他能够证明其权属的合法有效文件为依据。

单个业主拥有多个或者数人共有一个物业专有部分的，其业主投票权人数按一人计算。

业主拒付物业服务费、不缴存建筑物及其附属设施专项维修资金的，管理规约、业主大会议事规则可以对其在物业管理中投票权的行使予以约束。

第三十一条 业主大会自首次业主大会会议表决通过管理规约、业主大会议事规则、业主委员会工作规则并选举产生业主委员会之日起设立。

业主大会依法设立后，业主委员会应当就业主大会设立事项向区（市）县房产行政主管部门备案；并依法刻制和使用业主大会、业主委员会印章。

市人民政府应当根据本条例，制定对业主大会监督管理的具体规定。

第三十二条 业主大会会议由业主委员会组织召开。

业主委员会不依法、依约履行召开业主大会会议职责的，区（市）县房产行政主管部门应当责令其限期召开；逾期不召开的，街道办事处、乡（镇）人民政府可以组织业主召开业主大会会议。

除前两款规定外，任何单位和个人不得擅自召集业主大会会议。

第三十三条 同一建筑区划内有两幢以上建筑物的，可以以幢、单元为单位设立业主小组。业主小组由该幢、单元的全体业主组成。

业主小组履行下列职责：

（一）讨论业主大会拟讨论的事项；

（二）推选业主代表出席业主大会会议，表达本小组业主的意愿；

（三）讨论、决定本幢、本单元物业共有部分的经营、收益分配及维修等事项。

业主小组行使前款规定职责的程序，参照本建筑区划业主大会议事规则执行。

第三十四条 业主大会会议可以采用集体讨论的形式，也可以采用书面征求意见的形式。

采用集体讨论形式的，可以按照本条例第三十三条规定，推选业主代表参加业主大会会议；也可以由业主决定以其他方式推选业主代表参加业主大会会议。

业主可以委托代理人参加业主大会会议，代理人应当持业主书面委托书并根据委托内容进行投票表决。

第三十五条 管理规约应当对下列主要事项作出约定：

（一）建筑物及其附属设施设备的使用、维护、管理；

（二）建筑物及其附属设施的专项维修资金的筹集、使用方案；

（三）共有部分的经营与收益分配；

（四）业主的其他权利与义务；

（五）违反规约应当承担的责任。

管理规约自业主大会表决通过之日起生效，对全体业主及使用人均具有约束力。

第三十六条 管理规约、业主大会议事规则、业主委员会工作规则不得与法律、法规相抵触，其示范文本由市房产行政主管部门拟订。

第三十七条 业主大会设立后，业主委员会应当将下列事项告知开发建设单位、物业服务企业或者其他管理人：

（一）管理规约；

（二）业主大会议事规则；

（三）业主委员会工作规则；

（四）业主大会、业主委员会的其他决定。

开发建设单位在销售该建筑区划内的专有部分时，应当向买受人明示前款所列事项，并将其作为房屋买卖合同的附件。

第三十八条 业主委员会是业主大会的执行机构，由业主大会会议选举产生，向业主大会负责并报告工作，受业主、业主大会监督。

业主委员会由人数为奇数的若干名委员组成，每名委员具有同等表决权，每届任期为3至5年；委员的条件、人数、任期等具体事项由业主大会议事规则规定。

第三十九条 业主委员会讨论、决定物业管理公共事项，应当召开委员会会议，并于会议召开3日前在建筑区划内以书面形式公告会议议程，听取业主的意见和建议。

业主委员会决定事项，应当经全体委员半数以上签字同意通过。

业主委员会应当将业主大会、业主委员会的决定在作出之日起3日内以书面形式在建筑区划内公告。

第四十条 业主委员会委员应当忠实履行职责，定期参加房产行政主管部门组织的物业管理培训，接受街道办事处、乡（镇）人民政府以及房产行政主管部门的指导与监督。

业主委员会不得从事物业服务经营活动，其委员及其近亲属不得在为本建筑区划提供物业服务的物业服务企业、机构中任职。

第四十一条 业主委员会委员有下列情形之一的，其委员资格自行终止：

（一）不再是该建筑区划内的业主；

（二）丧失民事行为能力；

（三）被依法限制人身自由半年以上；

（四）法律、法规以及管理规约规定的其他情形。

第四十二条 业主委员会委员有下列情形之一的，由业主大会决定是否终止其委员资格：

（一）以书面方式向业主大会提出辞职请求；

（二）拒不履行委员职责；

（三）业主委员会半数以上委员或者20%以上业主提议撤销其委员资格；

（四）违章搭建、拒付物业服务费等侵害他人合法权益；

（五）因其他原因不适合继续享有委员资格的。

第四十三条 业主委员会任期届满60日前，应当召开业主大会会议进行换届选举。

业主委员会任期届满仍未换届改选的，区（市）县房产行政主管部门应当责令其限期改正；逾期不改正的，街道办事处、乡（镇）人民政府可以组织业主召开业主大会会议进行换届选举。

第四十四条 业主大会会议选举产生出新一届业主委员会之日起10日

内，前业主委员会委员应当将其保管的有关凭证、档案等文件资料、印章及其他属于全体业主共有的财物，移交给新一届业主委员会，并完成交接工作。

业主委员会委员资格届内终止的，应当在终止之日起5日内向本届业主委员会移交由其保管的前款所列文件资料及财物。

第四十五条 经业主大会决定，可以从下列渠道筹集专项用于业主委员会开展工作的经费：

（一）全体业主共有部分物业经营收益；

（二）全体业主共同交纳；

（三）业主自愿捐赠等其他合法方式。

工作经费归全体业主共有。业主委员会应当妥善保管并定期书面公告其收支情况，并接受业主大会、业主的监督。

第四十六条 两个以上建筑区划共用附属设施设备的，应当建立业主委员会联席会议制度。

业主委员会联席会议由街道办事处、乡（镇）人民政府和区（市）县房产行政主管部门、相关建筑区划的业主委员会、社区居民委员会、物业服务企业或者其他管理人组成。联席会议由街道办事处、乡（镇）人民政府负责召集。

第三节　物业的使用与维护

第四十七条 业主、使用人应当合理正当地使用专有部分，禁止从事下列危及建筑物安全或者损害他人合法权益的行为：

（一）改变房屋承重结构；

（二）违法搭建建筑物、构筑物；

（三）堆放易燃、易爆、剧毒、含有放射性物质的物品或者超负重的物品；

（四）排放、制造超过规定标准的噪音、振动；

（五）违反规定饲养家禽、宠物；

（六）违反规定倾倒垃圾、污水或者抛掷杂物；

（七）法律、法规、规章以及管理规约禁止的其他行为。

第四十八条 业主、使用人应当按照规划行政主管部门批准或者不动产登记簿载明的用途使用住宅，不得擅自改变其使用性质。确需改变的，除遵守法律、法规以及管理规约外，应当经有利害关系的业主同意；并依法经规划、国土、卫生、环保、消防等行政主管部门审批。

第四十九条 通道、楼梯、物业服务用房等属于业主共有，禁止任何单位、个人侵占、处分或者改作他用。

利用共有部分进行经营的，应当符合法律、法规和管理规约的规定，并由业主大会或者相关业主共同决定。

业主委员会、业主小组应当分别定期公布全体业主共有部分、部分业主共有部分物业经营收益的收支情况。

第五十条 物业服务企业或者其他管理人发现本条例第四十七条、第四十八条或者第四十九条第一款规定行为之一的，应当予以劝阻；劝阻无效的，应当在24小时内书面告知业主委员会或者有关行政主管部门。

第五十一条 建筑区划内停放车辆，不得占用消防通道，不得妨碍行人和其他车辆的正常通行。

机动车停放位在优先满足业主停车需要的前提下有空余的，可以临时出租给建筑区划外的单位、个人。

第五十二条 利用物业共有部分设置机动车停放位的，其车位设置、管理、收费等事项由业主大会决定。

业主大会决定收取场地使用费的，可以委托物业服务企业或者其他管理人收取，并支付一定比例的报酬。业主对机动车辆有保管要求的，可以与物业服务企业或者其他管理人另行约定。

第五十三条 物业应当定期维修养护。物业出现法律、法规、规章规定的应当维修养护的情形时，业主或者其他责任人应当及时履行维修养护义务。

专有部分保修期满后的维修责任，由业主自行承担；共有部分保修期满后的维修责任，由相关业主按专有部分面积比例共同承担。

发生危及他人房屋使用安全或者公共安全的紧急情况时，物业服务企业或者其他管理人应当立即组织抢修、更新或者采取应急防范措施，并及时通知业主委员会，费用由相关责任人承担。

第五十四条 供水、供电、供气、供热、信息等专业单位，应当依法承担建筑区划内相关管线和设施、设备的维修、养护责任。

第五十五条 本市建立建筑物及其附属设施的专项维修资金，专项用于建筑物及其附属设施保修期满后共有部分的维修、更新、改造。

专项维修资金的建立，应当遵循业主所有、统一缴存、专户存储、业主决策、专款专用、统筹监管的原则。首次专项维修资金由开发建设单位和买受人缴存。

建筑物及其附属设施专项维修资金管理办法，由市人民政府制定。

第五十六条 因维修物业、设置管线等需要，必须进入专有部分的，业主、使用人不得拒绝。

供水、供电、供气、信息、环卫、邮政等专业单位进入建筑区划提供服务的，业主、物业服务企业或者其他管理人应当予以配合。

第四章 （前期）物业服务合同

第一节 一般规定

第五十七条 业主可以根据所在建筑区划的实际情况，通过公开、公平、公正的市场竞争机制，依法选聘符合相应条件的物业服务企业提供物业服务。

第五十八条 从事物业服务咨询、顾问、代理、认证等经营活动的机构和在本市行政区域内从事物业服务活动的外地企业或者其他管理人，应当向市房产行政主管部门备案。

第五十九条 本市实行物业服务项目经理责任制，建筑区划的物业服务负责人应当由物业服务项目经理担任。

物业服务企业应当按规定聘请相应专业服务人员从事相关专业服务工作；其他管理人受聘提供物业服务的，应当遵守法律、法规、规章的规定和行业规范。

市房产行政主管部门应当加强物业服务相关从业人员的培训与监督管理，

建立本市统一的物业服务项目经理及物业维修、秩序维护等相关专业服务人员的执业名册和其他管理人、服务机构名录，向公众提供查询服务；应当制定、公布物业服务力量配备指导标准。

第六十条 本市实行物业服务重大事件报告制度。建筑区划内发生下列情况之一的，物业服务企业或者其他管理人应当按照有关规定及时向相关行政主管部门、专业单位报告：

（一）发生火灾、水患、爆炸或者自然灾害等造成人身伤亡或者危及建筑物安全；

（二）建筑物及其附属设施设备发生安全隐患，且在 8 小时内难以排除，严重危及业主、使用人及建筑物安全；

（三）物业服务人员擅自集体撤离建筑区划，造成物业服务中断，严重影响业主和使用人正常生活；

（四）发生群体性事件；

（五）发生业主、使用人重大伤亡事件；

（六）其他严重影响业主、使用人正常生活的事件。

第六十一条 开发建设单位、业主委员会委员、物业服务企业或者其他管理人应当分别建立并妥善保管物业档案、业主大会与业主委员会档案以及物业服务档案。

第六十二条 开发建设单位、物业服务企业、其他管理人、服务机构及其从业人员应当按规定申报其在物业管理活动中的信用信息。

市房产行政主管部门应当加强物业管理信用体系的建设，对物业管理信用信息的征集、披露、评估、使用等实施统一监督管理。

区（市）县房产行政主管部门应当会同街道办事处、乡（镇）人民政府建立业主委员会委员在物业管理中的信用档案，并纳入全市物业管理信用体系。

第六十三条 物业服务企业、其他管理人及服务机构应当按照有关规定向市或区（市）县房产行政主管部门报送统计报表。

第二节　前期物业服务合同

第六十四条　开发建设单位与物业买受人签订的房屋买卖合同，应当包含下列内容：

（一）前期物业服务合同；

（二）临时管理规约；

（三）建设项目规划总平面布局图；

（四）建筑区划划分意见书；

（五）物业共有部分清册；

（六）房屋使用说明书。

前款第（一）、（二）、（六）项应当参照市房产行政主管部门拟定的示范文本制定。

第六十五条　开发建设单位在办理商品房销售手续时，应当向房产行政主管部门提交包含下列主要内容的前期物业管理方案：

（一）临时管理规约样本；

（二）选聘物业服务企业的证明文件；

（三）前期物业服务合同。

第六十六条　在业主、业主大会首次选聘物业服务企业或者其他管理人之前，开发建设单位应当通过招投标方式选聘具有相应条件和相应专业服务人员的物业服务企业，提供前期物业服务。

建筑物总面积在5万平方米以上或者国有投资占50%以上的建筑区划，应当采用公开招投标方式。

第六十七条　有下列情形之一的，可以采用协议方式选聘：

（一）因保密或者国家安全方面有特别要求；

（二）住宅建筑区划房屋总建筑面积低于3万平方米；

（三）投标人少于3个。

符合前款第（一）项规定的，开发建设单位应当提交有关部门的证明资料，并向市房产行政主管部门备案；符合前款第（二）项或者第（三）项规定的，应当报经市或区（市）县房产行政主管部门核准。

第三节 物业服务合同

第六十八条 物业服务合同由业主委员会与业主大会选聘的物业服务企业或者其他管理人签订。合同中的下列主要内容应当事先提交业主大会会议表决通过，但业主大会已授权业主委员会决定的除外：

（一）物业服务事项；

（二）物业服务质量及费用标准；

（三）合同期限；

（四）违约责任。

第六十九条 物业服务合同应当约定建筑区划内的下列物业公共服务事项：

（一）建筑物共有部位及设施设备的使用、管理和维护；

（二）公共绿化的维护；

（三）公共区域环境卫生的维护；

（四）公共区域的秩序维护；

（五）物业使用中对禁止行为的告知、劝阻、报告等义务；

（六）物业维修、更新、改造费用的账务管理；

（七）物业服务档案和物业档案的保管；

（八）其他物业公共服务事项。

物业服务合同应当对物业服务企业或者其他管理人在有关业主、使用人人身、财产安全防范方面的义务和责任作出明确约定。

物业服务合同示范文本由市房产行政主管部门会同其他相关行政主管部门拟订。

第七十条 物业服务收费按不同物业的使用性质和特点，实行政府指导价、市场调节价，其计费模式、标准由物业服务委托双方订立物业服务合同具体约定。

物业服务企业或者其他管理人应当对物业服务事项、服务质量和相应的收费项目、收费标准实行明码标价。实行酬金制收费方式的，应当按规定对物业服务的各项资金建账立制，定期公布其收支情况。

市物业管理行业协会应当制定各类物业的服务等级指导标准等行业规范，定期公布实行市场调节价的各类物业服务费用信息；并可以受委托按照行业规范对物业服务企业或者其他管理人提供的物业服务质量进行评价。

第七十一条 物业服务合同可以约定履约保证金并专户存储，作为物业服务企业或者其他管理人履行合同的保证。

第七十二条 物业服务企业或者其他管理人承接建筑区划的物业服务时，应当对建筑区划内共有部分及其相应的档案进行查验，发现共有部分与原设计方案不符或者有质量问题的，应当书面告知开发建设单位、业主委员会；并按照国家、省和市的有关规定，与开发建设单位或者业主委员会办理相应手续。

开发建设单位、业主委员会应当予以配合；承接查验中确认的问题，相关责任人应当及时整改。

第七十三条 物业服务企业或者其他管理人应当按照有关规定与开发建设单位或者业主委员会办理物业档案和物业服务档案、业主名册等资料的移交手续。

物业服务企业或者其他管理人应当自办理移交手续之日起30日内，持相关资料向区（市）县房产行政主管部门备案。

第七十四条 业主委员会应在物业服务合同期限届满60日前组织召开业主大会会议，对是否续聘物业服务企业或者其他管理人进行表决。双方续约的，应当重新签订物业服务合同；不再续约且需以委托方式管理的，业主大会应当及时依法选聘其他物业服务企业或者其他管理人。

业主大会选聘物业服务企业或者其他管理人前，应当召开业主大会会议，对选聘方式、具体实施者、物业服务合同的主要内容等进行表决。

第七十五条 有下列情形之一的，物业服务企业或者其他管理人应当退出建筑区划的物业服务，不得以物业服务中的债权债务纠纷未解决、阶段工作未完成等为由拒绝退出：

（一）物业服务合同依法、依约解除；

（二）物业服务合同期满未续约；

（三）法律、法规、规章规定不得继续从事物业服务活动的其他情形。

第七十六条 物业服务企业或者其他管理人退出建筑区划的物业服务，应当在办理规定退出手续的同时，履行下列交接义务：

（一）移交保管的物业档案、物业服务档案等资料和物业服务用房，实行酬金制的，还应当移交服务期间的财务档案；

（二）撤出建筑区划内的物业服务人员；

（三）清退预收、代收的有关费用；

（四）法律、法规规定的其他事项。

第七十七条 新建建筑区划内，供水、供电、供气、信息、环卫等专业单位应当按下列规定向最终用户收取有关费用：

（一）业主自用的向业主收取；

（二）物业服务企业或者其他管理人使用的向物业服务企业或者其他管理人收取；

（三）部分业主共同使用的，由相关业主分摊；

（四）全体业主共同使用的，由全体业主分摊。

专业单位不得强制物业服务企业或者其他管理人代收有关费用，不得因物业服务企业或者其他管理人拒绝代收而停止提供服务。

物业服务企业或者其他管理人接受委托代收有关费用的，可以根据双方约定向委托单位收取代收费用，不得向业主收取手续费等额外费用。

第七十八条 专有部分所有权转移时，双方当事人应当对物业服务费用和建筑物及其附属设施专项维修资金的分摊作出约定，并在办理不动产登记时出示结算约定或者结算凭据。

第七十九条 本节第六十九条至第七十五条关于物业服务合同的规定，适用于前期物业服务合同。

第五章 法律责任

第八十条 业主、使用人、业主大会、业主委员会、物业服务企业或者其他管理人、开发建设单位之间在物业管理活动中发生争议的，可以自行协商解决；不能协商解决的，可以要求街道办事处、乡（镇）人民政府调解或者依法提起民事诉讼或申请仲裁。

业主、使用人、业主委员会、物业服务企业或者其他管理人等对违反本条例的行为，可以向有关部门投诉、举报，有关部门应当及时调查、核实，并依法处理。

第八十一条 违反本条例第十三条第一款附属设施设备交付使用规定的，由市或者区（市）县房产行政主管部门责令停止交付使用；拒不停止的，处以交付使用住宅销售额1‰以上3‰以下罚款，并将其纳入物业管理信用体系，向社会公布。

第八十二条 开发建设单位未按本条例规定交存、补存住宅物业保修金的，由市房产行政主管部门责令限期改正；逾期不改正的，处以1万元以上5万元以下罚款，并自逾期之日起按日加收滞纳部分0.3‰的滞纳金。

第八十三条 违反本条例第二十五条规定的，由区（市）县房产行政主管部门责令限期改正，给予警告；拒不改正的，处以1万元以上5万元以下罚款。

第八十四条 业主委员会委员违反本条例第四十四条或者第六十一条规定的，由区（市）县房产行政主管部门责令限期改正；逾期不改正的，处以2000元以上1万元以下罚款。

第八十五条 违反本条例第四十八条规定，擅自改变住宅使用性质的，由规划行政主管部门责令限期改正，并处以5000元以上3万元以下罚款。

第八十六条 违反本条例第五十九条第一款、第二款规定的，由市或区（市）县房产行政主管部门责令限期改正；逾期不改正的，处以1万元以上5万元以下罚款。

第八十七条 违反本条例第六十条规定的，由区（市）县房产行政主管部门给予警告，并处以5000元以上2万元以下罚款。

第八十八条 开发建设单位、物业服务企业或者其他管理人违反本条例第六十一条规定的，由市或区（市）县房产行政主管部门处以1万元以上3

万元以下罚款。

第八十九条 开发建设单位、物业服务企业、其他管理人、服务机构违反本条例第六十二条第一款规定的，由市或区（市）县房产行政主管部门处以5000元以上2万元以下罚款。

第九十条 违反本条例第六十三条规定的，由区（市）县房产行政主管部门责令限期补报；逾期不报的，给予警告，并处以2000元以上1万元以下罚款。

第九十一条 违反本条例第六十六条或者第六十七条第一款第（二）、第（三）项规定的，由市或区（市）县房产行政主管部门责令改正，给予警告，并处以2万元以上10万元以下罚款。

第九十二条 开发建设单位、物业服务企业或者其他管理人违反本条例第七十二条或者第七十三条第一款规定的，由区（市）县房产行政主管部门责令改正，并处以1万元以上5万元以下的罚款。

第九十三条 违反本条例第七十五条或者第七十六条规定的，由市或区（市）县房产行政主管部门责令限期改正；拒不改正的，处以2万元以上10万元以下罚款。

第九十四条 违反本条例的行为，法律、法规另有处罚规定的，从其规定；构成犯罪的，依法追究刑事责任。

第九十五条 房产行政主管部门及其他行政主管部门的工作人员滥用职权、玩忽职守、徇私舞弊的，按有关规定给予行政处分。

第六章 附 则

第九十六条 划定为一个建筑区划的建设项目分期开发的，其前期物业服务招投标应当以该建筑区划为范围；先期开发建设的区域内交付使用的物业符合本条例第二十四条第一款规定条件之一的，应当设立业主大会，业主委员会组成人数应当按照分期开发建设的房屋建筑面积比例，在业主大会议事规则中予以约定；业主委员会应当根据分期建设的条件，按照业主大会议事规则的约定，增补业主委员会委员；业主大会可以就整个建筑区划的物业管理事项作出决定。

第九十七条 本条例所称物业管理，是指建筑区划内的业主通过选聘物业服务企业或者其他管理人，由业主和物业服务企业或者其他管理人按照物业服务合同约定，对建筑区划内共有部分进行维修、养护、管理，维护相关区域内的环境卫生和秩序的活动。

本条例所称物业服务企业，是指依法设立、具备独立法人资格和规定条件，依据（前期）物业服务合同从事物业服务活动的企业。

本条例所称使用人，是指建筑区划内建筑物的承租人、实际使用人。

第九十八条 旧住宅区经给排水、供电、供气、信息、环卫等专项整治后，委托物业服务企业或者其他管理人管理物业的，依照本条例相关规定执行。

业主未委托物业服务企业或者其他管理人，而自行管理建筑物及其附属设施，包括雇佣、委托他人提供专项物业服务的，依照本条例第二章、第三章的相关规定执行。

其他管理人的管理办法，由市房产行政主管部门另行制定、公布。

第九十九条 本条例自2008年1月1日起施行。

成都市未成年人安全保护条例

2007 年 6 月 7 日成都市第十四届人民代表大会常务委员会第三十三次会议通过，2007 年 9 月 27 日四川省第十届人民代表大会常务委员会第三十次会议批准。

第一章　总　则

第一条　为了防止和避免发生导致未成年人伤亡的人身安全事故或者事件，保护未成年人的人身安全，根据《中华人民共和国未成年人保护法》等法律法规，结合成都市实际，制定本条例。

第二条　本条例所称的“安全”，是指未成年人的生命、身体的人身安全。

第三条　未成年人的安全保护贯彻预防为主，教育和保护相结合的原则。

第四条　保护未成年人的人身安全，是国家机关、企事业单位、社会团体、未成年人的监护人和其他成年公民的共同责任。

对危害未成年人安全的行为，任何组织与个人都有权予以劝阻、制止或者向有关部门提出检举或者控告。

第五条　各级人民政府领导有关部门做好未成年人安全保护工作，接受对侵犯未成年人安全行为的投诉、举报，并进行调查、处理。

第二章　家庭保护

第六条　父母或者其他监护人应当对未成年人的人身安全提供健康有益的教育和保护。

第七条　父母或者其他监护人应当为未成年人的人身安全提供必要的物质和医疗保健条件。

第八条　父母或者其他监护人应当教育、引导未成年人遵纪守法，预防和制止未成年人打架、斗殴、赌博、吸毒等行为。

应当引导未成年人远离淫秽色情、凶杀暴力和封建迷信的音像制品、书刊、网络、声讯电话等媒介。

第九条 父母或者其他监护人不得有下列行为：

（一）提供机动车辆给未成年人驾驶；

（二）将未满6周岁的未成年人留在无人看护的场所或者委托给无看管能力者看管；

（三）剥夺、限制未成年人的人身自由。

第十条 监护人或者其他家庭成员应当注意未成年人的乘车安全，不得将未满6周岁的未成年人安置在副驾驶位置上。

第十一条 父母或者其他监护人骑自行车携带6周岁以下的儿童应当设置儿童专用座椅，在车轮两侧加设防护罩。

第十二条 父母或者其他监护人带未成年人在动物园等游乐场所游玩时，应当注意游乐场所内的特别警示，防止未成年人进入不安全的区域。

在山川、河流、湖泊游玩时，应当注意未成年人的游览范围和游览方式，防止意外伤害事件的发生。

第十三条 监护人和家庭中其他成年人应当确保家用电路、煤气和农药等可能危及未成年人安全的设施、器具、物品的安装、使用、放置符合有关安全规定。

第十四条 鼓励父母或者其他监护人接受学校和家庭教育机构的指导，学习未成年人安全保护方法，培养未成年人的自我保护意识和应对紧急事件的能力。

鼓励为未成年人人身意外伤害投保。

第三章 学校保护

第十五条 学校、幼儿园应当根据国家和地方的相关规定，建立健全各项安全保障制度、安全管理制度。

学校、幼儿园应当积极采取有效措施，防止未成年人伤害事件的发生，消除可能造成未成年人伤害的危险。

第十六条 学校应当根据学生不同年龄段的生理、心理特征和个体差异进行科学教育。

第十七条 学校在对学生进行教育和管理的过程中，不得实施体罚或者变相体罚。

第十八条 学校应当设置心理辅导员、法制辅导员，加强对学生的心理健康辅导和法制教育。

对于有吸烟、酗酒、赌博、打架、斗殴等不良行为的学生，学校和教师应当加强教育和综合矫正。

第十九条 学校、幼儿园应当加强对教职工的教育，提高教职工对未成年人安全保护的意识。

第二十条 学校应当建立安全保卫制度，配备合格的安全保卫人员，加强对教室、学生宿舍、实验室、游泳池等重点场所的安全保护，应当建立学生宿舍24小时值班保卫制度。

第二十一条 学校安全保卫人员发现在校园内打架斗殴、寻衅滋事、偷盗抢劫、携带管制刀具等危及学生安全的违法犯罪行为的，必须及时制止，并向学校或者公安机关报告。

学校应当将前款危及学生安全的事件及时告知学生父母或者其他监护人。

第二十二条 学校应当有针对性地对学生进行安全教育、安全管理和安全保护，预防、制止学生间打架、斗殴、索要钱物等安全事件的发生，特别是预防、制止学生之间群殴事件的发生。

第二十三条 学校应当根据学生的不同年龄段，教育学生不同层次地掌握室内自救、野外自救、水上自救、自然灾害自救等自救技能，可以会同公安消防等部门组织学生进行自救演练，提高学生的自我保护能力和安全防范能力。

第二十四条 学校应当教育学生远离具有易燃、易爆、剧毒、弧光、放射性物质等可能危及人身安全的场所，不得组织和同意学生参加可能接触易燃、易爆、剧毒、弧光、放射性物质等对人身健康有害的活动。

第二十五条 学校、幼儿园提供的食品、饮用水以及玩具、文体用具等物品应当符合国家和地方的卫生、安全标准。

第二十六条 学校、幼儿园应当建立严格的食堂管理制度。对食品的采购、加工、储存、运输和销售等环节要进行严格控制和管理，实行预防、监控、责任相统一的管理制度。

食堂的从业人员应当持证上岗，并定期体检。

无关人员不得进入食堂的操作间和仓储间。

第二十七条 学校、幼儿园生产经营学生食品，必须依法取得卫生许可证等有关证照，各类摊点均不得在校内经营。

第二十八条 学校、幼儿园应当定期对食堂、宿舍、厕所、浴室、教室、图书馆等公共场所进行卫生防疫检查和消毒，发现有传染病疫情的，应当及时处理并向有关主管部门报告。

第二十九条 学校教室、图书馆、实验室、宿舍等教学生活场所必须安装合格的通风、防火、防盗、逃生等安全设施。

学校不得使用可能危及未成年人安全的建筑物。

第三十条 学校、幼儿园应当加强对建筑物、构筑物和其他公共设施的维护，防止公共设施坠落、脱落、掉落或者石头、玻璃、铁器等尖锐、坚硬物体危及未成年人的安全。

第三十一条 未经许可，任何人或者车辆不得进入校园；经允许进入的，应遵守学校的交通规定。

第三十二条 学校应当加强对接送学生的校车的安全检查和管理，禁止使用不符合安全运输条件的车辆。

担任校车的司机应当具有5年以上的驾驶经验。学校不得雇用有酒后驾车等违法记录或者承担过交通事故责任的人员担任校车司机。

第三十三条 接送学生的校车应当设置显著标识，在市区内可以在公交车道行驶，严禁超载、超速行驶。

学校应当制作学生乘车登记表，记载学生上下车的地点和时间。

第三十四条 上实验课前，教师应当有针对性地对学生进行安全教育。

教师或者有关实验人员应当对实验仪器、实验用品、实验设备等进行例行检查，确保安全。

对于实验用药品、试剂、制剂等，应当妥善存放、保管、运输。

第三十五条 学校组织体育活动、竞赛，应当在安全的场所进行，并采取必要的安全防护措施。

第三十六条 学校组织大型集体活动应当建立相关安全应急预案。

第三十七条 学校组织学生参加校外活动，应当确保交通安全、活动安全、食品卫生安全等，配备必要的救护药品、器具和救护人员。

第三十八条 寄宿制学校的学生有擅自外出、夜不归宿等非正常情形的，学校应当及时寻找，并告知其父母或者其他监护人。

第三十九条 学校应当购买校方责任险。

学校鼓励和提倡学生自愿参加意外伤害保险。

第四十条 学生伤害事件发生后，学校应当及时采取救护措施，防止损害后果扩大。

第四章 社会保护

第四十一条 本市各级人民政府应当将未成年人安全保护工作纳入国民经济和社会发展总体规划，将未成年人安全保护经费列入财政预算，并保证逐年增加。

第四十二条 教育行政主管部门应当加强学校未成年人安全保护工作的检查监督，督促学校消除不安全隐患，对造成学生严重人身伤亡事故的，应当及时调查、处理，学校应当予以配合。

第四十三条 教育行政主管部门应当督促学校购买校方责任险。

第四十四条 公安机关应当重点加强学校周边环境的治安管理与整治，及时处理发生在学校周边的危害未成年人安全的违法犯罪行为。公安机关应当对学校周边未成年人不得进入的场所，加强监督管理。

第四十五条 公安机关发现深夜未归的未成年人，应当及时查明情况，采取必要的保护措施，或者规劝、护送其返回住所。

第四十六条 公安机关、司法机关对未成年人的父母或者其他监护人采取拘留、逮捕、强制戒毒等剥夺人身自由的措施或者处罚，可能导致未成年人失却监护的，应当通知未成年人所在地的居民委员会、村民委员会或者民政部门，临时代行对未成年人监护职责。

受通知的居民委员会、村民委员会或者民政部门，应当协调其他部门或者个人妥善安置、照顾未成年人的日常生活。

第四十七条 公安交通管理部门在学生上学和放学时应当加强校门口的道路交通安全管理。

第四十八条 卫生行政管理部门应当指导、监督学校改善环境卫生，预防常见病和传染病的发生和传播。

工商等行政管理部门应当严格查处学校周边的无照、无证餐饮店、副食店、流动商贩。

第四十九条 消防部门应当加强对学校场所的消防安全检查，发现火灾隐患，应当责令学校落实整改措施。

第五十条 他人留宿未成年人的，应当征得其父母或者其他监护人的同意，在二十四小时内及时通知其父母或者其他监护人、所在学校或者及时向公安机关报告。

第五十一条 食品和玩具、用具等儿童用品，不得有害未成年人的安全。

生产、销售前款所列产品，应当备有适用年龄范围、警示标识等安全注意事项。

第五十二条 游乐设施以及其他可能危及未成年人安全设施的经营管理单位或者个人，应当在设施附近的显著位置标明适宜年龄范围、警示标识等安全注意事项。

第五十三条 商场、医院、图书音像制品店等公共场所电梯的设置、使用、维护，应当根据未成年人的特点，采取设置安全警示等防护措施。

第五十四条 水库、池塘、输水渠道等可能危害未成年人安全的设施的所有者、管理者或者使用者应当在显著位置设置安全警示标识，并采取必要的安全防护措施。

第五十五条 学校周边200米以内不得设置有毒、有害、易燃、易爆等具有危险性的设施设备。

第五章 法律责任

第五十六条 未成年人的父母或者其他监护人，违反本条例第二章规定的，有关部门、单位依法给予批评教育；构成犯罪的，依法追究刑事责任。

第五十七条 学校违反本条例第三章规定的，教育主管部门责令改正，并依法追究学校负责人或者其他直接责任人的行政责任；应当承担民事责任的，依法承担民事责任；构成犯罪的，依法追究刑事责任。

第五十八条 违反本条例第四章规定的，有关主管部门责令改正，依法给予行政处罚；应当承担民事责任的，依法承担民事责任；构成犯罪的，依法追究刑事责任。

第五十九条 有关主体根据本章规定承担行政法律责任或者依法承担刑事责任的，不能作为其向受害人承担民事责任的抗辩事由。

第六章 附 则

第六十条 本条例自2007年12月1日起实施。

成都市人民代表大会常务委员会任免国家机关工作人员条例

2006年12月22日成都市第十四届人民代表大会常务委员会第二十九次会议通过，2007年3月29日四川省第十届人民代表大会常务委员会第二十七次会议批准。

第一章 总 则

第一条 为履行法律赋予地方人民代表大会常务委员会任免国家机关工作人员的职权，根据《中华人民共和国宪法》和《中华人民共和国地方各级人民代表大会和地方各级人民政府组织法》、《中华人民共和国各级人民代表大会常务委员会监督法》等法律、法规的有关规定，结合成都市实际，制定本条例。

第二条 本条例适用于成都市人民代表大会常务委员会（以下简称市人大常委会）任免、决定任免、批准任免、决定代理、推选代理、决定接受辞职、决定撤销职务等事项。

第三条 市人大常委会任命国家机关工作人员，应当坚持任人唯贤、德才兼备、注重工作实绩的原则。

第二章 任免范围

第四条 市人大常委会主任因故不能担任职务或者缺位时，市人大常委会根据主任会议提名，在副主任中推选一人代理主任职务，直到主任可以工作或由市人民代表大会选出新的主任为止。

第五条 在市人民代表大会闭会期间，根据主任会议提名，市人大常委会可以任免市人民代表大会专门委员会的个别副主任委员、部分委员。

第六条 根据主任会议提名，市人大常委会任免市人大常委会副秘书长和办事机构、工作机构主任、副主任。

第七条 在市人民代表大会闭会期间，市长因故不能担任职务时，市人大常委会根据主任会议提名，从副市长中决定代理市长。

第八条 在市人民代表大会闭会期间，市人大常委会根据市长或者主任会议提名，决定任免个别副市长。

第九条 根据市长的提名，市人大常委会决定任免市人民政府秘书长、委（办）主任、局长。

第十条 市中级人民法院院长、市人民检察院检察长因故不能担任职务时，市人大常委会根据主任会议提名，分别从市中级人民法院副院长、市人民检察院副检察长中决定市中级人民法院代理院长、市人民检察院代理检察长。决定代理检察长，应当报省人民检察院和省人大常委会备案。

第十一条 市人大常委会根据市中级人民法院院长提名，任免市中级人民法院副院长、庭长、副庭长、审判委员会委员、审判员；根据市人民检察院检察长的提名，任免市人民检察院副检察长、检察委员会委员、检察员。

第十二条 市人大常委会根据市人民检察院检察长的提请，批准任免区（市）县人民检察院检察长。

第三章 任免程序

第十三条 提请市人大常委会任免国家机关工作人员的，提案人一般应在市人大常委会会议 15 日前向市人大常委会书面提交任免案，并附提请任免干部呈报表和考察材料。

第十四条 提请市人大常委会审议的任免案，由市人大常委会人事代表工作机构征求有关专门委员会意见并提交主任会议审议。主任会议审议任免案时，提案人或提案人委托的有关部门负责人应到会说明任免理由，介绍情况。

第十五条 提请市人大常委会审议的任免案，由主任会议决定是否列入市人大常委会会议议程。

第十六条 市人大常委会任命国家机关工作人员，实行任前法律知识考试制度，具体办法由常委会另行规定。

第十七条 任免案提出后至市人大常委会会议审议期间，有人民群众检举、揭发被提名人重大问题的，提案人或提案人委托的有关部门负责人应向主任会议或市人大常委会作出书面报告或口头说明。

第十八条 市人大常委会会议审议任免案时，提案人或提案人委托的有关部门负责人应该到会说明任免理由、介绍情况、听取意见、回答询问。

第十九条 市人大常委会会议审议任命下列国家机关工作人员，必要时被提名人应到会并接受市人大常委会组成人员询问：

（一）市人大专门委员会个别副主任委员、部分委员；

（二）市人大常委会副秘书长和办事机构、工作机构主任、副主任；

（三）市人民政府组成人员；

（四）市中级人民法院副院长、市人民检察院副检察长。

第二十条 市人大常委会会议在审议任免案时，如果常委会组成人员对被提名人提出重大问题，足以影响其任命的，经主任会议同意，可暂缓表决。

第二十一条 任免案在交付表决前，提案人要求撤回的，对该任免案的审议即行终止。

撤回任免案，应书面报告市人大常委会。

第二十二条 任免案未获通过的，根据工作需要和本人条件，可再次向市人大常委会会议提名。两次未获通过的，不得再提名为同一职务的人选。

第二十三条 任免案采用无记名表决方式，以市人大常委会全体组成人员的过半数通过。

第二十四条 任免案通过后，市人大常委会应当发布公告向社会公布，并向所任命的国家机关工作人员颁发市人大常委会主任署名的任命书，决定代理职务的不颁发任命书。

第二十五条 市人大常委会任免的国家机关工作人员，其任职、离职时间以市人大常委会通过时间为准。

第二十六条 新的一届市人民政府领导人员依法选举产生后，市政府秘书长、委（办）主任、局长，应于新的一届市人大常委会第一次或第二次会议上任命。个别确需推迟任命的，市长应向市人大常委会说明情况。未被提名任命原任职务的，原任职务自然免除。

新的一届市人大常委会选举产生后，市人大常委会副秘书长和办事机构、工作机构主任、副主任；市中级人民法院副院长、庭长、副庭长、审判委员会委员、审判员；市人民检察院副检察长、检察委员会委员、检察员职务没有变动的，不再办理任命手续。

第二十七条 市人大常委会任命的国家机关工作人员，因工作机构名称变更和业务范围变动，应重新办理任免手续，在职期间逝世的，应报告市人大常委会。

第二十八条 市人大常委会任命的国家机关工作人员，在退休时，应经市人大常委会接受辞职或决定免职后办理退休手续。

第四章 辞职、撤职

第二十九条 市人大常委会组成人员、市长、副市长、市中级人民法院院长、市人民检察院检察长可以向市人大常委会提出辞职，由市人大常委会决定是否接受辞职。市人大常委会决定接受辞职后，应报告市人民代表大会。

市人民检察院检察长的辞职，应当报经省人民检察院检察长提请省人大常委会批准。

第三十条 市人大常委会组成人员不得担任国家行政机关、审判机关和检察机关的职务，不得履行律师职务。如果担任或履行上述职务，应当辞去在市人大常委会所任的职务。

第三十一条 市人大常委会可以决定撤销市人大专门委员会个别副主任委员、部分委员或者市人大常委会副秘书长或工作机构、办事机构主任、副主任的职务。

市人大常委会在市人民代表大会闭会期间，可以决定撤销市人民政府个别副市长的职务；可以撤销由它任命的本级人民政府其他组成人员和人民法院副院长、庭长、副庭长、审判委员会委员、审判员，人民检察院副检察长、检察委员会委员、检察员的职务。

第三十二条 市人大常委会主任会议、市人民政府、市人民法院和市人民检察院，可以向市人大常委会提出对本条例第三十一条所列国家机关工作人员的撤职案。

市人大常委会五分之一以上的组成人员书面联名，可以向常委会提出对本条例第三十一条所列国家机关工作人员的撤职案，由主任会议决定是否提请常委会会议审议；或者由主任会议提议，经全体会议决定，组织调查委员会，由以后的常委会会议根据调查委员会的报告审议决定。

撤职案应当写明撤职的对象和理由，并提供有关的材料。

第三十三条 撤职案在提请表决前，被提出撤职的人员有权在常委会会议上提出申辩意见，或者书面提出申辩意见，由主任会议决定印发常委会会议。

撤职案的表决采用无记名投票的方式，由常委会全体组成人员的过半数通过。

第三十四条 市人大常委会任命、决定任命、批准任命的国家机关工作人员受行政处分的，由处理机关报市人大常委会备案。

第五章　附　则

第三十五条 各区（市）县人大常委会的国家机关工作人员任免工作可以参照本条例执行。

第三十六条 本条例自2007年5月1日起施行；1997年1月10日成都市第十二届人民代表大会常务委员会第二十二次会议通过，1997年4月7日四川省第八届人民代表大会常务委员会第二十六次会议批准的《成都市人民代表大会常务委员会人事任免条例》同时废止。

成都市文物保护管理条例

1992 年 10 月 23 日成都市第十一届人民代表大会常务委员会第二十八次会议通过，1993 年 4 月 18 日四川省第八届人民代表大会常务委员会第二次会议批准；

根据 1997 年 11 月 20 日成都市第十二届人民代表大会常务委员会第二十八次会议通过，1999 年 4 月 3 日四川省第九届人民代表大会常务委员会第八次会议批准的《关于修改〈成都市文物保护管理条例〉的决定》修正；

2006 年 8 月 10 日成都市第十四届人民代表大会常务委员会第二十六次会议修订，2006 年 11 月 30 日四川省第十届人民代表大会常务委员会第二十四次会议批准。

第一条 为加强文物的保护管理，根据《中华人民共和国文物保护法》、《中华人民共和国文物保护法实施条例》、《四川省〈中华人民共和国文物保护法〉实施办法》等法律、法规，结合成都市实际，制定本条例。

第二条 市文化行政主管部门负责全市文物保护工作；区（市）县人民政府负责本辖区内的文物保护工作。

发展改革、建设、规划、公安、交通、水务、国土、工商、旅游、园林、宗教等有关部门应在各自的职责范围内，配合文物行政主管部门加强对文物的保护管理。

第三条 市人民政府遴选有关方面专家、学者和有关部门组成市文物保护管理委员会。市文物保护管理委员会在市人民政府领导下，指导全市文物保护工作，协调处理文物保护工作中的重大问题。

第四条 本市鼓励公民、法人和其他组织利用其收藏的文物建立博物馆。新建博物馆由市文物行政主管部门审核后按法定程序报批。

第五条 文物保护事业经费列入同级地方财政预算，并随财政收入的增长而增加。

第六条 古建筑、石窟寺、石刻等地面文物，应根据其历史、艺术、科学价值，分别确定为国家、省、市和县级文物保护单位。

文物保存特别丰富、具有重要文物价值和特点的街区、古城镇、古村落，由市文物行政主管部门会同建设、规划行政主管部门推荐申报为历史文化街区、历史文化名镇（村）。

第七条 各区（市）县文物行政主管部门应负责建立健全本辖区内各级文物保护单位的管理制度，做到有保护标志、保护范围、专人管理和有科学的图文档案。

第八条 在各级文物保护单位拍摄电影、电视的，必须经市文物行政主管部门审核后按法定程序报批。

第九条 在文物保护单位的保护范围或建设控制地带内的基本建设项目，立项前应征得文物行政主管部门的同意，由文物行政主管部门参与建设项目选址方案的审核；文物保护经费，列入建设工程投资预算。

第十条 禁止擅自拆除、改建、迁移不可移动文物。

确需拆除、改建、迁移不可移动文物的，属已核定公布为文物保护单位的，由市文物行政主管部门审核后按法定程序报批；尚未核定为文物保护单位的不可移动文物报经当地区（市）县人民政府文物行政主管部门同意。

第十一条 管理、使用文物保护单位的机关、部队、企事业等单位，应切实做好文物的维修保护工作，并接受当地文物行政主管部门的监督和业务指导。

文物保护单位的保护维修工程应在文物行政主管部门的指导、监督下，由具有文物保护勘察设计、施工资质的单位进行设计、施工。

第十二条 市或县级文物保护单位，可根据实际情况由同级文物行政主管部门批准后，开辟为博物馆、文物旅游开放点或设置文物研究、保管机构。

如需改变文物保护单位的用途，应当经核定公布该文物保护单位的人民政府文物行政主管部门征得上一级文物行政主管部门同意后，报核定公布该文物保护单位的人民政府批准。

核定公布为文物保护单位的宫观、寺庙、庵堂、宗祠等，按国家有关规定进行保护和管理。

第十三条 本市行政区域内尚未公布为文物保护单位的具有历史、艺术、科学价值的建筑物、构筑物，由市文物行政主管部门组织专家审定后报市人民政府核定公布为文物建筑。

第十四条 文物建筑由使用者负责保护和维修，维修方案应先送市文物行政主管部门审核同意后，再按规定程序报批。

第十五条 禁止擅自改变文物建筑的原貌或拆除、移动文物建筑。

因城市建设需要确需迁建文物建筑的，应报经市人民政府批准。所需费用由建设单位承担，列入建设工程投资预算。

第十六条 承担文物建筑维修或迁建工程的设计施工单位，必须具备相应资质等级，并由市文物行政主管部门组织有关部门和专家根据工程的性质对其承接工程的条件进行确认。

施工单位必须严格按照维修或迁建方案施工，并接受市文物行政主管部门的监督。

工程竣工后，由工程设计方案的审批单位组织验收。

第十七条 一切考古发掘工作，必须履行报批手续，任何单位或者个人都不得私自发掘。考古机构或大专院校在本市行政区域内进行地下文物调查、考古勘探、考古发掘的，事前应征得市文物行政主管部门同意，并按有关法律、法规办理报批手续。涉外发掘按《中华人民共和国考古涉外工作管理办法》的规定执行。

第十八条 市和区（市）县文物行政主管部门应在文物普查的基础上，会同规划、建设等有关部门划定地下文物保护范围。

在地下文物保护范围内进行基本建设的单位，应在扩初设计前到市文物行政主管部门办理地下文物调查勘探手续。经勘探试掘后，建设单位持市文物行政主管部门的《地下文物调查勘探试掘完毕通知书》向规划行政主管部门申请办理建设工程规划许可证。

第十九条 在本市行政区域内进行大型基本建设时，建设单位应事先会同市文物行政主管部门在工程范围内有可能埋藏文物的地方进行文物调查或勘探工作。对调查、勘探中发现文物的，由文物行政主管部门在30日内提出处理办法。

第二十条 在基本建设施工或者农业生产中，任何单位或者个人发现文物，应立即停止施工或局部停工，保护好现场，并及时报告当地文物行政主管部门。文物行政主管部门应在接到报告后10日内作出处理意见，对重要发现必须及时报请上级文物行政主管部门处理；建设单位应积极配合考古发掘单位，及时进行清理发掘。

第二十一条 在生产建设中发现的古文化遗址、古墓葬等地下文物需就地保护的，由市文物行政主管部门报经市人民政府批准后停止该处建设。

第二十二条 因配合建设进行的文物调查勘探、考古发掘，所需经费由建设单位列入投资预算。具体收取范围和标准，按法律、法规的有关规定执行，任何单位和个人不得挪用、截留。

第二十三条 考古发掘出土的文物，应由发掘单位整理、修复、登记，及时向文物行政主管部门提交发掘情况的报告，并尽快编写考古发掘报告或发掘简报。出土文物由文物行政主管部门依法指定收藏单位收藏；考古发掘单位需将出土文物留作标本的，须按有关规定办理手续。

第二十四条 市和区（市）县博物馆、纪念馆、展览馆、陈列馆、文管所、文化馆、图书馆及其他国有企事业文物收藏单位应当根据文物等级，设置藏品档案，建立严格的管理制度，并报市文物行政主管部门备案。

第二十五条 借用、调拨和交换馆藏文物，必须向市文物行政主管部门办理报批手续。属珍贵文物的藏品，由市文物行政主管部门按文物级别报经上级文物行政主管部门批准。

第二十六条 未经文物行政主管部门同意，不得将馆藏文物作为文艺演出、拍摄电影、电视及摄影活动的道具。

禁止将馆藏文物出卖或出租。

第二十七条 国有文物收藏单位收藏的文物，应当按规定要求文物行政主管部门进行鉴定、登记。

非国有企事业单位和个人保存、收藏的文物，可以要求文物行政主管部门进行鉴定、登记，文物行政主管部门及其工作人员应当为其保守秘密。

第二十八条 外贸、银行、冶炼厂、造纸厂及供销社、信托商店、废品收购、典当等单位，对收购的各类古旧器物、书画碑帖、革命文献、手稿、书刊等，在发运、出售、冶铸、化浆之前，应拣选掺杂在其中的文物，妥善保管，并及时移交给文物行政主管部门。移交的文物应按规定合理作价。

文物的拣选工作应接受文物行政主管部门的指导。

第二十九条 外地单位来本市收购、征集文物，应按文物行政主管部门指定的范围和方式收购、征集。

第三十条 本市各级司法机关、行政执法部门依法没收的文物，应在结案后30日内移交市文物行政主管部门，由市文物行政主管部门指定文物收藏单位收藏、保管。

第三十一条 刻划、涂污、损坏国家保护的文物尚不严重的，或者损毁、移动、拆除文物保护标志的，由文物所在单位要求其恢复原状、赔偿损失；由公安机关给予警告或处200元以下罚款。

第三十二条 在地下、水域或其他场所中发现文物隐匿不报或者拒不上交国家的，由县级以上人民政府文物行政主管部门会同公安机关追缴其非法所得文物；情节严重的，处1万元以上5万元以下罚款。

第三十三条 文物建筑使用单位违反本条例规定，拒不承担保护维修责任的，由文物建筑所在区（市）县文物行政主管部门督促执行；拒不执行而造成文物建筑损毁的，由市文物行政主管部门责令恢复原状，并按国家有关规定处罚。

第三十四条 擅自改变文物建筑原貌或拆除、迁建的，由市文物行政主管部门责令恢复原状，并按国家有关规定处罚。

第三十五条 未经文物、规划行政主管部门同意，在文物保护单位保护范围或建设控制地带内修建建筑物、构筑物的，由规划行政主管部门责令停止建设并拆除。

第三十六条 未经批准进行考古勘探、发掘的，由市文物行政主管部门责令停止勘探、发掘，并追究直接责任人的行政责任；构成犯罪的，依法追究刑事责任。

第三十七条 擅自拓印、复制国家文物的，由文物行政主管部门没收其成品、半成品，并处200元以上1000元以下罚款；造成文物损坏的，责令赔偿损失，并根据文物损坏程度，处2万元以上10万元以下罚款。

第三十八条 本条例自2007年1月1日起施行。

成都市食用农产品质量安全条例

2006年6月8日成都市第十四届人民代表大会常务委员会第二十五次会议通过，2006年9月28日四川省第十届人民代表大会常务委员会第二十三次会议批准。

第一章　总　则

第一条　为保障食用农产品的质量安全，维护公众身体健康，促进农业和农村经济发展，根据《中华人民共和国农产品质量安全法》等有关法律、法规的规定，结合成都市实际，制定本条例。

第二条　凡在本市行政区域内从事食用农产品生产和销售活动，均应遵守本条例。

第三条　本条例所称食用农产品，是指经种植、养殖、采摘、捕捞等农业生产活动形成的，供人类食用的动植物、微生物及其产品。

第四条　市和区（市）县人民政府统一领导、协调本行政区域内的食用农产品质量安全工作，将食用农产品质量安全管理工作纳入本级国民经济和社会发展规划，安排专项资金，并采取措施，建立健全食用农产品质量安全服务体系，提高食用农产品质量安全水平。

第五条　市和区（市）县农业行政主管部门负责食用农产品质量安全监督管理，承担食用农产品生产及质量安全的检测、检验和检疫职责。

工商、质量技术监督、卫生、食品药品监督、商务、环保、渔业、林业等有关部门按照法律、法规规定，在各自职责范围内做好食用农产品质量安全的相关工作。

第六条　支持农产品行业协会制定并推行食用农产品生产销售的行业规范，为会员提供信息和技术指导服务，督促会员依法从事食用农产品的生产销售活动，发挥行业自律作用。

鼓励农产品科学技术研究单位和有关中介服务机构为食用农产品的生产和销售开展技术服务。

第二章　生产管理

第七条　市和区（市）县人民政府农业行政主管部门应根据自然条件、土地利用规划和食用农产品的生产特点及质量安全要求，制定本行政区域食用农产品生产布局规划，报本级人民政府批准后向社会公布。

第八条　禁止向食用农产品生产场所排放重金属、硝酸盐、油类、酸液、碱液、剧毒废液、放射性废水或未经处理的含病原体的污水、废气，或者倾倒、填埋含有有毒有害物质超过国家标准规定的固体废弃物。

第九条　食用农产品生产者应当按照国家、行业和地方标准及农产品生产技术规范组织生产食用农产品。

第十条　禁止销售未经依法许可的，以及法律、法规或规章已明令禁止生产、销售的农药、肥料、兽药、饲料、饲料添加剂或其它添加物。

禁止在食用农产品生产过程中使用前款所列投入品。

第十一条　食用农产品生产企业、农民专业合作经济组织应当依法建立生产记录档案。

食用农产品生产记录档案制度由市农业行政主管部门会同相关部门组织实施。

第十二条　食用农产品生产应当实行适期收获、屠宰、捕捞原则，并严格执行国家有关农业投入品使用安全间隔期和休药期的规定。

第十三条　食用农产品生产企业、农民专业合作经济组织应建立食用农产品质量安全检测制度，设立自检机构或委托其他法定检测机构对其生产的食用农产品实行质量安全检测，并在销售产品时提供相应合格证明。

第十四条　食用农产品在分等分级、分割、包装、保鲜、贮存、运输中所使用的保鲜、防腐和添加剂等材料和容器，应当符合国家有关规定。

食用农产品包装物或标签、说明书，应当以中文标明品名、产地、生产者、生产日期、产品等级、保质期等。动物产品包装应加封检疫检验验讫标志。属于农业转基因生物的食用农产品，应当按规定进行标识。

禁止伪造产地标志或冒用检疫检验验讫标志、标识；禁止以不合格产品冒充合格产品。

第十五条 食用农产品生产者可以向法定机构申报无公害农产品产地、绿色食品、有机农产品基地认定。经过审定后，可在食用农产品生产场所设立无公害农产品产地或绿色食品、有机农产品基地标牌。

禁止未经认定设置无公害农产品产地或绿色食品、有机农产品基地标牌。

第十六条 食用农产品生产者按照有关规定，可向法定机构申请“无公害农产品”、“绿色食品”或“有机农产品”认证。经过审定后，可以在食用农产品或其包装上使用“无公害农产品”、“绿色食品”或“有机农产品”标志。

禁止假冒、伪造、租赁、买卖食用农产品质量安全认证证书或标志，禁止超范围使用认证证书或标志。

禁止未经认证以“无公害农产品”、“绿色食品”或“有机农产品”名义进行宣传或者销售食用农产品。

第三章 销售管理

第十七条 本市实行食用农产品质量安全市场准入制度。实行市场准入制度的食用农产品种类（名录）、检测检验具体对象、指标内容和区域范围、市场类型（名录）以及实施时间由市人民政府确定并公布。

凡列入市场准入制度名录的食用农产品需进入规定市场销售的，须经质量安全检测。合格的准予入市销售，不合格的禁止入市销售。对取得无公害农产品、绿色食品或有机农产品质量安全认证的，在证书有效期内准予免检入市销售；属经认定的产地生产的，凭产地认定证书及质量合格证入市销售；其他食用农产品凭批次产地检测合格证或经批发市场、超市配送中心、集贸市场检验检测合格后方可入市销售。

依法应施检疫的食用动植物及其产品，须经法定机构检疫合格，附具检疫验讫标志、检疫合格证明方可入市销售。

第十八条 禁止销售有下列情形之一的食用农产品：

（一）农药、兽药或重金属残留超标，致病性寄生虫或微生物、生物毒素超标，以及其他有毒有害物质超标的食用农产品；

（二）依法应当检疫检验而未经检疫检验以及经检疫检验不合格的食用动植物及其产品；

（三）病害、病死动物及其产品；

（四）使用法律、法规或规章明令禁用的农药、肥料、兽药、饲料及饲料添加剂或其他添加物生产的食用农产品。

第十九条 本市实行食用农产品市场开办者质量安全责任制度。食用农产品批发市场、超市和集贸市场的开办者，对进入本市场销售的食用农产品的质量安全负管理责任，并履行下列职责：

（一）建立质量安全制度，配备专、兼职食用农产品质量安全管理人员；

（二）建立食用农产品质量安全流通档案；

（三）与销售者签订质量安全责任书，明确质量安全责任；

（四）设立农产品质量安全检测机构或委托农产品质量安全检测机构对销售的食用农产品质量安全进行检测，按规定索取产品检验合格证明，对发现的不合格食用农产品制止销售者出售或转移，并报告农业或工商行政主管部门。

第二十条 鼓励食用农产品批发市场、超市、集贸市场开辟无公害农产品、绿色食品或有机农产品专门交易区。

鼓励饭店、宾馆、医院、学校、机关等集体用餐单位实行食用农产品定点采购制度，优先采购无公害农产品、绿色食品和有机农产品。

第四章　监督检查

第二十一条 市和区（市）县农业、工商行政主管部门按各自的职责，负责食用农产品质量安全的监督检查。食用农产品生产者、销售者和批发市场、超市、集贸市场及其他购销单位应当接受和配合。

第二十二条 市和区（市）县农业、工商行政主管部门监督检查食用农产品质量安全状况时，可采用国务院农业行政主管部门会同有关部门认定的快速检测方法进行检测。经快速检测结果为不合格的食用农产品，被检测方可以在4小时内申请复检。复检不得采用快速检测方法。

第二十三条 市和区（市）县农业、工商行政主管部门在食用农产品质量安全监督检查中，依法行使下列职权：

（一）对生产、销售场所进行现场检查，对产品进行抽样检测；

（二）查阅、复制与生产、销售活动有关的记录、合同、发票及其他有关资料；

（三）向当事人和其他有关人员调查了解与生产、销售活动有关的情况。

第二十四条 市和区（市）县农业行政主管部门应当确定经认证认可的食用农产品质量安全检测机构，负责本行政区域内食用农产品质量安全的检测。

对农业行政主管部门依法进行的食用农产品质量安全抽样检测，食用农产品生产者、销售者不得拒绝。

第二十五条 本市实行食用农产品质量安全例行监测制度，对产地环境条件、农业投入品和食用农产品质量安全状况进行例行监测。年度例行监测计划由市农业行政主管部门负责制定并组织实施。例行监测所需经费列入同级财政预算，不得向被监测方收取。

第二十六条 本市实行市级食用农产品质量安全信息通报和公告制度。市农业行政主管部门应当定期向社会公布主要食用农产品质量安全状况。

第五章　法律责任

第二十七条 违反本条例第十条第一款的规定销售违禁农药、肥料等投入品的，由农业行政主管部门没收其产品并作无害化处理，没收违法所得，并处1万元以上3万元以下罚款。

第二十八条 违反本条例第十条第二款规定，生产者在食用农产品生产过程中使用违禁农药、肥料等投入品的，由农业行政主管部门责令改正，对其食用农产品作无害化处理，对个体生产者可并处200元以上1000元以下罚款，对企业、农民专业合作经济组织并处5000元以上2万元以下罚款。

第二十九条 违反本条例第十一条规定，食用农产品生产企业、农民专业合作经济组织未依法建立和保存食用农产品生产记录档案的，或伪造生产记录档案的，由农业行政主管部门责令限期改正，对拒不改正的，处500元以上2000元以下罚款。

第三十条 违反本条例第十二条规定，食用农产品生产者未执行农药安全间隔期规定的，由农业行政主管部门对其食用农产品作无害化处理，对个体生产者可并处100元以上500元以下罚款，对企业、农民专业合作经济组织处6000元以上3万元以下罚款。

第三十一条 违反本条例第十四条规定，食用农产品生产企业、农民专业合作经济组织使用保鲜、防腐或添加剂等材料不符合国家有关规定的，由农业行政主管部门责令停止使用，监督封存、销毁，没收违法所得，并处5000元以上2万元以下罚款。进行包装、标识销售的食用农产品，其标签标识未按规定明示内容的，责令限期改正，逾期不改的，处500元以上2000元以下罚款。

第三十二条 违反本条例第十五条规定，食用农产品生产企业、农民专业合作经济组织未经认定或期满后未经重新认定，擅自使用无公害农产品产地、绿色食品、有机农产品基地标牌或者擅自变更产地名称、面积、范围的，由农业行政主管部门责令限期改正，并处2000元以上1万元以下罚款。

第三十三条 违反本条例第十六条规定，假冒、伪造、租赁、买卖食用农产品质量安全认证证书、标志或超范围使用认证证书、标志或者未经认证以“无公害农产品”、“绿色食品”或“有机农产品”名义进行宣传或销售食用农产品的，由农业行政主管部门责令改正，没收违法所得，并处5000元以上2万元以下罚款。

第三十四条 违反本条例第十七条、第十八条规定，食用农产品生产者销售禁止销售的食用农产品或者经检测不合格的食用农产品的，由农业行政主管部门没收其产品并作无害化处理，没收违法所得，对食用农产品生产企业、农民专业合作经济组织并处5000元以上2万元以下罚款，对个体生产者可处500元以上1000元以下罚款。

食用农产品销售者有前款所列情形的，由工商行政主管部门依照前款规定处理、处罚。

销售病害、病死动物及其产品或者未经检疫检验或经检疫检验不合格的食用动植物及其产品的，由法定机构依照国家相关法律、法规的规定处罚。

第三十五条 违反本条例第十九条规定，食用农产品批发市场的开办者未按规定履行农产品质量安全管理职责的，由农业行政主管部门责令限期改正，对拒不改正的，处2000元以上1万元以下罚款，并向社会公告。

食用农产品超市或集贸市场的开办者有前款所列情形的，由工商行政主管部门依照前款规定处罚。

第三十六条 食用农产品质量安全监管人员滥用职权、玩忽职守、营私舞弊的，依法给予行政处分；构成犯罪的，依法追究刑事责任。

第三十七条 因食用农产品质量安全不合格给消费者造成损害的，消费者可以向食用农产品批发市场、超市、集贸市场主办者或销售者要求赔偿。属于生产者责任的，食用农产品批发市场、超市、集贸市场开办者或销售者有权向生产者追偿。

有前款规定情形的，消费者也可以直接向生产者要求赔偿。

第三十八条 违反本条例规定，构成犯罪的，依法追究刑事责任。

第六章 附 则

第三十九条 本条例自2007年1月1日起施行。

成都市城市公共汽车客运管理条例

2002年10月17日成都市第十三届人民代表大会常务委员会第三十一次会议通过，2002年11月30日四川省第九届人民代表大会常务委员会第三十二次批准；

根据2006年6月8日成都市第十四届人民代表大会常务委员第二十五次会议通过，2006年9月28日四川省第十届人民代表大会常务委员会第二十三次会议批准的《成都市人民代表大会常务委员会关于修改〈成都市城市公共汽车客运管理条例〉的决定》修正。

第一章　总　则

第一条　为加强城市公共汽车客运管理，规范市场秩序，提高服务质量，保障乘客和经营企业的合法权益，促进公共汽车客运事业的发展，根据有关法律、法规，结合成都市实际，制定本条例。

第二条　本条例适用于本市行政区域内城市公共汽车客运（以下简称公共汽车客运）的经营及其相关活动的管理。

本条例所称城市公共汽车，是指按照规定的线路、编码、站点、时间运载乘客并按核定的收费标准收费的客运汽车。

第三条　市交通行政主管部门负责本市公共汽车客运管理工作和本条例的组织实施；区（市）县交通行政主管部门或者当地县级人民政府确定的其他部门负责当地公共汽车客运管理工作。

政府有关部门，按照各自职责协同实施本条例。

第四条　公共汽车客运的发展，应当与本市经济发展、城市建设、环境保护和人民生活水平相适应，符合城市总体规划和市场经济体制的要求，并与其他公共客运方式相协调。

第五条 城市交通的规划、建设和管理工作，应当坚持公共交通优先发展的原则，对公共汽车客运投资和建设等给予相应的政策支持，鼓励多种经济成份的投资主体参与公共汽车客运投资、建设、经营。提倡在公共汽车客运的经营和管理领域应用先进的科学技术和管理方法。

第六条 市公共汽车客运管理部门应当会同有关部门编制本市公共汽车客运发展规划，经市人民政府批准后，纳入城市总体规划和国民经济与社会发展计划。市公共汽车客运管理部门应当根据本市公共汽车客运发展规划的要求，编制公共汽车线网规划、场站建设规划并组织实施。

第七条 本市公共汽车客运经营活动，应当遵循统一规划、方便乘客、规范服务、公平竞争、兼顾社会效益和经济效益的原则。

第二章 经营权管理

第八条 市公共汽车客运管理部门应当按照“全面规划、统一管理、线路专营、依法监管”的原则，加强对全市公共汽车客运市场的调控和监管，并形成合理的运行机制和价格机制。

第九条 公共汽车客运管理部门应当在听取社会各方面意见的基础上，根据方便市民出行的实际需要，会同有关部门，按照本市公共汽车线网规划的要求，开辟、调整公共汽车客运线路和站点，并在实施前予以公布。

第十条 本市对公共汽车客运线路实行专营权管理。经营企业从事公共汽车线路营运，必须取得专营权。

专营权每期不超过八年。

第十一条 对新开辟的线路或需要重新确定经营企业的线路，公共汽车客运管理部门应当按照公开、公平、公正的原则，通过公开招标等方式将公共汽车客运线路专营权授予经营企业。

第十二条 从事公共汽车客运的企业，必须具备下列条件：

（一）取得经营公共汽车客运业务的《企业法人营业执照》；

（二）具有符合线路营运要求的营运车辆或者相应的车辆购置资金；

（三）具有合理、可行的营运方案；

（四）符合线路营运要求的停车场地和配套设施；

（五）有健全的客运服务、行车安全、车辆保修等方面的管理制度；

（六）有相应的管理人员和经培训合格的驾驶员、乘务员、调度员；

（七）公共汽车客运管理部门规定的其他条件。

第十三条 公共汽车客运管理部门应当与取得专营权的经营企业签订《专营合同》，并发给专营权证书。

第十四条 经营企业不得转让专营权，不得以带车挂靠、全承包或将专营权化解给他人的方式经营。不得以专营权为条件与他人签订含有偿使用性质的合同。

在专营权使用期限内，经营企业需要歇业的，应当缴销专营权证书，按规定办理有关手续并向社会公告。

专营权使用期届满后，由公共汽车客运管理部门无偿收回专营权。对在专营期内服务、安全、信誉良好，受到乘客普遍欢迎和好评并愿意继续从事公共汽车客运服务的经营企业，公共汽车客运管理部门可给予不超过 2 年专营期的奖励。

第十五条 经营企业取得专营权后未在合同规定时间内开展经营活动的，由公共汽车客运管理部门无偿收回其专营权。

第十六条 本条例实施前已经运营的公共汽车客运线路，符合本条例规定条件的，由公共汽车客运管理部门授予公共汽车客运专营权。对不符合条件的，经限期整改仍达不到本条例规定条件的线路，应重新确定经营企业。

第十七条 经营企业应当对驾驶员、乘务员、调度员进行上岗培训，建立岗位培训考试制度，对经培训考试合格的，发给相应的服务证。

第十八条 公共汽车客运管理部门应当加强对公共汽车客运市场的管理，及时查处无证经营行为，维护客运市场秩序，保护经营企业的合法权益。

对已经确定经营企业的线路，除特殊情况外，不再开辟复线。

第十九条 公共汽车客运管理部门应当每年组织对经营企业的营运服务状况进行评议，评议结果应当作为奖励、授予、收回线路专营权的依据之一。

公共汽车客运管理部门组织对经营企业的营运状况进行评议时，应当邀请乘客代表和具有社会代表性的各界人士参加，广泛听取各方面的意见。

第二十条 线路专营权管理的具体办法，由公共汽车客运管理部门按职责分工制定，报市人民政府批准后实施。

第三章 客运管理

第二十一条 经营企业应当严格执行《专营合同》确定的客运服务标准。

经营企业应当按照公共汽车客运管理部门核准的线路、站点、班次、时间、车辆数、车型组织营运。

经营企业未经公共汽车客运管理部门批准，不得擅自调整、延伸营运线路或中断运营。

第二十二条 经营企业应当遵守下列规定：

（一）遵守公共汽车营运管理的法律、法规、规章，执行行业标准、规范、规程；

（二）服从公共汽车客运管理部门的监督管理；

（三）加强职业道德建设和服务质量管理，不断提高职工素质和服务质量；

（四）加强安全教育和行车安全管理，保证营运安全；

（五）按规定对营运设施进行保养和维修，保证其处于良好的营运服务状态；

（六）接受乘客的监督，受理乘客的投诉；

（七）执行政府价格部门核准的客运价格；

（八）服从公共汽车客运管理部门的应急调派用车；

（九）服从公共汽车客运管理部门因城市规划、建设、管理的需要等所做出的线路调整及对中途站亭等设施的改、迁建指令。

第二十三条 经营企业应当加强对营运车辆的保养和维修工作，保证投入营运的车辆符合下列要求：

（一）车辆性能、尾气排放等符合国家有关技术标准和环保标准；

（二）车容整洁、车内设施齐备完好；

（三）在规定位置标明营运收费标准和线路名称、经营企业名称；

（四）在规定位置张贴乘客投诉电话号码；

（五）色彩、标志符合公共汽车客运管理部门的统一要求。

第二十四条 在营运车辆和服务设施上设置广告，除应当符合广告管理法律、法规、规章规定外，广告的色彩、图案、标志、位置、面积、声响等还应当符合公共汽车客运管理的有关规定。

禁止在车厢内散发书面广告。

第二十五条 驾驶员、乘务员营运服务，应当遵守下列规定：

（一）着装整洁，佩戴服务证；

（二）在规定的站点上下乘客；

（三）按照核准的收费标准收费并出具有效等额票据；

（四）用普通话报清线路名称、车辆行驶方向、停靠站点名称并提示乘车安全注意事项，设置电子报站设备的，应当正确使用；

（五）保持车辆整洁，维护车厢内乘车秩序；

（六）为老、弱、病、残、孕乘客提供乘车帮助；

（七）不得故意压速行驶或相互追逐争抢乘客，不得在站点超车，不得在车站上、下乘客后滞留等客；

（八）不得拒载、甩站、强行拉客、中途逐客；

（九）不得在车厢内吸烟、讲脏话；

（十）不得将车辆交给不符合本条例规定的人员营运；

（十一）协助有关部门查处违法犯罪行为。

第二十六条 调度员进行营运调度，应当遵守下列规定：

（一）着装整洁、佩戴服务证；

（二）按照车辆运营作业计划调度车辆。

第二十七条 乘客应当自觉遵守乘车规则。违反乘车规则，经劝阻拒不改正的，驾驶员、乘务员可以拒绝对其提供服务。

乘客乘车应当支付车费。乘客不按规定支付车费的，驾驶员、乘务员有权要求其补交车费。

驾驶员或者乘务员不出具或者不配备规定的乘车票据的，乘客可以拒付车费。

第四章　设施建设和管理

第二十八条　城市总体规划及专项规划确定的停车场、枢纽站、首末站、保修场等公共汽车客运服务设施用地，未经公共汽车客运管理部门和规划部门同意，任何单位和个人不得侵占或者改变用途。

第二十九条　公共汽车场站建设，必须符合客运发展规划和年度建设计划，并按基本建设程序办理相关手续。

公共汽车场站的设计和施工，必须符合国家和省、市有关规定及技术标准，其设计方案应征求公共汽车客运管理部门的意见。项目竣工后，建设单位应当通知公共汽车客运管理部门参加验收，未经验收或者验收不合格的，不得投入使用。

第三十条　新区建设或者旧城改造，新建或者扩建火车站、公路客运站、轨道交通枢纽站、航空港和大型商业区、旅游景点、体育场馆和具有一定规模的居住区等工程时，需要配套建设公共汽车首末站的，建设单位应当根据城市规划的要求，配套建设公共汽车首末站。

第三十一条　政府投资建设的公共汽车枢纽站、首末站、公用站点，由公共汽车客运管理部门采用招标或者委托的方式确定日常管理单位；非政府投资建设的枢纽站、首末站、公用站点，由公共汽车客运管理部门和产权所有者协商后决定采用招标或者委托的方式确定日常管理单位。

公共汽车枢纽站设施按照谁投资、谁受益的原则，实行有偿使用。

第三十二条　具备条件的主要路段，应当设置公共汽车专用车道、港湾式停靠站；单向机动车道，应当允许公共汽车双向通行。

主要道口应设置公共汽车优先通行的标志和信号装置。

第三十三条　公共汽车首末站和站、点的设置应当符合公共汽车客运管理部门的规定。

公共汽车站桩、站牌、站（点）、停车场等客运服务设施，未经公共汽车客运管理部门批准，不得擅自设置、迁移、拆除占用或关闭。

已取得土地使用权的土地自建的停车场按约定办。

第三十四条　禁止损坏公共汽车营运设施和配套服务设施。

第三十五条　禁止公共汽车串线营运；禁止其他机动车在规定时段驶入公共汽车专用车道和停靠站。

第五章　法律责任

第三十六条　违反本条例第十条第一款规定的，由公共汽车客运管理部门予以取缔，没收违法所得，可以并处3000元以上3万元以下的罚款。

第三十七条　违反本条例第十四条第一款、第二款规定的，由公共汽车客运管理部门收回专营权，没收违法所得，可以并处5000元以上3万元以下的罚款。

第三十八条　违反本条例规定，疏于安全教育和行车安全管理，造成重特大行车责任事故的，由公共汽车客运管理部门责令处理整改，逾期未达到整改要求的，解除专营合同，无偿收回其线路专营权。

第三十九条　违反本条例第二十一条第一款规定的，由公共汽车客运管理部门依法追究违约责任，责令其限期改正，逾期未改正的，解除专营合同，无偿收回其专营权。

第四十条　违反本条例第二十一条第三款规定的，由公共汽车客运管理部门责令改正，处以2000元以上1万元以下的罚款，可视其情节，减少其专营年限或者收回其专营权。

第四十一条　违反本条例第二十二条、第二十三条第（二）至第（五）项规定之一的，由公共汽车客运管理部门予以警告，责令限期整改，可以并处1000元以上5000元以下的罚款。

第四十二条　违反本条例第二十四条规定的，由公共汽车客运管理部门予以警告，责令改正，可以并处500元以上5000元以下的罚款。

第四十三条　驾驶员、乘务员、调度员违反本条例第二十五条、第二十六条的规定，不遵守服务规范的，由公共汽车客运管理部门给予警告，可处以 50 元以上 200 元以下的罚款。

第四十四条 违反本条例第三十三条第二款、第三十四条规定的，由公共汽车客运管理部门对个人处以 200 元以上 2000 元以下的罚款，对单位处以 2000 元以上 2 万元以下的罚款，造成损失的应予赔偿。

第四十五条 违反本条例第三十五条规定的，由公共汽车客运管理部门责令改正，处 2000 元以上 2 万元以下的罚款。

第四十六条 任何单位和个人对违反本条例规定的行为，均有权向公共汽车客运管理部门投诉。投诉人应当提供投诉事实、联系方式。

公共汽车客运管理部门应当自接到投诉之日起 5 个工作日内作出处理并答复投诉者。

第四十七条 公共汽车客运管理部门工作人员玩忽职守、滥用职权、徇私舞弊或对投诉人的投诉不及时处理和答复的，由其所在单位或者上级行政主管部门依法给予行政处分。

第四十八条 违反本条例规定，情节严重构成犯罪的，依法追究刑事责任。

第六章 附 则

第四十九条 本条例中所称复线是指总长度 70% 以上与原线路重复的新线路或者经过原线路主要客源段且起讫点与原线路相近的新线路。

第五十条 本条例自 2003 年 3 月 1 日起施行。

成都市城市供水管理条例

2000年8月31日成都市第十三届人民代表大会常务委员会第十六次会议通过，2000年11月30日四川省第九届人民代表大会常务委员会第二十次会议批准；

根据2006年6月8日成都市第十四届人民代表大会常务委员会第二十五次会议通过，2006年9月28日四川省第十届人民代表大会常务委员会第二十三次会议批准的《成都市人民代表大会常务委员会关于修改〈成都市城市供水管理条例〉的决定》修正。

第一章　总　则

第一条　为了加强城市供水管理，保障生活、生产用水和其他各项用水，维护供水企业和用户的合法权益，促进供水事业发展，根据国务院《城市供水条例》、《四川省城市供水管理条例》等有关法律、法规的规定，结合成都市实际，制定本条例。

第二条　本条例所称城市供水，是指城市公共供水和自建设施供水。

第三条　本条例适用于本市行政区域内城市供水、用水及其相关管理活动。

第四条　城市供水坚持合理开发、保护水源与计划用水、节约用水相结合，保障供水与确保水质相结合的原则。

第五条　本市各级人民政府应当将发展城市供水事业纳入国民经济和社会发展计划。

城市供水行政主管部门应当会同有关部门，按照城市总体规划编制城市供水发展规划。

第六条　市水行政主管部门主管本市城市供水工作，并直接负责本市锦江、青羊、金牛、武侯、成华五城区的城市供水管理工作。

区（市）县人民政府确定的城市供水行政主管部门主管本行政区域内的城市供水管理工作，业务上接受市城市供水行政主管部门指导。

卫生、质量技术监督等有关部门，应当按照各自的职责协同城市供水行政主管部门做好城市供水管理工作。

第七条 对在城市供水工作中做出显著成绩的单位和个人，给予表彰和奖励。

第二章 城市供水工程建设

第八条 城市供水工程建设必须符合城市供水发展规划及其年度建设计划，经城市供水行政主管部门审查同意后，按规定办理工程报建手续。

第九条 城市供水工程的设计、施工，应当遵守国家有关技术标准、规范。

第十条 城市供水工程设计、建设单位选用的产品的质量必须符合国家标准和有关规定。

城市供水行政主管部门应当对进入城市供水管网系统的涉及饮用水卫生安全的产品进行监督管理。

第十一条 新建、改建、扩建城市供水工程项目的选址、设计审查、竣工验收，建设单位应当通知城市供水行政主管部门参加。城市供水工程未经验收或者验收不合格的，不得投入使用。

第十二条 用水单位出资建设、改装的与城市公共供水管道连接的贸易结算表前的管道及其附属设施，应当经自来水供水企业验收合格，纳入统一管理后，方可使用。

第十三条 城市公共供水管网覆盖范围内，公共供水能力能够满足生产、生活和其他用水需要的，不得新建、改建、扩建、自建供水设施。

第十四条 城市新建、改建、扩建工程项目需要增加用水的，其工程项目总概算应当包括供水工程建设投资；需要增加城市公共供水量的，应当将其供水工程建设投资交付城市供水行政主管部门，由其统一组织城市公共供水工程建设。

第三章　城市供水

第十五条　供水企业应当建立健全水质检测制度，确保城市供水的水质符合国家规定的饮用水卫生标准，并接受卫生部门监督。

第十六条　供水企业应当按国家规定设置供水管网水压测压点，保证供水管网压力符合国家规定的标准。

第十七条　供水企业应当保持不间断供水，因工程施工、设备维修等原因确需暂停供水的，必须按城市供水行政主管部门的规定报经批准并提前24小时通知停水范围内用水立户单位和个人（以下简称用户）。因自然灾害、爆管等原因造成停水的，应尽快恢复正常供水。在抢修的同时通知用户，并报告城市供水行政主管部门。

供水企业在进行抢险、抢修作业时，对影响作业的道路、树木等有关设施，可以采取应急处理措施，并及时告知有关部门，有关部门应当予以配合。事后，供水企业应当及时补办有关手续。

第十八条　因供水企业工程施工、设备维修、自然爆管等原因造成连续停水超过48小时的，供水企业应当为居民生活用水采取应急供水措施。

第四章　城市用水

第十九条　需要城市供水和超过水表额定流量需要增加用水量的用户，应当向供水企业提出用水申请，供水企业应自接到申请7日内作出答复。

城市供用水，应当逐步实行合同制。

第二十条　使用城市供水应当按照不同的用水类别分别装表计量。因用户的责任未分别装表计量的，按最高类别水价结算。因供水企业的责任未分别装表计量的，按最低类别水价结算。

供水企业应当定期派人抄录贸易结算水表并按其计量的实际用水量、用水类别和价格行政主管部门核定的水价标准结算水费。

对居民生活用水，供水企业应当逐步实行抄表结算到居民住户。

第二十一条　供水企业用于与用户贸易结算的水表必须符合计量器具强

制检定的规定，未按期检定或者检定不合格的不得使用。

第二十二条 用户应当按期交纳水费。逾期未交纳或者未足额交纳的，应当补交并交纳滞纳金或者按合同约定承担违约责任。

第二十三条 用户改变用水类别、扩大用水范围、变更户名、停止（含暂停）用水的，应当提前20日到供水企业办理有关手续，供水企业应当在20日内予以答复。连续6个月停止用水又不申办停用或销户手续的，供水企业可作拆表销户处理。

第二十四条 禁止任何单位和个人有下列行为：

（一）盗用或者转供城市公共供水；

（二）擅自改变用水类别；

（三）在城市公共供水管道上直接装泵抽水。

第二十五条 任何单位和个人不得阻碍自来水供水企业根据供水管径负荷能力发展新用户，不得妨碍自来水供水企业对城市供水管网设施的统一管理、维护。

第二十六条 用户新建、改建、扩建的户内管道及其附属用水设施，其设计、用材、安装，必须符合国家标准和有关规定，并经城市供水行政主管部门会同有关部门验收合格后，供水企业方可供水。

第二十七条 二次供水水质必须符合国家生活饮用水卫生标准。建设、使用二次供水设施，必须遵守下列规定：

（一）新建、改建、扩建二次供水设施，应当经城市供水行政主管部门批准并遵守本条例第九条、第十条、第十一条的规定；

（二）使用二次供水设施的，应当到城市供水行政主管部门注册登记并取得卫生行政部门的卫生许可；

（三）二次供水设施应按规定维修、清洗、消毒、防腐。

第二十八条 从事供水设施清洗、消毒、防腐业务的，必须符合城市供水行政主管部门和卫生行政主管部门的规定和要求。

第二十九条 新建、改建、扩建工程项目，必须按规定建设配套节约用水设施。节约用水设施应当符合国家规定的标准。

第五章　城市供水设施维护

第三十条　城市供水设施以贸易结算表为界，表前（含表）的供水设施，由供水企业负责维护；表后的用水设施，由用户或者产权所有者负责维护。

消防、园林、环卫等公共专用供水设施，由申建部门管理和维护。

第三十一条　供水企业应当按规定对其管理的供水设施进行日常检查维护，确保安全运行。

第三十二条　城市供水设施的安全保护范围内，不得从事下列活动：

（一）种植根深植物，建造建筑物、构筑物；

（二）开沟挖渠、挖坑取土、堆压重物、掩埋阀井和水表；

（三）打桩、爆破或者顶进作业；

（四）排放生活污水、工业废水或者排放、堆放有毒有害物质；

（五）其他危害城市供水设施安全或者损坏城市供水设施的活动。

第三十三条　涉及城市供水设施的建设工程开工前，建设单位应当向供水企业查明地下供水管网情况；可能影响城市供水设施安全的，建设单位应当与供水企业商定保护措施并负责实施。

第三十四条　禁止擅自改装、迁移、拆除城市供水设施；因工程建设确需改装、迁移、拆除城市供水设施的，须经供水企业同意，并经城市供水、规划行政主管部门批准。

第三十五条　自建设施供水管网系统与城市公共供水管网系统连接，须经城市自来水供水企业同意，并符合国家卫生和其他相关技术规范要求。

禁止产生或者使用有毒、有害物质的单位将其生产用水管网系统直接与城市供水管网系统连接。

第三十六条　任何单位和个人不得擅自启闭城市供水设施以及园林、环卫、消防等公共专用供水设施。

第六章 法律责任

第三十七条 有下列行为之一的，责令改正，处100元以上1000元以下的罚款：

（一）擅自改变用水类别的；

（二）扩大用水范围或者变更户名不按规定办理有关手续的；

（三）使用二次供水设施未注册登记的；

（四）不按规定对二次供水设施进行维修、清洗、消毒、防腐的。

第三十八条 有下列行为之一的，责令改正，处1000元以上5000元以下的罚款：

（一）未建立健全水质检测制度或者未按规定检测水质的；

（二）擅自停水或者未按规定履行停水通知义务的；

（三）未按规定检修供水设施或者未及时抢修供水故障的；

（四）擅自启闭城市供水设施或者转供城市公共供水的；

（五）在城市公共供水管道上直接装泵抽水的；

（六）阻碍自来水供水企业发展新用户或者妨碍其对城市供水管网设施进行维护、检修的。

第三十九条 违反本条例第三十二条、第三十三条规定的，责令改正，处2000元以上2万元以下的罚款；造成损失的，予以赔偿。

第四十条 有下列行为之一的，责令改正，处1万元以上5万元以下的罚款；造成损失的，责任人应当赔偿损失；对负有直接责任的主管人员和其他责任人员，由其所在单位或者上级主管部门给予行政处分：

（一）供水水质、水压不符合国家规定标准的；

（二）未经批准新建、改建、扩建二次供水设施的；

（三）未经批准新建、改建、扩建自建供水设施的；

（四）未按国家规定的技术标准和规范进行城市供水工程或者二次供水设施的设计、施工的；

（五）城市供水工程或者二次供水设施设计、施工选用不符合国家标准和有关规定的产品的；

（六）擅自将自建设施供水管网系统与城市公共供水管网系统连接的；

（七）将产生或者使用有毒、有害物质单位的生产用水系统直接与城市供水管网系统连接的；

（八）擅自改装、迁移、拆除城市供水设施的；

（九）盗用城市公共供水的。

第四十一条 违反本条例第八条规定的，责令改正，处5万元以上10万元以下的罚款；对负有直接责任的主管人员和其他直接责任人员，由其所在单位或者上级主管部门给予行政处分。

第四十二条 违反本条例第十五条、第十六条、第十七条规定的，除按第三十八条、第四十条规定处罚外，情节严重的，经市或者区（市）县人民政府批准，可以责令停业整顿。

第四十三条 本条例规定的行政处罚，由城市供水行政主管部门决定。法律、法规规定由卫生、质量技术监督或其他部门决定的，从其规定。

第四十四条 当事人对行政机关的行政处罚决定不服的，可以依法申请行政复议或者向人民法院起诉。

第四十五条 城市供水行政主管部门的工作人员玩忽职守、滥用职权、徇私舞弊的，由其所在单位或者上级行政主管部门给予行政处分。

第四十六条 违反本条例规定，构成犯罪的，依法追究刑事责任。

第七章 附 则

第四十七条 本条例自2001年1月1日起施行。

成都市邮政管理条例

1998年11月12日成都市第十三届人民代表大会常务委员会第三次会议通过，1999年1月29日四川省第九届人民代表大会常务委员会第七次会议批准；

根据2006年6月8日成都市第十四届人民代表大会常务委员会第二十五次会议通过，2006年9月28日四川省第十届人民代表大会常务委员会第二十三次会议批准的《成都市人民代表大会常务委员会关于修改〈成都市邮政管理条例〉的决定》修正。

第一章　总　则

第一条　为加强邮政管理，提高邮政服务质量，促进邮政事业的发展，适应社会主义现代化建设和人民生活的需要，根据《中华人民共和国邮政法》等有关法律、法规，结合成都市实际，制定本条例。

第二条　本条例适用于本市行政区域内的邮政工作。

第三条　市和区（市）县人民政府应当把邮政建设纳入国民经济和社会发展计划，按照统筹规划、条块结合、分层负责、联合建设的方针，发展邮政事业。

第四条　市邮政主管部门管理本市邮政工作，负责本条例的实施。

计划、规划、建设、国土、公安、海关、工商、质量技术监督、城管、物价、交通等部门应按各自职责，协同实施本条例。

第五条　邮政企业应当为用户提供迅速、准确、安全、方便的邮政服务，保障用户的合法权益。

第六条　任何单位和个人都有保护邮政设施、维护邮政通信安全和畅通的责任，并有权制止、举报破坏邮政设施和危害邮政通信安全的行为。

第二章 邮政设施规划与建设

第七条 市邮政主管部门应当根据城市总体规划和社会发展的需要，会同有关部门制定本地区邮政专业规划和分期实施计划，并组织实施。

第八条 城市新区开发、旧城成片改造以及村镇建设，应将邮政局（所）列入公共配套设施，按国家有关规定统一规划、同步建设。

新建、改建和扩建火车站、大型汽车站和机场应当建设配套的邮政通信设施。

第九条 邮政局（所）的布局，按每处服务半径要求设置：成都市区二环路以内为0.7公里至2公里，二环路以外为3公里至8公里。

邮政局（所）的建设标准：一等支局建筑面积应不少于2000平方米；二等支局建筑面积应不少于1500平方米；三等支局建筑面积应不少于1000平方米；邮政所的建筑面积应不少于100平方米。每个支局还应配置不少于300平方米的邮件装卸、转运场地。

第十条 邮政局（所）由建设单位按规划要求出资配建的，邮政主管部门应按其房屋成本价购买房屋所有权；由邮政主管部门自行建设的，使用土地按城市基础设施用地办理。

依照城市规划建成的邮政局（所），必须用于邮政业务，不得擅自改变使用性质。

第十一条 因城市建设需要拆迁邮政局（所）时，建设单位应事先征求邮政主管部门意见，并按照城市规划和本条例第九条第一款的规定进行安置。安置面积参照本条例第九条第二款的标准执行，补偿事宜按拆迁管理的有关规定办理。

第十二条 邮政主管部门应按城市规划的要求在方便用户的地方设置标志明显的邮筒、邮箱、邮政报刊亭、阅报橱窗等服务设施，有关部门应予支持。

第十三条 新建住宅楼房必须在地面层便于投递的位置，设置与户数相应的信报箱，有围墙的住宅、非住宅应在大院出入口处安装信报箱群或设立收发室，所需费用由建设单位负责。信报箱的规格和样式由邮政主管部门提供。

前款规定的设施由设计单位纳入民用住宅建筑设计标准，建设行政主管部门列为验收项目。

第十四条 已建成并投入使用的住宅楼房、需要用邮的非住宅楼房未设置信报箱的，由邮政主管部门督促其在规定期限内补设。

第十五条 邮政主管部门应当加强邮政设施的检查和管理，确保邮政设施的完好。

第三章　邮政市场管理

第十六条 邮政主管部门对专营的邮政业务实行统一管理，对非专营的邮政业务实施行业管理。

邮政主管部门执法人员持证可依法进入有关的生产、经营场所进行执法检查，被检查单位不得拒绝、阻挠。

第十七条 下列邮政业务由邮政企业专营，除国家另有规定的外，任何单位和个人不得经营：

（一）信件（含信函、明信片）和其他具有信件性质的物品的寄递；

（二）机要文件、机要刊物的寄递；

（三）邮票、邮资信封、邮资明信片、邮资邮筒等邮资凭证的发行和集邮品的制作；

（四）通信使用的普通邮票的经营；

（五）邮政编码簿的编印发行；

（六）国家规定的由邮政企业统一经营的其他邮政业务。

第十八条 代办邮政业务的单位或个人，需经邮政主管部门批准，并与邮政企业签订代办合同后方可开办，同时接受邮政主管部门的监督管理。

第十九条 经营速递业务和设点经营集邮品的非邮政企业或个人，应到工商行政管理部门登记注册，领取营业执照，并到邮政主管部门备案后，方可经营。

前款规定的非邮政企业或个人，不得从事下列经营活动：

（一）信件和其他具有信件性质的物品的寄递；

（二）邮票和集邮品的进出口业务；

（三）国家禁止流通的邮票和集邮品；

（四）自制的集邮品。

第二十条 印制通信使用的信封必须符合国家标准，并由省邮政主管部门监制。

第二十一条 任何单位或个人不得伪造或者冒用邮政专用标志、邮政日戳、邮政夹钳、信报兜、邮袋等邮政专用品。

第四章 服务与保障

第二十二条 邮政企业及其工作人员对用户交寄的邮件、汇款和储蓄存款，负有保密和保护的责任，除法律另有规定外，不得向任何单位或个人提供用户使用邮政业务的情况。

第二十三条 邮政企业应在营业场所设置明显标志，公布营业时间、经办业务种类和资费标准。在邮筒、信箱上标明开取信箱的次数和时间，并按规定的投递方式、频次、时限和服务要求，迅速、准确地投交邮件。

第二十四条 邮政工作人员受理用户交寄的邮件，应当认真执行验视制度和有关禁止、限量寄递物品的规定；对领取给据邮件、兑取汇款的收件人、收款人以及代收人，应当查验有效证件。

第二十五条 邮政企业及其工作人员不得有下列行为：

（一）无故拒绝、拖延办理兑付邮政汇款或其他应当办理的邮政业务，强迫用户使用某项邮政通信业务或强迫搭售任何邮品或其他物品；

（二）擅自中止对用户的邮政通信服务；

（三）无正当理由延误邮件传递时间；

（四）擅自改变邮政业务收费标准或者增加收费项目；

（五）将用户的姓名、地址及使用邮政业务的情况非法提供给他人；

（六）利用职务之便谋取私利；

（七）隐匿、毁弃、私拆、盗窃邮件和电报，贪污冒领用户款项，撕揭邮票等；

（八）利用邮政运输工具运输国家禁止运输的物品；

（九）其他违反法律、法规的行为。

第二十六条 具备通邮条件的新建住宅或非住宅，邮政企业应当自单位或住户代表办理邮件投递手续之日起二十日内通邮。不具备通邮条件的住宅或非住宅，单位或住户代表经与邮政企业协商，可设立邮件代投点，统一接收邮件。

第二十七条 邮政企业可以根据用户的要求，与用户签订协议，提供下列特殊服务：

（一）包裹专送；

（二）印刷品专送；

（三）单位邮件分投；

（四）上楼投递；

（五）其他投递方式。

享受特殊服务的用户，应当依照物价部门核定的标准缴纳特殊服务费。

第二十八条 用户对交寄的给据邮件和交汇的汇款，可以在交寄或交汇之日起一年内，持据向收寄、收汇的邮政企业查询。查询期满无下落的，邮政企业应当依照《中华人民共和国邮政法》有关规定先予赔偿。

第二十九条 收件人接收给据邮件时，发现封皮破损，应当场声明并核对内件，属邮政企业责任造成丢失、损毁、内件短少的，邮政企业应当按规定赔偿。

由于收件人所在单位收发人员的过失，造成给据邮件丢失、损毁、内件短少的，收发人员应承担赔偿责任。

运输单位运输邮件途中，发生邮件丢失、损毁、内件短少等，除不可抗力外，应由运输单位按照运邮协议的规定承担赔偿责任。

第三十条 任何单位或个人不得有下列妨碍邮政通信的行为：

（一）在邮政局（所）门前及道路上摆摊、堆物，妨碍用户用邮或者影响运邮车辆通行；

（二）损毁邮筒、信箱、邮政报刊亭、邮政编码牌等邮政设施；

（三）向邮筒、信箱内投塞易燃、易爆、腐蚀性等危险物品以及其他杂物；

（四）隐匿、毁弃、私拆他人信件，侵犯公民通信自由权利；

（五）盗开邮筒、信箱或者截留邮件；

（六）非法拦截邮政运输工具、非法阻碍邮件的运递或者强行登乘邮政运输工具。

第三十一条 带有邮政专用标志的车辆在运递邮件时，凭公安机关核发的通行证，在确保安全情况下，可以不受禁止驶入和各种禁止机动车辆通行标志的限制，但要服从交通警察的指挥。

第三十二条 邮政车辆或邮政工作人员在运递邮件途中违反道路交通安全法律、法规时，交通警察应记录后放行，在其完成该次运递后再按有关规定处理。因严重肇事不能放行的，交通警察应迅速通知邮政企业协助处理。

第三十三条 邮政企业应当设置用户意见簿，公布监督电话号码，受理用户咨询或者投诉，接受社会对邮政通信服务质量的监督。邮政企业应当在接到用户举报或者投诉后三日内，将处理情况答复用户。

第五章　法律责任

第三十四条 违反本条例第十七条第（一）、（二）项或第十九条第二款第（一）项规定的，由邮政主管部门提请工商行政管理部门责令其退回所收的信件或其他具有信件性质的物品，可并处5000元以上10万元以下的罚款。

第三十五条 违反本条例第十七条第（三）、（四）、（五）、（六）项或第十八条或第十九条第二款第（二）、（三）、（四）项规定的，由邮政主管部门没收违法所得和非法财物，可并处2000元以上2万元以下的罚款。

第三十六条 违反本条例第二十条规定的，由邮政主管部门责令其停止生产、销售，没收违法所得和非法印制品，可并处违法所得1倍以上5倍以下的罚款。

第三十七条 违反本条例第二十一条规定的，由邮政主管部门没收有关物品，并处200元以上1500元以下的罚款。

第三十八条 违反本条例第二十五条规定的，由邮政主管部门对当事人予以行政处分，没收违法所得，对邮政企业可并处违法所得1倍以上3倍以下的罚款，对个人可并处1000元以下的罚款；给用户造成损失的，应当依法赔偿；构成犯罪的，依法追究刑事责任。

第三十九条 违反本条例第三十条规定的，分别由公安、工商、城管等行政管理部门依照有关规定予以处罚；造成经济损失的，由邮政主管部门责令其承担赔偿责任；构成犯罪的，依法追究刑事责任。

第六章 附 则

第四十条 本条例自公布之日起施行。

成都市矿产资源管理条例

1995年3月24日成都市第十二届人民代表大会常务委员会第十次会议通过，1995年8月17日四川省第八届人民代表大会常务委员会第十六次会议批准；

根据2000年12月28日成都市第十三届人民代表大会常务委员会第十八次会议通过，2001年3月30日四川省第九届人民代表大会常务委员会第二十二次会议批准的《成都市人民代表大会常务委员会关于修改〈成都市矿产资源管理条例〉的决定》第一次修正；

根据2006年6月8日成都市第十四届人民代表大会常务委员会第二十五次会议通过，2006年9月28日四川省第十届人民代表大会常务委员会第二十三次会议批准的《成都市人民代表大会常务委员会关于修改〈成都市矿产资源管理条例〉的决定》第二次修正。

第一章　总　则

第一条　为发展矿业，加强矿产资源的勘查、开发利用和保护工作，根据《中华人民共和国矿产资源法》等有关法律、法规，结合成都市实际，制定本条例。

第二条　本条例所称矿产资源是指由地质作用形成的，具有利用价值的呈固态、液态和气态的自然资源。

矿产资源分为能源矿产、金属矿产、非金属矿产和水气矿产四大类。矿种以《中华人民共和国矿产资源法实施细则》所附分类细目为准。

第三条　矿产资源属于国家所有。地表或者地下的矿产资源的国家所有权，不因其所依附的土地的所有权或者使用权的不同而改变。核算土地补偿费及土地附属资产价值，不得包括矿产资源的价值。

禁止任何单位和个人侵占或者破坏矿产资源。

第四条 凡在本市行政区域内勘查、开采矿产资源和运销矿产品的单位和个人必须遵守本条例。

本条例所称矿产品，是指矿产资源经过开采或者采出的原矿经选矿后脱离自然储存状态的产品。

第五条 勘查矿产资源必须依法取得探矿权；开采矿产资源必须依法取得采矿权。

探矿权、采矿权依法进行转让后，矿业权人必须到市和区（市）县地质矿产行政主管部门备案。

探矿权是指在依法取得的勘查许可证规定的范围内，勘查矿产资源的权利。取得勘查许可证的单位或者个人称为探矿权人。

采矿权是指在依法取得的采矿许可证规定的范围内，开采矿产资源和获得所开采的矿产品的权利。取得采矿许可证的企业或者个人称为采矿权人。

保护探矿权人和采矿权人的合法权益不受侵犯。

第六条 矿产资源实行有偿开采，开采矿产资源必须按照国家有关规定缴纳资源税和资源补偿费。

第七条 市和区（市）县人民政府地质矿产行政主管部门主管本行政区域内矿产资源勘查、开发利用、保护和矿产品运销、地质环境保护的监督管理工作。

市和区（市）县人民政府有关部门协助同级地质矿产行政主管部门实施本条例。

第八条 鼓励国内外投资者依照法律、法规，在本市合资、合作或者独立投资进行矿产资源勘查、开发。保障投资者的合法权益不受侵犯。

对合理开发利用、保护矿产资源成绩显著的单位和个人由市和区（市）县人民政府给予奖励。

第二章　矿产资源勘查

第九条 鼓励探矿权人在本市行政区域内进行矿产资源勘查。探矿权人可以优先取得勘查区内所发现矿产资源的采矿权。法律、法规另有规定的，从其规定。

第十条 探矿权人应按有管理权限的部门批准的勘查设计方案施工，不得在勘查中擅自采矿。

第十一条 探矿权人应持勘查许可证到市地质矿产行政主管部门和地勘施工所在地的区（市）县地质矿产行政主管部门备案并接受监督管理。探矿权人因故要求撤销项目或者已经完成勘查项目的，在向登记机关报告项目撤销原因或者填报项目完成报告的同时，应抄报市地质矿产行政主管部门。

市或区（市）县人民政府投入资金进行的地勘项目，勘查单位应向市和区（市）县地质矿产行政主管部门提交地质资料报告。

第三章 采矿登记

第十二条 采矿权申请人必须凭有关部门批准文件，持有勘查资质单位提交的地勘资料和市以上矿产资源储量管理机关批准的矿产储量报告，向有采矿登记权限的地质矿产行政主管部门申请划定矿区范围。矿区范围划定后，在采矿登记期限内，采矿权申请人备齐采矿登记资料到地质矿产行政主管部门办理采矿登记，取得采矿许可证，方能进行矿山（井）建设和开采。禁止无证采矿。

市地质矿产行政主管部门办理除国务院《矿产资源开采登记管理办法》第三条第一、二、三款和《四川省矿产资源管理条例》第十八条第一款规定以外的小型矿产资源和跨区（市）县行政区域的矿产资源的采矿登记和颁发采矿许可证。

区（市）县地质矿产行政主管部门只办理用作普通建筑材料的砂、石、粘土及页岩的采矿登记和颁发采矿许可证。

区（市）县地质矿产行政主管部门在颁发采矿许可证之后30日内向市级地质矿产行政主管部门备案。

第十三条 采矿权申请人在办理采矿许可证时，除必须符合国家、省有关规定的条件外，还应具备以下条件：

（一）与设计开采能力相适应的资源条件和经济、技术条件；

（二）县级以上主管部门批准的开采设计方案，开采建筑用砂石、砖瓦用粘土及页岩的小矿点，应有采矿说明材料，在河道内开采砂石等矿产资源应按河道管理的有关规定办理手续后，方可申请采矿许可证；

（三）相邻矿之间必须按有关规定留足安全间隔，不得超越；

（四）矿山企业必须具备相应的安全条件，保证安全生产；

（五）矿长必须具有采矿、环境保护和矿山安全生产知识，并经县级以上有关部门专门培训，考核合格。

第十四条 采矿权申请人办理采矿登记时，应当向采矿登记机关提交下列材料：

（一）采矿权申请和《采矿权申请登记书》；

（二）经批准的《划定矿区范围申请审批书》和划定的矿区范围图；

（三）采矿权申请人资质条件的证明；

（四）矿山建设的可行性研究报告或者初步设计，或者矿产资源开采利用方案；

（五）依法设立矿山企业或立项的审批文件；

（六）矿山地质环境影响评价报告书；

（七）地质矿产行政主管部门规定提交的其他材料。

地质矿产行政主管部门在收到采矿登记申请和有关资料之日起 30 日内，对其复核审批，符合第十三条和本条规定者，准予登记并颁发采矿许可证；对不符合规定者，书面回复不予登记的理由。

第十五条 采矿许可证的有效期，按照矿山建设规模确定：大型以上的，采矿许可证有效期最长为 30 年；中型的，采矿许可证有效期最长为 20 年；小型的，采矿许可证有效期最长为 10 年。采矿许可证有效期满，需继续采矿的，采矿权人应当在采矿许可证有效期满 30 日前，到登记机关办理延续登记手续。采矿权人逾期不办理延续登记的，采矿许可证自行废止。原在国有矿山企业矿区范围内的集体、私营矿山企业和个体采矿者采矿许可证期满，如无资源可采或者继续开采将影响国有矿山企业或者其他相邻矿安全生产的，不允许办理延续登记。

采矿许可证不得伪造、涂改。

第十六条 在采矿许可证有效期内，凡有下列情况之一的，均需到原登记发证的地质矿产行政主管部门办理变更登记并换发采矿许可证：

（一）改变矿区范围；

（二）在原矿区范围内，改变主要开采矿种或者开采方式；

（三）改变企业性质或者名称；

（四）变更采矿权人或者法定代表人；

（五）企业法人分立或者合并。

易地开采的，按新办矿山依法重新办理采矿登记手续。

第十七条 采矿权有偿取得，在办理采矿登记时，应缴纳采矿权使用费，按照矿区范围的面积每年缴纳，标准为每平方公里1千元，0.5平方公里以下为500元，0.5平方公里以上不足1平方公里，按1平方公里计算。

第四章 监督管理

第十八条 非经国家授权部门批准，不得在以下地区开采矿产资源：

（一）机场、国防工程设施范围内；

（二）重要工业区、水利工程设施、市政工程设施、重要电业设施范围内；

（三）铁路、公路两侧规定距离以内；

（四）重要河流、堤坝两侧规定距离以内；

（五）泥石流、滑坡易发区和崩塌危险区；

（六）县以上人民政府划定的自然保护区、风景名胜区和不能移动的历史文物所在地；

（七）尚未失去效用的矿山保安矿柱、防水矿柱和矿山（井）之间的隔离矿柱；

（八）法律、法规规定不允许开采的其他地区。

第十九条 新建矿山企业和涉及改变原批准矿区范围的改、扩建矿山项目的评审，必须有地质矿产行政主管部门签署意见。

第二十条 大中型建设项目，需要取用地下水的，建设单位在向水行政主管部门提出取水许可申请时，应经地质矿产行政主管部门审核同意并签署意见后，方可由水行政主管部门审批。

水行政主管部门和有关单位应配合地质矿产行政主管部门进行地下水动态监测，并由地质矿产行政主管部门定期预测、预报或者公告地下水情。

第二十一条 特定矿种和实行保护性开采的特定矿种，按国家和省的有关规定申报，审批和办理有关手续，方能开采。

第二十二条 在本市行政区域内勘查、开发矿产资源，应按市和区（市）县矿产资源勘查、开发规划和有关规定严格审批。

在本市行政区域内限制开采粘土作建筑材料。

第二十三条 矿山企业应采用合理的开采顺序、开采方法和选矿工艺，加强对矿石损失、贫化的管理，建立定期检查制度，回采率、回收率和贫化率须达到规定指标。

第二十四条 矿山企业应设立地质测量机构或者配备地测人员。矿山企业必须定期测绘采矿工程平面图和井上、井下采矿工程对照图并建立储量登记、核销制度。

第二十五条 矿山企业应综合开采和综合利用资源，减少浪费，提高资源利用效益。对暂时不能综合利用的共生、伴生矿和尾矿要采取有效保护措施。

第二十六条 矿山企业必须按规定填报矿产资源开发利用情况统计表和其他有关统计表。

地质矿产行政主管部门对矿山企业资源开发利用情况实行年度检查制度。

第二十七条 采矿许可证期满不再申请延续或者因资源枯竭需关闭的矿山，应在采矿活动结束前半年，向地质矿产行政主管部门提交闭坑地质报告和有关资料，完成劳动安全、水土保持、土地复垦和环境保护工作，并向地质矿产行政主管部门结缴矿产资源补偿费，至矿山闭坑后 3 个月内，到原登记发证机关注销其采矿许可证。

第二十八条 采矿权人只能在批准的矿区范围内开采。禁止乱采滥挖，破坏矿产资源。

禁止买卖、出租或者以其他形式转让矿产资源；禁止违法转让探矿权、采矿权或者将探矿权、采矿权倒卖牟利。

第二十九条 采矿权人之间发生采矿权属纠纷，首先由争议双方协商解决。协商不成的，由争议双方所在地的县级地质矿产行政主管部门根据批准的矿区范围作出裁决。涉及两个以上县级行政区域的采矿权属纠纷，首先由争议双方协商解决。协商不成的，由争议双方的县级地质矿产行政主管部门协商解决。协商不成的，由市地质矿产行政主管部门根据批准的矿区范围作出裁决。

第三十条 探矿权人、采矿权人因矿产资源勘查和采矿需要占用林地和其他土地的，按森林法、土地管理法或者其他有关法律、法规办理。探矿权人和采矿权人应采取有效措施，防止因矿产资源勘查、采矿及其他生产活动，造成水土流失等地质灾害或环境破坏。采矿权人应当按照规定缴纳矿山地质环境保证金。对玩忽职守造成地质灾害或环境破坏的，应追究企业法人责任，并责令限期治理。

第三十一条 矿产资源补偿费按国务院《矿产资源补偿费征收管理规定》执行。矿产资源补偿费由地质矿产行政主管部门会同财政部门负责征收。

第三十二条 运销单位和个人不得收购私挖乱采的矿产品，不得收购、销售国家和省规定统一收购的矿产品。

第五章　法律责任

第三十三条 违反本条例规定，按下列规定处罚：

（一）对无证采矿的，没收采出的矿产品及违法所得，可并处1万元以上10万元以下罚款；

（二）对超越批准范围开采的，责令其改正，没收越界开采的矿产品和违法所得，可并处1万元以上10万元以下罚款。拒不改正的，吊销采矿许可证；

（三）买卖、出租或者以其他形式转让矿产资源的，擅自转让探矿权、采矿权或者将探矿权、采矿权倒卖牟利的，没收违法所得，并处 1 万元以上 10 万元以下罚款。情节严重的，吊销勘查许可证、采矿许可证；

（四）涂改采矿许可证的，吊销采矿许可证，没收违法所得，可并处 1 万元以上 5 万元以下罚款；

（五）伪造采矿许可证的，没收伪造证件及违法所得，可并处 1 万元以上 10 万元以下罚款；

（六）不按规定办理勘查许可证、采矿许可证变更、延续或注销登记手续的，给予警告，责令限期改正。不按规定填报有关报表、资料的，拒绝接受监督检查或弄虚作假的，给予警告，责令限期改正；逾期不改正的，可并处 5000 元以上 3 万元以下罚款；

（七）采取破坏性手段采矿，责令限期改正，处 1 万元以上 5 万元以下罚款。情节严重的，吊销采矿许可证；

（八）不按规定测绘矿山（井）采矿工程平面图或井上、井下采矿工程对照图的，责令限期改正，拒不改正的，处 1 千元以上 5 千元以下的罚款，直至吊销采矿许可证；

（九）违反规定收购、销售国家和省规定统一收购的矿产品的，没收违法所得，并处 1 万元以上 10 万元以下罚款。情节严重的，吊销营业执照；

（十）采矿回采率、选矿回收率和开采贫化率连续 2 年达不到规定指标的，对应综合开采或者综合回收利用的矿产不综合回收利用的，对暂不能回收利用的矿产不采取保护措施的，责令限期改正。逾期达不到规定指标的，处 5 千元以上 5 万元以下罚款；

（十一）在采矿许可证有效期内，不能安全生产或者严重影响相邻矿安全而强行开采的，由县级以上人民政府决定责令停产整顿或者由地质矿产行政主管部门吊销采矿许可证。

违反本条例，构成犯罪的，依法追究刑事责任。

罚款、没收违法所得或者没收财物拍卖的款项上缴国库。

第三十四条　采矿权人在规定期限内不缴矿产资源补偿费的，或不足额缴纳的，由负责征收的部门责令限期补缴，并从滞纳之日起按日加收滞纳补偿费额2‰的滞纳金。未经地质矿产行政主管部门批准，拖延不交超过半年的，由征收部门处以应纳费额三倍以下罚款。情节严重的，按规定权限由采矿许可证颁证机关吊销采矿许可证。

第三十五条 对在本行政区域内违反矿产资源法律、法规的行为实施行政处罚，由县级以上（含县级）地质矿产行政主管部门决定。吊销采矿许可证，由原发证机关决定。吊销营业执照，由工商行政主管部门决定并执行。

市地质矿产行政主管部门对下级地质矿产行政主管部门违反矿产资源管理法律、法规的行政行为有权予以改变或撤销，对应给予行政处罚而不给予行政处罚的，有权责令改正或者直接给予行政处罚。

第三十六条 地质矿产行政主管部门工作人员玩忽职守、滥用职权、营私舞弊的，由其所在单位或上级主管机关给予行政处分。构成犯罪的，依法追究刑事责任。

第三十七条 当事人对行政机关具体行政行为不服的，可以依法申请行政复议，也可以直接向人民法院起诉。

当事人逾期不申请复议也不向人民法院起诉，又不履行处罚决定的，由作出处罚决定的机关申请人民法院强制执行。

第六章　附　则

第三十八条 本条例自公布之日起施行。

成都市《中华人民共和国河道管理条例》实施办法

1993 年 3 月 18 日成都市第十一届人民代表大会常务委员会第三十一次会议通过，1993 年 6 月 21 日四川省第八届人民代表大会常务委员会第三次会议批准；

2006 年 6 月 8 日成都市第十四届人民代表大会常务委员会第二十五次会议修订，2006 年 9 月 28 日四川省第十届人民代表大会常务委员会第二十三次会议批准。

第一条 为加强河道管理，保障防洪安全，发挥江河的综合效益，根据《中华人民共和国水法》、《中华人民共和国河道管理条例》等法律、法规，结合成都市实际，制定本实施办法。

第二条 本实施办法适用于成都市行政区域内的河道，包括人工水道、行洪区、蓄洪区和滞洪区。

第三条 市水行政主管部门是本市行政区域内的河道主管机关，负责河道统一管理。

各区（市）县水行政主管部门是本行政区域内的河道主管机关，负责河道统一管理。

第四条 河道防汛和清障工作，实行地方人民政府行政首长负责制。

第五条 河道的整治与建设，应当服从流域的综合规划，符合国家规定的防洪标准、通航标准和其他有关技术要求，维护堤防安全，保持河势稳定和行洪、航运通畅。

河道防洪的标准：锦江、青羊、金牛、武侯、成华区行政区划范围内的河道，2030 年前应防 70 年一遇的洪水，2030 年后应防 200 年一遇的洪水；五城区以外的区（市）县人民政府所在地以及市水行政主管部门确定的防洪重点镇的河道，应防20年至50年一遇的洪水；其他地区的河道，应防10年至20年一遇的洪水。

第六条 修建开发水利、防治水害、整治河道的各类水利工程和跨河、穿堤、临河的桥梁、码头、道路、渡口、管道、缆线等建筑物及设施，建设单位必须按照河道管理权限，将工程建设方案报送河道主管机关审查同意后，方可按照基本建设程序履行审批手续。

建设项目经批准后，建设单位应将施工安排告知河道主管机关。工程竣工验收，应有河道主管机关参加。不符合设计标准或验收不合格的，不得投入使用。

已建成的各类建筑物及设施不符合国家规定的防洪标准，由河道主管机关依法责令原建设单位限期改建或拆除。

第七条 修建桥梁、码头和跨河的管道、线路及其他设施，必须符合防洪和航运要求，不得缩窄行洪通道，不得影响河势稳定。损坏水利工程，应承担相应的补偿责任。

第八条 区（市）县以河道为边界，或跨区（市）县的河道，未经有关各方达成协议或上一级河道主管机关批准，禁止单方面修建排水、阻水、引水、蓄水工程以及河道整治工程。

第九条 河道清淤和加固堤防取土以及按照防洪规划进行河道整治需要占用土地的，由县级以上人民政府调剂解决，并由国土管理部门依法办理用地手续。

因修建水库、整治河道所增加的可利用土地，属国家所有，由县级以上人民政府用于移民安置以及河道整治工程。

第十条 本市行政区域内的河道实行按水系统一管理和分级管理相结合的原则。除岷江、沱江干流和都江堰河系的蒲阳河（含青白江）、柏条河（含毗河）、走马河、江安河、沙沟河、黑石河等省管河道外，湔江、北河、西河、南河、斜江河、邮江河、蒲江河、临溪河、锦江和中心城区的沙河、干河、排洪河、西郊河、饮马河等由市河道主管机关管理；其余河道由区（市）县河道主管机关管理。

第十一条 市河道主管机关负责组织制定市管河道的整治规划、防洪规划、防汛抢险方案；负责市管河道水工程建设的审批；负责市管河道排污口设置和扩大的审批；负责河道疏浚和采砂方案的审批；负责河道管理范围内有关建设项目的审查同意等。

市河道主管机关可以将除中心城区以外的市管河道委托所在区（市）县河道主管机关负责具体管理工作。

第十二条 有堤防的河段，其管理范围为两岸堤防之间的水域、沙洲、滩地（包括可耕地）、行洪区、两岸堤防及护堤地。河堤管理范围按照下列规定划定：

（一）岷江干流（含金马河）、沱江干流为堤防外坡脚以外30米；

（二）湔江、北河、西河、南河、斜江河、郫江河、蒲江河、临溪河、锦江（中心城区除外）为堤防外坡脚以外20米；

（三）区（市）县管理河道为堤防外坡脚以外10米；

（四）中心城区河道的护堤地范围由市河道主管机关拟定报市政府批准。

无堤防的河段，其管理范围根据防洪规划或设计洪水位确定。

第十三条 河道堤防安全保护区应当根据堤防的重要程度、堤基土质条件等因素，按照下列规定确定：

（一）岷江干流（含金马河）、沱江干流为护堤地以外100米；

（二）湔江、北河、西河、南河、斜江河、郫江河、蒲江河、临溪河、锦江（中心城区除外）为护堤地以外50米；

（三）区（市）县管理河道为护堤地以外20米。

第十四条 在山区河道开矿、采石、修路等，不得阻碍河道和妨碍行洪。

因前款行为造成河道淤积或缩窄河道的，由责任者负责清淤、疏浚。

第十五条 护堤护岸林木应作为河道整治工程的组成部分，由河道主管机关进行统一规划，组织营造和管理并保证防汛、护岸的需要，其他任何单位和个人不得侵占、砍伐或者破坏。

第十六条 在河道上新建、改建或者扩大排污口，在向环境保护部门申报之前，应经河道主管机关同意，排放水质应当达到国家规定的排放标准。

第十七条 河道堤防防汛、岁修、修建、维护、管理等经费的主要来源有：

（一）河道堤防的防汛岁修费，按照分级管理的原则，除中央和省财政安排外，分别列入市和区（市）县地方年度财政预算；

（二）本市实行河道工程修建维护管理基金制度，河道主管机关可以向堤防、护岸、水闸、排涝工程设施的受益者收取河道工程修建维护管理费。受益范围由市和区（市）县河道主管机关划定。收费标准和计收办法由市人民政府根据有关规定另行制定；

（三）城市维护费中用于城市河道建设与管理的费用；

（四）社会资金。

第十八条 河道主管机关收取的各项费用，应专项用于河道堤防工程的建设、管理、维修和设施的更新改造。结余资金可以连年结转使用，任何部门不得截取或挪用。

第十九条 任何单位和个人，凡对堤防、护岸和其他水工程设施造成损坏或者造成河道淤积的，由责任者负责修复、清淤或者承担维修费用。

第二十条 河道两岸的城镇和农村，市和区（市）县人民政府应当在汛期组织堤防保护区域内的单位和个人对河道堤防工程进行维修和加固。

第二十一条 违反本实施办法的规定，有下列行为之一的，市和区（市）县人民政府河道主管机关除责令其纠正违法行为、采取补救措施外，可以并处警告、罚款和没收非法所得；对有关责任人员，由其所在单位或者上级主管机关给予行政处分。并处罚款的，按下列标准执行：

（一）未经河道主管机关审查同意，擅自在河道管理范围内从事工程建设活动的，处以1万元以上10万元以下的罚款；

（二）未经批准围垦河流的，处以1万元以上5万元以下罚款；

（三）在河道内种植高杆农作物和树木，弃置矿渣、石渣、煤灰、泥土、垃圾的，处以1万元以上5万元以下罚款；

（四）未经河道主管机关同意在河道上新建、改建、扩建排污口的，处以5万元以上10万元以下的罚款。

第二十二条 违反本实施办法的规定，有下列行为之一的，市和区（市）县人民政府河道主管机关除责令纠正违法行为、赔偿损失、采取补救措施外，可以并处警告、罚款；应当给予治安管理处罚的，按照《中华人民共和国治安管理处罚法》的规定处罚；构成犯罪的，依法追究刑事责任。并处罚款的，按下列标准执行：

（一）损毁堤防、护岸、闸坝、水工程建筑物和防汛设施、水文监测设施、河岸地质监测设施以及通讯照明等设施的，处以 1 万元以上 5 万元以下罚款；

（二）在堤防、护堤地和堤防安全保护区内建房、开渠、爆破、开采、打井、钻探的，处以 1 万元以上 5 万元以下罚款。

第二十三条 违反本实施办法的规定，在河道管理范围内清洗装贮过油类或者有毒污染物的车辆、容器和堆放、倾倒、掩埋、排放污染水体物质的，按照《中华人民共和国水污染防治法》的规定处罚。

第二十四条 河道主管机关的工作人员以及河道监理人员应认真负责，严格执法，对玩忽职守、滥用职权、徇私舞弊的，由其所在单位或者上级主管机关给予行政处分；构成犯罪的，依法追究刑事责任。

第二十五条 本实施办法自 2006 年 11 月 1 日起施行。

成都市公园条例

2006年4月13日成都市第十四届人民代表大会常务委员会第二十四次会议通过，2006年5月26日四川省第十届人民代表大会常务委员会第二十一次会议批准。

第一章　总　则

第一条　为了加强公园的规划、建设、管理和保护，促进公园事业的发展，改善生态环境，美化城市，根据国务院《城市绿化条例》、《四川省城市园林绿化条例》等法律、法规的有关规定，结合成都市实际，制定本条例。

第二条　本条例所称公园，是指具有休憩娱乐、游览观赏和防灾避险功能，有较完善的设施和良好的绿化环境，并向公众开放的具有城市公益性基础设施性质的场所。

第三条　本市行政区域内公园的规划、建设、管理适用本条例。

第四条　市和区（市）县人民政府应将公园事业纳入国民经济和社会发展计划。政府负责维护和管理的公园，其维护和管理费用应列入财政预算。

鼓励自然人、法人和其他组织参与投资公园建设或以资助、捐赠等方式支持公园事业的发展。

第五条　市园林行政管理部门主管本市公园工作，负责本条例的组织实施。

区（市）县园林行政管理部门按照职责分工负责本行政区域内公园的管理监督工作。

有关行政管理部门按照各自职责，负责公园的有关工作。

公园管理机构负责公园范围内的具体管理工作。

第六条　公园实行分级、分类管理。

公园的等级、类别由市园林行政管理部门按照有关规定确定并公布。

第二章　规划、建设与保护

第七条　市园林行政管理部门应会同有关行政管理部门依据成都市城市总体规划、分区规划和绿地系统规划编制公园发展规划和实施计划，报市人民政府批准后实施。

第八条　市规划行政管理部门应会同市土地、园林行政管理部门，按照公园发展规划确定公园建设用地范围，并予公布。任何单位和个人不得擅自改变公园用地性质。

确需改变公园用地性质的，应制定调整方案。锦江区、青羊区、金牛区、武侯区、成华区等五城区范围内应由市规划行政管理部门会同市土地、园林行政管理部门组织论证，提出意见，报市人民政府审批。其他区（市）县范围内应由区（市）县规划行政管理部门会同土地、园林行政管理部门组织论证，提出意见，报同级人民政府审批，并报市园林行政管理部门备案。

市和区（市）县园林行政管理部门，对调整公园用地性质方案进行论证时，其方案应事先向社会公示，并组织听证。

第九条　新建公园应合理布局，优先选择历史文化遗址、遗迹及自然景观资源的区域、地点。鼓励利用荒滩、荒地等建造公园。

公园选址定点，由规划行政管理部门会同建设、土地、园林行政管理部门共同踏勘，由规划行政管理部门核发建设工程选址意见书。涉及文物保护的，应征求文物行政管理部门的意见。

第十条　规划行政管理部门应会同园林行政管理部门划定公园保护范围，并实施控制管理。公园保护范围内的各类建（构）筑物的高度、体量、色彩和建筑物风格应与公园整体景观相协调。

第十一条　新建、改建、扩建公园应符合本市公园发展规划。

城市各级各类公园的规划设计按以下规定审批：

（一）面积在10万平方米以上的，由市园林行政管理部门审查，按法定程序履行审批手续。

（二）面积不足10万平方米的，五城区范围内由市园林行政管理部门审批；其他区（市）县由其园林行政管理部门报同级人民政府审查后，报市园林行政管理部门审批。

第十二条 公园绿化用地面积、建筑占地面积与公园面积的比例，按国家规定的标准执行。

已建成的公园绿化用地比例未达到国家规定标准的，应逐步调整，达到国家规定标准。

第十三条 公园的设计应由具有相应园林规划设计资质的单位承担。公园的设计应符合公园设计规范。

第十四条 公园建设施工、监理应由具有相应资质等级的单位承担，施工、监理单位必须按照批准的公园设计进行施工和监理。

第十五条 公园的建设项目设计、施工，应按照建设工程招标投标的有关规定确定设计、施工单位。

第十六条 公园建设项目竣工后，经建设单位组织验收合格，方可投入使用，并报园林行政管理部门备案。

第十七条 公园内水、电、燃气等市政管线应隐蔽设置，不得破坏公园景观，不得设置在主要景点和游人密集活动区，不得影响树木生长，不得危及游人人身及财产安全。

已建成公园不符合前款要求的，应当进行改建。

第十八条 公园内各类设施应与公园功能相适应，与公园景观相协调。

花坛、草坪、喷水池、瀑布、假山、雕塑、亭榭、回廊等，应突出文化内涵，讲求文化品位。

公共厕所、果皮箱、园灯、园椅等设施的数量应按照公园设计规范设置。

餐厅、茶座、小卖部、照相服务部等商业服务设施应统一规划，严格控制规模。

第十九条 在公园出入口、主要园路、建筑物出入口及公共厕所等处应设置无障碍设施。

第二十条 公园应根据规划和交通需要设置游人集散场地和机动车、非机动车停放场（点）。

第二十一条 需在公园内进行工程施工的单位应征得公园管理机构同意，并报有关部门批准后方可进行。

在公园内进行工程施工的，不得影响游人安全。施工现场用地范围的周边应围挡，采取有效安全保障措施，并设置安全警示标志。施工结束后，施工单位应及时清理现场，恢复景观。

第二十二条 公园内新设大型游乐设施，应进行论证。对公园景观、环境的影响进行分析预测，对安全技术条件进行评估。设置的游乐设施必须符合有关技术、安全标准。

第三章 管理与服务

第二十三条 公园管理机构履行下列职责：

（一）建立健全公园管理制度；

（二）依法制定游园须知；

（三）保持园内设备、设施完好；

（四）加强安全管理，维护公园正常游览秩序；

（五）保护公园财产和景观，对破坏公园财产及景观的行为进行制止，并要求行为人赔偿损失；

（六）按照价格行政管理部门批准的项目、标准收费；

（七）为游客提供文明、周到、方便的服务；

（八）法律、法规、规章规定的其他职责。

第二十四条 公园因特殊原因不能开园或不能按时开园的，公园管理机构应当提前24小时在入口处发布公告。

封闭式公园闭园后，公园管理机构应进行清园，游客应当按照相关规定在指定时间内离开公园。

第二十五条 收取门票的公园对老年人、中小学生、残疾人、现役军人等游客按规定实行优惠。

免收门票的公园内举行临时性活动，可按价格行政管理部门批准的标准，收取门票。

第二十六条 公园入口处应设置游园导游图、公园简介、游园须知；殿堂、展室入口处应设置简介；主要路口应设置指示标牌。

公园的各类标牌应符合公共图形标准，保持整洁完备。

第二十七条 公园的服务人员必须经过培训，佩戴标志，遵守服务规范。

在公园内从事导游活动的人员必须具有导游资格。

第二十八条 公园园容应符合下列要求：

（一）整洁、美观；

（二）绿化植被良好；

（三）建筑物、构筑物外观完好；

（四）设施完好；

（五）水面清洁、水质符合景观标准，并保持一定水位；

（六）无外露垃圾，无积水，无污物，无痰迹及烟蒂。

第二十九条 公园建筑物、高大游乐设施、公园制高点等应依法安装防雷设备。

公园内的各类设备、设施应定期维护检查，保持完好。公园内应依法设置消防水源、消防设施。消防通道应保证畅通。

公园内的游乐项目未经检验合格不得运营。各类游乐项目必须公示安全须知。

第三十条 防火区、禁烟区和禁止游泳、钓鱼等区域应设置明显的禁止标志。

第三十一条 除老年人、残疾人的自用轮椅和婴幼儿车外，其他车辆未经允许不得进入公园。

第三十二条 在公园内举办大型临时性活动应经有关部批准，并制定控制人流量等安全措施，确保活动安全。活动结束后，举办单位应及时清除各类废弃物，及时拆除临时设施，清理场地，恢复公园景观、绿地、设施原状。对公园树木、草坪、设施造成损坏的，应赔偿。

在公园内拍摄商业性影视资料应经公园管理机构同意。涉及文物的，应经文物行政管理部门批准。

第三十三条 游客应文明游园，爱护公物，保护环境，不得影响和妨碍他人游览、休憩。

第三十四条 公园管理机构应按照公园设计规定的游人容量接待游人。在公园开放时，遇有紧急情况或突发事件，应按照应急预案采取临时关闭公园、景区、展馆，疏散游人等措施，并及时向园林行政管理部门和有关部门报告。

第三十五条 对发生地震等重大灾害需要进入公园避灾避险的，公园管理机构应及时开放已经划定的避险场所。在公园内避险的人员应服从公园管理机构的管理。灾害消除后，在公园避险的人员应及时撤出，公园管理机构应恢复公园原貌。

第四章 法律责任

第三十六条 违反本条例规定，有下列行为之一的建设单位，责令其限期改正，拒不改正的，按下列规定予以处罚：

（一）新建公园的绿化用地面积达不到国家规定标准的，按差欠面积处以临时绿地占用费 2 至 3 倍罚款；

（二）公园建设项目设计未经批准进行建设或擅自改变设计以及公园建设项目竣工后未按规定验收的，可处以 1 万元以上 5 万元以下罚款。

第三十七条 擅自改变公园用地性质的，责令改正。

擅自占用公园用地进行工程建设的，责令限期拆除，逾期未拆除的，依法强制拆除，并按照该工程造价 10% 以上 20% 以下处以罚款。

第三十八条 违反本条例规定，有下列行为之一的，责令限期改正，并可按以下规定予以处罚：

（一）未经批准，在公园内举办大型临时性活动的，处以 2000 元以上 1 万元以下罚款；

（二）擅自闭园的，处以 500 元以上 2000 元以下罚款；

（三）违反本条例第三十一条规定的，处以 50 元以上 100 元以下罚款；

（四）在公园内从事商业服务的经营者擅自扩大经营面积，搭建经营设施的，依法强制拆除，并处以500元以上2000元以下罚款。

第三十九条 违反本条例规定，在公园内从事下列行为之一的，责令改正；拒不改正的予以警告，有第（一）、（二）项行为之一的，并处以50元以上200元以下罚款，有第（三）、（四）、（五）项行为之一的，并处以10元以上50元以下罚款：

（一）堆放杂物，焚烧树叶、垃圾，倾倒废土、废渣，排放污水、烟尘或其他有害气体；

（二）擅自张贴、设置标语；

（三）随地吐痰、便溺，随地抛弃果皮（核）、纸屑、烟蒂、包装袋（盒）、口香糖等废弃物；

（四）在禁烟区吸烟；

（五）其他有碍公园环境卫生的行为。

前款第（一）项行为，本市其他地方性法规作出了更重处罚规定的，适用其规定。

第四十条 在公园内有下列行为之一者，责令其改正、采取相应补救措施，可并处以50元以上200元以下罚款；造成损失的，应当予以赔偿：

（一）擅自攀爬、移动、刻划、涂改或其他损坏围栏、亭、廊、雕塑、标牌等公园设施的行为；

（二）攀折花草树木，采摘花卉、果实，损害树木、草坪等植被；

（三）擅自采石取土；

（四）擅自捕捉动物或捕捞水生动植物；

（五）恐吓、伤害动物或在非投喂区投喂动物。

第四十一条 在公园内有下列行为之一者，责令其改正，拒不改正的可按本条第二款规定予以处罚：

（一）赌博、打架斗殴或寻衅滋事；

（二）算命、占卜等封建迷信活动；

（三）擅自占用公园场地、设施从事经营活动；

（四）兜售物品、乞讨；

（五）在禁止区域内游泳、钓鱼、踢球、滑冰等；

（六）晾晒衣物或者在水景区域内沐浴、洗涤；

（七）携带猫、狗、蛇、猴等动物入园；

（八）公园闭园清场后仍在公园内逗留；

（九）其他有碍公园正常管理秩序的行为。

有前款第（一）、（二）、（三）项行为之一的，可处以200元以上500元以下罚款；有前款第（四）、（五）、（六）、（七）、（八）、（九）项行为之一的，可处以10元以上50元以下罚款。

第四十二条 本条例第三十九条、第四十条和第四十一条所列行为构成违反《中华人民共和国治安管理处罚法》规定的由公安机关处理；构成犯罪的，依法追究刑事责任。

第四十三条 本条例第三十六条、第三十七条、第三十八条、第三十九条、第四十条和第四十一条设定的行政处罚或行政强制措施，由城市管理行政执法部门实施；未成立城市管理行政执法部门的区（市）县，由有关行政管理部门实施。

第四十四条 对违反本条例第三十九条、第四十条和第四十一条规定，处以警告或10元以上50元以下罚款的行政处罚，城市管理行政执法部门可以委托依法成立的管理公园事务的事业性管理机构实施。

第四十五条 违反本条例规定的行为，法律、行政法规未作出处罚规定，而本市其他地方性法规的处罚规定与本条例规定不一致的，适用本条例规定，但本条例第三十九条第一款第（一）项所列行为除外。

有关行政管理部门在实施行政处罚时，应告知园林行政管理部门。

第四十六条 有关行政管理部门和公园管理机构的工作人员，滥用职权，玩忽职守，徇私舞弊的，由其所在单位或者上级主管机关给予行政处分；构成犯罪的，依法追究刑事责任。

第五章 附 则

第四十七条 本条例所称公园包括：综合性公园、专类公园（儿童公园、动物园、植物园、游乐园、体育公园、文物古迹公园、纪念性公园、风景名胜公园）、带状公园等。

本市公园经园林行政管理部门依据本条例及其他法律、法规和规章的有关规定登记确认后向社会公布。

第四十八条 本条例自2006年9月1日起施行。

成都市志愿服务条例

2004年11月25日成都市第十四届人民代表大会常务委员会第十一次会议通过，2005年4月6日四川省第十届人民代表大会常务委员会第十四次会议批准。

第一章　总　则

第一条　为了促进和规范志愿服务活动，维护志愿者组织和志愿者的合法权益，根据宪法和有关法律的规定，结合本市实际，制定本条例。

第二条　本市行政区域内的志愿服务、志愿者组织、志愿者适用本条例。

第三条　本条例所称志愿服务，是指志愿者出于自愿，由志愿者组织和志愿者所实施的非营利性的社会公益行为。

第四条　本条例所称志愿者组织是指依法在民政部门登记注册、专门从事志愿服务的公益性社会团体。

第五条　本条例所称志愿者是指在志愿者组织登记注册并参与志愿服务的自然人。

第六条　市和区（市）县应当设立志愿服务工作委员会，协调和指导本行政区域内的志愿服务活动。

第七条　国家机关、社会团体、企事业单位和个人应当鼓励和支持志愿服务活动。

第二章　志愿者组织

第八条　志愿者组织应当接受所登记注册机构的监管和社会的监督，并在当地志愿服务工作委员会的指导下开展志愿服务活动。

第九条　志愿者组织应当安排志愿者从事与其年龄和身体状况相适应的志愿服务。

第十条 志愿者组织的主要职责：

（一）负责志愿者的招募、注册、培训、考核、表彰等管理工作；

（二）组织实施志愿服务活动；

（三）建立志愿服务档案，评价志愿服务绩效，出具志愿服务证明；

（四）倡导志愿服务理念，宣传志愿服务活动；

（五）针对志愿服务项目筹集资金和物资；

（六）开展与国内外志愿者组织和机构的交流和合作；

（七）维护志愿者的合法权益。

第十一条 志愿者组织在组织志愿服务活动时，应当对志愿者进行安全教育，并为权益受到侵害的志愿者提供必要的援助。

第十二条 志愿者组织应当根据所开展的志愿服务活动的具体内容和性质的需要，为参加志愿服务的志愿者提供相应的人身保险。

第三章 志愿者

第十三条 符合以下条件的人员，经向志愿者组织提出申请和志愿者组织同意，可以注册成为志愿者：

（一）年满14周岁；

（二）身心健康；

（三）自愿从事志愿服务；

（四）具有相应的体能和服务技能。

第十四条 未满18周岁的志愿者应当征得监护人的同意后，参加与其年龄、身心状况相当的志愿服务。

第十五条 志愿者的权利：

（一）参加志愿服务活动；

（二）接受与志愿服务活动相关的培训；

（三）对志愿者组织的工作提出批评、建议和进行监督；

（四）请求志愿者组织帮助解决在志愿服务中遇到的困难和问题；

（五）同等条件下，有获得志愿者组织帮助和服务的优先权；

（六）获得从事志愿服务工作所需的物质保障和人身、财产受到保护的支持；

（七）可以要求志愿者组织出具志愿服务证明；

（八）可以退出志愿者组织。

第十六条 志愿者的义务：

（一）履行志愿服务承诺；

（二）遵守志愿者组织的章程和其他制度，维护志愿者组织的声誉和形象；

（三）不得损害服务对象的合法权益；

（四）不得以志愿者身份从事违背社会公德的行为。

第四章 志愿服务

第十七条 志愿服务的范围包括扶贫济困、帮残助老、扶幼助弱、抢险救灾、环境保护、社区服务、大型社会活动等社会公益活动。

第十八条 志愿服务的主要对象是有特殊困难需要帮助的社会成员和大型社会公益活动。

第十九条 志愿者组织可以根据服务对象的申请或者实际需要，提供相应的志愿服务。

第二十条 志愿者组织和志愿者与服务对象之间是自愿、平等和互相尊重的服务与被服务关系。

第二十一条 志愿者组织与志愿服务对象之间应当订立志愿服务协议。

第二十二条 志愿者组织和志愿服务对象应当为参加服务的志愿者提供开展志愿服务所必要的条件。

第二十三条 在开展志愿服务活动中，应当使用本志愿者组织的标识。

第五章 支持与保障

第二十四条 各级人民政府、志愿服务工作委员会和有关部门应当对表现突出的志愿者组织和志愿者，以及其他对志愿服务有突出贡献的组织和个人给予表彰和奖励。

第二十五条 志愿服务经费由政府资助、社会捐赠和其他合法收入组成。志愿服务经费应当专款用于志愿服务事项，并接受社会和相关部门的监督、审计。志愿服务经费的使用有约定的，应当按照约定的方式使用。

第二十六条 市和区（市）县人民政府应当每年为志愿服务活动提供专项经费支持，并由志愿服务工作委员会负责统一管理和使用。

第二十七条 鼓励自然人、法人和其他组织对志愿者组织和志愿服务活动进行各种形式的捐赠。其捐赠行为可以依法享受税收等方面的优惠。

第二十八条 机关、事业单位在招聘、招生中，同等条件下优先录用、录取优秀志愿者。

第六章　法律责任

第二十九条 志愿者在志愿服务过程中因过错造成服务对象及他人损害的，由志愿者组织依法承担民事责任。

志愿者组织承担民事责任后，可以向有故意或重大过失的志愿者行使追偿权。

第三十条 对非法利用志愿者组织名义、标志的行为，依法追究行为人法律责任。

第七章　附　则

第三十一条 本条例自2005年6月6日起施行。

成都市股份合作制企业条例

2001 年 10 月 24 日成都市第十三届人民代表大会常务委员会第二十四次会议通过，2001 年 11 月 23 日四川省第九届人民代表大会常务委员会第二十六次会议批准。

第一章　总　则

第一条　为了规范股份合作制企业的组织和行为，保护企业、股东、债权人和社会公众的合法权益，根据有关法律、法规，结合成都市实际，制定本条例。

第二条　本条例所称的股份合作制企业，是指其一半以上的股份由组成该企业的职工入股构成，职工股东合作劳动、民主管理、按劳分配和按股分红相结合的企业法人。

第三条　本条例适用于本行政区域内的股份合作制企业。

第四条　股份合作制企业股东按照本条例规定享有资产受益、重大决策和选择管理者等权利；以其所持股份对企业承担责任。

第五条　股份合作制企业享有股东投资形成的全部法人财产权，以其全部资产对企业债务承担责任，依法享有民事权利，承担民事责任。

第六条　股份合作制企业的经营管理权由股东依照本条例和企业章程规定行使。

第七条　市和区（市）县工商行政管理部门负责股份合作制企业的登记和管理。

股份合作制企业必须遵守法律、法规，必须遵守职业道德，接受企业注册所在地人民政府及其有关部门的指导和监督。

第二章　设立

第八条　股份合作制企业设立分为发起设立和改制设立。

发起设立，是指两名以上作为发起人按本条例而设立股份合作制企业。

改制设立，是指对现有企业按照国家、省及本市有关规定进行清产核资、明晰产权和资产评估确认后，按本条例改制为股份合作制企业。

第九条　国有企业、集体所有制企业改制为股份合作制企业的，应经原企业职工代表大会或职工大会同意，并经有关部门批准。

第十条　设立股份合作制企业，应当具备下列条件：

（一）职工股东不少于二人；

（二）有符合规定的企业名称和企业章程；

（三）有与经营范围相适应的注册资本，注册资本不得少于人民币三万元；

（四）有固定的生产经营场所和必要的生产经营条件；

（五）有相应的组织机构；

（六）法律、法规另有规定的，从其规定。

第十一条　股份合作制企业的股东可以用货币出资，也可以用实物、工业产权、非专利技术或者土地使用权等作价出资。以工业产权、非专利技术作价出资的金额，不得超过股份合作制企业注册资本的百分之三十五，采用高新技术成果的按国家有关规定办理。

第十二条　设立股份合作制企业，必须依照本条例制定企业章程。企业章程对企业、全体职工均具有约束力。

股份合作制企业的经营范围由企业章程规定，并依法登记。企业的经营范围中属于法律、法规限制的项目，应当依法经过批准。

第十三条　股份合作制企业章程应载明下列事项：

（一）企业的名称和住所；

（二）企业的经营范围；

（三）股东姓名或者名称；

（四）股东出资方式、出资额及注册资本；

（五）股东的权利和义务；

（六）股权设置及管理办法；

（七）股权转让的条件和程序；

（八）企业的工资标准；

（九）收益分配及亏损分担办法；

（十）企业组织机构的设置、产生、职责和议事规则；

（十一）法定代表人的产生程序及其职责；

（十二）企业终止事由及债权、债务的处理办法；

（十三）章程修改程序；

（十四）其他需要载明的事项。

股份合作制企业章程内容，必须符合法律、法规和规章的有关规定。

第十四条 股份合作制企业在工商部门注册登记时，应在企业性质栏内注明“股份合作”。

第十五条 股份合作制企业设立登记，应申请名称预先核准。

股份合作制企业名称应符合企业名称登记管理法规、规章的规定。

改制设立的股份合作制企业，可保留原企业的名称。

第十六条 股东在核准企业名称后，向登记主管机关申请登记注册，并提交下列文件：

（一）董事长（执行董事）签署的设立登记申请书；

（二）企业章程；

（三）股东会决议；

（四）法定代表人任职文件和证明；

（五）法定验资机构出具的验资报告；

（六）股东身份证明；

（七）住所的使用证明；

（八）名称预先核准通知书；

（九）法律、法规、规章要求提交的其它文件。

第十七条　企业登记主管机关收到申请人提交的符合本条例规定的全部登记文件后，应在十五个工作日内作出核准登记或者不予登记的决定。经核准登记的，应发给《企业法人营业执照》、《营业执照》；不予登记的，应书面说明理由。

经股份合作制企业登记主管机关核准登记并签发《企业法人营业执照》，企业即告成立。

股份合作制企业登记后，法律、法规规定应向有关部门备案的，从其规定。

第十八条　股份合作制企业法人跨原登记主管机关管辖地增设或者撤销分支机构的，应向分支机构所在地的登记主管机关申请开业登记或者注销登记，并向原登记主管机关备案。

第三章　组织机构

第十九条　股份合作制企业应设立股东会、董事会（或执行董事）、监事会（或监事）。股东会、董事会、监事会的职权、议事方式和表决程序由企业章程规定，本条例另有规定的除外。

股东会是股份合作制企业的最高权力机构，实行“一股一票”或“一人一票”的表决方式，具体由企业章程规定。

第二十条　股东会会议作出决议，应经代表二分之一以上表决权的股东通过；对企业增加或者减少注册资本，制定、修改章程，企业分立、合并、解散等重大事宜作出决议，应经代表三分之二以上表决权的股东通过。

股东会议定事项应当形成书面决议。

第二十一条　股份合作制企业的法定代表人由股东会或者董事会选举产生，具体办法由企业章程规定。

第二十二条　有下列情形之一的，不得担任股份合作制企业的董事、执行董事、经理（厂长）、监事：

（一）无民事行为能力或者限制民事行为能力的；

（二）因犯有贪污、贿赂、侵占财产、挪用财产罪、破坏社会经济秩序罪被判处刑罚，或者因犯罪被剥夺政治权利，执行期满未逾三年的；

（三）担任因经营不善而亏损的企业的执行董事、经理（厂长）并负有个人责任，自离开该企业之日起未逾两年的；

（四）担任因违法被吊销营业执照的企业的法定代表人并负有个人责任，自该企业被吊销营业执照之日起未逾两年的；

（五）个人所负的相当于本市职工年平均工资三倍以上数额的债务到期未清偿的。

股份合作制企业违反前款规定产生的董事、执行董事、经理（厂长）、监事无效；因其职务行为产生的法律事实，依照有关法律、法规处理。

第二十三条 执行董事、经理（厂长）不得自营或者为他人经营与本企业有竞争关系的业务或者从事损害本企业利益的活动。

从事前款所述营业或者活动的，所得收入应当归企业所有。

第二十四条 董事、执行董事、经理（厂长）、监事违反法律、法规、规章或者企业章程规定，给本企业、股东利益造成损害的，应当承担赔偿责任。

第四章 股份与股权流转

第二十五条 股份合作制企业的资本划分为股份，每一股的金额相等。

股份采取股份证明书的形式。股份证明书是企业签发的证明股东所持股份和取得股利的凭证。

第二十六条 股份证明书应当载明下列内容：

（一）企业名称；

（二）企业登记成立时间；

（三）企业注册资本；

（四）股东姓名或者名称；

（五）股东所持股份数量及金额；

（六）股东认购股份的时间；

（七）股份证明书的编号。

股份证明书应由企业法定代表人签名，企业盖章。

第二十七条 股份合作制企业设立后，股东不得退股。

在职职工个人所持有的股份可以按照企业章程规定转让和继承。

职工因调离、除名、辞退、退休、死亡等原因离开企业的，其股份按照企业章程规定或者股东会决议处理。

涉及股权转让的应向企业登记主管机关备案或者办理变更登记手续。

第五章 财务会计与利润分配

第二十八条 股份合作制企业应当按照法律、法规和有关规定，建立企业的财务会计制度。

企业应当在每一会计年度终结时制作财务会计报告，并于召开股东会的二十日前置备于企业，供股东查阅。

第二十九条 股份合作制企业的税后利润应当按照下列顺序分配：

（一）被没收财物损失和因违反税法规定支付的滞纳金和罚款；

（二）弥补往年的企业亏损；

（三）提取百分之十的公积金（累计达注册资本额的百分之五十后可不再提取）；

（四）提取百分之五至百分之十的公益金；

（五）支付股利。

第三十条 企业的公积金用于弥补亏损、扩大生产经营或者转增企业资本。公积金转为企业资本时，所留存的该项公积金不得少于注册资本的百分之二十五。企业的公益金，用于本企业职工的集体福利。

第六章 变更与终止

第三十一条 股份合作制企业合并或者分立由股东会作出决议，并通知债权人。

第三十二条 企业合并可以采取吸收合并和新设合并两种形式。

企业合并，应当由合并各方签订合并协议，并以书面形式通知各债权人。

合并前应当进行资产评估，并编制资产负债表及财产清单。合并各方的债权、债务，由合并后存续的企业或者新设的企业承继。

第三十三条 企业分立，应当由分立各方签订分立协议。分立协议应当划分分立各方的财产、经营范围、债权债务。对企业债务的承担应当事先作出决定，并以书面形式通知各债权人，重新签订清偿债务的协议。分立各方未达成协议的，不得分立。

第三十四条 股份合作制企业需要减少注册资本时，必须编制资产负债表及财产清单，并以书面形式通知各债权人。

第三十五条 股份合作制企业的主要登记事项发生变更的，应自决定变更之日起三十日内持下列文件到登记主管机关办理变更登记：

（一）法定代表人签署的变更登记申请书；

（二）股东会或者董事会的决议；

（三）涉及章程内容的，应提交修改后的章程或者章程修正案；

（四）法律、法规、规章要求提交的其他文件。

第三十六条 股份合作制企业有下列情形之一的，应当解散：

（一）企业章程规定的解散事由出现时；

（二）股东会决定解散的；

（三）因企业合并或者分立需要解散的；

（四）因企业违法而被责令关闭的。

第三十七条 企业因第三十六条第（一）、（二）、（四）项解散的，应当依法成立清算组，进行资产清算。

企业清算后的财产，在支付清算费用后按照下列顺序进行清偿：

（一）所欠职工工资和社会保险费用；

（二）所欠税款；

（三）所欠债务。

前款同一项中规定该清偿而不能足额清偿的，可按所欠额比例支付。

清偿后的剩余资产，按出资比例进行分配。

第三十八条 股份合作制企业因不能清偿到期债务被依法宣告破产的，

由人民法院依照有关法律的规定，组织股东、有关机关和有关专业人员成立清算小组，对企业进行破产清算。

第三十九条 股份合作制企业终止应当办理注销登记，并提交下列文件：

（一）企业法定代表人签署的注销登记申请书；

（二）股东会的决议；

（三）《企业法人营业执照》正、副本；

（四）清算组织出具的清理债权债务完结的证明文件；

（五）法律、法规规定应当提交的其他文件。

股份合作制企业法人办理注销登记时，应一并办理分支机构的注销登记手续。

第七章 法律责任

第四十条 国有、集体企业实行股份合作制改制时，将国有资产、集体资产低价折股、低价出售或者无偿分给个人的，由有关机关责令改正，并对有关责任人员给予行政处分；构成犯罪的，依法追究刑事责任。

第四十一条 股份合作制企业违反国家有关财务会计制度，在法定的会计账册以外另立账册，提供虚假的财务报告的，由财政或者税务行政管理部门责令改正，并按有关法律、法规的规定予以处罚；构成犯罪的，依法追究刑事责任。

第四十二条 股份合作制企业的发起人、股东在企业设立过程中虚假出资或企业成立后抽逃出资的，由企业登记主管机关责令改正，并处以虚假出资额或抽逃出资额百分之五以上百分之十以下的罚款。

第四十三条 股份合作制企业不按本条例规定足额提取企业公积金、公益金的，由有关机关责令改正，并可处以应提金额百分之五以下的罚款。

第四十四条 参与股份合作企业设立、合并、分立或者终止清算的有关人员，利用职权谋取非法收入或者侵占企业财产的，由有关机关责令其退还企业财产，没收其非法所得，并处以非法所得五倍以上十倍以下的罚款；构成犯罪的，依法追究刑事责任。

第四十五条 有关行政机关及其工作人员违反国家法律、法规，侵犯股份合作制企业合法权益的，由所在单位、上级机关或有关机关给予行政处分；构成犯罪的，依法追究刑事责任。

第八章 附 则

第四十六条 股份合作制企业的登记管理，法律、法规已有规定的，从其规定；法律、法规未作规定的，依照本条例执行。

第四十七条 本条例自 2002 年 1 月 1 日起施行。

成都市公共场所禁止吸烟规定

1996年9月26日成都市第十二届人民代表大会常务委员会第二十次会议通过，1996年10月14日四川省第八届人民代表大会常务委员会第二十三次会议批准。

第一条 为保障人民身体健康，保护环境，减少吸烟造成的危害。根据有关法律、法规的规定。结合成都市实际，制定本规定。

第二条 本市行政区域内的公共场所禁止吸烟工作实行限定场所、单位负责、社会监督、依法管理的原则。

第三条 市和区（市）县爱国卫生运动委员会（以下简称爱卫会）负责本行政区域内的公共场所禁止吸烟工作的监督管理；市和区（市）县爱国卫生运动委员会办公室负责日常具体工作。

爱卫会可以在禁止吸烟的公共场所的所在单位聘任监督员。

第四条 本市行政区域内的下列公共场所禁止吸烟：

（一）托儿所、幼儿园及青少年活动基地；

（二）医疗机构的候诊区、诊疗区和病房区；

（三）各类学校的教室、实验室、图书阅览室及师生集中活动的场所；

（四）会议室；

（五）影剧院、歌舞娱乐厅、录像放映厅、游艺厅（室）；

（六）室内体育训练、比赛、经营场所；

（七）图书馆的阅览室，档案馆的查阅室。博物馆、美术馆、展览馆、科技馆的展示厅；

（八）邮电、金融机构、大中型商店（场）、书店的营业场所；

（九）市内公共汽车。民航、铁路、长途客运的售票厅、等候室；

（十）市人民政府确定禁止吸烟的其它公共场所。

本条第（五）、（六）、（七）、（八）项所列公共场所及第（九）项规定的等候室，可以设置有明显标志的吸烟室（区），并报爱卫会备案。

第五条 全社会都应当支持公共场所禁止吸烟工作。

政府各部门、机关、企事业单位和社会团体都应当开展吸烟有害健康和公共场所禁止吸烟的宣传教育。

第六条 禁止吸烟的公共场所的所在单位应当履行下列职责：

（一）制定并执行本单位禁止吸烟的管理制度；

（二）做好公共场所禁止吸烟的宣传教育工作；

（三）在本单位禁止吸烟场所，设置统一、醒目的“禁止吸烟”标志；

（四）在本单位禁止吸烟场所内，不得摆放吸烟器具，不得摆放附有烟草广告的标志或物品；

（五）对在本单位禁止吸烟场所内的吸烟者，应劝其停止吸烟。

第七条 公民有权要求在禁止吸烟公共场所内的吸烟者停止吸烟。

公民有权要求禁止吸烟公共场所的所在单位履行本规定第六条第（三）、（四）、（五）项规定的职责。

公民有权向市或区（市）县爱卫会举报违反本规定的行为。

第八条 违反本规定第六条第（三）项或第（四）项规定的，由市或区（市）县爱卫会责令该单位限期改正；逾期不改正的，处以1000元以上5000元以下的罚款。

第九条 违反本规定第六条第（五）项，对在禁止吸烟场所内的吸烟者不予劝阻的，由市或区（市）县爱卫会对该单位处50元以上500元以下罚款。

禁止吸烟场所内的吸烟者不听劝阻的，由爱卫会所聘任的监督员处以5元以上10元以下罚款。监督员在执法时应出示执法证件。

第十条 市和区（市）县爱卫会对公共场所禁止吸烟工作中做出显著成绩的单位和工作人员，给予表彰和奖励。

第十一条 拒绝、阻碍执法人员依法执行公务的、由公安机关依照《中华人民共和国治安管理处罚条例》予以处罚；构成犯罪的，由司法机关依法追究刑事责任。

第十二条 作出行政处罚时，应当出具行政处罚决定书。罚款按有关法律、法规规定，上缴同级财政。

第十三条 当事人对行政处罚决定不服的，有权依法申请行政复议或提起行政诉讼。当事人逾期不申请复议或不提起诉讼，又不履行处罚决定的，由作出行政处罚决定的机关依法申请人民法院强制执行。

第十四条 执法人员应当认真履行职责、秉公执法、文明执法。对不履行职责、玩忽职守的。由其所在单位或上级主管机关给予批评教育或者行政处分；构成犯罪的，由司法机关依法追究刑事责任。

第十五条 机关、团体、企事业单位，可根据实际情况，确定除第四条规定以外的单位内部的禁止吸烟场所，并参照本规定做好自身的管理工作。

第十六条 本规定具体应用中的问题，由成都市人民政府负责解释。

第十七条 本规定自 1997 年 1 月 1 日起施行。

成都市市政工程设施管理条例

1993年3月18日成都市第十一届人民代表大会常务委员会第三十一次会议通过，1993年4月18日四川省第八届人民代表大会常务委员会第二次会议批准；

根据1995年7月26日成都市第十二届人民代表大会常务委员会第十二次会议通过，1995年10月19日四川省第八届人民代表大会常务委员会第十七次会议批准的《成都市人民代表大会常务委员会关于修改〈成都市市政工程设施管理条例〉的决定》修正。

第一章　总　则

第一条　为加强市政工程设施管理，发挥其效能，更好地为社会经济发展和人民生产、生活服务，根据有关法律、法规的规定，结合成都市实际、制定本条例。

第二条　本条例所称市政工程设施是指：

（一）城市道路：车行道、人行道高架路、公共广场、街头空地、路肩及其附属的配套管理设施和已征用或划拨的规划红线范围内道路建设用地；

（二）城市桥涵：桥梁（含立体交叉桥、人行天桥）、过街地下通道、涵洞等；

（三）城市排水设施：雨水管道、污水管道、排水沟、污水处理厂及窨井盖、水篦子等附属设施；

（四）城市防洪设施：河道、河堤、河坝、排涝泵站、排洪道及其附属设施等；

（五）城市道路照明设施：城市道路、城市桥涵、街头绿地等处的照明设施及其附属设施。

第三条　本条例适用于成都市城市规划区范围内的市政工程设施管理。

第四条 成都市市政工程管理局是市人民政府负责市政工程设施建设管理的行政主管部门。

市政工程设施实行统一管理，分级维护的原则。市市政工程设施行政主管部门负责组织市政工程设施建设、管理和维护工作；区市政工程设施管理部门按照规定的管理权限和维护范围，负责市政工程设施的监督管理。

第五条 各级公安、城乡建设、规划、交通、工商行政管理、环保等有关部门应按照规定的职责和分工与市政工程设施主管部门密切配合，各司其职，认真实施本条例。

第六条 市人民政府应当把市政工程设施建设、管理纳入国民经济、社会发展计划和城市总体规划，并组织实施。

第七条 市政工程设施竣工后，建设单位除按规定向有关部门报送竣工资料外，应同时报送市市政工程设施行政主管部门，工程经市建设管理委员会、市市政工程设施行政主管部门会同有关单位验收合格后纳入正常管理。

新建、扩建、改建城市道路时，沿线的其他市政公用基础设施（包括地下、地面设施）实施统一规划，同步设计、同步建设、同步施工、同步验收。

第八条 市政工程设施可实行有偿使用。有偿使用的范围和收费标准按国家规定的管理权限报批。

市政工程设施收取的费用，应当用于市政工程设施的建设、维护和管理，不得挪作他用。

第九条 市政工程设施属于国家财产，受国家法律的保护，任何单位和个人都有依法使用的权利和保护的义务，并有权对违反本条例的行为进行制止、检举和控告。

第十条 对在市政工程设施管理工作中成绩显著的单位和个人，由各级人民政府或市政工程设施主管部门给予表彰或奖励。

第二章 城市道路管理

第十一条 市政工程设施主管部门应加强城市道路的管理和养护，保持道路设施完好。

第十二条 在城市道路上新开或封闭进出口的，必须向市规划局申报，市规划局在作出决定或审批之前，应征求市市政工程设施行政主管部门和市公安局的意见，并由市市政工程设施行政主管部门核发许可证。

第十三条 任何单位和个人不得擅自占用城市道路。因堆物作业、建筑施工、搭建亭棚、设置设施和停车场（点）等确需临时占用城市道路的，须报经市市政工程设施行政主管部门和市公安局批准，并按规定缴纳占道费、道路修复保证金和交通管理费，领取占道许可证后方可占用。

占用城市道路不能超期、超占和改变使用性质。占用期满，应当及时清理现场，恢复原状，并向市市政工程设施行政主管部门缴销占道许可证后退还道路修复保证金。

不准占用城市道路设置市场，已占用城市道路设置的市场，应有计划地限期改造或拆除。

在规划中已不作为城市道路使用的现状道路，任何单位和个人不得擅自占用。确因规划建设需要将现状道路改作他用的，须经市建设管理委员会、市规划局会同市市政工程设施行政主管部门、市公安局审查，报请市人民政府批准，并按照先赔偿、后占用的原则，赔偿不低于原路标准的费用。赔偿费用由市市政工程设施行政主管部门统一用于城市道路建设。

第十四条 根据城市规划、建设、管理的需要，批准临时占用城市道路的部门有权依法作出终止占用的决定，占用者必须执行。

第十五条 因工程建设确需挖掘城市道路，建设单位须持市规划局核发的建设工程规划许可证到市市政工程设施行政主管部门和市公安局办理城市道路挖掘手续，缴纳城市道路挖掘修复费、保证金和交通管理费，领取挖掘许可证后方可挖掘。

挖掘城市道路须按照规定的时间、范围进行挖掘，不得超期、超挖。工程竣工后，经市市政工程设施行政主管部门验收合格，缴销挖掘许可证后退还保证金。

第十六条 地下管线发生故障需挖掘城市道路抢修的，应在挖掘的同时报告市市政工程设施行政主管部门和市公安局，并在七日内补办手续。故障排除后，应在规定时间内按标准修复道路。

第十七条　新建、改建的城市道路五年内不得挖掘。确需挖掘的，须经市人民政府批准，城市道路挖掘费按标准加收二至十倍。

第十八条　凡因工程建设占道、挖掘城市道路的，施工现场须设置明显的安全标志及防护设施，明示占道许可证、挖掘许可证，严格按照安全规程施工。

第十九条　各种履带车及其它超限车辆确需通过城市道路时，必须事先报市市政工程设施行政主管部门和市公安局批准。采取有效的技术安全保护措施并缴纳道路修复保证金后，在管理人员的监督下，按指定的路线和时间通行。

车辆通行后，道路确未损坏，在一月以内，必须退还道路修复保证金。

第三章　城市桥涵管理

第二十条　市市政工程设施行政主管部门要加强城市桥涵管理，保证桥涵安全。

第二十一条　机动车通过桥涵时，其总重量超过桥涵负荷量的，须报市市政工程设施行政主管部门和市公安局批准，采取安全措施后，按市公安局指定的路线、时间通行。

第二十二条　未经市市政工程设施行政主管部门批准，不得依附桥涵架设管线和修建设施。

第二十三条　城市桥涵范围内禁止下列行为：

（一）在桥涵上停车和试刹车；

（二）侵占桥面、桥孔从事各种经营活动；

（三）未经批准在桥涵安全保护区内从事疏浚、挖掘、打桩、顶进等作业；

（四）其它损害、侵占桥涵及其附属设施的行为。

第四章　城市排水设施管理

第二十四条　市市政工程设施行政主管部门和各排水单位应当搞好各自的城市排水设施的管理、养护，保持其完好畅通。

第二十五条　在城市道路范围内新建、扩建、改建城市排水设施或需将专用排水设施或其它排水设施接入城市公共排水设施的单位、个体工商户和个人，须持市规划局颁发的建设工程规划许可证到市市政工程设施行政主管部门办理有关手续。

按规划成片建设区域的排水设施在接入城市公共排水设施前应设置沉淀池、拦污栅及清淤设施。

城市排水施工必须由具备资质证书的市政工程施工队伍承担，竣工后经验收合格方可交付使用并纳入正常管理。

第二十六条　城市排水设施实行雨水、污水分流制。排水单位已建成的雨水、污水合流管（沟）必须逐步改造；新建、改建专用排水设施必须按雨水、污水分流的原则修建雨水管道和污水管道。

向城市排水设施排放污水的企事业单位和个体工商户，须按规定缴纳排水设施有偿使用费。

第二十七条　因城市建设或单位新建排水设施需接入其他单位的专用排水设施时，产权单位应服从城市统一规划，不得拒绝。

城市排水设施发生故障或遇到险情需要断水抢修时，排水单位和个人应当按照市政工程设施行政主管部门的要求，配合抢修。

第二十八条　任何单位和个人不得在城市排水设施上修建建筑物、构筑物和设置其它各种管线；不得擅自拆除、改建、堵塞排水设施。

第二十九条　排放超标污水腐蚀排水设施或因使用不当造成排水设施堵塞的，由责任者承担维修费用，造成经济损失的应予赔偿。

第三十条　排水单位应指定人员，对污水排放情况进行测定，按规定指标汇集水质、水量资料，向环境保护、卫生防疫、市政工程设施管理部门报送。环境保护、卫生防疫、市政工程设施管理部门有权进行监督检查。

第五章　城市防洪设施管理

第三十一条　城市防洪设施的整治和管理须服从城市总体规划和全市防洪规划，执行国家有关法律法规的规定，保障防洪安全。

第三十二条　河道堤顶的保护区宽度为：

（一）南河、府河16米；

（二）沙河、干河12米；

（三）排洪河10米；

（四）西郊河、饮马河5米；

（五）绳溪河及其它排洪道3米。

第三十三条　未经批准不得占用、挖掘河堤、河坝、河堤通道；不得擅自在河道管理范围内掏捞砂石、取土、堆物作业和占用、覆盖河道。

不准向河道、排洪道等防洪设施倾倒垃圾、废物以及排放有毒有害废水。

第三十四条　城市防洪设施，不得擅自占用、拆毁和改变使用性质。因城市建设确需占用现状河道、河堤的，市规划局在审批前应征求市市政工程设施行政主管部门的意见。建设单位必须负责将河道、河堤按规划建成，保证行洪断面及河道堤顶的保护区宽度。

第六章　城市道路照明设施管理

第三十五条　市市政工程设施行政主管部门负责城市道路照明设施的建设、管理和维护，保证设施完好和安全运行，保证照明度。

新建、改建城市道路照明设施必须符合有关标准规范，工程竣工后须经验收合格方可交付使用并纳入正常管理。

第三十六条　因城市建设需要拆迁、占用城市道路照明设施，必须报市市政工程设施行政主管部门批准，并办理有关手续。

城市道路照明设施不得损坏。因过失损坏城市道路照明设施的单位或个人，应当保护事故现场，防止事故扩大，及时通知市政工程设施行政主管部门组织抢修，并承担相应的赔偿费用。

第三十七条 对危及城市道路照明设施安全的树木，照明设施管理部门应及时通知园林部门处理。

第七章 法律责任

第三十八条 有下列行为之一的，予以警告、责令限期改正，并可视情节处以500元以下罚款：

（一）直接在路面上拌合水泥砂浆或以重物撞损道路及其附属设施；

（二）在人行道上行驶机动车；

（三）将垃圾及其它废物倾倒在河道、排洪道内或排水设施内；

（四）在市政工程设施上乱贴、乱挂。

第三十九条 有下列行为之一的，责令停止违法行为，采取补救措施，并可视情节处以1000元以下罚款，造成损失的应予赔偿：

（一）进行城市道路建设、养护，施工现场未设置明显的安全标志及防护设施；

（二）占用城市道路改变使用性质的；

（三）占用、挖掘城市道路期满未及时清理现场的；

（四）未经批准在城市道路上行驶履带车或超限车辆的；

（五）未经批准在桥涵上行驶的车辆超过桥涵负荷限制的；

（六）未经批准依附桥涵架设各种管线或修建设施的；

（七）在城市道路照明设施上拉接广播线、通讯线、接用电源、安装其他设施的。

第四十条 有下列行为之一的，责令停止违法行为，采取补救措施，并可视情节处以5000元以下罚款：

（一）未经批准占用、拆除、移动城市道路照明设施的；

（二）未经批准将专用排水设施或其它排水设施接入城市公共排水设施以及将污水、雨水管道混接的；

（三）未经批准在河道管理范围内掏捞砂石、取土、堆物作业的。

第四十一条 有下列行为之一的，责令停止违法行为，采取补救措施，并可视情节处以5万元以下罚款，造成损失的应予赔偿：

（一）未经批准占用、拆毁防洪设施和改变使用性质的；

（二）未经批准在城市道路上新开或封闭道路进出口的；

（三）在城市道路范围内未经批准新建、扩建、改建城市排水设施或改变排水走向的；

（四）未经批准拆除、迁建、占压城市排水设施的。

第四十二条 未经批准占用、挖掘城市道路或超期、超占、超挖城市道路的，视情节责令限期改正并按实际占用挖掘或超期、超占、超挖的时间和面积处以城市道路维修费2至10倍的罚款。

占用、挖掘河堤通道的按前款规定处罚。

第四十三条 未经批准占用城市道路、河道、河堤通道修建建筑物、构筑物的，由市市政工程设施行政主管部门责令限期拆除；逾期不拆除的，由市市政工程设施行政主管部门依法予以拆除。

第四十四条 违反本条例的处罚，由市市政工程设施行政主管部门执行。

处罚金额在5000元以上的，由市市政工程设施行政主管部门决定。

第四十五条 违反本条例规定，又拒不接受处罚的。市市政工程设施主管部门、区市政工程设施管理部门可扣押没收物品和从事违法活动的工具，吊销占道（挖掘）许可证。

扣押没收物品和从事违法活动的工具、吊销占道（挖掘）许可证，应当给当事人出具凭证或清单。

第四十六条 罚款统一使用市财政局印制的收据并如数上缴财政。

扣押没收物品和从事违法活动的工具按成都市罚没财物管理的有关规定处理。

第四十七条 对损坏市政工程设施的，市市政工程设施主管部门除给予警告、罚款的处罚外，有权要求追赔损失。

对破坏、盗窃市政工程设施的，依照《中华人民共和国治安管理处罚条例》的规定处罚；构成犯罪的，依法追究刑事责任。

第四十八条 市政工程设施管理人员依法执行公务受到法律的保护。侮辱、殴打、阻挠依法执行公务的市政工程设施管理人员的，依照《中华人民共和国治安管理处罚条例》的规定处罚；构成犯罪的，依法追究刑事责任。

第四十九条 当事人对行政处罚决定不服的，可在接到处罚通知之日起15日内，向作出处罚决定机关的上一级机关申请复议；对复议决定不服的，可在接到复议决定之日起15日内，向人民法院起诉。当事人也可在接到处罚通知之日起15日内，直接向人民法院起诉。当事人逾期不申请复议，也不向人民法院起诉，又不履行处罚决定的，由作出处罚决定的机关申请人民法院强制执行。

第五十条 因市市政工程设施行政主管部门、区市政工程设施管理部门的责任，造成个人和单位人身伤害或财产损失的，市市政工程设施行政主管部门、区市政工程设施管理部门应负责赔偿；对直接责任人或单位负责人可给予行政处分，构成犯罪的，依法追究刑事责任。

第五十一条 市政工程设施管理人员，必须认真履行职责，秉公执法，对徇私舞弊、索贿受贿、滥用职权、枉法裁决的，由其所在单位或上级主管部门给予行政处分；构成犯罪的，依法追究刑事责任。

第八章　附　则

第五十二条 龙泉驿区、青白江区和各县（市）的市政工程设施管理可参照本条例执行。

第五十三条 本条例具体应用中的问题，由成都市人民政府解释。

第五十四条 本条例自公布之日起施行。1981年1月15日由成都市第八届人民代表大会常务委员会第七次会议通过的《成都市市政工程设施管理办法》同时废止。

成都市环境噪声（震动）管理条例

1989年8月18日成都市第十一届人民代表大会常务委员会第六次会议通过，1989年9月20日四川省第七届人民代表大会常务委员会第十一次会议批准；

根据1990年8月24日成都市第十一届人民代表大会常务委员会第十三次会议通过，1990年11月7日四川省第七届人民代表大会常务委员会第十九次会议批准的《关于修改〈成都市环境噪声（震动）管理条例〉的决定》修正。

第一章　总　则

第一条　为了加强城市环境噪声管理，防止噪声污染，保护和改善生产、生活环境，保障人民身体健康，根据《中华人民共和国环境保护法》和国家有关法律、法规，结合成都市情况，制定本条例。

第二条　本条例所称环境噪声（震动）是指工业生产、建筑施工、交通运输、商业经营、社会生活活动等所产生的影响周围环境的声响和震动。

第三条　凡在我市城区和区（市）县人民政府所在城镇及其所规定区域的一切单位和个人，以及驶入上述区域内的机动车辆、火车和航空器，都必须遵守本条例。

第四条　环境噪声管理工作，实行市、区（市）县街道分级管理与各级主管部门管理相结合的原则。

各级人民政府的环境保护部门是同级人民政府环境噪声管理的主管机关，并负责本条例的组织实施。

公安、城市管理、城市建设交通、铁路、民航管理部门和街道办事处、乡（镇）人民政府，按照各自的职责对社会生活、建筑施工、机动车辆、船舶、火车、航空器等产生的环境噪声污染实施监督管理。

第五条　单位和个人有权对造成环境噪声（震动）污染者进行监督。受环境噪声（震动）污染的单位和个人有权要求污染者消除污染危害；造成环境噪声（震动）污染者必须积极采取治理措施，消除污染危害，并按有关规定承担责任。

对违反本条例规定的单位和个人，公民有权检举和控告。被检举和控告者，不得打击报复。违者，依法处理。

第六条 各级环境噪声管理机关的工作人员，持市人民政府制发的《环境监察证》，依法进入产生噪声（震动）污染的现场检查。被检查的单位和个人必须接受检查，并如实反映情况和提供有关资料，不得拒绝或妨碍检查人员执行公务。

第七条 市和区（市）县应按照城镇建设规划布局，合理划分功能区域并有防治环境噪声的要求。

第八条 排放环境噪声污染的单位和个体经营者，必须申报、登记，并领取《排放污染许可证》。在生产、经营活动中，其声级超过国家标准时，由市、区（市）县人民政府实行限期治理，并按国家规定缴纳超标排污费，直至达到标准。

第九条 本条例所称国家环境噪声（震动）标准，系指中华人民共和国《城市区域环境噪声标准》和《城市区域环境震动标准》。

成都市行政区环境噪声（震动）标准适用地带，由成都市人民政府确定。

第二章　工业噪声和建筑施工噪声的管理

第十条 城区和区（市）县人民政府所在城镇及其所规定的区域，不得建设有噪声（震动）污染危害的工程项目和设施。

改建、扩建（含更新技术改造）有噪声（震动）污染危害的工程项目，其防治噪声（震动）污染的设施必须与主体工程“同时设计、同时施工、同时投产”，对原有的噪声（震动）污染源，必须一并治理。违者，环境保护和其他有关部门不予验收，不批准投产。

第十一条 凡有噪声（震动）污染源的单位和个人，应采取消声、减震等防治措施，达到国家规定的噪声标准。

对严重扰民的环境噪声（震动）污染源，按国家有关法规，由县以上人民政府的环境保护部门提出限期治理意见，报同级人民政府决定。

第十二条 限期治理的污染源，逾期未完成治理任务的，改建、扩建的工程项目违反与主体工程同时设计、同时施工、同时投产规定和擅自拆除或闲置不用噪声（震动）污染防治设施的，加倍征收超标排污费，直至达到标准。

第十三条 市、区（市）县环境保护部门可会同同级计划、经济、技术监督等部门，对本地区生产、销售、引进和使用的高噪声机电设备和产品采取限制性措施。

第十四条 建筑施工作业单位，应采用噪声低、振动小的设备。对造成噪声（震动）污染的施工机械必须采取噪声（震动）污染防治措施。

除紧急抢险、抢修外，任何单位和个人不得在午间（12 时至 14 时）和夜间（22 时至翌日 7 时）从事打桩、搅拌等危害居民健康的强噪声施工作业。因特殊情况，确需在上述规定时间内施工的，必须向市、区（市）县的建设主管部门申报、登记，经批准发给《准许证》，方能施工作业。

第三章　交通运输噪声管理

第十五条 各类机动车辆的整车辐射最大噪声声级，必须符合国家《机动车辆允许噪声标准》。超过国家允许标准者，新车不得出厂，已出厂的新车和在用车，由市、区（市）县公安和环境保护部门，令其限期治理，达到允许标准，限期治理仍未达到允许标准者，不得入户、不予年审或转籍。

第十六条 凡在我市城区和区（市）县人民政府所在城镇行驶的车辆，不准使用高音喇叭和长时间鸣放低音喇叭，不准在街道上试验喇叭，不准使用喇叭叫门唤人，在有禁止鸣号标志的区域，不准鸣放喇叭。

第十七条 警备车、消防车、工程抢救险车、防洪抢险车和救护车等特殊车辆安装和使用警报器，必须符合公安机关规定。上述车辆在执行非紧急任务时，禁止使用警报器。

第十八条 火车（含厂矿企业、部队专用机车）进入城市（镇）界时，除紧急情况外，只准使用风笛，不准使用汽笛。

第十九条 各类航空器不得在市区一环路范围内上空作训练飞行。如因特殊情况需作短时间训练飞行时，必须事先征得部队主管部门的同意，方可飞行。

第二十条 在我市城区和区（市）县人民政府所在城镇范围内，所有火车站，大中型汽车、电车枢纽站，应严格控制噪声，其声级必须符合规定的允许标准。

第四章 商业经营、社会生活和其他噪声管理

第二十一条 在我市城区和区（市）县人民政府所在城镇，任何单位和个人不得在室外安装、使用高音广播喇叭；不得用广播宣传车或沿街使用音响设备进行宣传活动。有下列情况的除外：

（一）经市、区（市）县人民政府主管机关批准的集会、游行等活动；

（二）抢险救灾等紧急情况；

（三）经市、区（市）县人民政府批准的其他需要。

第二十二条 任何商业、服务单位和个人不准在室外和临街店门使用音响设备招徕顾客。

销售音像设备试音，必须严格控制音量和试音时间，其声级必须符合所在区域环境噪声允许标准。

舞厅、音乐茶座、影剧院、录像放映场、游戏机室等文化娱乐场（点），不得在室外使用音响设备；在室内使用音响设备时，其声级必须符合所在区域环境噪声允许标准。

第二十三条 单位和个人使用电视机、收录机等音响设备，其声级必须符合所在区域环境噪声允许标准。不得影响他人休息、工作和学习。

第二十四条 我市城区和区（市）县人民政府所在城镇，除春节、国庆可在规定时间燃放爆竹外，其他时间，任何单位和个人不得燃放爆竹。

第五章 奖励与处罚

第二十五条 对防治环境噪声（震动）污染有显著成绩和贡献的单位、个人，由市、区（市）县人民政府予以表彰和奖励。

第二十六条 违反本条例规定，有下列行为之一者，由市、区（市）县环境保护部门或者其他监督管理部门责令其纠正，并依据处罚权限，分别情况，予以批评、警告、罚款、赔偿损失；需作出责令停产（停业）治理或转产、关闭等处罚决定的，由县以上人民政府依照国家有关法律、法规规定办理：

（一）拒报、谎报噪声（震动）污染事项者；

（二）未经同级人民政府环境保护部门批准，擅自拆除或闲置不用噪声（震动）污染防治设施者；

（三）拒绝、阻挠环境保护部门现场检查或弄虚作假者；

（四）未执行与主体工程同时设计、同时施工、同时投产规定或强行投产者；

（五）拒不完成或未完成限期治理任务者；

（六）拒不缴纳噪声（震动）超标排污费者；

（七）违反本条例规定的其他行为。

第二十七条 对违反本条例规定，严重污染和破坏环境，引起重大损失，造成严重后果的单位和领导人员、责任人员，要追究行政责任、经济责任，直至依法追究刑事责任。

第二十八条 环境噪声污染罚款是环境补偿性罚款，依照本条例所罚款项的管理和使用，按国家规定执行。

第二十九条 当事人对行政处罚决定不服的，可以在接到处罚通知之日起15日内，向作出处罚决定的机关的上一级机关申请复议。复议机关应当在收到复议申请书之日起30日内作出复议决定。当事人对复议决定不服的，可以在接到复议决定书之日起15日内，向人民法院起诉。当事人也可以在接到处罚通知之日起15日内，直接向人民法院起诉。当事人逾期不申请复议或者不向人民法院起诉又不履行处罚决定的，由作出处罚决定的机关申请人民法院强制执行。

对治安管理处罚不服的，依照治安管理处罚条例的规定办理。

第三十条　环境噪声管理人员滥用职权、徇私舞弊、玩忽职守者，视情节给予批评教育、警告或其他行政处分。触犯刑律者，由司法机关依法追究刑事责任。

第六章　附　则

第三十一条　本条例的具体应用问题由成都市环境保护局负责解释，并依据本条例制定实施细则，报成都市人民政府批准后实施。

成都市过去有关噪声管理规定凡与本条例抵触的，以本条例为准。

军事活动噪声污染防治按军队规定办理。

第三十二条　本条例报经四川省人民代表大会常务委员会批准后，由成都市人民代表大会常务委员会公布，自 1990 年 1 月 1 日起施行。